北京师范大学文艺学研究中心　编

文化与诗学

2012年第2辑
（总第十五辑）

主　　编　童庆炳　王一川　李春青
执行编辑　陈太胜　钱　翰　陈雪虎　姚爱斌

中文社会科学引文索引（CSSCI）来源集刊
CNKI中国期刊全文数据库（CJFD）收录期刊

北京大学出版社
PEKING UNIVERSITY PRESS

图书在版编目(CIP)数据

文化与诗学. 2012 年第 2 辑:总第 15 辑/童庆炳,王一川,李春青主编. —北京:北京大学出版社,2013. 4

ISBN 978-7-301-22156-3

Ⅰ. ①文… Ⅱ. ①童…②王…③李… Ⅲ. ①社会科学-文集
Ⅳ. ①C53

中国版本图书馆 CIP 数据核字(2013)第 028378 号

书　　　名:文化与诗学 · 2012 年第 2 辑(总第十五辑)
著作责任者:童庆炳　王一川　李春青　主编
责 任 编 辑:任　慧
标 准 书 号:ISBN 978-7-301-22156-3/I · 2593
出 版 发 行:北京大学出版社
地　　　址:北京市海淀区成府路 205 号　100871
网　　　址:http://www. pup. cn　新浪官方微博:@北京大学出版社
电 子 信 箱:pkuwsz@ yahoo. com. cn
电　　　话:邮购部 62752015　发行部 62750672　出版部 62754962
　　　　　　编辑部 62756467
印　刷　者:北京大学印刷厂
经　销　者:新华书店
　　　　　　965 毫米 × 1300 毫米　16 开本　22. 25 印张　317 千字
　　　　　　2013 年 4 月第 1 版　2013 年 4 月第 1 次印刷
定　　　价:52. 00 元

目 录

中国现代文论与比较文学

理论前沿

艺术研究

域外学术

学术动态

“文学”之前的“比较”

伍晓明[1]

[摘要] 本文试图阐述一个可能引起争议的论点：比较——本文所谓“原始比较”——先于文学，亦即，先于我们对所谓“文学”本身以及“国别文学”的理解，并从根本上构成文学之为文学。超出技术性和学术性层面，比较文学应该是某种伦理学，其任务是在语言文化及文学中准备和欢迎他者文学或文学他者的到来。文章由七部分构成。一、存在于文学“之间”；二、比较之前的文学：汉语传统中“文（与）学”之意义；三、比较之中的文学：现代汉语中“文学”观念的成形；四、同时性的“审己—知人”：鲁迅之例的简略分析；五、“原始比较”：传统之“（事）后构（造）”与认同之追认；六、文学（家）（的）比较：“中国现代文学”之例；七、作为伦理学的比较文学。本文最后有一简单结论。

[关键词] 比较 文学 文章 比较文学 国别文学 他者 伦理学

也许，在某种非常重要的意义上，一切文学首先都是比较文学，因而一切文学研究也首先都是比较文学研究？[2]

---

① 伍晓明，新西兰坎特伯雷大学（University of Canterbury）教授。

② 我曾于2008年应邀在台湾“中央”大学中文系以“在语言和文化的边界之上”为题讲过本文之基本论点。2010年11月，我据此初稿在“北京大学比较文学学术发展30年暨北京大学比较文学与比较文化研究所创建25周年纪念论坛”上做过简短发言。随后不久，应北京外国语大学中国语言文学院之邀，我又以“文学之前的比较”为题讲过此文之大意。现在的文章是在初稿的基础上扩展的。温洁女士曾阅读此稿并为我标出文中若干笔误及不流畅的表述。陈雪虎先生为笔者指出文中一个涉及章太炎的错误。特此致谢。

然而，我们可能还并不知道“文学”和“比较”意味着什么，因而也并不知道“比较文学”意味着什么，当然就更不知道“文学之前的比较”意味着什么了。是以此文标题中的“文学”与“比较”才被谨慎地加上了引号。使用引号是想表明，我们首先只是在引用，亦即，只是在人云亦云地使用着“文学”与“比较”二语。谨慎之必要则意味着，成为问题者，或需要被质疑者，首先只能作为不成问题者而被说出。这里，成为问题者是“文学”与“比较”的意义，而本文的标题则试图指向这样一种可能性或不可能性：先于“文学”的“比较”。当然，这将取决于我们如何理解这两个构成着“比较文学”这一表述的概念。

一　存在于文学“之间”

所谓“比较文学”这一学科真有其合法性与独立地位吗？

如果我们今天仍然可以丝毫不加质疑地谈论一门学科的合法性及其独立地位，而不首先对所谓“学科”以及“学术合法性”这些传统的（或并非那么传统的）概念本身进行分析的话，那么所谓“比较文学”这一学科其实也许从来就没有在中国（但可能同样也没有在其他地方）的高等教育和社会人文科学研究机构中为自己真正争取到通常意义上的那种“合法性”与“独立”地位。

例如，在北京大学，自上个世纪80年代中期比较文学研究所（今之比较文学暨比较文化研究所）成立以来，比较文学这一“学科”迄今仍是在以“所”而不是“系”的形式存在着。熟悉当代中国高等教育机构内学科组织结构原则的人当然都知道“专业系”与“研究所”之间的某种公开或微妙的学科（或专业）附属关系：后者经常附属于前者。在北京大学，比较文学研究所就自始至今都是“附”在中文系之上的。当然，此种附属关系有时也许纯属特定机构内行政管理上的需要。①但即便如此，这种关系也仍然时时透露着对于不同学科的“学术身份”或“学科自我认同”的某种成见。

附属于某一系的某一所这里似乎标志着某一作为中心的“正统”合法学科之外的若干轮廓不明的“边界地带”。②这里，具体的学术地形仍然有待于勘察（如果此处真有所谓“具体学术地形”可以被勘察的话）；这里，确定的学科边界依旧有待于划定（如果此处真有所谓“确定学科边界”可以被划定的话，因为其实这些“学科”本身已经属于边界，或已经处于边界之上）。当然，从某种意义上说，允许这样的边界状态的“朦胧学科”或“学科朦胧”以某种附属形式而存在，这一事实本身就已经是某种宽容的体现。但这样的“宽容”其实也蕴涵着某种含义暧昧的焦虑期待或期待焦虑：所谓中心学科或主导学科（中国大陆目前所谓“一级学科”）的这些“边界区域”（亦即，存在于边界两边的区域，或更严格地说，存在于边界之上的区域，如果我们真能知道“存在于边界之上”意味着什么的话，如果我们真能知道如何“存在于边界之上”的话。因为，严格说来，所谓“边界”必然总是亦此亦彼，非此非彼，因而总是“虚而不实”，而无任何“之上”可言）究竟是会继续以面目不清的形式就这样存在下去呢，或是会终于明确地成为“学术首都”的“特定省份”呢，还是会最终宣布彻底的“独立”（而成为一个新的“学术国家”）呢？

这里暂且不论“独立”对于比较文学这一学科“本身”——如果我们确实可以在某种意义上谈论比较文学“本身”的话，亦即，如果比较文学真能有一确切的“本身”可言的话——究竟将会意味着什么。首先，任何欲

① 北京大学比较文学所自1985年建立，直至其于1997年被完全纳入北京大学中文系，该所一直是在编制上和学术上享有相对的独立性，但在财政上却没有独立性。

② 此处需要思考的不是“边缘”而是“边界”——那同时分开/连接着此一与彼一特定领域的界线，那其实既不属于任何一方而又同时属于双方，但其实却首先使任何特定的“主权领域”之存在成为可能者的虚拟之线——本身及其所包含的复杂问题。边界之所以必然是虚拟之线，是因为它从不可能切实地存在。边界始终只是而且也只能是那个微妙的“之间”。然而，这一“虚拟”却可能比任何“切实”都更加切实。

为比较文学争取独立——即使仅仅是有限的独立——的运动都似乎必须始终面对一个直接的内在困难:无论我们能为比较文学发明出一个如何精密和完善的定义,"比较文学"之"比较"这一概念都必然蕴涵着或要求着对不止一个文学之存在的某种确认。①因为,如果我们"顾名思义"(如果比较文学之名真的可以允许我们顾其名而思其义的话,因为我们其实也知道,"比较文学"从来就不是一个"正名",所以才始终都有要求为其正名的呼声②),那么"比较文学"之"比较"就必然要求着有可被比较之"文学"。而这就意味着,此处所言之"文学"必然是复数形式,亦即必然不止一个。所以,"比较文学"之名本身就已经预设了:存在着不同的"文学",可以根据种种标准并以种种形式加以"比较"的"文学",即使此"根据种种标准"而"以种种形式"进行的"比较"可能会以完全不为人所熟知的面貌而出现。唯其如此,需要对不同文学进行比较研究的比较文学才很难真正独立起来,如果"独立"意味着独立于其他特定文学研究领域的话。

比较文学其实不可能独立存在于任何特定文学研究之外,更不可能独立存在于任何特定文学研究之上,而只能存在——假使其真能以某种

---

① 例如,比较文学美国学派的代表人物亨利·雷马克(Henry Remak)在其广为中国比较文学的学者所知的、但其实也颇成问题的关于比较文学的定义中就这么自信地说:"比较文学是超越一国范围之外的文学研究,并且研究文学与其他知识领域及信仰之间的关系。……简言之,比较文学是一国文学与另一国或多国文学的比较,是文学与人类其他表现领域的比较。"(Henry Remak, "Comparative Literature, Its Definition and Function." Newton Stallknecht & Horst Frenz, eds., *Comparative Literature: Method and Perspective*. Carbondale, Southern Illinois University Press, 1961, p. 3.)但欲如此定义比较文学,那就必须已经知道所谓不同国别文学的界线何在,以及文学与其他"表现领域"的界线何在。然而,这些界线其实并不是自然给定的事实,因而并非那么容易就能确认和划出。

② 例如,乌尔里希·维斯坦因的《我们自何而来? 我们是什么? 我们向何而去?:比较文学的永恒危机》(Ulrich Weisstein, "D'où venons-nous? Que sommes-nous? Où allons-nous?: The permanent crisis of comparative literature." *Canadian Comparative Literature*, June 1984)一文即以雷恩·库柏(Lane Cooper)的下述戏谑之言为其第一题词:"但'比较文学'这个伪术语是经不起任何真正推敲的……你也蛮可以让自己说'比较土豆'或'比较谷皮'嘛。"(p. 167. 汉语翻译见孙景尧编选:《新概念,新方法,新探索——当代西方比较文学论文选》,漓江出版社,1987年,第22页。该书汉语译文此处不准确。)

方式"存在"的话——于不同的特定文学研究领域之"间"(就像"比"字在汉语的比较句中只能置身于句中所言及的诸被比较者之间一样),甚至也许就只能仅仅作为此"间"本身——假使"间"也能有一"本身"可言的话——而存在。因为,虽然比较文学作为理论话语当然会有所言说,但其所言及者——其所分析和判断者——却必然始终都只能或为**此**特定文学,或为**彼**特定文学,而不可能是彼与此合言之(单数的或大写的)文学,尽管比较文学的典型言说方式可能会比特定文学研究的言说方式多出"与此/彼文学相比"这样一句明确或隐含的限制语:"**与**此/彼文学(或作品,或作者)**相比**,彼/此文学(或作品,或作者)乃如何如何。"

因此,一旦比较文学开始受到要去合言其所"比较"之诸文学这样的宏大诱惑,换言之,一旦比较文学开始让自己去谈论"比较文学"之应该或正在走向所谓"世界文学"(或"普遍文学",假使我们真能知道所谓"普遍文学"意味着什么的话),它其实就开始在允许自己有意或无意地走向自身之终结了。如果比较文学欲自觉地约束自己以避免此种"自尽行为",那么它似乎就也应该去约束自己以避免争取独立,因为那也将会是比较文学结束自身的另一种"自尽行为"。就其某种本义——如果"比较文学"真有所谓本义的话——而言,"比较文学"作为(诸)"文学"的"比较"即不可能独立,亦即,独立于任何特定文学,独立于任何特定文学研究。比较文学的独立将意味着比较文学的消失,独立了的比较文学就将不再是比较文学。①于是,我们就面对这样的"吊诡"现象:比较文学的独立将会是其不独立与消失,而其不独立却可能会是其某种独立与存在。比较

① 因为,一旦处于"之间"的、甚至本身就作为"之间"而存在的比较文学独立(假使这是可能的话),比较文学就只是与其他特定(国别)文学研究并立的又一种特定文学研究了。于是我们就又需要寻找或发明可以"比较"比较文学研究与其他特定文学研究的话语。然而,这一逻辑的或理论的论辩并不意味着,在现行学术体制中比较文学不应该有独立的体制性存在。相反,有保证的体制性的——亦即,作为独立学科的——存在也许正可以让比较文学更好地保持其本质上非此非彼、亦此亦彼的边界性质。或者,用流行的话说,其"跨学科性质"。但当比较文学或任何跨学科研究在体制上成为独立"学科"之时,这些"学科"又应该注意防止自身因不慎或自满而失去其重要的作为学科之间的边界的性质,而独立为只是又一个学科而已。

文学似乎就只能如此悖论式地以不独立而保持其某种独立，或以某种独立而保持其必然的不独立。

只能存在于不同文学研究之“间”，甚至只能作为不同文学研究之“间”而存在，比较文学在某种非常深刻的意义上其实必然——一如那不可能有任何本身可言的“之间”——始终都是视而不可见，听而不可闻，触而不可即的。①若果如此，这个在某种意义上必然不会有任何“本身”或任何“实体”可言的、始终都会有些“虚无缥缈”的比较文学，又如何才会或如何才能让自己去独立呢？承认了这一“争取独立运动”本质上的困难性甚至不可能性，某种天真的比较文学也许会选择让自己轻松地——可能也是不无某种优越感地——逍遥于不同文学之间。但“不同(的)文学”这一表述却又立即蕴涵着，我们已经知道何为或何谓“文学”，已经知道不同的(国别)文学之间的边界何在，并且已经知道为此边界所分开的各个(国别)文学之间的相近及不同。此种“知识”——例如，知道何为“中国文学”，何为“日本文学”，何为“法国文学”，何为“美国文学”等——对于此种自信的或天真的比较文学似乎不言而喻，理所当然。无此知识，比较文学的比较似乎不可能开始，而那样的话当然也就不可能有任何所谓“比较文学”。而这也就是说，从表面上看，有关特定(国别)文学的知识似乎必然先于所谓比较文学而为后者之存在的可能性之条件。亦即，后者似乎必须以某种方式“寄生”在前者之上。

然而，难道不也应该反过来问一下：此种似乎无可置疑的知识——那似乎让比较文学得以开始的知识，那知彼文学之为彼文学、知此文学之为此文学的知识，而且，首先，那知何谓或何为文学的知识——本身又如何可能，或能从何而来呢？让我们此处暂且仅为下文的进一步分析而预先

---

① 这就是说，比较本身，或差异本身，是看不见的。是以所谓“比较文学”才始终都难于定义。从某种意义上说，比较文学当然也需要回答自己是什么，但却又必然无法回答自己是什么。而这一“无法”并不是其弱点，因为说自己“是什么”就意味着将自身“比较—区别”于自身所不是者。但如果一切皆由于“比较—区别”而获得各自的确定地位、身份或意义，我们又将如何去比较“比较”本身，或去区别“区别”本身呢？

提出这一问题。

其实,也许正是因为,在中国,这些历史远非悠久的、自20世纪初期才开始形成的现代(西方)“文学”概念似乎迄今仍被视为不言而喻,而这也就是说,正因为文学本身的边界(如果所谓“文学”也真能有所谓“本身”,并因此而真能有任何明确的边界的话①)以及不同(国别)文学之间的边界尚未成为我们的问题②,尚未受到严格的质疑,尚未受到思考和分析,所以比较文学才可以依旧——幸运或不幸地——被或隐或显地视为首先并主要只是基于——或附属于——对不同国别文学的具体研究之上的某种“比较研究”而已,无论人们愿意在何种意义上理解和使用这一字眼。这一“基于”或“附属于”当然立即就以某种方式确立了具体的国别文学研究对比较文学研究的某种优先和支配地位。

所以,一旦提到自己研究的是比较文学,你似乎自然而然地就会期待那些非比较文学学科内的学术朋友提出下述礼貌性的问题:你比较哪些不同的文学?而这种似乎绝对无伤大雅的问题却很可能经常置那些涉足于比较文学者于某种困窘之中。因为,首先,比较文学的理论和实践其实早已在努力超越——并且确实已经在很多方面以不同的形式超越了——此种据说是比较文学研究中最传统、最经典的“关系和对比研究”的模式。因此,很多比较文学研究者其实很难具体地说出自己究竟是在“比较”哪些国别文学。其次,这种问题的逻辑本身也蕴涵着:在能够声称具有比较

① 此乃一切文学研究其实都需要首先回答的“何谓/为文学?”的问题。而正是因为“文学”的边界其实(也许必然)始终模糊不清,而这也就是说,“文学”之“本身”也许必然始终都会处于“妾身未分明”的状态,才会有那么多试图回答“文学是什么”的理论努力。伊格尔顿在其《二十世纪西方文学理论》(*Literary Theory*: *An Introduction*)(伍晓明译,北京大学出版社,2006年,第9页)中讨论何为“文学”时曾引约翰·M.艾里斯(John M. Ellis)不无调侃之意的话说:“‘文学’一词起作用的方式颇似‘杂草’一词:杂草并不是一种具体的植物,而只是园丁出于某种理由想要除掉的任何一种植物。”当然,与“杂草”相反,一般来说,“文学”不是人们想要除掉者,而是想要栽培者。当然,我们知道,也有欲除掉“文学”的人和时代。

② 不同国别文学其实并非是自然给定的。例如,如何确定十月革命后那些流亡美国并以英语写作的俄国作家的国别身份?如何确定居住在法国的前捷克作家米兰·昆德拉的国别文学身份?或如何确定那些出生和成长在中国,现在却以外语在国外写作的作家的国别文学身份?

不同国别文学的资格以前,你究竟精通哪一或哪些具体的国别文学?而正因为你为了要进行“比较”而已经跳入不同文学之“间”,已经居于不同文学之“间”,或已经不再专属于任何特定的文学研究领域,所以谦虚的你似乎又不愿声称自己对任何一个具体国别文学拥有像那些毕生研究它们的专家一样的发言权(因为庄子早就说过:“吾生也有涯”)。[①]因此你知道,当你决定进入比较文学这一轮廓不清的“边界”区域(或选择危险地逗留于此“边界”之上)时,你就已经在开始冒险了:冒放弃(国别文学)专家的权威、远离公认的(既定)中心、而甘于被人忽视甚至遗忘之险。因此,当被人问及何以欲居于不同文学之间(而不是安全稳定地待在特定文学研究的领域之内),以及正在居于何种不同文学之间时,很多比较文学研究者才总是感到自己立即就被不无尴尬地置于某种必须辨明自己之学术身份的防守地位之上。而这也就是说,感到自己被不无困窘地置于某种必须辨明比较文学“本身”的身份或其合法性这样一种防守地位之上。

是以才有那自“比较文学”诞生之日起即开始存在的对其合法身份与独立地位的或隐或显的怀疑,以及与之相应的比较文学本身——如果比较文学真能有一“本身”的话——(或比较文学研究者自己)所似乎时时需要做出的或含蓄或明确的自我申辩或正名[②],还有它那似乎始终挥之不

① 因此就有那个其中认真成分其实远多于玩笑成分的讽刺性说法:学比较文学的就是那些中文不好、外文也不好的人。没有能力把任何一种文学钻深研透,于是就只好去比较!就好像比较可以成为不能精深于任何特定文学研究的借口一样。其实,对于所有比较性学科,都有着类似的不信任看法。但此种不信任其实也存在于同属文学研究领域的不同国别文学研究之间:学中国文学的有可能会被认为是外语不好的人,而学外国文学的则有可能会被认为是中文不好的人。在哲学研究领域也有某种可以与此进行“比较”的流行说法。在英美哲学研究的学术语境中,有人将研究英美分析哲学者与研究欧洲大陆哲学者之间的某种“文人相轻”概括为:学分析哲学的是不学外语或学不了外语的人,而学欧洲大陆哲学的则是不学逻辑或学不了逻辑的人!

② 所以会有比较文学乃一始终为其自我存在而焦虑的学科之说。例如,前引维斯坦因之《比较文学的永恒危机》一文开头就说:“在构成其正式生涯的百多年间(案:此文发表于1984年),比较文学一直是极度地过分注意自身的,而且……一直让自己屈服于一种几乎是病态的冲动:要反省自身,要质疑(自身的)命运。”(*Canadian Comparative Literature*, June 1984, p.167.)

去、隐隐难言的某种自卑情结(亦即,面对"精通"特定文学的研究者时可能会感到的自卑。当然,自卑情结又必然以种种复杂的方式与某种自大情结相连:你虽专精但有局限,我虽不专不精却能超越)。

比较文学的学术合法性与独立地位究竟何在,如果我们仍然相信它应该享有某种合法性与某种独立地位的话?从事于比较文学的研究者何以竟然可以选择居于不同的国别文学或文学国别之"间",却没有任何一个合法的文学研究国籍,如果我们仍然假定它也应该拥有某种国籍的话?

然而,问题是否也可以反过来提呢?如果不是已然有**某种**比较文学,某种并非通常意义上的比较文学,某种也许经常只是隐而不显地待在甚至完全消失于所谓国别文学研究——任何国别文学研究——之内的比较文学,某种也许从未被堂而皇之地冠以"比较文学"之名的、甚至永远也不会被冠以此名的比较文学,是否还能有任何通常所谓的"国别文学"或"文学(的)国别"及其研究呢?

因为,抽象地说,"文学"这一观念,或诸可被纳入此观念者,只在比较中才存在,只通过比较而存在,并且只被不断的比较维持着其继续的存在。因为,所谓"文学"——或任何事物,任何概念——都只能通过比较而区别于其他事物或观念并认同于自身,因而此所谓"自身"已然是比较的产物,已然产生于比较之中。一方面,正是通过比较,"文学"才可以区别自身于所谓"非文学",亦即,区别自身于其"他者"。只有如此,我们才有所谓"文学"可言。这就是说,"文学"与"非文学"总是相对而言者或相比较而言者,总是只相对于或相比较于其对方或他者方才作为自身之所"是"者而存在。这就是为什么可以说文学其实并无任何"自身"可言。[1]另一方面,通过比较,"文学"——作为一特定的文之总和,或作为一特定的语言文字总体——才可以区别自身于其他"文学",而由此我们就可以

① 在作为现代学科的"中国古典文学研究"试图在中国传统之文中决定何者为"文学",何者为"非文学",何者介乎所谓"文学"与"非文学"之间时,这一点表现得尤为明显。

有比较文学习惯于谈论的"国别文学"或"语种文学"(例如,汉语文学、英语文学、西班牙语文学、拉丁语文学)等概念。

如果情况真是这样,那么,某种比较文学,某种其实也许不可须臾离开的比较文学,某种原初意义上或根本意义上的——如果我们可以这样说的话——比较文学,某种"原始比较文学",可能不仅并非任何具体国别文学研究的派生和附庸,而且反倒是那首先使任何一种所谓国别文学及其研究成为可能者。当然,我们也立即就可以开始怀疑,这样的"先于国别文学的比较文学",或"文学之前的比较",还能算是"比较文学"吗?

二 比较之前的文学:汉语传统中"文(与)学"之意义

为了回答这样的问题,让我们首先简单回顾和分析一下古汉语的"文学"之义,然后再考察一下现代汉语中"文学"观念的形成,以及"中国文学"之作为一门现代专业学科的短暂历史。

中国过去并无可与西方的(拉丁语源的)"literature"对译的"文学"这一其实颇为现代的概念。[①]但这当然不是说,"中国过去没有自己的文学",如果我们真能知道这一暧昧的表述以及其中之"文学"一语意味着

---

① 英语"literature"一词源自拉丁语"litteratura",此词则来自"littera",亦即"letter",拼音文字之字母。广义的"literature"乃所有文字构成之作品。故此词亦有"专题文献"之义。至于狭义的"literature",即今之通常所谓"文学",可参见 J. A. Cuddon 在其 *A Dictionary of Literary Terms* (《文学术语词典》, London: Andre Deutsch, 1977, pp. 365-366) 中对"literature"一词的解释:"一个模糊的词,通常指那些属于主要文类(genre)——叙事诗,戏剧,抒情诗,长篇小说,短篇小说,颂歌——的作品。如果我们把什么东西相对于其他东西而描述为'literature',那么这个词就具有了表示性质的含义,亦即,所言之作品具有卓越的性质,远远高于普遍的写作。例如,'乔治·艾略特的小说是文学,而弗莱明的邦德则绝对不是。'"但 Cuddon 也指出,很多不属于主要文类的作品也可能因为其文笔之出色、其原创性以及其审美性和艺术性而被视为文学。他顺手列出的单子从亚里士多德的《诗学》和《修辞学》、贝克莱的《柏拉图对话》直到瑞贝卡·韦斯特夫人的《叛卖的意义》。

什么的话。[1]只是我们如今似乎已经过分地习惯于现代汉语中所说的“文学”，一个其实仍然含糊的名称，或一个其实仍然朦胧的概念，以至经常自觉或不自觉地忘记了，这一意义上的“文学”并不存在于中国传统之内。当然，《论语·先进》中已见“文”与“学”之连言：

德行：颜渊、闵子骞、冉伯牛、仲弓；言语：宰我、子贡；政事：冉有、季路；文学：子游、子夏。

而这可能会让人觉得，在汉语传统中，“文学”早就作为一个名称——即使可能还不是一个边界清晰的概念——而存在了。但在此语境中，与“德行”、“言语”、“政事”相并列的“文学”乃是“文”与“学”之合称，因此乃是分指两事（尽管是以某种形式相近或相关之两事）而非合言一事者，一如“德行”乃指“德”与“行”，“政事”乃指“政”与“事”。[2]故邢昺《论语注疏》即径释“文学”为“文章博学”，亦即，“文章”与“博学”。[3]

但如果可以“文章”释孔子所言之“文学”中的“文”，那么“文章”在汉语传统中又何谓？《论语·公冶长》中载子贡之语云：

① “中国过去(没)有自己的文学”这一表述的暧昧性在于，如果从“文学”一词的现代的或西方的意义上看，那么可以说中国既有也没有自己的文学，因为中国传统中“文”或“文章”的概念既窄于亦宽于这样的“文学”或“literature”概念。所以，一方面，例如《文心雕龙》所讨论的很多“文类”就不会被列入现代中国大学的文学课程，但另一方面，现在被如此看重的传统“白话小说”（胡适等甚至认为这是中国传统中唯一的真文学或活文学）却被传统排斥在“文”或“文章”之外。是以鲁迅在1920年代才会说：“当我留心文学的时候，情形和现在很不同：在中国，小说不算文学，做小说的决不能称为文学家。”关于这一说法的问题，详见本文以下提及鲁迅对文学之看法时的论述。

② 我们知道，《论语·子路》中孔子特意分言“政”与“事”：“冉子退朝，子曰：‘何晏也？’对曰：‘有政。’子曰：‘其事也！如有政，虽不吾以，吾其与闻之！’”至于“德行”，刘宝楠《论语正义》（中华书局，1990年，第441页）引《周官》师氏注云：“德、行，内外之称。在心为德，施之为行。”

③ 杨伯峻《论语译注》中以为此“文学”指对古代文献的熟悉。刘宝楠《论语正义》引沈德潜“子游之文学，以习礼自见”等说，以为此“文学”指实践礼的知识技能。在其《比较文学·比较诗学·人文之道》一文所附之《“文学”的解放》中，张沛基于朱熹对“文”的解释而以此“文学”为对于“文”亦即礼乐或国家生活制度之“学习”（见陈跃红、张辉、张沛编：《乐在其中——乐黛云教授八十华诞弟子贺寿文集》，北京大学出版社，2011年，第322页）。

夫子之文章，可得而闻也；夫子之言性与天道，不可得而闻也。

朱熹《论语集注》释此“文章”之义为“德之见乎外者，威仪文辞皆是也”。刘宝楠则以为，此“文章”指孔子所传之诗书礼乐。比较《论语》中另一处所言“文章”之义，朱注此处似更为可从。[①]考诸先秦文献，“文章”并无后世和现代的“文字构成之篇章”之义。[②]“文章”连言，本指不同色彩相映而互显（据说青与赤相间谓之“文”，赤与白相间谓之“章”[③]），如屈原《桔颂》颂桔之美曰：“青黄杂糅，文章烂兮。”故“文章”亦被用以指有社会文化意义的图案或徽记。它们多由鲜艳的颜色组成，用于标志人或物的社会等级或地位（“明贵贱”或“辨贵贱”）。意义延伸之后，“文章”遂可泛指表现出内在深刻意义（尤其是道德意义）的外在悦目形式。圣人之举动（“威仪”）言语（“文辞”）皆为其内在之德的外在之形，故孔子可以

① 《论语·泰伯》：“子曰：‘大哉尧之为君也！巍巍乎唯天为大，唯尧则之。荡荡乎民无能名焉。巍巍乎其有成功也。焕乎其有文章。’”

② 检索台湾“中研院”古汉语资料库（http://hanji.sinica.edu.tw/），先秦典籍不见有“文字构成之篇章”意义上的“文章”。《荀子》中经常“黼黻文章”连言，更明确了其图案徽记之义。在西汉司马迁所著之《史记》中，“文章”仅七见，其一为《孔子世家》中引《论语》“夫子之文章”语。仅《三王列传》（疑非出司马迁之手）及《儒林列传》（“明天人分际，通古今之义，文章尔雅，训辞深厚，恩施甚美。”）中“文章尔雅”之“文章”，开始有“文辞”之义。但“文辞”亦尚非后世之“文章”。《淮南子·泰族训》中“孔子弟子七十，养徒三千人，皆入孝出悌，言为文章，行为仪表”之“言为文章”，也不是后世“出言成章”之意。东汉王充始在“文字构成之篇章”的意义上使用“文章”一语：“传书言：‘仓颉作书，天雨粟，鬼夜哭。’此言文章兴而乱渐见，故其妖变致天雨粟、鬼夜哭也。”《后汉书》中“文章”一语多见，其“文字构成之篇章”义已经确立。例如，《列传/宗室四王三侯列传第四/北海靖王兴》：“临邑侯復好学，能文章”；《列传/桓谭冯衍列传第十八上/桓谭》：“桓谭……能文章，尤好古学，数从刘歆、扬雄辨析疑异。”至汉末魏晋间，有关这一意义上的文章的论述开始出现，挚虞之《文章流别论》当为其著名者。他从功用角度为文章定义曰：“文章者，所以宣上下之象，明人伦之叙，穷理尽性，以究万物之宜者也。”魏文帝曹丕则从治国角度看文章之用：“盖文章经国之大业，不朽之盛事！”集古典文论之成的刘勰关于文章之用的说法是：“唯文章之用，实经典枝条，五礼资之以成文，六典因之以致用，君臣所以炳焕，军国所以昭明，详其本源，莫非经典。”（《文心雕龙·序志》）至于“文章”的外延为何，他一言以蔽之曰：“圣贤书辞，总称文章。”（《文心雕龙·情采》）我们下文将看到，直至1907年时，鲁迅基本仍在这样的意义上使用“文章”一语。

③ 见王先谦《荀子集解》注引，第180页。《周礼·考工记》：“赤与白谓之章。”

赞叹尧之“文章”，而子贡亦可以赞叹孔子之“文章”。①

但凡此所言之“文章”，尚非孔子笔之于书而成之“文章”。“文章”之所以能逐渐转义为后来的“文字构成之篇章”，以至后来的《论语》注释者之一刘宝楠只在此义上理解“夫子之文章”的“文章”，可能是因为“文字构成之篇章”实乃“人文（制度）”本身之最美丽的“图案”或“徽记”，或人的文化创造力量（人之德）之最彰明昭著的形式表现。但虽然《论语》中连言之“文章”尚无后世的“文（字构成之篇）章”之意，其中单言之“文”字之义则确实包括了后世所谓之“文章”，亦即，著之于竹帛的诗书礼乐，故邢昺在此意义上以后世所谓之“文章”释“文学”中之“文”，亦非不确之论。

至于“博学”一语，《论语》中亦数见。其中一处明确地以“文”为“博学”之所学者：“君子博学于文。”②另一处则有“行有余力，则以学文”之说。③如前所述，此“文”在孔子时代的语境中尤指诗书礼乐。但一般而言，“文”可以指一切典章文献，或所有凝固结晶为文字篇章者。狭义的“文章”之“文”则又体现着广义的“人文”或“文化”之“文”。“学”或“博学”可以是学具体凝聚于“文章”之中的“文”，但却不必仅限于此“文”。例如，《学而》篇中孔子所言之“好学”说的就不是学习狭义的“文章”之“文”：

---

① 个体的圣人有“文章”，人群之整体也有其“文章”。《韩非子·解老》中称“礼者，所以貌情也，群义之文章也”。此即以（作为形式的）人文制度为人之情感与道德原则的可见图案或徽记。章太炎在《国故论衡·文学略论》（中华书局，2008 年，第 248—249 页）中说：“古之言文章者，不专在竹帛讽诵之间。孔子称尧舜‘焕乎其有文章’，盖君臣朝廷尊卑贵贱之序，车舆衣服宫室饮食嫁娶丧祭之分，谓之文。八风从律，百度得数，谓之章。文章者，礼乐之殊称矣。其后转义施于篇什。”这是将《论语》中孔子所言之尧之“文章”的意思过分扩大了。但其言“其后（‘文章’一语）转义施于篇什”，则不误。

② 《论语·雍也》：“子曰：‘君子博学于文，约之以礼，亦可以弗畔矣夫！’”此语又见于《颜渊》篇。《子罕》篇云：“达巷党人曰：‘大哉孔子，博学而无所成名。’”《子张》篇云：“子夏曰：‘博学而笃志，切问而近思；仁在其中矣。’”

③ 《论语·学而》：“子曰：‘弟子入则孝，出则弟，谨而信，泛爱众，而亲仁。行有余力，则以学文。’”

君子食无求饱，居无求安，敏于事而慎于言，就有道而正焉，可谓好学也已。

或同篇之中子夏所言之相对于“未学”的“(已)学”：

贤贤、易色；事父母，能竭其力；事君，能致其身；与朋友交，言而有信。虽曰未学，吾必谓之学矣。

据此，“学”也包括对“德行”(道德准则或做人方式)的学及与此相连之习。而当“学”乃为学习典章文献之“文”时，此学之成果一方面应可为知识之增加，一方面则应可为某种能力之形成。“文”因而也可以意味着由“学”而来的一种特定能力，亦即俗语所谓“能文能武”之“能文”。此“能文”一般而言尤指具有良好的文字表达能力。而此所谓“表达”的一个基本方面则又必然是以“文”(语文)来表达“学”(学问)，因为传统之“学”必然总要通过历代之“文”——文字构成之篇章——而得到继承和发展。而且，即使“文”所表达的不是“学”，而是所谓“志”或“情”(情志是传统诗文的内容)，后者其实也总是已经以种种方式为学——特定的学，不同的学——所型塑和界定。所以，在中国传统中，“文”与“学”之连言是有章可循的，因为不可能有完全无“文”之“学”，也不可能有完全无“学”之“文”，尽管向着其中一方的偏倚将会导致“文”与“学”在后世的某种分道扬镳。而有学又能文，即为深于或长于传统意义上的“文学”者。

《论语》之后，“文”与“学”之连用似并不见于《孟子》、《老子》、《庄子》等书。《荀子》中“文学”一语约四见，其用法表明，文与学——作为个人的能力和知识，但也作为一种品德修养——是可以逐渐积累起来的。例如：

今人之化师法，积文学，道礼义者为君子；纵性情，安恣睢，而违礼义者为小人。(《荀子·性恶》)①

① 在《荀子》其他几处有“文学”出现的段落中，此语的用法或意义与文中所引荀子段落相似。例如，《荀子·王制》：“虽庶人之子孙也，积文学，正身行，能属于礼义，则归之卿相士大夫。”又如，《荀子·大略》：“子赣季路故鄙人也，被文学，服礼义，为天下列士。”

《韩非子》中“文学”一语约十四见，经常用以形容当时的某一类人，即韩非心目中那些扰乱君主之法者。例如：

学道立方，离法之民也，而世尊之曰文学之士。(《韩非子·六反》)①

其所谓“文学之士”，实即我们以上所说的“有学而能文者”。只不过与荀子相反，以君主之法为至上的韩非对这样的“文学之士”或“文学”本身并无多少敬意而已。

到了汉代，“文学”一语亦大致不出此范围。例如，汉文帝下《策贤良文学诏》，以求国中之贤良与文学之士。汉武帝下《议不举孝廉者罪诏》，说自己“旅耆老，复孝敬，选豪俊，讲文学”。汉昭帝有《举贤良文学诏》：“令三辅太常举贤良各二人，郡国文学高第各一人。”汉宣帝在《凤皇集甘露降诏》中要求“博举吏民厥身修正，通文学，明于先王之术”者。董仲舒《元光元年举贤良对策》则将“重禁文学”列为秦朝灭亡的原因之一。②

南北朝时，刘义庆作《世说新语》，仍依《论语》所言之“德行、言语、政事、文学”四科，而以《文学》为其所记当日“新语”之一类。观其所载，大致乃学与文并臻卓轶者之佳事，而非仅“能文”者。③

到了唐代，元结在《大唐中兴颂序》中说，为了歌颂唐朝中兴，需要有

---

① 又如：“乱世则不然，主上有令，而民以文学非之；官府有法，而民以私行矫之，人主顾渐其法令，而尊学者之智行，此世之所以多文学也。”(《韩非子·问辩》)

② 董仲舒《元光元年举贤良对策》：“秦继其后，独不能改，又益甚之，重禁文学，不得挟书，弃捐礼谊而恶闻之，其心欲尽灭先王之道，而颛为自恣苟简之治，故立为天子十四岁而国破亡矣。”以上诸诏及董文分别见严可均《全上古三代秦汉三国六朝文·全汉文》卷二、卷三、卷五、卷六及卷二十三。

③ 《世说新语·文学》共一百零四条，多记汉代经学大师如马融、郑玄，及魏晋善谈玄说佛者如王弼、何晏、慧远、支道林等之逸事。其言及我们今日可能会收入“中国古典文学”选集者仅十数条，如六十六记曹丕令曹植为七步诗，六十八记左思之《三都赋》如何初得见重于世，六十七记阮籍之下笔成文神速，六十九记刘伶做《酒德颂》，七十五记庾亮与庾子嵩言作《意赋》之有意与无意，七十六记阮孚评郭璞诗句“林无静树，川无停流”，七十七记庾阐之如何为庾亮改《扬都赋》之两字，七十九记谢安之评庾阐《扬都赋》，八十六提及孙兴公之《天台赋》，八十八记谢尚之江上闻咏而得识袁宏之诗才，九十二及九十七之提及袁宏之作《北征赋》与《东征赋》，九十八记人问顾恺之其《筝赋》与嵇康之《琴赋》孰优等等。

“老于文学者”：

> 天宝十四载，安禄山陷洛阳，明年陷长安。天子幸蜀，太子即位于灵武。明年皇帝移军凤翔。其年复两京，上皇还京师。於戏！前代帝王有盛德大业者，必见于歌颂。若今歌颂大业，刻之金石，非老于文学，其谁宜为！

其所谓“老于文学”，仍兼指深于学而精于文者。有学而又能文，乃可以有机会以自己之“文（与）学”教人。汉代以来之设有“文学”这一官职，大致即以此。[①]直到后世小说《醒世姻缘》第三十三回中所言之“韩、柳、欧、苏的文学”，也还是兼指这些文人的“文”与“学”，而不是单指他们所作的那些被我们现在习惯性地算在“中国古典文学”之内的诗文而已。[②]

以上的简略回顾与分析欲表明，中国传统中“文学”之义可说一直大致不出邢昺所谓“文章”与“博学”之范围，尽管这一表述中已经蕴涵着后来的分化。因此，虽然传统所言之“文学”还不是我们今日以为其意义似乎不言而喻之“文学”，但“文学”之“文”的含义在后世将日益偏于形式方面，亦即，偏重于指言语文字的表达能力[③]，而“文学”之“学”的含义在后

---

① 汉代于州郡及王国设“文学”或“文学掾”、“文学史”等职，为后世教官之所由来。汉武帝为选拔人才，特设“贤良文学”科目，由各郡举荐人才上京考试。被举荐者称“贤良文学”。“贤良”乃品德端正、道德高尚者；“文学”则指精通儒家经典的人。魏晋以后还有“文学从事”之名。唐代于州县置“博士”，德宗时又改称“文学”。太子及诸王以下亦置“文学”。明清废此官职。

② 《醒世姻缘》第三十三回“劣书生厕上修桩，程学究裩中遗便”：“如今的官府，你若有甚么士气，又说有什么士节，你就有韩、柳、欧、苏的文学，苏、黄、米、蔡的临池，且请你一边去闲坐。”

③ 亦即，中国传统中开始出现对文本身的强调。这一强调主要不是看文——文章——表达了什么，而是看其如何表达或表达得如何。梁昭明太子萧统即主要根据这一标准而从古代到他自己的时代所积累下来的广义之文中进行选择。其结果为《文选》之编辑。顾名思义，“文选”乃文——所有文字构成之篇章——之选。入选之文在某种意义上即成为文这一观念的具体“形象”（范例）。这样一个操作的后果是，在中国传统中，“文”这一观念在某种意义上被“窄化”了。于是，所谓“文”现在就不能只是任何文字构成之篇章（这是“文”的传统意义），而必须也是“综缉辞采……错比文华，事出于深思，义归乎翰藻”者（萧统：《文选序》）。在《文选序》的语境中，那似乎也可以被解释为欲追求“内容”与“形式”之平衡的“事出于深思，义归乎翰藻”其实已经大大地向“翰藻”亦即文字表达方面倾斜了。

世则日益偏于内容方面，亦即，偏重于指对典籍文献的了解，以及对学问或道理的掌握。[1]例如，萧子显《南齐书》卷五十二列传三十三在《文学》之题下为当时一些有学而能文者作传，其中甚至包括祖冲之这样的如今会被视为“古代科学家”者，但其卷末论赞却已经开始明显地集中于对“文章”而非“博学”的论述：

> 文章者，盖情性之风标，神明之律吕也。……属文之道，事出神思，感召无象，变化不穷。俱五声之音响，而出言异句；等万物之情状，而下笔殊形。

而此所言之“文章”强调的则已是其作为表达媒介之如何进行表达。这就开始接近今日所谓“文学”的一个主要方面了。我们以下将会看到，在20世纪初，提倡新文学的胡适其实基本上也还是从表达方面来理解文学的。

三　比较之中的文学：现代汉语中“文学”观念的成形

以上所言之传统的“文学”之义，与中国文化20世纪接触西方文化以来所形成的现代汉语中的“文学”相比，有某种若即若离的关系。因为，“文学”一名在现代汉语中之最终成为一类特定形式的话语（亦即，一种想象性、虚构性、创造性的话语）之总称，如前所已提及者，部分是由于“文学”这一复合表述中之“文”在意义上原已日益趋向于语言形式表达这一方面。而这一变化则又以某种形式“拖累”或“带偏”了“文学”这一复合表述中之“学”。于是，连言的“文—学”才也可以泛指文字构成之篇章，而且可以尤指其中那些专注于“翰藻”亦即文字表达者。

---

① 在中国传统中，诸如“（魏晋）玄学”、“（宋明）理学”（“道学”、“心学”）等皆为其代表。

知此即不难理解，何以五四时代于所谓“文学革命”有发难之功的胡适在总结所谓“新文学”第一个十年的成就之时，说得最多的其实也还只是汉语白话之如何取代文言而为新的“文学语言”，亦即，表达工具。①至于应以这一新的文学语言所写出的新的“文学”在内容上究竟会当如何，其实提倡者自己在开始时也还非常朦胧。而这也就是说，不见于中国传统之中的新的汉语“文学”观念彼时仍在形成之中。胡适解释说，在他们提倡新（革命）文学之初，之所以还只能先谈“形式”（白话，活的文学），而尚不能谈“内容”（人的文学），是因为“世界的新文艺都还没有踏进中国的大门里，社会上所有的文学不过是林纾翻译的十九世纪前期的一些作品”，直至1918年6月《新青年》出“易卜生专号”，才“是我们（案：指《新青年》同仁）第一次介绍西洋近代一个最有力量的文学家”。②

因此，即使在胡适、陈独秀等人发动所谓“文学革命”之时，汉语的“文学”一词其实还只徘徊在其传统的和现代的意义之间，所以此“革命”的要求更多的还只是文字表达形式方面的主张。在《文学革命论》中，陈独秀虽然在其“文学革命军”的旗帜上大书特书文学革命的“三大主义”，亦即，“推倒雕琢的、阿谀的贵族文学，建设平易的、抒情的国民文学”，“推倒陈腐的、铺张的古典文学，建设新鲜的、立诚的写实文学”，“推倒迂晦的、艰涩的山林文学，建设明了的、通俗的社会文学”，但其文中所言之种种新旧“文学”在概念上是非常含糊的。我们在其中

① 胡适1920年10月14日为回答“何为文学”而写给钱玄同的信一开始就引自己以前为“文学”所下的定义说：“我尝说：‘语言文字都是达意表情的工具；达意达得好，表情表得妙，便是文学。’”（胡适：《什么是文学——答钱玄同》，《胡适文集2·胡适文存·卷一》，北京大学出版社，1998年，第149页）这当然是一个非常宽泛而模糊的说法。但此并非只是思想观念不严密的表现。“文学”之难于定义是根本性的，而不是一时性的。因此，问题最终并非只是应该为“文学”找到或构建一个更完善的定义而已。

② 《中国新文学大系·导言集》，第48页。此距胡适在《新青年》上发表《文学改良刍议》已有两年。也同是在1918年，鲁迅的白话小说《狂人日记》亦在《新青年》上出现，“算是显示了‘文学革命’的实绩”（鲁迅：《现代小说导论（二）》，赵家璧主编：《中国新文学大系·导言集》，良友图书公司，1935年，第125页）。

所能感到的乃是中国传统的“文章”观念与现代意义上的“文学”观念的某种混合。①

其实，甚至当蔡元培在20世纪30年代为《中国新文学大系》作总序时，他所理解的“文学”的意义也仍然只偏于各种文章的文字表达。所以其序中追述中国文章传统时才有如下的说法：

> 在文学方面，周易的絜静，礼经的谨严，老子的名贵，墨子的质素，孟子的条达，庄子的俶诡，邹衍的宏大，荀卿与韩非的刻考，左氏春秋的和雅，战国策的博丽，可以见散文的盛况。②

而在20世纪之初，当王国维在《论新学语之输入》中讨论当时翻译问题时，他所谓“文学”更是与后来逐渐形成的想象性、虚构性、创造性意义上的“文学”无关。其文开篇即言：

> 今年文学上有一最著之现象，则新语之输入是已。③

但观其所论之新语，皆为基本理论概念，所以其所谓“文学”实仍沿用传统之“写作”义。

在现代中国学人中，章太炎可能是最早欲明确界定“文学”之义者之一。但在初版于1910年的《国故论衡·文学总略》中，章太炎对“文学”的简单界说却只是：

> 文学者，以有文字著于竹帛，故谓之文；论其法式，谓之文学。④

这一界说中包括两项：“文”谓所有文字著作，“学”谓研究，所以章太炎所谓“文学”即“文之学”，或有关一切文字著作之研究。此研究所注意者则主要在法则与形式（“法式”）。这样的“文学”显然已经不是

① 《中国新文学大系·理论建设集》，第44页。陈独秀文中言及的中国传统文学也包括明代的前后七子，清代的桐城派古文等。

② 《中国新文学大系·导言集》，第4页。

③ 《王国维先生全集》初编5，《静安文集》，大通书局，1976年，第1829页。

④ 章太炎撰，庞俊、郭诚永疏证：《国故论衡疏证》，中华书局，2008年，第247页。

《论语》及先秦所言之"文学"。[①]但被如此规定的"文学"却也还远非我们如今所说的"文学",一个在现代汉语中与狭义的"literature"对应的"文学"。[②]

其实,即使是20世纪第一个显示了"文学革命"实绩的鲁迅,当其1907年以《摩罗诗力说》一文专门介绍西方那些"立意在反抗,指归在动作"的诗人之时(此时鲁迅尚未开始其实际的文学创作活动),其意虽确已在提倡现代意义上的"文学"的精神教育之功用,但此"文学"在其文中却仍被以"文章"称之:

> 涵养人之神思,即文章之职与用也。[③]

通过"神思"这一传统的"文论"观念,我们可以看出鲁迅彼时所言之"文章"——其意义已经开始接近他后来所说的"文学"——与中国传统

① 《国故论衡》的疏证者已经特意指出了这一点:"今之所论,则为一切文辞之法式。其关于小学者,则上卷论之;关于哲学者,则下卷论之。故此所云文学与周秦亦别也。"(章太炎撰,庞俊、郭诚永疏证:《国故论衡疏证》,第247页。)

② 《国故论衡》的疏证者注意到章太炎的"文学"定义可能会引起的批评,故特意为之辩解如下:"此言文学之定义。或病其过为广漠,然文学本以文字为基,无句读文、与有句读文、初无根本之别,其内容至博,不可削之使狭。证之西方,亦有谓游克力〔欧几里得〕之几何、牛顿之物理,莫非文学者矣。专主藻采,则必远于修辞立诚之旨。世人惟不能抉破一切狭陋文论,故有应用文与美文之别。流宕不反,竟有谓美文乃可不重内容,乃可不求人解,乃可不受常识与论理之裁判者,良由持论偏狭,故不胜末流之弊矣。"(章太炎撰,庞俊、郭诚永疏证:《国故论衡疏证》,第247页。)

③ 鲁迅:《摩罗诗力说》,《坟》,《鲁迅全集》第一卷,人民文学出版社,1981年,第73页。"涵养人之神思"是鲁迅早年对文学功用的看法。他后来则说自己自始即希望以文学"改良社会"(鲁迅:《我怎么做起小说来》,《南腔北调集》,《鲁迅全集》第四卷,第507页)。《摩罗诗力说》作于1907年。"文学"一词在其中仅出现过一次:"由纯文学上言之,则以一切美术之本质,皆在使观听之人,为之兴感怡悦。文章为美术之一,质当亦然……"(《鲁迅全集》第一卷,第73页)在此语中,"文章"更接近现代意义上的"文学"之义,"(纯)文学"这一表述则似乎是被用来指包括文学在内的一切艺术(鲁迅此处的"美术")的形式方面或审美方面的特质。在其1926年作为厦门大学课程讲义而写的《汉文学史纲要》第一章"自文字至文章"中,鲁迅追溯了"文"之本义及引申义,提及"汉时已并称凡著于竹帛者为文章",并谓此"文章""今通称文学"(《鲁迅全集》第十卷,第350—351页)。但当鲁迅对学生如此说之时,他似乎没有意识到,传统之"文章"与"今通称文学"者在意义上还是有相当距离的。

的“文章”观念之间的联系。[①]到1922年作《呐喊·自序》时，鲁迅开始改用“文学”而不是“文章”来指称他所欲从事的活动：

> 而善于改变精神的是，我那时以为当然要推文艺……〔但〕在东京的留学生……没有人治文学和美术。[②]

这里，“文学”被作为“文（学）艺（术）”的一种而提及。这也就是说，鲁迅此时所言之“文学”的意义与所指已经离开了汉语传统意义上的“文学”。但在1925年写《灯下漫笔》时，鲁迅似又回到了“文学”一词的比较传统的意义之上：

> 但看国学家的崇奉国粹，文学家的赞叹固有文明，道学家的热心复古，可见于现状都已不满了。[③]

鲁迅此处的“文学家”似泛指那些作论为文者，或研究广义“文学”者。此似可以鲁迅1927年在广州知用中学的讲演为证。他讲演中说，现在的一个问题“是往往分不清文学和文章。……其实粗粗的说，这是容易分别的。研究文章的历史或理论的，是文学家，是学者；做做诗，或戏曲小说的，是做文章的人，就是古时候所谓文人，此刻所谓创作家。创作家不妨毫不理会文学史或理论，文学家也不妨做不出一句诗”[④]。这里，鲁迅所说的“创作家”才是我们今日所说的文学家。他在此讲演中为听众推荐的几本研究“文学”的书则为苏维埃俄国和受西方影响的日本学者的现代

---

① “神思”乃魏晋南北朝期间确立起来的重要的古典“文论”观念。刘勰《文心雕龙》有专章讨论“神思”。正文以上所引《南齐书·文学列传》卷末对“文章”的论述中，亦出现“神思”一语：“属文之道，事出神思。”在作者为出于神思者，在读者即为涵养神思者。从传统之言文章乃出于神思者，到鲁迅之言为文章乃涵养神思者，是一个从作者角度到读者角度，或从注重创作角度到注重接受角度的转变。

② 鲁迅：《呐喊·自序》，《鲁迅全集》第一卷，第418页。

③ 鲁迅：《灯下漫笔》，《坟》，同上书，第218页。

④ 鲁迅：《读书杂谈》，《而已集》，《鲁迅全集》第三卷，第444页。

文学理论。[1]这些书，无论其意识形态如何，当然都是为了研究或论述现代意义上之文学而提出的理论。

在晚年所写的《我怎么做起小说来》(1933)中，鲁迅为其在《呐喊·自序》中所说的自己如何做起小说来的过程补叙了一点：

> 当我留心文学的时候，情形和现在很不同：在中国，小说不算文学，做小说的决不能称为文学家。[2]

此时在鲁迅笔下，"文学"一词的现代意义和用法已经相对稳定。这也多少反映着"文学"一词在20世纪30年代中国的一般用法：1935年，赵家璧主编，蔡元培作总序，鲁迅、茅盾等著名作家作导论的中国现代小说、散文、戏剧、诗歌作品选集共煌煌十卷以《中国新文学大系》为题在上海出版。这是现代意义上的中国文学创作成就在其第一个十年之后的总体回顾。

四　同时性的"审己—知人"：鲁迅之例的简略分析

鲁迅以上"在中国小说不算文学"之语其实透露给我们很多有关汉语中"文学"的现代意义如何形成的信息，故此处值得略作分疏。鲁迅所留心与所欲致力的"文学"已是现代意义上的文学，其典范是欧美和日本的现代文学作品。按照这一标准，小说不仅应该算文学，而且是文学的正宗和主流。现代汉语中的"小说"作为通名似乎最能代表五四新文化、新文学运动中人所理解的"文学"之本质，亦即，一种想象性的、虚构性的、创造性的话语，却具有重要的社会影响与功用。但这一意义上的"小说"(作

---

① 鲁迅具体提到的是本间久雄的《新文学概论》，厨川白村的《苦闷的象征》，瓦浪斯基等的《苏俄的文艺论战》，并说读后要"自己再想想，再博览下去。因为文学的理论不像算学，二二一定得四，所以议论很纷歧"(鲁迅：《读书杂谈》，《而已集》，《鲁迅全集》第三卷，第445页)。

② 鲁迅：《我怎么做起小说来》，《南腔北调集》，《鲁迅全集》第四卷，第507页。

为"novel"及"short story"的汉语对等词）已非传统意义上的"小说"。因此，虽然鲁迅在其《中国小说史略》课中将"小说"之名追溯至《庄子·外物》中的"饰小说以干县〔高〕令〔名〕"，但他也知道这还并不是后来意义上的"小说"：

> 小说之名，昔者见于庄周之云"饰小说以干县令"（《庄子·外物》），然案其实际，乃谓琐屑之言，非道术所在，与后来所谓小说者固不同。桓谭言"小说家合残丛小语，近取譬喻，以作短书，治身理家，有可观之辞"（李善注《文选》三十一引《新论》）。始若与后之小说近似，然《庄子》云尧问孔子，《淮南子》云共工争帝地维绝，当时亦多以为"短书不可用"，则此小说者，仍谓寓言异记，不本经传，背于儒术者矣。①

"寓言异记"性的传统写作离鲁迅这一代作家所理解的"小说"还是很远的。在后来所讲授的《中国小说的历史的变迁》课上，鲁迅又说：

> 至于《汉书·艺文志》上说："小说者，街谈巷语之说也。"这才近似现在的所谓小说了，但也不过古时稗官采集一般小民所谈的小话，借以考察国之民情，风俗而已；并无现在所谓小说之价值。②

我们当然应该更具体地阐明鲁迅及其同时代人心目中小说的"价值"为何。但此问题必须另文专题探讨。此处，值得指出的只是，尽管鲁迅明确地意识到，中国最早所谓"小说"不仅不同于他当时所理解之"小说"，而且也不同于中国传统中后来所谓之"小说"，但似乎还是情不自禁地要从"小说"一名在汉语中的最早出现开始来讲述中国小说的历史。然而，指导和结构这一现代历史叙述的基本观念——现代意义上的"小说"——却已经不是历史性的或来自中国历史的了。所以，这样的工作乃是欲在现代意义上的"小说"之名下为"中国（古代）小说"发明或创造出一个谱

① 鲁迅：《中国小说史略》，《鲁迅全集》第九卷，第5页。

② 鲁迅：《中国小说的历史的变迁》，同上书，第307页。

系来的话语操作。①这与当时很多学者欲在现代意义上的“文学”之名下发明或创造出一个“中国（古代）文学史”来，其实皆属于同类的活动。

现在让我们回到鲁迅的“在中国小说不算文学”之说。鲁迅此语蕴涵着对他开始从事文学活动时中国流行文学观念的某种批评。然而，鲁迅此语本身却包含着几层的含混，尽管是非常可以理解的含混。首先，如前所述，中国传统中其实并无鲁迅所理解的现代意义上的“文学”观念。其次，正如鲁迅自己说到的，被用来翻译“novel”及“short story”的“小说”在汉语中的意思及其所指也历经变化。因此，严格地说，鲁迅其实并不能说“在中国，小说不算〔亦即，不被人们认为是〕文学”，而只能说，根据中国传统的“文”或“文章”观念，小说，这在现代的或更西方的意义上被他这一代人认为应该受到重视和推崇的小说，过去在中国是被排斥在其所重视的主要“文类”之外的。②既然中国传统中并无鲁迅心目中现代意义上的“文学”观念，或者说，既然中国传统所谓之“文学”与现代意义上的“文

① 1924 年，在西安讲授《中国小说的历史的变迁》时，鲁迅说他自己相信，“文艺，文艺之一的小说”，也是“进化”的，尽管此进化时有“反复”而且新旧“羼杂”，因此他所要做的就是在“杂乱的作品里寻出一条进行的线索来”（鲁迅：《中国小说的历史的变迁》，《鲁迅全集》第九卷，第 306 页）。以某种进化论来指导和结构各种历史论述和叙事，不仅是鲁迅那一时代的普遍现象，也是迄今仍然支配各种历史书籍写作的流行观念。

② 其实，至迟从明代开始，“小说”已经成为用来指称类型较为确定的一类话语之通名。而当时著名学者如冯梦龙等已经在有意识地为小说争地位了。为此，他也以反向构造的方式将他所理解的“小说”之起源追溯到先秦时代，尽管宋代话本和明代小说与“小说”一语在以前所指者并无多少类型上的相似之处。冯梦龙编著的《喻世明言》之叙开头即云：“史统散而小说兴。始乎周季，盛于唐，而浸淫于宋。韩非、列御寇诸人，小说之祖也。”在此叙中，他甚至将通俗小说与《论语》、《孝经》相比，称小说家之描写令人“可喜可愕，可悲可涕，可歌可舞；再欲捉刀，再欲下拜，再欲决脰，再欲捐金。怯者勇，淫者贞，薄者敦，顽钝者汗下。虽小诵《孝经》、《论语》，其感人未必如是之捷且深也。”在 1898 年所作的《译印政治小说序》（《梁启超全集》第一卷，北京出版社，1999 年，第 172 页）中，尽管梁启超对传统中国“小说”基本上持否定态度，说它们“综其大较，不出诲淫诲盗两端”，但他对“小说”的价值或其社会功能的理解其实却很接近冯梦龙。当然，现在支持着梁启超对“小说”之肯定的已经是英国某名士的“小说为国民之魂”之说了。梁启超即欲以他相信有感人至深之作用的小说来推进中国当时的社会政治变革。在写于 1902 年的《论小说与群治之关系》（《梁启超全集》第四卷，第 884 页）中，梁启超明确地称“小说为文学之最上乘”，并以为欲新中国之一切，必自新小说始。由此观之，为“中国小说”发明或创造出一个历史来的欲望并非仅始于鲁迅这一代人。

学”并不相等，所以鲁迅其实已经是在一个新的名称和观念——现代意义上的或更为西方意义上的“文学”——之下来重新审视中国整个的“文章”——文字构成之篇章——传统。根据这一新的“文学”观念，中国传统“文学”就不仅应该包括诗词歌赋，还应该或更应该包括被中国传统的“文”或“文章”观念所排斥的小说。所以，批评性地说在过去小说不算“文学”，而这当然也就是要说，小说在中国现在应该算文学，其实就是要在现代意义上的“文学”之名下为中国传统以及中国现代“重构”或“创造”出一个应该包括小说在内、甚至以小说为主的文学（史）来。①

但对于中国的“文”或“文章”传统的这一“重（新）（理）解”与“重（新）构（成）”，以及关于在此（被重构出来的）传统中何者应被视为“文学”、何种文字构成之篇章或写作应该被包括在现在这个“文学”之内，必然是当鲁迅发现自己**已经**置身于中国传统观念与西方文化观念的某种“比较”之中时才可能开始的。②正是在这样的意义上，此一“比较”才必然以某种（不可能的）方式先于汉语中现代意义上的“文学”观念（以及那在此观念之下被名之为“文学”者）的诞生。我们知道，“比较”一语已经明确出现于鲁迅的《摩罗诗力说》中：

---

① 胡适在《中国新文学大系·理论建设集·序言》中曾明言：“……承认白话文学为‘正宗’，这就是正式否认骈文古文律诗古诗是‘正宗’。这是推翻向来的正统，重新建立中国文学史上的正统。”（第20页）而胡适所说的白话文学主要就是中国古典白话小说。胡适还说：“我们在那时候所提出的新的文学史观，正是要给全国读文学史的人们戴上一副新的眼镜，使他们忽然看见那平时看不见的琼楼玉宇，奇芭瑶草。”（第22页）胡适甚至称此为“哥白尼革命”。鲁迅当时之讲授《中国小说史略》等，其实也有为小说在中国争地位——如果不是争“正统”的话——的意思。

② 在收入《訄书》重订本（1904年出版）的《哀清史》一文所附之《中国通史略例》中，章太炎已经明确提及“比较”文化自我与他者之必要，虽然他当时的论述语境是中国通史之研究。与西方历史知识的接触使他意识到：“草昧初启，东西同状；文化即进，黄白殊形。必将比较同异，然后优劣自明，原委始见。是虽希腊、罗马、印度、西膜诸史，不得谓无与域中矣。”（《章太炎全集》第三卷，上海人民出版社，1984年，第331页）这一说法假定了一个共同的文化起点与诸种不同的文化演进。此点所包含的问题姑且不论。对于本文来说，值得注意的是，章太炎此语已经蕴涵着，对于文化自我的自觉意识、反思及价值判断（“优劣”）其实只能生于比较，亦即来自比较之后。因此，当章太炎要求将中国历史与西方历史、印度历史等进行“比较”时，他已经置身于（或他发现中国文化已经置身于）比较之中了。

意者欲扬宗邦之真大，首在审己，亦必知人，比较既周，爰生自觉。①

细读此语，可以看到其如何为弘扬中国文化这样一个“宏大欲望”所驱动。为了这一弘扬，为了中国文化的重新寻回、恢复及发扬光大，“审己”可以理解为鲁迅所列出的首要条件，“知人”则作为另一条件紧随其后。二者虽皆为中国文化之自我恢复与重新发展所必需，但在鲁迅的话语中，“知人”是被排在“审己”之后的。我们似乎当然可以代鲁迅为他的这一号召文化比较的话语之中的这样一个先后次序做出如下解释：无“己”即无以知“人”。所以，“（他）人”必须有某一“（自）己”去知，亦即，去承认，去了解，去认识。“人”为（读为第二声）“己”所知，而且也为（读为第四声）“己”而被知。所以，鲁迅说的似乎一点也不错：“首在审己，亦必知人。”但如果“知人”只是为了自己，那么此一要求进行比较的话语就可能仍以某种方式而为一个“自我加强逻辑”所支配：自我之走出自身，之走向他者，最终却是为了回到自己，加强自己！这一逻辑支配下的话语因而就还不是能够真正允许他者向自己走来，或让他者作为异、作为新、作为事件而发生的话语。②

① 《鲁迅全集》第一卷，第58页。

② 当然，在鲁迅的时代，或在一个中国处于某种强势他者（西方）的巨大压力之下，因而似乎必须忧虑自身政治、社会、经济、思想、文化存亡的时代，谈论“让他者向自己走来，让他者作为积极意义上的事件而发生于（降临到）中国”，似乎是非常困难之事。所谓“救亡和启蒙”这一仍然流行或重新被拾起来的话语（李泽厚似有创始权，但有学者认为并非如此）会让人以为，中国文化之亡于他者是当时迫在眉睫的危险。但我们不应该将这一危险普遍化（应该具体分析鸦片战争至抗日战争以来的历史，而不应该以一种意识形态话语将这些具体历史情境意识形态化）。其实，在维新运动话语与早期新文化运动话语中，主流声音仍是在为中国文化的未来而欢迎西方文化这一他者。具体到鲁迅的早期论著中，这是非常明显的（例如《摩罗诗力说》篇首之引尼采《查拉图斯特拉如是说》中之语“求古源尽者将求方来之泉，将求新源。嗟我昆弟，新生之作，新泉之涌于渊深，其非远矣”为其题词）。我的保留或怀疑仅在于，这一为中国文化而欢迎他者到来的话语在哲学上仍不充分自觉，走得仍不够远，而仍为一个自我加强逻辑所支配。面对一个民族主义话语开始增强其态势的局面，我们今天的任务之一当是更彻底地研究、质疑和解构维新运动和新文化运动中关于西方的话语，但不是为了否定，而是为了作为这些遗产的继承者而以一种更为负责的方式继承和发展它们。

但“审己”与“知人”其实并不可能如此分别进行，亦即，不可能分出这样的先后次序，不可能“先（审）己”而“后（知）人”，而只能在“己”（自己的文化）与“人”（他者的文化）的“同时”比较之中才能实现。因为，严格地说，所谓“（自）己”与“（他）人”，以及二者之“可见的”、“具体的”、可被表述的、或可形诸话语的差异，其实并不存在于其“互相比较”之前。鲁迅要求中国为弘扬文化自我或自我文化而“审己”和“知人”，这当然已经是出于“自觉”的行动。无此“自觉”即不可能有此一对比较的要求。然而，鲁迅随后却又说：“比较既周，爰生自觉。”如此，“自觉”又是某种产生于“比较”之后者。那么，是鲁迅的论述逻辑在此有问题吗？或是这里有某种鲁迅并未意识到的似乎不合逻辑的力量在起作用？我们这里也许确实在面对着某种不合逻辑：一方面，如果没有某种程度的自觉，那就连开始（要求自己）去比较都不可能；但另一方面，此自觉其实已经来自于比较。只有已然置身于比较之中，或只有已然面对他人，才有可能意识到自己（亦即，自我意识产生和形成于面对他者之时），于是也才有可能去（自觉地）比较：比较自己与他人，他人与自己。

因此，在比较——被某一“自己”或“自我”作为一项主动活动或工作——开始以前，比较就已经开始了！自始即已有某种比较，“原始”的比较，或“原始比较”。一切皆已在此比较之中。此比较因而以一种不可能的方式“先于”那被比较者和进行比较者，因为那意识到自己之“身份”的、或能进行自我认同的比较者本身——作为可以去进行比较的主体——已经是此种“原始比较”所产生者。因此，当鲁迅号召“中国”这一“自己”在文化上开始一个重要的“审己”而“知人”的比较任务、从而重新弘扬光大自我文化之时，“中国”其实已经进入此一比较之中，而且已经作为此比较本身所产生者而存在了。正是在这样的意义上我们才可以说，比较——某种比较，“原始的比较”——乃以一种其实不可能的方式“先于”被比较者，而此“被比较者”中当然也包括任何会将自身明确置于自觉的比较之中者。

五 “原始比较”：传统之“（事）后构（造）”与认同之追认

随着现代汉语中“文学”一词逐渐明确地成为对一类特定形式的话语的指称，以及作为话语实践的“中国现代文学”在此新文学观念之中的逐渐涌现，“文学研究”在现代中国也作为一个学科而随之形成。其实，即使是在西方，“文学研究”之开始成为大学教育中的一个专业，也并不是在十分遥远的过去。①“文学”之成为中国现代高等教育和学术研究机构中的一个专业学科，则首先是由于中国文化与西方现代学术、思想、文化的全面接触。正是在从晚清开始的致力于使教育现代化的改革中，“文学”才开始被设为一个高等教育科目。而从其在最初阶段所包括的门类看，这一科目的设置开始时却仍然或多或少地反映着《论语》以来的传统“文学”观念，而与今日中国大学中“中国文学”或“外国文学”（或“世界文学”）专业的科目设置相去甚远。②但在西方的影响下，早期大学中的“文学科”很快就开始走向更现代意义上的“文学研究”，因为当时的学科设置基本是参照西方教育系统而初步拟定和逐渐调整的。

因此，在中国的历史并非悠久的现代教育体系中，作为学科而存在的所谓“（中国）文学（研究）”，在一个非常深刻的意义上，乃是深受他

---

① 参阅伊格尔顿 *Literary Theory: An Introduction* 第一章，“英国文学（研究）的兴起”。中译本见伍晓明译：《二十世纪西方文学理论》，北京大学出版社，2006 年。

② 光绪二十八年（1902），清政府管学大臣张百熙遵拟《学堂章程》。该章程随之作为《钦定学堂章程》颁布。《清史稿》称“教育之有系统自此始”（见《清史稿 · 卷一百零七 · 志八十二 · 选举二 · 学校二》，中华书局，第 3130 页）。根据此章程，京师大学堂的大学专门分科（略相当于现在的本科）共设七科，其中文学科包括七门：经学、史学、理学、诸子、掌故、辞章、外国语言文字（《清史稿》，第 3130 页）。稍后几年，大学的分科及科目又有所变更。大学本科开设八科，一为经学科，二为文学科。文学科中又分九门：中国史、万国史、中外地理、中国文学、英国文学、法国文学、俄国文学、德国文学、日本国文学（《清史稿》，第 3136 页）。这样的“文学科”当然还不是现代学科意义上的文学研究专业。

者——西方文化——影响的一个“发明”。①而这一体制性的“发明”又反过来为中国重新“发现”或“发明”了一个过去的文学传统，一个也许会令过去那些撰写传统史书中“文学列传”或“艺文志”章节的作者在其中甚至认不出自己所熟悉的“文学”来的文学传统。20世纪初期各种“中国文学史”之撰写与发表，即此“发现”或“发明”之若干例证。②其实，概而言之，包括所谓文学传统在内的任何一种语言、思想、文化传统，都必然是这样一种“发明”，这样一种“（事）后构（造）”。③

为什么可以这么说？因为，不能与自身拉开起码距离的文化就不可

① 正因为如此，根据某种现代的或西方的“文学”观念所发明或构造出来的“中国古典文学”的边界才难于确定。当然，也许可以说，所谓“中国现代学术”本身首先就是这样一个发明。这样说当然并不是欲否认所谓“中国现代学术”与中国传统学术的复杂承继关系。但——例如——试图恰如其分地强调这一关系的陈平原在其《中国现代学术之建立——以章太炎、胡适之为中心》（北京大学出版社，1998年，第7页）中也承认：“如何描述晚清及五四两代学者创立的新的学术规范，实在不是一件容易的事情。起码可以举出走出经学时代、颠覆儒学中心、标举启蒙主义、提倡科学方法、学术分途发展、中西融会贯通等。构成如此纷纭复杂的图景，既取决于社会思潮的激荡、个人机遇及才情的发展，也有赖于学术演进的内在理路。三者兼而有之而且谁也逃避不了的严峻课题，则是如何协调‘西潮’与‘古学’之间的缝隙与张力。”这似乎就是在承认，无论我们试图将这一“大故事”讲得如何面面俱到，但若无中国传统（“古学”）与西方文化（“西潮”）的这一关键性的遭遇，或本文所说的“原始比较”，这整个的“大故事”就必然会面目全非。因此，真正“谁也逃避不了的严峻课题”是如何面对那不可能不以某种方式——哪怕是表面上似乎极其否定的方式——去面对的文化他者或他者文化。

② 林传甲《中国文学史》出版于1910年，是此类著作中最早正式出版者。其前身为林氏的京师大学堂讲义，1904年印行。黄摩西《中国文学史》的正式出版虽略晚于林作，但也早在1904年即已被编撰为东吴大学教材。随后则有刘师培《中国中古文学史讲义》（1917），朱希祖《中国文学史要略》（1916—1920），吴梅《中国文学史（自唐迄清）》（以上三种皆早期北大讲义），谢无量《中国大文学史》（1918）等。再后更有鲁迅的《汉文学史纲要》（鲁迅1926年厦门大学中国文学史课程讲义，当时题为《中国文学史略》，次年在广州中山大学讲授时改题《古代汉文学史纲要》。作者生前未发表）、胡适的《白话文学史》（1921年在教育部国语讲习班授课时已有大纲和讲义，1928年正式出版）等。参见蒋原伦《中国文学史谱系学论要》（《上海文化》2011年第3期，第57—66页），陈平原《早期北大文学史讲义三种》（北京大学出版社，2005年）。

③ 所以，包括“中国文学史”在内，现代中国出现的各种普遍或专题“通史”之绝大多数皆产生于中国文化与西方文化的决定性遭遇之后。例如，在“中国哲学”领域，胡适与冯友兰的“中国哲学史”皆为中国学者遭遇西方哲学后回头在中国思想传统中的“发明”或“重构”。这样的“发明”或“重构”为中国“创造”出了一个哲学的历史。但正因为此种“发明”或“重构”的问题性，所以在这些著名的早期中国哲学史写出大半世纪之后，今天人们仍在讨论“中国哲学”一名是否“合法”这样的问题。

能有任何所谓“传统”。而且,更根本地说,不能与自身拉开起码距离的文化其实还根本没有任何所谓“自身”可言,因为没有任何距离——假使这是可能的话——就没有任何自我意识及自我反思可言。而没有自我意识和自我反思,也就不可能有真正的自我认同。但所谓“与自身拉开起码距离”却首先并不是任何(文化)主体的自觉的、主动的意志行为。(文化)主体的任何自觉、主动首先皆来自于主体或自我之因(被动)遭遇他者而被以某种方式分离于“自身”之时。正是此一分离——一个为主体或自我“创造”出其所谓自身的分离——才让主体开始自觉地、主动地意识到其自我或自身。

就现代中国的情况而言,首先正是由于与一“他者的语言文化”或一“语言文化的他者”——现代西方(但我们应该注意不要将“西方”视为单数)——的接触或遭遇,某种经常——甚至始终——都是极为被动的接触或遭遇,某种假使能被主体控制也许就会被其尽量避免的接触或遭遇,才使中国的语言文化开始了此种决定性的与自身分离之运动,并因此而使其能够开始与自身拉开距离。①而只有当一个语言文化由于他者文化或文化他者的这一(其实可能并非总是受到欢迎的、甚至可能经常是被极度抗拒的)“介入”而能够与自身如此拉开距离之时,这一语言文化本身才开始有可能不仅将自身与他者加以比较,而且将自身与自身(重新)加以“比较”,亦即,将一个通过与现在他者之遭遇而正在被意识到或被形成的(新的)自身同一个已经过去的自身加以比较,并且从而将这一“过去的自身”作为“自身的过去”,亦即,作为“自己的传统”,或作为“传统的自

① 当然,此种情况其实早已开始了:所谓“中国意识”,或“中国”对于自身的种种“自我意识”,其实自始就是在传统所谓的“夷夏之辨”或“中国—蛮夷之辨”中形成的。就此而言,中国文化与西方文化自19世纪中叶以来的前所未有的遭遇,只是“中国”不断(被迫)与自身拉开距离以反观其在此运动之中产生的自身的又一阶段而已,尽管此阶段可能是所谓“三千年未有之变局”。

己”，而加以承认、拒斥、批判和继承。①

但所有这些由一文化主体所启始的自觉、主动的“比较行为”，皆必始于与文化他者之遭遇，始于此一文化之发现自身**已然**处在比较之中。这一并非能由任何文化主体主动开其始的、却必然首先要由其被动承受的“比较”即本文——其实并不十分恰当地——被称之为“原始比较”者，因为比较蕴涵着能进行比较的主体，而所谓“原始比较”则必为不由任何主体所启始者，因而所谓“原始比较”乃无法想象而我们又必须想象者。此“原始比较”在使进行比较的主体得以形成之同时也被主体意识到，并因此而同时为此主体所“肯定”。但此“被意识到”与“受到肯定”也是“原始比较”的隐去与“自觉比较”的开始。所以，如果没有中国文化与一个语言、文化意义上的他者之遭遇，如果没有由这一遭遇而产生的某种最根本、最原始的比较，如果没有由这一比较而产生的中国语言文化与自身之（重新）认同以及与他者之（再次）别异，那就根本没有所谓现代意义上的中国语言文化，当然也就更无所谓现代意义上的“中国文学”或“中国文学研究”了。

而此理亦应同样适用于一切所谓“国别文学”或“民族文学”者。这里的问题并不是要说不同民族、不同国家、不同文化在这一最根本、最原始的比较之前（当然，如前所述，严格地说，其实并没有这样一个实际上的、可以历史地确定的“之前”）就没有某种“事实”意义上的言说或写作实践，而是要强调，没有与文学和文化他者的遭遇，没有在某种意义上必然先于一切特定文学和文化“身份”的、或先于任何自我认同之形成和存在的这一与他者的“原始遭遇”，或“原始比较”，就不可能有任何明确的、

① 我们可以从这一角度来谈论整个中国新文化运动（五四时代）的意义：在各个方面呼唤和创造中国新文化者所做的一切都是在力图将过去的中国与一个憧憬中的未来的中国相比较，是一个在人们心目中渐渐成形的中国。二者（过去的中国和未来的中国）因此皆产生于此一“比较”之中。但也正因为如此，二者却都是线条粗重的大画面中的“失真”形象。之所以言其“失真”，并不意味着二者本有其各自真相，而只是说，此种由原始比较激发的自觉比较必然总是有特定角度的，因而总是片面的。

自觉的文学和文化同一性与主体性(意识)的形成。①

六　文学(家)(的)比较:“中国现代文学”之例

在现代意义上的中国文学研究中,被特别区分出来的所谓“中国现代文学”本身的形成及其研究,也许最能阐明上述“原始比较”或“原始遭遇”的重要意义。中国大陆政治、思想、文化、学术语境中这一特定意义上的“中国现代文学”,时间虽然不长,但确实以某种方式在中国的语言文化写作实践上标志出了一个划时代的文学—文化事件。②抛开特定的政治和意识形态所曾经加给这一重要文学时代的种种限制性阅读不论,众所周知,在20世纪初期短短的一二十年之间,一大批非常自觉地以创造主要是西方现代意义上的文学为己任的中国作家,以自己在技巧上虽远非炉火纯青,但却激情四溢的写作,为现代中国创造了一个崭新的(现代)文学。学者们如今当然可以质疑“崭新”这一说法的简单性或绝对性,并恰如其分地强调过去的研究由于特定原因而一度所忽视的这一新文学与中国传统写作实践,尤其是与所谓“晚清文学”或“民初文学”的联系。③而这

① 所以,严格地说,所谓“不同民族、不同国家、不同文化”其实并不存在于这一“最根本、最原始的比较”之前。是此“比较”本身才产生了不同的民族、国家、文化,或它们之间的不同。这也就是说,(民族、国家、文化的)自我总是相对于他者来界定自我。但此“自我界定”却并不是(亦即,并不首先是,也并不总是)自我的意志行为。自我必然始终都是在与他者的“最根本、最原始的比较”之中发现自己的。此处我们也许可以回到拉康的镜像之喻:尚无任何自我感的或尚不具有自我同一性的幼儿是在与其“自身”的镜像的原始“比较”之中首次发现自己——发现那个此前对其来说并不存在的自己——的。对于拉康来说,此“发现”与幼儿发现语言同时,与其可以开始说“我”同时。就此而言,我们也许可以说,作为自觉文化活动的言说、写作实践其实也并不先于我们所讨论的这一“原始比较”。

② 在此特定语境中,最狭义的“中国现代文学”仅指1918/1919—1949年间的新文学。此前的文学称为“中国近代文学”,此后的文学称为“中国当代文学”。但这样的分期早已处在受到学术质疑和改变的过程之中。

③ 这是王德威在《被压抑的现代性——晚清小说新论》(北京大学出版社,2005年)一书中着力强调的一点。其书导言即明确题为:“没有晚清,何来五四?”

也就是说，“自己”与“自己”的联系，“现在的自己”与“过去的自己”之间的联系。但“自己”之能与“自己”拉开距离，或之能与自己比较，却已然就是遭遇他者的结果，或本文所谓“原始比较”的结果。因此，如果没有以上所说的这一根本性的“原始比较”，此种与某一或某些文学、文化他者的意义重大而影响深远的遭遇，一个其实基本上是不期而来的遭遇，一个其实也许是很不情愿的遭遇，这一新文学可能将会是完全无法想象的。①

当然，发现自己**已经**置身于比较之中、并且已经为其所深刻影响的中国现代作家，当其开始自己的创作之时，就同时开启了程度不同的自觉的“文学比较”，亦即，开启了并非作为学科而存在的某种“比较文学”。也许可以说，在中国现代文学的奠基作家中，几乎没有一人没有从事过此种“文学比较”或非学科性的“比较文学”。这里，自觉的比较发生在这些作家自幼所接受的传统的中国语言文化教育与其青年至成年时期所接受的现代西方语言文化（包括当时很大程度上已经西化的日本语言文化）影响之间。或者，我们毋宁说，正是在此一程度不同的自觉比较之中，这些作

① 也许是有意为了强调这一“不期而来的（与他者的）遭遇”，鲁迅晚年回忆他的小说创作起源时才会说：“大约所仰仗的全在先前看过的百来篇外国作品和一点医学上的知识，此外的准备，一点也没有。”（鲁迅：《我怎么做起小说来》，《南腔北调集》，《鲁迅全集》第四卷，第508页。）与郭沫若承认自己在文学上是经由他者而“发现”自己不同（详下注），当鲁迅说自己“此外的准备，一点也没有”时，他似乎一方面是欲强调此一影响之来得如何突然，另一方面则是欲有意遗忘（或欲让我们忘记）中国传统文化（传统意义上的“文学”）对他的深刻影响。但鲁迅曾在其他场合承认，自己其实深受这一传统的影响：“别人我不论，若是自己，则曾经看过许多旧书，是的确的，为了教书，至今也还在看。因此耳濡目染，影响到所做的白话上，常不免流露出它的字句，体格来。但自己却正苦于背了这些古老的鬼魂，摆脱不开，时常感到一种使人气闷的沉重。就是思想上，也何尝不中些庄周韩非的毒，时而很随便，时而很峻急。孔孟的书我读得最早，最熟，然而倒似乎和我不相干。”（鲁迅：《写在〈坟〉后面》，《坟》，《鲁迅全集》第一卷，第288页。）可以说，正是鲁迅与他者文学或文学他者的此一不期而来的遭遇（此“不期而来”部分上反映在下述事实之中：鲁迅去日本原是为了去学医而不是去从事文学的），让鲁迅发现自己已经置身于“原始比较”之中，而此发现所带来的震荡则是让鲁迅立意创作出不同于中国传统之文的“新文学”来。在鲁迅的情况中，正是由于这一比较，中国传统——那其实一直在深刻地影响着鲁迅者——才会作为一个他欲远离甚至欲与之对立者而被“（重新）发现”。

家才重新发现或"发明"了"自己的文化"。①没有此种自觉的文学比较或并非作为学科而存在的"比较文学"的催化,就没有我们现在所看到的"中国现代文学",尽管这一"没有"并不意味着现代中国因而就不会有任何自己的语言文化写作实践。

此处,在谈论主要是由作家所自觉进行的、程度不同的文学比较(而非作为学科的比较文学)之时,我们应该更深入地分析一下此种比较的复杂含义。自觉的文学比较,如果具有系统性和理论性,就将成为学科性的比较文学研究。然而,文学比较其实首先是在"文学"之名下进行写作者所必然时时使用的"基本方法",尽管有些写作者对此"自觉比较"的意识可能并不完全"自觉"。②因为,没有一个作家能够完全凭空创造。这也就是说,每一作家在创作之时都会以各种不同方式模仿、借鉴、影射、点化或改造已经存在的其他作品或文本,并因此将自己的"原创性"作品置于无可避免的比较之中。此"比较"意味着,一方面,创作者总要时时比较自己之作与他人之作,以求其相异或相近,另一方面,研究者也要经常比较此一文本与彼一文本,以求指出其继承性与原创性。当然,所谓"模仿"、

① 关于此种发现或发明,此处可以试举一例。郭沫若在回忆他的作诗经历时曾说,使他真正领略到诗意的,不是他从小熟读的中国古诗,而是一首普通的英文小诗,美国诗人郎费罗(Henry Wordsworth Longfellow, 1807—1872)的《箭与歌》。他当时"感觉着异常的清新,就好像第一次才和'诗'见了面"。由于这一与他者文学或文学他者的遭遇,郭沫若"在那读得烂熟,但丝毫也没有感受着它的美感的一部《诗经》中,尤其《国风》中,才感受到了同样的清新,同样的美妙"(郭沫若:《我的作诗经过》,转引自拙旧作《郭沫若早期文学观与西方文学理论》,《中国现代文学研究丛刊》1985 年第 3 期,第 107 页)。

② 例如,评论家指出,曹禺《雷雨》第一幕与易卜生《群鬼》第一幕有着明显的类似。但曹禺自己在《雷雨》公演(1930 年代)之后曾写道:"……时常有人论断我是易卜生的信徒,或者臆测剧作某些部分,是承袭了 Euripides 的 *Hippolytus* 或 Rachine 的 *Phèdre* 的灵感。认真讲,这多少对我是惊讶。……尽管我用了力量来思索,我追忆不出哪一点是在故意模拟谁。也许在所谓'潜意识'的下层,我自己欺骗了自己。我是一个忘恩的仆隶,一缕一缕地抽取主人家的金线,织好了自己丑陋的衣服,而否认这些褪了色(因为到了我的手里)的金线,也还是主人家的。"(曹禺:《〈雷雨〉序》,上海,1936 年。转引自高利克[Marián Gálik]:《中西文学关系的里程碑》[*Milestones in Sino-Western Literary Confrontation*: 1898—1979]。伍晓明、张文定等译,北京大学出版社,1990 年,第 140 页。)在此,"潜意识"这一具有某种弗洛伊德精神分析学说意味的概念被曹禺用来同时承认和否认自己所受的文学影响。

"借鉴"、"影射"、"点化"、"改造"等等都是非常模糊的说法。①其必然模糊是因为,这些说法皆描述一文本与它文本之间的**某种**连接或关系。于是,比较所面对的任务始终都是,要在两个或诸个文本之间划出明显的、确定的分界和连线,而这正是根本性的困难之所在。

因此,否认有任何文学原创性的传统文学智慧干脆会说,"天下文章一大抄"。但一切作品——如其欲作为有特定面目的、能与其他作品相区别的作品而存在的话——本质上皆必为欲区别自身于其他作品这一"创—作"努力或活动的产物。当我们隐去作者的署名时,若一作品完全不能与其他作品相区别,亦即,若此一作品没有能使其从其他作品中被"辨认出来"的起码特征,一作品即不可能有其自身的存在。②在这一意义上,尽管那欲创作"前无古人,后无来者"之作的作家,以及始终要在任何特定作品中认出其他作品痕迹的批评家都会认为,古往今来大多数作品都是"千人一面,千部一腔",但其实任何作品,无论如何"平庸",如何"了无新意",都必然是在与其他作品的"比较"中产生的。这一比较活动则同时既是"认同"也是"别异"(或"趋别",借用张祥龙对德里达的"différance"的一个别出心裁的翻译)。或者,换个其实需要首先加以质疑

---

① 但中国和西方传统中都有一个似乎可以概括所有这些情况的美化性比喻:蜜蜂采于百花而酿蜜。在《管锥编》第四卷(三联书店,2001年,第63—66页)中,钱锺书从《全上古三代秦汉三国六朝文》中拈出张璠《易集解序》"蜜蜂以兼采为味",说"以学问著述之事比蜂之采花酿蜜,似始见于此",并征引中外典籍中类似之比喻(三国裴松之,古希腊 Isocrates,Lucretius[卢克莱修],Horace[贺拉斯],Seneca[塞涅卡],Montaigne[蒙田]),以示此说法之普遍。但钱锺书仅满足于旁征博引,却未能考虑此一关于自我与他者关系的普遍比喻所包含的复杂哲学问题。更值得我们留意的是,钱锺书是以艾克曼所记歌德的一段话结束他对蜜蜂采花酿蜜之喻的征引的:"歌德因学究谈艺,不赏会才人之意匠心裁(die Originalität)而考究其渊源师承(die Quellen),乃嗤之曰:'此犹见腹果肤硕之壮夫,遂向其所食之牛、羊、豕一一追问斯人气力之由来,一何可笑!'可笑诚然可笑,但其所涉及的却是我们必然总是要以某种方式"吃他者"这一严肃问题。本文此节以下部分,是对任何作品都必然始终要以某种方式"采他"(或"吃他")以"为我"这一现象的初步思考。在此节末尾,读者将会看到,鲁迅在主张"拿来主义"之时,也不约而同地使用了"吃"的比喻。

② 当然,此问题需要进一步的分疏。极端地说,如果一(新的)作品与一已经存在的作品毫无区别,此作品即根本不是此作品,而只是已经存在之作品的"拷贝"或重复而已。然而,即使是这样的重复,在某种意义上也仍会与原作有差异,亦即,仍然可以辨认。

的“贬义”说法，那就是，这一活动既是“抄袭”也是“改造”（当然，应该将此“改造”区别于获得原作者授权的“改编”）。

抄袭——以某种方式与他者认同；改造——以某种方式与他者别异：此二者其实乃一切“创—作”的题中应有之义。因为，如果没有作品可以凭空产生的话，那么任何所谓“创—作”都不可能不以某种方式指涉其他“创—作”，亦即，必然以某种方式在自身之内留下其他文本的痕迹。[①]就此而言，不含贬义的“抄袭”不可避免。但如果抄袭成为完全的、绝对的，这样的活动就不会产生任何“新作”，或任何不同的东西（但我们这里必须意识到现代社会中复杂的“复制”问题，此应另当别论），而这也就是说，不会产生任何东西，如果我们这里所说的东西应该是“这一个”（这也是在俄国和苏联文学理论影响下的中国革命文学理论或社会主义文学理论所曾经喜欢的一个术语）而不是任何其他“一个”的话。因此，“完全的抄袭”或“绝对的抄袭”将等于无抄袭，非抄袭。所以，创作者总会努力以某种方式尽量改造。但是，“完全的改造”或“绝对的改造”也是不可能之事，因为如果此事真的可能的话，那么所谓改造而来的作品与被改造的作品之间由于这一“完全”或“绝对”就不再有任何联系，于是也就不再有所谓“改造”可言。因此，“完全的或绝对的改造”乃是自相矛盾的说法。有所谓“改造”就不可能有“完全”或“绝对”，反之亦然。

所以，一般而论，抄袭——不含贬义的抄袭——总只能是不完全的抄袭，而这也就是说，总是要从不止一个作品那里多少“拿来一点”的抄袭（蜜蜂采于百花而酿蜜），而改造也总只能是不完全的或部分的改造，亦即，对任何特定作品的部分“抄袭”可说是一种不完全的“改造”，而将诸部分“抄袭”结合起来也是对所有被抄袭作品的一种“改造”，亦即，每一被抄袭的作品都在这一结合中被部分地改造了。一个与其他作品有起码

① 我们其实可以从这一角度重新思考孔子的“述而不作”的含义：超出孔子的自谦，也超出一定程度的事实，“述而不作”指向一个非常深刻的哲学层面，那就是，不可能有任何无“述”之“作”，也不可能有任何无“作”之“述”。

不同的、因而可被认出为一特定作品的作品即如此诞生，无论此作品是否会被认为“拙劣”。比较则自始至终都在这一作品的产生过程中活动着（抄袭需要时时“比较”被抄袭者与由抄袭而得者；改造亦然，需要时时“比较”被改造者与由改造而得者）。

然而，如果部分抄袭与部分改造是“平庸”作品的产生规律或生产原则，那么它们其实也必然是任何“独创性”作品的生产原则或产生规律。因为，没有任何作品——无论如何独创的作品——可以在无任何比较的绝对孤立中产生。当然，任何所谓“独创”——顾名思义——都必然从一开始就是一个欲将自身完全区别于他者的努力活动。而正是这一欲产生真正独创作品的努力活动本身，却从一开始就已经将此独创的“未来结果”——所谓“独创性作品”——置于不可避免的比较之中了。因为，欲“完全”区别自身于他者，或欲自己与他者“完全”不同，其实是一种典型的既从根本上依赖他者而又欲从根本上排除他者的“形而上学”操作。“我”总需要“借”他者来表明自己如何独创，或如何不同于他者，而恰恰就是这一对他者的无可避免的“借（用）”使我再也离不开他者，并从而将我的“独创”变为并不独立于他者之创，或将我所追求的“完全的不同”从根本上变为“相对的不同”，因为所谓“不同”总只能是“不同于……”，而“不同于……”则必然蕴涵着比较。

所以，“完全不同”，如果真能这么说的话，乃是不可能之事，或自相矛盾之事。欲“不同”就不可能“完全”（注意，此处所言是“完全”而不是“完整”，后者意味着一物之无缺失，前者则意味着全部/总体），而欲“完全”就不可能“不同”。所谓“不同”必然使“完全”成为相对的，亦即，成为“不完全”的。这就是说，只有成为“至大无外”者才能真正完全，但“至大无外”却必然使“完全”成为不可想象者，因为“至大无外”本身就是不可想象者：“无（任何）外”之“至大”已经无所谓“至大”了。因此，严格地说，“完全”本身也是一个不可能的观念。在这一意义上，去想象并欢迎真正意义上的（“完全”新、异的）“事件”才是虽不可能而又非常必要、虽必要而又在某种意义上不可能的困难之事。①

以上所言,并不是要为抄袭(我们知道如今学术——而非文学——抄袭已经成为严重的问题)辩护,而是欲分析任何创作都必然会包含的"抄袭(性)的改造"或"改造(性)的抄袭"因素,并思考其哲学含义。"抄袭—改造"现象之普遍表明,比较其实无处不在。例如,在中国传统写作中,诗歌创作中的"无一字无来历"经常不是批评而是赞扬。而在中国现代文学中,文学上的"拿来主义"也是被明确宣布的积极原则。"拿来主义"一方面明确承认自己的不完全,承认自己需要他者,需要从他者那里拿:

> 没有拿来的,人不能自成为新人,没有拿来的,文艺不能自成为新文艺。②

而此"拿来"则必然包括某种形式的"吃他者"。因此,"吃"是上引鲁迅之文中所使用的如何"拿来"的诸形象之一:

> 看见鱼翅,并不就抛在路上以显其"平民化",只要有养料,也和朋友们像萝卜白菜一样的吃掉,只不用它来宴大宾……③

但是,"拿来主义"另一方面又假定(当然,这一假定也是必要的)一个能够"拿来"并且知道如何"拿来"的主体:

> 总之,我们要拿来。没有拿来的,人不能自成为新人,没有拿来的,文艺不能自成为新文艺。然而首先要这人沉着,勇猛,有辨别,不自私。④

这当然不错,因为所谓"拿来"已经是某一主体的自觉行为,而此主体

---

① 例如德里达所谈论者。具体到本文的语境,那就是,独创文学作品作为无法预料之事件的到来。

② 鲁迅:《拿来主义》,《且介亭杂文》,《鲁迅全集》第六卷,第 39 页。

③ 同上书,第 38 页。

④ 同上书,第 39 页。

在拿来之时必须能够"辨别"。"辨别"则已经是一种有意识的或自觉的比较。但"拿来"的必要——如果承认这一必要的话——又表明,我们离不开他者。我们总是通过他者——通过模仿、借鉴、影射、点化或改造他者,或通过与他者的"比较"——而成为我们自己。我们只在无所不在的"与他者的比较"之中,才是我们自己。所以,在能够"拿来"之前,任何能够主动自觉地进行"拿来"的主体都必然会发现自己已经置身于"原始比较"之中了。而中国现代文学中所发生的情况则是此种"原始比较"与"自觉比较"的一个典型事例。

七　作为伦理学的比较文学

正因为中国现代作家所进行的自觉的文学比较,或这一并非作为学科而存在的比较文学,直接决定了"中国现代文学"的形成和发展,作为一门现代人文学科的"中国比较文学"之在很大程度上也首先发源于、并且相对集中于中国现代文学作品的研究,才应该是毫不令人奇怪的。①这里,即使是最传统的所谓"影响研究",一种主要是通过搜寻各种文本证据而试图勾勒出为不同语言和文学传统所分开的不同文学文本之间的具体联系线索的研究,也必然会从根本上超越影响研究对所谓"事实接触"的注

---

① 上世纪 30 年代初,在一封与当时清华大学中国文学系主任刘师培讨论"国文试题"的信中,陈寅恪曾谈及当时中国文学系的中外比较文学课程,说其"只能(引者案:陈寅恪这里的意思是'只应该')就白乐天等在中国及日本之文学上,或佛教故事在印度及中国文学上之影响及演变等问题,互相比较研究,方符合比较研究之真谛。盖此种比较研究方法,必须具有历史演变及系统异同之观念,否则古今中外,人龙天鬼,无一不可取以相与比较"。(《与刘叔雅教授论国文试题书》,《陈寅恪集 · 金明馆丛稿二编》,陈美延编,三联书店,2001 年,第 252 页。)此处暂且不论陈寅恪的比较文学观念本身的特定局限。他之不提中国现代文学,似乎反映着中国现代文学创作当时尚未充分进入大学的文学课程及学术研究这一历史现象。20 世纪 80 年代,当比较文学在中国大陆开始发展时,很多极有成就的比较研究首先都出现在中国现代文学领域。例如,比较文学研究的全力推动者之一乐黛云先生自己就是从中国现代文学研究进入比较文学的。她当时的鲁迅与尼采的比较研究,可说是开风气之先的比较文学研究之一。

重。因为,有关一个本国作家与一部外国作品之有何种事实接触的历史证据,或前者之如何为后者所具体影响的文本证据,它们在此所表明的其实绝不仅仅是外国文学作品中某一特定观念、特定主题、特定体裁、特定结构或某一特定表达方式之如何为本国作家在自己的写作中所接受的问题。并不超出事实之发现和列举的影响研究当然也很必要,而且有时甚至可以像侦探小说一样引人入胜,但却不能告诉我们很多东西。这里,我们首先应该要问的也许是,这样的影响和接受在伦理意义上意味着什么?

的确,以上说的是"伦理意义",因为所谓影响与接受从根本上涉及的乃是自我与他者的关系,而这一关系从一开始并从根本上就是伦理性的。如果我——每一个我——都必然来在他者之后,那么影响就始终意味着他者对我的可能经常是不期而至的冲击,而接受则始终意味着我对他者的可能并非总是心甘情愿的敞开。而承认无可避免的影响和接受就是承认,没有任何自我可以独立于他者,可以免于他者的影响。因为,无论我是否主动接受以及在何种程度上接受,影响都始终已经在发生作用了。所以,就是不接受和有意拒绝,其实也首先已经是一种接受。在这一深刻的意义上,超出任何具体的、有时可能只是"技术性"的影响,文学的影响—接受研究所最终关注的,其实乃是任何一"文学自我"之如何必然会以此种或彼种方式与他者发生关系,以及其如何"自觉地"对待某一他者的文学或文学的他者。

因此,在对影响的接受中,始终都已经在被以某种方式接受的乃是那个任何一个文化都有责任接纳的文化他者,那个在不同的"国别文学"中显示自身的他者。这一他者要求自己之接受。而阅读这一他者,并且在自己的写作中——而且就以自己的写作本身——来接受这一他者,则是每一文化的责任。在自己的语言文化和文学之"家"中接受他者,这将不仅只是一个语言文化上和文学上的主人之礼貌性的好客,也不是来自其自足而有余的慷慨。相反,正是在自己之"家"中对他者的这一义不容辞的(当然有时可能也是极其困难的)接受和款待,才能使自己的语言文化之家成为一个真正的好客之家，一个能尊重他者并且让他者作为他者而在的好客之家。①

因此，所谓影响—接受问题其实远远超出了对“渊源师承”的技术性或学术性追寻。在我们这个每一文化都正在以含义极其暧昧的方式“全球化”的时代，或者说，在我们这个文化交流、文化传播和文化冲突甚至文化战争并存的时代，影响—接受研究的深刻伦理意义可能会更加显著。因为，面对外来文学的影响，文学创作中的民族主义冲动总是会更加强调所谓“民族化”，但同时又可能天真地或一厢情愿地相信，“越是民族的就越是世界的”。然而，一切民族主义所已经忽视的或不愿记住的是，民族主义本身其实已经就是对他者——其他国家、其他文化——之必然影响的某种接受的产物，尽管此种接受在表面上只体现为对他者文化或文化他者的拒绝和排斥。没有他者的文化或文化的他者，民族主义——文化民族主义——就根本不会意识到自身的存在，因而也根本还不会存在。而一旦有他者文化或文化他者，任何民族主义就都无法摆脱这一首先使其进入存在和获得自我意识的他者影响。

当然，这并不是说，心甘情愿的“他者化”才是唯一的出路。如果没有

---

① 行文至此，我们也许可以从本文目前的论述角度来考虑一下诺贝尔文学奖的问题。诺贝尔文学奖当然不是高高在上的文学总裁判，因为此奖之决定必然始终会受种种政治的、社会的、文化的乃至意识形态的和经济的影响，某种偶然性也在其中发生作用，因此它远非中立。然而，在将上述影响考虑在内的同时，我们可以说，一个作家之会被认为值得这样一个“国际性”的文学奖，将不可能只是因为其作品完完全全是“民族的”或“本文化的”，亦即，是与其他文学传统无涉的，或是未受其他文学传统“感染”的，但也不可能是因为其作品已经具有充分的“世界性”，如果我们真能知道这一“世界性”对文学意味着什么（假使不是纯粹的灾难）的话。一个作家之能获得某种“世界性”的欣赏，将只能是因为他/她能以自己的方式表明，在他/她所创造的独特的语言文学之家中，他者——他者的文学，文学的他者——受到了真正的尊重。德国汉学家顾彬（Wolfgang Kubin）在第一次世界汉学大会（中国人民大学，2007 年）的一个圆桌会议上说，1949 年以后的中国大陆没有文学，基本理由是，大陆作家不学外语。此话当然过于绝对，因为即使自己不学外语的中国作家也不可能完全免于外国文学的影响（例如，通过阅读汉译外国文学作品，或通过阅读那些阅读外语作品的前辈中国作家）。但如果宽容地理解顾彬此话，他的意思是，不学外语的作家对于他者——作为外国文学的他者，出现在外国文学中的他者——可能不如直接阅读外语文学作品的中国作家那么敏感。

能够与他者面对——而且能够**对得起**他者——的自我，那就既不会有自我，也不会有他者。因此，始终都会有我，一个必然需要面对文学他者的文学之我，或必然会受到文学他者影响却又追求自己独创的文学之我，而此我对于无可避免的他者影响的接受，无论体现为何种形式，无论是肯定的还是否定的，都首先已经就是一种“向他者致敬”。而正是这样的不断地向他者致敬的文学行为，不仅使每一文学之我更加为我，也使每一文学他者都更加是他者，因为文学之我与文学他者只在比较之中才会各自是其之所是。

那么，比较文学——作为学科的比较文学，中国比较文学——又当何为？这一“何为”问题也是一个“为何”的问题：为何比较文学？需要比较文学吗？有必要去比较“我们的文学”和“他们的文学”吗？但首先，让我们问，为什么我们要在“比较文学”之前冠以“中国”这一定语？如果比较文学必然只能居于不同文学之间，那我们原则上能够给“比较文学”加上诸如“中国”或“法国”或“美国”这样的定语吗？居于不同文学之间的比较文学不是原则上就只存在于不同文学之间，并在这一意义上超出任何在不同语言中产生的文学吗？诚然！但所谓“之间”却并不存在，或至少是，不可能作为实体存在。一旦成为某种实体，“之间”就不再是“之间”了。所以，任何比较文学研究都必然首先只能在某一特定语言中进行，亦即，首先只能“说”某一特定语言，而我们绝对不应该忽视这一似乎可以忽视之点。因为这一“只能”意味着，居于不同语言文化和文学之间的比较文学又必然首先只能是居于某一特定语言之中的比较文学，必然只能是“说”某一特定语言的比较文学。而这也就是说，比较文学并不是某种“普遍语言”，假使真能有超越任何特定语言的普遍语言这样的事情的话。并没有一种可以作为“普遍语言”的比较文学，亦即，不可能有“普遍的比较文学”。因而，如果有所谓比较文学，那么它就必然只能或是“中国的比较文学”，或是“法国的比较文学”，或是“美国的比较文学”，等等。亦即，它们或者说汉语，或者说法语，或者说英语，等等。而正因为如此，比较文学，作为一门学科，作为特定的学术研究方式或论述方式，亦即，作为一种

“理论话语”，本身才可以被比较，被比较于其他的比较文学。例如，法国比较文学可以被比较于美国比较文学，而中国比较文学又可以被比较于此二不同的比较文学，等等。这将是比较文学之间的比较，或比较的比较。比较文学本身可以被比较，也需要被比较，而且其实也始终都已然在此种或彼种方式之中被比较了。最根本、最原始的“比较”无处不在。

然而，我们这里又遭遇到一个难题，一个回应着本文开头在讨论比较文学的独立之可能时所提出的问题。首先，如果比较文学必须说某一语言，或在某一语言中被说出，那么比较文学——任何比较文学，无论是中国的，美国的，还是法国的——就没有一个超出它所比较的不同文学的中立之地。这就是说，比较文学作为学科，作为理论，作为去比较不同文学的那个主动的比较者，从来不可能“不偏不倚”，从来不可能成为一个居于被比较者之上者，例如，成为居于被它所比较的两个不同文学之上的第三者。为什么？我们当然可以设想，由一个超出中、俄文学的第三者来比较中俄文学，或由一个外在于英、法文学（或英美文学与欧洲大陆文学）的第三者来比较英法文学，其“结论”将会更加全面公正。然而，问题在于，此比较仍必然要在某一语言中进行，因而最终一切都必须在这一语言中得到陈述和确定。但为了在第三种语言中比较两个不同的语言文学，它们——作为某种意义上的不可被翻译者，作为会以某种方式消失于翻译之中者——就首先需要被翻译。[①]而如此一来，当在第三种语言中被互相比较之时，它们就皆已非原来的自己了，如果它们真可以说有一个“原来的自己”的话。换言之，为了比较，“（进行）比较（的）语言”首先总是必须去翻译诸“被比较者的语言”。翻译则必然在任何一被比较者之被比较于

---

① 例如，我以前参与翻译的汉学家高利克（Marián Gálik）的《中西文学关系的里程碑》，就属于此种情况。高利克是前捷克斯洛伐克人，他的这部比较文学之作以英语写成，由一家德国出版社出版，研究的对象是中国著名现代作家如鲁迅、郭沫若、茅盾、曹禺等与俄国文学、法国文学、德国文学、美国文学等西方文学的关系。书中所涉及的以不同语言写成的作品，如不首先被翻译成英语，就不可能被比较。但统统译为英语之后，被比较的又究竟是什么呢？而且，如果考虑到此书竟又被译为汉语，那么这一局面就更有意思了。但我当年受托参与翻译此书时，还未能想到这些问题。

任何其他文学之前就已经改变了这一被比较者。但此说其实也同样适用于那些在被比较的两种不同的语言文学所属的语言之一中进行比较的文学研究,因为此处不仅同样需要翻译,而且这样的单向翻译可能还会更加“不公正”。当被比较的两方之中的一方需要翻译,而另一方不需要翻译的时候,吃亏的似乎经常是那个需要翻译者。所以,“比较语言”必然始终都会在被比较者身上留下决定性的烙印,那甚至会使被比较者面目全非的烙印,尤其是当被比较者不说进行比较者所说的语言之时。而这经常被相信为是比较文学的胜利。①

当然,如果能有居于被比较的一切文学之上的中立语言或普遍语言,那么比较文学的胜利就是不可挑战的。受委屈者(诸被比较之文学)将无处“申冤”,因为它们都不说这一最高法庭所说的语言。在这样的“比较文学”中,它们将是“无语”的,将只能被一个更高者代言。然而,无论幸或不幸,这样的高高在上者,这样的最高法庭,或这样的比较文学,并不存在,也不可能存在。因此,作为学科的比较文学总是特定的,而其远非中立的立场则始终需要被质疑。没有一个第三者能够中立地评判两个被比较的不同文学,而对于那些比较“自家语言中的文学”与其他语言文学的研究,我们就更加需要警觉。因为,在这样的比较文学中,进行比较者本身的立场(“自己的语言”、“自家的文学”)既似不言而喻,而又更加成为问题。这当然不是说,这样的比较文学就不应该或不可能。其实,只会有这样的比较文学,也只能有这样的比较文学。但这也就是为什么说,如前所述,“比较文学”会不可避免地带上表示自身语言或国别的定语,而比较文学——不同的比较文学,不同国别或不同语言中的比较文学——本身也可以而且应该被比较。

因此,比较不可避免,但比较却不是为了逐渐并最终实现所谓“视野融合”。此语现在已被说滥,但其中复杂、矛盾的含义却似乎从未在汉语

① 因此,在某种非常深刻的意义上,超出特定语言边界的比较文学乃是既非常必要但又绝不可能之事。因为,不翻译就无法比较,而翻译了就无可比较。所以,作为学科的比较文学本质上其实始终都是在尝试不可能之事:比较那从根本上即不可被比较者。

学术语境中得到深究。所谓“视野”对于不同的视者—主体意味着什么？不同的视野怎么融合？如果融合真能实现，融合之后还有比较文学吗？还需要比较文学吗？正如比较文学一旦让开始自己谈论所谓“世界文学”时所会发生的那样，其所珍爱的“视野融合”——如果真能实现的话——其实也是一个会让比较文学消失于其中的乌有之处。

然而，视野却不可能融合，也不应该融合，因为视野的融合将意味着，只有一个至大无外的视者—主体，其目光是无所不在和无所不及的，能够期待一切的。然而，在我之外，始终都会有他者，始终都已经有他者。而他者，那真能当得起“他者”之名的他者，那真能保持此名的他者，则必然始终都会从我的视野之外——我的视野的结束之处，我不再有视野之处——到来。因为，任何在我的视野之中者都必然是我已经对之有所准备者和有所期待者，但也就正因为如此，这样的他者已经不是他者，或不再是他者，而这样的到来也不是或不再是到来了（这也就是为什么我们说，在任何自觉的比较能够开始之前，我——作为进行此一比较的主体——必然发现自己已经置身于“原始比较”之中了）。他者，能当得起“他者”之名的他者，那总会让我吃惊的他者，只能从我的视野之外出现。①这也就是说，对于这样的他者，我已经不可能有任何的“期待视野”

① 德里达在论述何为真正的事件的本质时谈到了他者何以将在我没有视野之处，在我不再看见其到来之处到来。他的论点是这样的：当得起“事件”之名者是那“只发生一次者，是始终以单一的、独特的、例外的、不可替代的、不可预见的、不可计算的方式而发生者”，而这样的事件，无论是作为某事还是作为某人，恰恰就在那“我们看不见其到来之处，在没有前景或视野之处发生或到来，而此种情况不仅是视野的结束，也是（传统）目的论的结束，是可计划的程序、预见、预备的结束”。详见 Jacques Derrida，“The ‘World’ of the Enlightenment to Come (Exception，Calculation，Sovereignty)”。收入 Jacques Derrida，*Rogue*：*Two Essays on Reason*. Translated by Pascale-Anne Brauk and Michael Naas，Stanford University Press，2005。以上引号中的文字只是原文的大意。此段原文的英语译文为：“If I allow myself to play a bit with this sonorous register，it is in order to get closer to this essence of the event，of *what comes to pass* only once，a single time，a first and last time，in an always singular，unique，exceptional，irreplaceable，unforeseeable，and incalculable fashion，of *what* happens or arrives as well as of *who* arrives by coming precisely there where—and this is the end not only of the horizon but of teleology，the calculable program，foresight，and providence—one no longer *sees it coming*，not horizontally：*without prospect or horizon.*”（p. 135）

了。我当然更不可能期待这样的他者的视野融入我的视野，或期待让自己融入这样的他者的视野。

那么，何为比较文学？为何比较文学？如果我们接受，比较——先于一切自觉比较的比较，原始的比较，让他为他并让我为我的比较——不可避免，那么作为学科的比较文学也许只是对于必然的、无所不在的比较的某种正式承认。比较文学并不为了比较而比较。比较是我们的无法推卸的责任。比较，是因为他者已然在此，已然在我们面前，并且始终都会让我们感到意外。比较，是因为他者在要求我做出回应，对他者负责的回应。因此，如果比较文学有其必要性的话，那是因为我们始终需要研究和思考一文学与他文学的关系，自己的文学与他者的文学的关系。而关系，如前所述，则从一开始并从根本上就是伦理性的。如果承认这一点，**那么比较文学其实乃是伦理学，而且只能是伦理学**。这意味着，比较文学的最深刻最根本的责任可能是：以其自身所特有的方式——如果比较文学真能拥有这样的方式的话——为他者——语言、文化、文学的他者——（可能是不期而至的）到来时刻做好准备（而他者的到来则其实始终都是不期而至的）。而这一准备之所以必要，之所以应该开始，并且必然始终都已经开始了，又正是因为此乃来自他者的要求：语言、文化、文学的他者始终已经在等待自己的机会。超出技术层面，比较文学能够做的和应该做的乃是，从一个语言之中，在一个文学之中，穿过语言和文学的边界，而对他者，或对另一个语言和文学，做出回应。而回应是应承，是承担，是为他者负责。此一负责也是给予：比较文学在将自身——自己所置身于其中的语言和文学——向他者敞开之时将自身给予他者，并通过这样的给予而得到自身的充实。

这样的比较文学既会让自身作为专业学科而存在，也能让自身存在于所有的文学写作之中。这样的比较文学为无所不在的原始比较所要求，但同时揭示出这样的原始比较的哲学含义。这样的比较文学为在国别文学中进行认同的文学自我揭示其自我认同的形成过程，揭示这一自我认同的“秘密”或真相:没有无所不在的原始比较,就不可能有任何语言、文化、文学的自我认同。而正因为任何国别文学——国别文学的自我意识和自我认同,国别文学之相对于其他文学而为自身界定的身份或同一性——首先都是比较文学,而一切文学研究首先都是比较文学研究,所以从某种意义上说,我们甚至也许可以省掉或取消“比较文学”这一从来未得其正的名称。但这当然不是欲取消已经作为一个学科而存在的比较文学研究的边界,从而扩张其领域到“至大无外”的程度,而只是欲肯定一个事实:一切文学,一切国别文学,一切具体的国别文学研究,都首先即已蕴涵着某种根本性的比较。

八 不是结论

比较文学当然不能因此而暗暗自大,但或许也无须继续隐隐自卑。比较文学可以而且其实永远都只能“(不)安(地)居”于不同的语言文学之间,或“(不)安(地)居”于语言、文化和文学的边界之上,并且就作为这样的边界而“(非)存在”。

但边界本身——如果我们真是可以谈论边界“本身”的话——总是容易被忽视和被遗忘的。有谁愿意仅仅逗留在必然没有任何“实质”的边界之上,而不赶快奔向为其所分开的某一本土——本土的中心,或中心的本土——呢?因为乐趣似乎只生于本土——文学的本土,本土的文学——之中心,而不生于文学的边界之上。

因此,为了不忘记那从一开始并从根本上使任何文学本土得以成为文学本土的文学边界之功,为了不忽视无所不在而又经常隐而不显的原始比较,为了能始终对他者的文学或文学的他者做出负责的回应,让我们继续坚持“比较文学”之名,并在此名之下准备和期待着未来的文学和文学的未来。

试论中国现代文论的逻辑与脉络

陈雪虎[①]

[摘要] 在日益经验实用的当代中国,出现对理论的抵制,是可以理解的。这种抵制其实是对日益社会化的世界所必然遭遇的现代进程的忽视,或在想象中的忽视。当代中国对本土的现代文论的怀疑也可以作同样的理解。本文即以此问题为基本参照,试图阐释理论成立的理由和中国现代文论的独特性,并在梳理其基本脉络的基础上,对当代中国理论所遭遇的困境进行反思。

[关键词] 理论 理论能力 现代性 中国现代文论 传统 惯习

一 理论有用吗:抵制与省思

在当代中国,理论一直不容易获得其整体高度的自觉。如果不拘泥于专业视野而回归现实生活的基本面,可以发现,大凡在生活中习用经验,多取实用者,就容易质疑理论,就容易出现对理论的抵制。这种抵制体现在好几个方面。首先是一种基于文学阅读与理论思想之关系的朴素理解。在现代,由于文学阅读很大程度上是基于占统治性地位的印刷文学,这种阅读绝大多数采用纸本的商品流通及文字媒介传播的样式,以及个体私人阅读和情思互动的精神活动方式。所以,这种文学观念突出强调个人性、私人性和感受性,往往坚持私人阅读与社会、集体和理论

① 陈雪虎,男,江苏海安人,北京师范大学文学院教授,文艺学研究中心研究员。

无涉。不少人坚持：文学阅读明明是个人的感性活动和精神意会，为什么在解释时非得进行理论把握和分析呢？理论本身究竟有何现实性？在日益市场化和体制化的当代中国，这种比较朴素的理解，在世界资本主义全球化大扩展、当代中国经济活动市场化和文学活动体制化的背景下，越发显得强劲。由此而生发的对理论的怀疑、疏远甚至指责，也越发显得底气中充，力道炙人。

其次，在当代中国学界日益体制化和精细分工的背景下，在实证思维与理论探讨之间出现隔绝的冷漠或思想的冲突。近三十年来，中国学术迅猛发展，成果斐然。就人文学科而言，一方面出现了大量的门类、学科、专业和方向，国家和社会也设立了大量的课题和项目，科研机构和大专院校也投入了大量的人力和财力从事学术研究。这些研究往往注重突出人文学科的应用性，追究人文思想的现实功能甚至经济效益。另一方面，受社会现实和学术风气的影响，学术研究中的实证主义和历史主义也大行其道，据说有价值的问题和扎实的成果也都出现在这些历史研究和实证学术之中。这两个方面的新发展，使得基础研究和理论探讨就显得相对弱化和边缘化。在这种情况下，不少理论研究也匆忙转型，大讲跨学科和应用性，甚至吃相难看地穿上社会科学乃至自然科学的外衣。学术界中理论无用、事实至上和“为决策服务”的思想是很有市场的。

再次，在“革命之后”的各种思潮的影响下，对既有的理论和百年中国现代文论的评估出现反思。在经济利益全球化博弈、地缘政治风云激荡、文化思潮中外交流加快且急剧变幻的影响下，不少人有意无意地怀疑：百年中国现代文学理论在追求或贡献普世价值方面有何成就，为什么和日常生活显得这么“隔”？或者说，现代文论能成立吗？其内在逻辑何在？该如何理解？当然也有一些学者基于现实而追问：就当代理论而言，如何汲取中国现代文论的滋养，在既有惯习中又突破惯习，而形成理论的自觉呢？

本文大体即以理论的合法性、中国现代文论的基本逻辑和概要脉络为主要线索，就上述几个问题和思考展开，期冀在新的时代基点上形成对中国现代文论的初步反思和理解。

二　现代文论成立的逻辑

现代社会和文学活动对理论的需求一直受到质疑。文学的阅读和感受本来显得很纯净、具体、感性,这些本来即已自足地存在着,“理论”是否完全是后设的？就阅读和理解而言,它难道不是完全外来的、异己的吗？无论如何,“理论”不是与经验和作品相“隔”吗？理论必要吗？古代人不是也没有这么多理论吗？为什么理论在现代世界这么发达、来劲而血脉贲张呢？

对“理论”的诸多迷惑,很大程度上是对现代世界及其间人类活动的越发突出的社会本性缺乏理解所致,也可以说是所谓的古今问题没有解决好。这里尝试借助英国社会学者安东尼·吉登斯的术语“脱域”,来解释一下理论在现代为什么是必要的。

吉登斯认为,所谓现代社会,其实就是一个充分社会化、交往化的世界,而这个世界的内核或动力机制,就是以脱离具体时间性和在地性而抽象出来的“理论”、精神及其相应的运作机制。以理论及其机制作为中介(当然理论和机制也是不断反思并且普遍应用到现代世界中的),现代世界形成统一变革的框架,从而克服神话、迷信、传统和惯例,由此形成与传统社会的断裂,现代社会生活也由此得以生成。也就是说,区别于传统社会活动的具体性、个别性和在地性,现代社会生活(包括经济生活、政治斗争,乃至科学活动)具有一种超越特定场景和特定个人或团体的特点,即,人们必须在认知和交往上进行脱离具体地域、摆脱时间的不确定性,而寻求抽象化的时空重建。他用一个非常专业化但也很生动的术语“脱域”(disembeding,意为拔起、重置)来指称这种社会性关联的特点。他认为,现代社会之所以能够一步步生成,其动力机制之一即在于这种脱域机制的形成。一方面,所谓现代世界(包括标准化的货币流通所支配的经济世界、标准化的语言交往方式构成的社会,以及采用普遍规范和标准化的计量手段和不断演进的科学体系)其实正有赖于这一以抽象化的“理论”为内核的脱域机制的内在驱动。如果没有脱域机制,现实世界的社会化交通和生产生活的联合根本就不能形成。另一方面,正是以这种现代的理论抽象概括不断地反省、实验、更新,现代社会在既有的基础上才能不断变革,奋力向前。也就是说,从逻辑上看,现代社会和脱域机制与这种普遍抽象的理论以及这种理论能力息息相关,须臾不可离。

这样看,理论能力就是一种能“结构”一个普遍性时空的概括能力和抽象能力,是现代充分社会化的当代世界得以形成的基本内核和内在动力,是非常重要的。这种理论的能力一度被命名为科学的能力。理论能力和科学能力不仅是现代学术和文化发展的必然内在质素,也是现代社会得以良性运转和创新发展的重要目标。

在不少人看来,现代文学活动似乎天然地与这一现代化进程无涉,甚至是一种反动。但其实现代文学活动与现代社会变革密切相关,甚至可以说是相互补充而配合以行,而“理论”从一开始即已贯彻于个体感性的、具体自足的文学活动中。虽然,作为一百年来资本主义社会中的主导性文学生产和消费方式,现代印刷文学必须落实到作为个体的读者身上,必须系挂到每位读者的肉身感性和思想活动中。但是,首先,现代社会中文学作品的语言和媒介却是需要尽可能普遍化的,阅读欣赏和沟通交往活动也需要作为社会通货或象征符号的语言(在当代中国即现代汉语)来达成。就是说,文学的阅读、理解和解释,必须通过这种语言和脱域机制来达成。其次,文学阅读必须在沟通交往中才能获得生命,而如果要追求创新性的、有现实意义并且具有未来向度的理解和解释,就必须具备结构新的普遍性时空的概括能力和抽象能力,而这正是“理论”的诉求。这样,在文学活动中,尤其是在对文学作品的阅读、理解和解释活动中,“理论”的参与就是必然的了,虽然这种参与是隐秘的、甚至是无意识的。也可以说,现代社会不同于传统社会,对作品的理解不能只有具体的、个别的、切己的、感同身受的“同情”，更要有方便交往的、可以沟通进而达成共识的抽象概括、分析辩证和理论把握，这其实是在每一位读者身上必然发生、无可避免的。最后，更重要的是，传统文士在社会中的位置是相当固定的，而现代人的身份是变化的，主体竞争日益激烈，而人群之间、人与人之间的文化交流需要超越传统的桎梏，达成相对的共识，这就需要必要的概括和抽象，形成有效的理论，用以促进思想沟通和人文理解，甚至进行思想动员。也就是说，面对形形色色的文学作品、纷繁复杂的文学现象和变化多端的当代文艺生产，如果不想满足于一己的阅读欢愉，就必须通过理论进行总体上的理解和把握，从而使文学以及对文学的认知转化为有价值的滋养，重新汇聚并参与到社会生活和文化交往的现实中。

三　中国现代文论的独特性

当从西方发动和生成的现代性逐渐成为一种范式，并在全球扩布开来的时候，必然会使中国社会的器物生活、制度文化和心理状态发生重大变化。这一在西方强权推动下的“现代性”引发了世界化（近年或可称为“全球化”）的进程，其气势足可称为包举宇内，席卷天下，业已使20世纪的中国人的宇宙观、民族观念和政治思想，以及中国社会的法律伦常、教育学术和文化艺术发生巨大变化。但是，以欧洲社会生活和组织模式为格套的西来现代样貌，并非令有着数千年悠久文化的中国人容易接受，中国人在既本能地内外抗拒又不得不然地与时变迁中，迸发自己的“主体性”，走出了一条具有自身特色的追求现代性的中国之路。一方面，痛苦地接受了中国已不是“天下之中央”而只是“地球上之一国”的观念，而逐渐从古典中国模式挪移到更为开阔但又虚己的世界模式，并且不得不在全球视野中与他者打交道、求生存、抓发展。这是20世纪中国人的宿命和使命。另一方面，文明古国的辉煌和风光已经成为国族的集体无意识，其子民仍然渴望着重返过去的中华文化和国富民强,延续数千年的古典文化传统在无可挽回地衰败的过程中却时时渴望复活,现代性进程中的古典文化并没有完全绝迹而是作为古典残片生存下来。值得注意的是,在对古典文化的回望中又混合着一种旁观性的情愫,但在回望中凝视什么和忽视什么,张扬什么和抑制什么都不再单纯取决于古典本身,而是从根本上取决于现代和当下的需要。这是世界化进程和现代中国进程中的中国文学理论所遭遇的结构性处境。

这样说来,中国现代文学理论必然意味着独特的中国现代性的内涵和追求,中国现代文论的逻辑既有现代性逻辑的一般性,更有自己随反抗与变迁而生成的独特性。具体讲来,现代文论的进程,其实是在西方文化的刺激及西来学术样式的影范效应下,通过民族国家的文化重建和文学生产过程,而从传统文化、学术和诗文评等话语中逐渐分化出来,并在世界潮流中,既推进文化的理性分化,又回溯主体传统,从而获得了革命性的现代转型,并走向社会主义叙事的过程。这一百年进程有着三个重要的独特性,即他者影范、传统转化和现实精神。

所谓他者影范,主要指现代文论往往受西方文化和学术思想的启发或影响,以至在文化体制与运行机制上、内在动力和外在品貌、内容和形式上,都与传统形成较大的差异。国家建制和文教体制都依照现代西方资产阶级的民族国家的样态实现了转型,文化、文学和文论在思想内容和精神气质方面往往超轶传统,都有近现代通俗化、民众化乃至革命性的精神。现代文论在形式上与传统的差异更是触目可见。比如清末民初,在梁启超、王国维、周树人、周作人、朱希祖等手上即已经出现大量的评论体、论文体的文论著述。①五四新文化运动后,现代文论接受西方文化范式

① 理论、批评、评论、文论等批语术语和文章体制,都是以西学样式为基本范型的。一般而言,传统"诗文评"多采用诗话、词话、小说评点等松散自由的形式,偏重文人共同体内部的直觉与经验,往往以诗意简洁的文字作印象式或妙悟式的鉴赏,点悟与传达作品的精神或阅读体验,清朝人则多作纯粹实证式的考据、注疏和索隐。王国维的《红楼梦评论》显然即是从西方引进的批评思维和方法而垦拓出来的"评论体"。

的影响也越发明显，当然此中不少都是经过日本中转的。不过，20年代以后这种他者影范又出现变化，即西方现代性叙事在20世纪分裂出了两个“他者”，它们在中国都影响强大：一个是资本主义叙事的西方，继续发生影响，另一个则是苏联式的社会主义叙事的辐射逐渐加强，也为中国先进知识分子所接受，并在现实的社会文化和政治斗争中，逐步发挥更大的效应。

所谓传统转化，主要指现代文论在从传统向现代的转型过程及其发展过程中，基于文化的现代理性分化的大趋势和主体传统的内在回溯品格而显现出来的张力状态。具体而言，就是一方面因应世界文明的潮流，以西方文化与文论为参照系，摒弃了传统经学笼罩下的文化浑融，采用西来的文化分化、思想分工和学科分科的体制，从而实现了文化的现代性分化和革新，在现实斗争和演变中获得了自己的新体制和新形态。但在另一方面或更深的层次上，现代文论和批评又自觉不自觉地、或显或隐地传承着作为主体背景的中国文化和文化传统。因此，现代文论在相当程度上呈现出总体上的现代性与深层次的传统浑融性的复杂品格，并且不时让人领悟到其合于传统文论的部分或方面。人们时常发现，现代文论外在的品貌采取的是西来的文化分化的体制和形态，文学独立的观念大体得到承认，文论的阐释性和反思性品质也为人们所理解，但是人们在思考文化和文学问题的时候，在价值取向上不时回望着古典的风韵，在风情趣味上不时回味着传统的蕴藉，在文化整体性的考量上又不时回溯文化浑融和政治一统的立场或精神。也就是说，现代文论虽然在现代文化的理性大分化的趋势中从传统中分离出来，获得现代的形态，但在精神取向上往往苦恼于西方的事实与价值的卓然分立、精神与品貌的貌合神离，不甘心文化上的分裂和西方价值的独尊。无论是清末民初的王国维和周氏兄弟，还是五四文化影响下的朱光潜、李健吾、沈从文、梁宗岱、废名、冯至等现代文论和批评的辛勤耕耘者，都存在着这种文化取向和文论思想上的张力，他们的文论在外在形态和基本思路上都有突出的现代分化、注重审美的倾向，但在内在意绪都存在着传统文化某方面某线索的影响，因此其文论往往又在寻求自身的传统的灵魂的一鳞半爪，即或是对着古典碎片的想望。事实上，在不断演化的过程中，现代文论一直试图重审它与传统之间的关系，企望从传统中获得前进的灵感。

更值得注意和缅怀的是勇于斗争的现实精神。虽然从对传统文化中分化出来，又受到西方文化与理论范型的强力影响，但中国现代文学理论有着突出的现实社会的内容、文学革命的意味和思想创制的气质。在现代中国，与现代文化各部门的现代化进程一样，现代文学从 19 世纪末晚清维新运动时期的文学改良运动开始发动，经过 20 世纪初辛亥革命时期的革命宣传与学术、五四运动时期的新文化运动，到获得相应发展而发育多元而竞争激烈的 1920 和 1930 年代文化和文学，以及其中从 1920 年代中后期日渐勃兴、1930 年代获得强劲发展的左翼文学运动、逐渐获主导地位的 1940 年代抗战和解放战争时期的工农兵文学运动，至在 1950—1970 年代定型的以社会主义为方向的文学体制，一路萌发、成长和斗争而来，各时期的文论也都结合历史时势和社会发展的主流而深入发展，构成中国现代文论变化的各个历史环节。①

百年来现代理论也正因伸张着这种现实精神，因而推动了从古典向现代的全面转型、深入反思现实与文学，从而干预文化与文学，并在形势的发展和现实的斗争中，逐步确立以社会主义为方向。在这个过程中，现代文论受现实中国的社会情势、阶级斗争、文学发展和具体的政治文化的渗透和塑形。可以说，现代文论其实是植根于近百年来中国社会生活、文化发展和文艺活动的深厚土壤中，汇入到 20 世纪中国社会革命、现实斗争和文化发展的总体格局中的。书写现代文论的思想家、学者或批评家乃至政治家都有其非常重要的社会现实关怀，也有勇气推动社会变革和

① 而且直至现在，这个进程仍在继续。只不过，当代的理论进程因应时代的变化和全球化进程更趋复杂、细密，甚至出现非常体制化的学术分工和“惯习”化的理论生产，因而也更显波诡云谲。

文化革新的进程，从而使其思想与书写具有创制的现实影响和时代魅力。即以现代文论与现代文学之间的关系而言，现代意义上的"文学"其实是一个与现代中国的后发型现代民族国家建制、通过民族语文体现出来的文化共同体、大众化的印刷传媒工业、作为经济和法律制度的作者体系，作为编码方式和文类样式的小说诗文戏剧的世界，以及作为社会性的文化接收终端的内面自我，一起共生互进的系统工程或巨型体制。而现代文论，作为民族国家文化的一个有机组成部分，它是与中国现代文学一起并生而发展的，甚至现代文论和批评一度作为现代文学活动世界的土壤而存在，因而其影响力在现代中国是有目共睹的。比如梁启超的文学号召、胡适的改良刍议、鲁迅的文学思考、毛泽东的文学讲话，其影响力都是非常巨大的。

四　时代分期与主要脉络

中国现代文学理论其实形成了一个足够强劲的现代文论传统，不容小视。当然还可以进行具体的时代分期，并爬梳其主要脉络。

从 20 世纪初至 1910 年代末的清末民初，不妨作为现代文学理论的"发生期"。发生期的文论，起自晚清文论中的现代性诉求，讫于五四新文学运动。此中最值得关注的是在现代文化分化进程中以西方为基本范型的现代民族国家文化重建思路：既包括在传统/现代的艰难取向中现代思想家和文论家们对西方启蒙思想和文化体制的借镜问题，也有基于民族文化国情而在西方思想的激发下对本土文学问题的辨析以及如何确立文学使命以实现文化改造的种种尝试，更有在民族危亡的紧急关头希冀通过民族国家文教制度和语文体制的变革实施思想转型并达成新文化共同体的革命宣告。这一期文论的主题是"转型"，它所聚焦的是以西方民族国家及其文化为范型的、从文学思想层面到文教体制层面的全面转型，它引发的是中国文论从传统文化中逐渐分化出来，逐渐形成既分化于传统文化又内合于总体性民族文化诉求的复杂态势。

20世纪20—40年代，大体可以认为是现代文学理论的“构型期”。构型期的文论，起自五四新文化运动所开辟和树立的文学思想和文学体制，讫于1930、1940年代文学的审美性和形式主义文论，主要梳理以西方文化为范型的现代文学进程在文学与人生、文学与政治、文学与审美诸维度上所开发和扩展出的空间及其问题或困境。此中的要点，既有在五四新文化及其人学想象所召唤出来的人道主义和人文主义两种文化思路的争论，亦有基于日益复杂的政治革命和社会形势所引出的对文学与政治关系的引申性思考，更有在半殖民地半封建社会的中国情境中对文学与审美的关系的可贵探讨。这一时期的主题是“构型”，是一种由转型的分化和内合而引发的、向着各个维度的试验、拓展和深化，并达到某种极致的构型。但是，与西方现代文化的分化所带来的突出的文学审美性思潮不同的是，这些文论较为充分地讨论了文学内外的诸关系，虽然采用了现代西方资产阶级文学的概念，展现了相当的空间和理致，但由于立足于中国的现实国情和文化传统，这种讨论更深入而内在地介入中国社会斗争和文化生产的现实，从而迅速地触碰或突破了文学的底限，由此逐渐开始超越资产阶级的文学概念及其范畴。

20世纪30—70年代，大体可以作为现代文学理论的“定型期”。定型期的文论包括原本从1920年代大革命时期即已强劲发动、以社会主义为方向的革命文学思想，如何在1930年代的国内革命战争和其后的抗日战争时期的进一步推进和扩展，而在1940年代整个中国引发进一步扩大的认同和体制化，也包括社会主义民族国家已然确定的情况下如何夺取和巩固文化领导权的诸多问题。这里的时间与构型期略有犬牙交错般的重合，但各自侧重其实不同。此中亦有必要在新的时代基点上，重新体认社会主义的现代性文学体制在中国国情和形势的必然性和正义性问题，整个中国现代文化在民主化、大众化和通俗化进程各层面上分层共进的问题，当然也要注意高度一体化和集中化对于夺取和巩固文化领导权所引发的问题，以及不少理论家的积极应对和真诚思考。这一时期文论的主题是“定型”，即突出革命文学及其社会主义方向。这些方面的文学理论、文学思想和文学体制化，都表现出日益突出的文学从个人化向着民主化的大发展、革命主体从思想到机构的大扩张，当然其中也蕴涵着众多思想者面对如何在新的时代条件下闯出一条社会主义文学现代性之路这一绝大难题的焦虑。

大体而言，正是在这种具有现实性的理论的前导作用下，中国现代文学理论取得了极大的成就。虽则一方面有“漫长的19世纪”所形成的西方强势的资本主义民族国家及其现代性文化的强劲影响和触动，但也有中国在抗拒与变迁中逐渐地发动自己的现代性追求的主体性特色。这种现代性的追求和努力一度试图建立以西方资产阶级国家为范型的现代民族国家及其现代文化，但这一后发的革命的现代性进程在20世纪中前期又受到新的世界进程中的新型社会主义方向的典范作用，从而转入了具有中国特色的社会主义现代性进程。经过艰难困苦的革命斗争和疾风骤雨般的社会运动，更在新民主主义经济和政治的基础上，最终形成了社会主义文学生产体制。与西方高度体制化学院化的理论生产和创造比较而言，可以说，中国文学理论以其深厚的现实性，无愧于革命反抗与不断变迁中的现代中国。

五　“惯习”的时代及问题

那么，到了近三十年，对理论的“隔”又从何说起呢？其实是新时期以来，资本主义世界发力推动的政治经济的全球化进程与当代中国特色的市场经济所造就的大“结构”，逐渐发挥其巨大影响和生产功能的必然结果。具体说来，即是这一“结构”已经在三十年间逐渐内化到学术研究或理论探讨的“场域”,并由这一“场域”形塑了当代的理论工作者及其“惯习”。这种“惯习”有什么样的功能呢?就三十年来的情况来看,其功能不外乎:依照某种范式建构起学科机制并强化学术分工,重塑研究对象并使之成为无可更改的“事实”,以及根据现代市场的逻辑而强化的对个体所有及其创造性、国族所有及其主体性的想象。

这样看,在当代中国发生的对理论的“抵制”,至少就有如下几种可能性。其一,把本该具有生命活力和现实战斗精神的“理论”,简单理解为体制化大学讲堂里的理论课程和“文学概论”讲义了。从根本上讲,理论并非根据学科畛域严格细密地孤立起来并狭隘化起来的“理论”、“批评”和诗论、小说论及其“××史”的专门领域。也就是说,现代中国的文学理论,其实应该具有文学和文化的整体立意。理论可以是对具体的作家作品的批评,也可以是对特定文学现象或思潮的主张,还可以是对文学批评和理论研究的自我理解,更可能是内蕴着对现代社会架构及其文学体制的安排和设计。一方面,理论本来即是对中国文学发展和文化重建的理解和设计,其中洋溢着整体文化反思、改造或创制的激情,它熔理论与批评于一炉,而并不如当代学术分工日趋强化般的壁垒森然。①另一方面,理论是在世的、社会化的、沟通的,甚至是斗争的和革命的,它是近现代条件下人们在大体上从普遍的角度对文学进行理解、对社会进行干预、对历史进行塑造的努力。理论活动的这种理解、干预和塑造本身,渗透着突出的现代性内涵,它在中国具有革命性的内涵。在现代传统中,理论本该具有现实的社会价值,也发挥着某种必然的历史影响。

---

① 近年有些学者完全局限于学科建制而进行专业清算:视“理论”为百年学科浮沉中完全靠威权和政治发家的暴发户,而据说原先学术庙堂和高等院校里的学问正统只有悠久的“文学史”。不过近年亦有学者如陈平原发现,其实在新中国成立前文学理论也一直颇有传统而并不能只把“理论”理会成西学或东洋样式,突出者如20世纪三四十年代以前各时代均有沟通中西而调适封略而理解文学的诸多文学概论类课程,比如黄侃的课堂教学及其《文心雕龙札记》,再比如程千帆的“文学发凡”课程及其《文论要诠》。理论能不能成为学问,其根本在于学人根基各有不同,而理论本无罪过,不过样式本该多元而不必追求一统而已。参见陈平原:《知识、技能与情怀——新文化运动时期北大国文系的文学教育》(上、下),《北京大学学报》2009年第6期和2010年第1期。

其二,百年理论和人文学术中不绝于缕的实证主义与历史主义,在1980、1990年代以来,不期然已成为笼罩一切思想和学术的大气候。百年学术中的实证主义和历史主义,一方面有承传自有清一代的学术主流,当然更有大幅度以西方学院学术为主要指针的原因。其突出代表可以举胡适。自然,其思想在现代化进程的历史意义固不容抹杀。但如果看不到这种完全踱进书斋的整理和研究而陷于单维的历史同情,看不到这种单靠理性和论说来进行个体启蒙而无视思想变革与社会改造的社会联结性,看不到这种实证主义和历史主义往往只停留在局部的资料收集和具体问题的追逐上,而丝毫不准备在世界整体格局视野中和历史唯物主义基础上,结合政治经济学来考察总体性问题,其实于理论学术的反思没有助益和促动,于具体问题也无法给出较为妥切的答案。更有甚者,只顾适应西方市场化潮流和个体化意识,而挖掘指认实证主义和历史主义为学术之正宗,影射作为百年思潮之革命主流为“没学问”和意识形态化。基于当代日益体制化的学术分工和书院做派,而完全无视百年理论与现实社会的紧密结合,以及相关理论在民族国家现代化进程中的族群动员或阶级团结功能,这种武断和做派,其实也是无益于理论学术本身的开放、反思和沟通的。

其三,是理论的混杂性问题。其实只要不执著于一己或一物或一地的本真性或具体性,而勇于从关系性思维或结构性角度切入对世间事物的理解和把握,就可以发现,混杂的事物更具有生命力和现实性。因此从理论上把握世间万事万物,只能是由绝对的繁多而走向相对的统一。那么,有勇气采用异者或他者的角度和质素,无论外来的事物还是过去的自我,都有利于当代自我对事物的理解和把握,进而推进世界的变革。当代西方的后殖民研究对混杂性问题的探讨,也有助于对第三世界文化混杂性问题的理解。按照这种理解,混杂不但可以去除模式化的想象和疆界,在交混杂糅的暧昧地带之间,混杂可以提供多元想象和抗拒力道的发声空间。霍米·巴巴甚至认为,由殖民和后殖民情境交织而后生成的“第三空间”,不仅足以产生新兴的创意和力道,还可以将阶级等第的纯粹性与权威性予以粉碎。多元文化的交混杂糅,不但使异文化之间有彼此交织和交错的可能,在这种跨疆界文化的能量释放过程中,许多新的意义也得以诞生。①这些观点虽则有过于乐观而无法排除主流文化强势介入弱势文化而削弱弱者抗拒空间、使文化本质性和纯真性逐渐消失的可能,但自中国强劲悠久的文化传统及其在现代百年的不时强力反弹看来,这种通过开放交流而接受新质再造新生的信心和大度应该还是要有的,并且也只有这样,文化的生命力才能更得扩张而恢宏。求纯求粹、过于民族主义的思维,似乎并不足取。

值得注意的是,在1980年代以来,中国社会进入新的时代调整期,理论越发受体制性学术分工的影响,再加上思想资源的一度匮乏,当代理论研究往往为理论而理论,一味引进而没有细致消化和批判吸收,或者就事论事,仅为文学而文学,未触及深厚的社会生活和现实的文化交流。也就是说,在当代思想进入所谓和平年代,学术进入深水区的时候,“理论”日益建制化,真是成为布迪厄所针对的“惯习”了。一方面,研究的学科细切和叠床架屋,越发影响到学人沟通现实和社会的信心,而理论在体制中的所谓创新,以及引进介绍性的务虚和实验性,也容易丧失理论反思之于社会生活的现实性。另一方面,在近数十年来求实致用的炙人风气中,理论越发不受到急功近利者的待见。这也是理所当然。当理论成了布迪厄眼中颇具负面意义的“惯习”时,理论在整个社会生活的位置和境遇就越来越尴尬了。

六　简要的结论

在许多东西已成为“惯习”的年代,理论是什么?不妨积极地应对:理

① 参见廖炳惠:《关键词200:文学与批评研究的通用词汇编》,江苏教育出版社,2006年,第127—128页。

论既不是诗学也不是原理概论,既不是本体论也不是方法论,既不是现象学、阐释学,也不是修辞学。理论可以说是一种问题学,是面对文学、文化和现实提出问题,并在相应的条件和形势下给出初步的回答,哪怕是工作性的回答。总之,卑之无甚高论,不敢轻易地说掌握原理,也不会武断地判定事实,更不用说独断地形成所谓定论、常识、通论或真理。但是,理论是活的,有生命力的,未能忘记在世的现实和自身的使命。

在现代社会,如果在大的方向上还坚持民众化,讲社会化,就必须肯定理论和理论探讨的必要。当然在结合具体对象时,要具体问题具体分析,但这种分析和探讨必须是理论化、有高度的社会性内容的。这是一方面。另一方面,理论也要有批评化的面相,乃至于化身为具体批评和个案的功夫。从西方理论的变迁来看,古典言说是基于世界和具体作业的,现代以来的理论较多模仿科学体系或哲学逻辑,确实也有其丰富性的一面,以至在当代出现后现代理论加以反拨的情况。而后现代的启发,即在于在一定程度上复归具体的言说和智慧的言说。

百年中国文学理论已经形成了强劲有力的传统,较之传统文化,它其实并不逊色。如果在世界日益博弈化的格局中不致失掉信心,这个传统其实也不必小视。这个传统在相当程度上是做到古今中西汇通的,百年来杰出的理论家和学者都是这种汇通的或谓混杂的理论研究的集大成者。在当代的文化视野和学术氛围中,这种传统应该坚持而不是舍弃。所以,洋为中用,古为今用,还是最具现实性的策略。

理论如何走向自觉?就当代中国而言,从上述推演而来,首先仍然是理论必须与实践结合,在现代文论的传统中与现实打交道,接地气,有战斗性,从而形成对当代理论的突破。如何结合,当然仁者见仁,巧妙各有不同,但化实为虚,突破传统的真理观和既有学科的限制(这些学科往往迫不及待而又短视地在每一块地盘上都插上本体论的旗帜),突破实证主义和历史主义,接通对当代社会现实和种种想象之结构性理解的唯物主义,至少是打通窒碍的关键之一。这样,基于当代的政治经济学,联结社会学和人类学的视野,沟通古今中外的思想史,建立文史哲的关联,就会成为理论探讨的条件。其次,面对具体的作品和阅读,转识成智,基于现实的肉身体验,充分启用现象学与解构主义作为解毒剂,使把文学活动现象化,作过程化的理解,形成活的阅读,也是必要的。最后,更为重要的是,理论在探讨具体问题的同时,要有基于现实斗争的文化意识,也有走向共同文化之未来远景的情怀。理论的自觉,还是需要更深入具体的探讨。

从蕾娜到《娜嘉》

——谈布勒东《娜嘉》中娜嘉其人的超现实主义精神

伍 倩①

[摘要] 超现实主义作为20世纪最为重要的文化运动,其影响波及文学、绘画、音乐等各个艺术领域。而被冠以"超现实主义教皇"之名的作家安德烈·布勒东,则是整个运动的领袖与精神导师。其代表作《娜嘉》中的同名女主角不仅被布勒东自己称为精灵、仙女、超现实主义的化身,更被学界公认为超现实主义精神活生生的诠释。本文将通过对《娜嘉》这一文本的主题学分析,揭示出布勒东最为核心的超现实主义精神。

[关键词] 超现实主义 布勒东 《娜嘉》

超现实主义作为20世纪最为重要的文化运动,其影响波及文学、绘画、音乐等各个艺术领域。而被称为超现实主义教皇的布勒东,则是整个运动的领袖与精神导师。除了大量关于超现实主义理论的著作外,布勒东同样留下了许多在文学史上举足轻重的文学作品,如诗集《溶解的鱼》、《当铺》,或无法归类的实验性作品《狂爱》、《秘术17》等。但要谈到他的代表作,"人们首先想起的肯定是《娜嘉》"②。《娜嘉》记录了布勒东从1926年10月到次年2月与一名叫做娜嘉的女子的交往经历。此书初版于1928年,自此,围绕书中女主人公的争论从未停止过。尽管布勒东一再声明反对"小说"这种体裁、反复向读者保证娜嘉确有其人,不少

---

① 伍倩,北京大学外国语学院法语文学专业博士研究生。

② Alain et Odette Virmaux, *André Breton, qui êtes-vous?*(阿兰·威尔莫、奥黛特·威尔莫:《安德烈·布勒东,你是谁?》),La Manufacture 出版社,1987年,第55页。

文论家仍旧断定娜嘉只是小说中的虚构人物——一如异教徒怀疑处子圣母的真实性。因为根据书中所述，娜嘉出身贫寒，曾经卖淫、贩毒，并且最终堕入了疯狂。不过，却也正是她，被布勒东称作精灵、仙女、超现实主义的化身。

之所以挑选这部书作为我们研究的主题，是由于迄今为止，大部分关于超现实主义运动的研究均是以庞博的大部头面目出现：譬如，对于运动的总体性介绍（伊芙娜·都普莱西斯的《超现实主义》、莫里斯·纳多的《超现实主义历史》等），或对于超现实主义运动和其他文化运动的比照（让·皮耶罗的《从弥尔顿之梦到超现实主义》、金·格兰特的《超现实主义与视觉艺术》、比格斯贝的《达达和超现实主义》等），或对于超现实主义者们的生平概括（亨利·贝阿尔的《布勒东传》、皮埃尔·代克斯的《超现实主义者的生活》等）。毫无疑问，这些研究都具有绝对的价值，使超现实主义运动及其参与者的精神遗产得以重新建构，但这些宏观的著作在某一方面失之于对具体文本的解读。正如我们所提到的，安德烈·布勒东作为超现实主义运动的创始者和领导人，其代表性毋庸置疑，而《娜嘉》又被公认为是他最出色的作品，尤其是其中的同名女主角娜嘉更被看作是超现实主义精神活生生的诠释。那么，通过对文本中这一人物的剖析，无疑可以帮助我们更清晰地从具象上理解超现实主义精神，或者更精确地说，我们需要知道，到底布勒东是怎样把对整个西方现代文化都造成了不可估量影响的超现实主义精神浓缩在一个名叫娜嘉的真实存在过的女子身上？由于篇幅所限，本文将主要采用主题学的分析法，试图跨越这个本名叫做蕾娜的普通女子和超现实主义代表作《娜嘉》中女主人公间不可逾越的鸿沟，揭示出布勒东最重要的超现实主义精神。

首先，我们有必要梳理一下娜嘉本人的经历。根据玛格丽特·波奈在 1988 年的研究中所揭示，娜嘉的原名叫做蕾娜·卡米耶·吉斯莱娜·D（Léona Camille Ghislaine D.），生于 1902 年 5 月 23 日，里尔近郊工人区。她于 1920 年育有一女，三年之后，将女儿交给父母抚养，只身奔赴巴黎。

她打过短工、做过女店员、结识过形形色色的“男性朋友们”……直至1926年10月4日，她邂逅了布勒东。布勒东对于娜嘉充满激情——犹如历史学家对于最古老的化石、物理学家对于最新型的射线充满激情——他始终趴在他的显微镜上观察她、记录她、思考她，而娜嘉，则更希望成为布勒东的伴侣。亲密无间的九天过后，二人的关系逐渐疏远，但仍保持通信。其后，感情的不平等加剧了种种不和，1927年2月，如《娜嘉》书中所提到的，二人进行了最后一次相见。1927年3月21日，贝克海勒街某旅馆的老板召来了警察，声称有位女客的情况很糟糕。娜嘉被带走，关入了圣安娜救济院，其时，她已是位不折不扣的精神分裂症患者。次年，父母将她送至法国北部一家精神病院，1941年，娜嘉终老于此。布勒东再未见过她。

撇去一切不谈，布勒东大肆称赞娜嘉为超现实主义最自然也最真实的展现，将她看作超现实主义精神的突破口，在这个意义上，绝非言过其实。因为娜嘉自己在《娜嘉》一书中的突破口，就是典型的超现实主义方式。“突然我见到一名女郎，穿着非常寒酸，从对面走过来……她声称是要去一家位于玛让塔大道上的理发店（之所以说她声称，是因为我当时就有所怀疑，而且后来她自己也承认，她其实毫无明确目标地在走）。”①也就是说，娜嘉当时是在巴黎的街头“闲逛”。斯达洛尼曾说过，巴黎是超现实主义者的圣城，为了证实这一说法，只需略引几部超现实主义代表作的名称便知：路易·阿拉贡发表于1926年的《巴黎农民》，保罗·艾吕雅发表于同年的《痛苦之都》，菲利普·苏波在1928年出版的《巴黎末夜》……而早在1919年，在巴黎漫无目标地游逛这一行为艺术已使这一帮年轻的诗人、未来的超现实主义者们着迷。就像他们共同的偶像吉约姆·阿波利奈尔在其《醇酒集》中所宣称的那样：巴黎是个与美相遇的地带。巴黎的魅力，在于走上其支离破碎的街道，去与奇遇碰撞。而在1952

① André Breton, *Nadja*（安德烈·布勒东：《娜嘉》），Gallimard出版社，1990年，第72页。

年的《访谈》一书中，布勒东也曾亲口承认，《娜嘉》这部作品“将闲逛的爱好发展到极致”①。

而我们从书中的描述可以清楚地看到，如同所有的超现实主义者，娜嘉天生爱好“游逛”。她在1926年12月1日的一张便条中曾如此表白：“我爱生活，我爱街道，我沉醉于种种冲动。”娜嘉曾一天内游走喷泉街六次之多，10月6日，当她试图爽约躲避布勒东时，并不选择缩在某个角落，而是跑到街上来闲荡，由此迎头撞上同样在大街上转悠的布勒东，有趣的是，彼时娜嘉手中正拿着布勒东的文集《迷失的步伐》。在她头回翻阅此书时，曾惊奇地自语道：“迷失的步伐？并没有这回事儿啊。”②多么的自然！对于娜嘉，并无一步多余，每条路均有其所指，即使无方向，也不会迷失，毫无目的地的脚步也有其命运的目的。当布勒东问“你是谁”，娜嘉毫不犹疑：“我是游荡的灵魂。”她甚至不需要肉体，她的游荡不再局限于巴黎，而在整个宇宙，在全部由符号组成的令人眩晕的、只为有天赋者而存在的世界中。布勒东将娜嘉定义为马路天使，因为大街小巷是她觉得唯一有价值的体验**场所**(champ)。超现实主义的词汇表中，场所一词所占的分量颇重：1919年，布勒东与苏波合写《磁场》(*les champs magnétiques*)，阿拉贡称“**一切**始于此书”③；1967年，布勒东的遗作则题名为《场所之匙》(*la clé des champs*)。一始一终，皆围绕着“场所”一意象。而在布勒东眼中，街道这个场所是具有磁性的，随时会发生与美的碰撞。娜嘉就无疑等于一根“固执指向荒凉北方”④的磁针，被看不见的真正的

---

① André Breton, *Entretiens*(安德烈·布勒东：《访谈》)，Gallimard出版社，1952年，第42页。

② André Breton, *Nadja*(安德烈·布勒东：《娜嘉》)，Gallimard出版社，1990年，第83页。

③ Henri Béhar et Michel Carassou, *Le surréalisme*(亨利·贝阿尔、米歇尔·卡拉苏：《超现实主义》)，Gallimard出版社，1984年，第13页。

④ André Breton, *L'Amour fou*, repris dans Julien Gracq, *André Breton*, *quelques aspects de l'écrivain*(安德烈·布勒东：《狂爱》，于连·克拉格于《安德烈·布勒东，作家浅谈》中有所引用)，José Corti出版社，1985年，第69页。

力量所吸引、所摇动、所共鸣，直至“此处，磁针疯狂”①。

布勒东承认，从未尝试与被囚于精神病院的娜嘉见面，这种坦白遭受到各方的指责。可批评他“残忍”、“冷酷”，或在交往期间无视娜嘉日益恶化的精神状况，都不大公平。对于“疯狂”与“正常”的界限，超现实主义者本就不敏感，更不赞成。《超现实主义宣言》不就曾向逻辑、理性大力开火，并不逊地将在西方文化中饱受赞誉长达几世纪的理性称之为“婊子”吗？谈及此，则不得不说到另一部作品：纳尔瓦的《奥蕾莉亚》。和《娜嘉》一样，这部书不仅亦以女性来命名，而且同样涉及疯狂的主题。不过在前一书中，陷入疯狂的是被叙述者，而在后一书中，则是作者本人。但两部作品均以不同的方式向社会对待精神病人的方式表达了不满。1841 年，在一封写给大仲马夫人的信中，奈尔瓦曾经提到过主治医师不顾他的自尊要求他“承认”自己的病症，而他会原谅他。也就是说，纳尔瓦婉转地反抗了疯狂被看作是一种错误，一种罪恶的观点。至于布勒东在《娜嘉》中的论调则激昂得多，他直接连续抛出“他们把萨德关了起来，他们把尼采关了起来，他们把波德莱尔关了起来……”这样有力的排比，以表明自身的立场。在他的号召下，超现实主义者们对理性和逻辑充满了鄙夷，相反，他们只信任其反面：直觉、灵感、潜意识、想象力。娜嘉这样将头、手臂、继而全身探出理性栅栏之外的行为，只会迎来超现实主义者们的欢呼②。《一封给疯人院主治医师的信》中，布勒东这样写道：“法律、习俗给了你们衡量精神的权利……真让我们发笑！”③他反对定义精神的条条框框，抨击精神病院，他并不把精神病症看作错误和罪恶，反而看作是一种恩赐，一种使其患者更加接近潜意识、生活的无理性、灵光般启示的恩赐。

---

① André Breton, *L' Amour fou*, repris dans Julien Gracq, *André Breton*, *quelques aspects de l' écrivain*（安德烈·布勒东，《狂爱》，于连·克拉格于《安德烈·布勒东，作家浅谈》中有所引用），José Corti 出版社，1985 年，第 69 页。

② André Breton, *Nadja*（安德烈·布勒东：《娜嘉》），Gallimard 出版社，1990 年，第 169 页。

③ 《超现实主义革命》（*La revolution surréaliste* ）1925 年 4 月第 3 期，第 29 页。

超现实主义者们的革命不在于推翻旧世界，而是颠覆一切旧世界的观点、角度、习俗……因此他们分外地偏爱偏执狂患者，因为他们始终以自我的需求来重构整个世界。当娜嘉开始陷入疯狂边缘，甚至幻觉活在19世纪的剧作家亨利·贝克给她提供建议的世界中，布勒东也并不觉得惊讶，在他来看，这只是娜嘉靠着直觉与诗意来生活的表现。没有比超现实主义者更欣赏疯狂群体的人了，布勒东曾多次将疯狂与诗歌、爱情置于平行的地位。

此外，布勒东曾在文中多次称娜嘉为"通灵者"。我们知道在诗人当中，最著名的通灵者就是兰波。兰波曾这样直白地宣称："诗人长期、广泛、有意识地打乱所有感官功能使自己成为通灵者。各种形式的爱、痛苦和疯狂……诗人会成为芸芸众生中最严重的病人、最邪恶的罪人、最受诅咒排斥之徒——同时也是最伟大的智者！因为他到达了未知！"[①]真正的通灵者，其疯狂不可避免。1927年1月，娜嘉在寄给布勒东的一封信中写道："雨仍在落，屋中阴晦，心在深渊，理性已死。"超现实主义者们毕生致力于理性的死亡，娜嘉的疯狂是一种天赋，而非罪恶。她身上理性的死去，正是超现实主义的胜利。对于娜嘉，这个不愿通过"荒唐的思考"来"破坏甚至淡化"对布勒东感情的女子，这个自认为以力量而非爱情的方式从属于布勒东的女子，这个站在他面前、朗声呼唤他、要求他写一部关于她的"小说"并别对这个要求说不的女子，她不只给了我们一部"小说"，她给了我们超现实主义最灿烂最伟大的作品之一。残酷些说，对于娜嘉，疯狂也许不幸，对于《娜嘉》，疯狂却是大幸，就如娜嘉自己所写："我气息的终止，便是你气息的开始。"[②]她以疯狂到达了超现实主义的最高境界，以自身命途的黯淡成就了作品永久的辉煌。

这样，我们可以清晰地看出，娜嘉在《娜嘉》中的出场是巴黎街头的马

---

① 见兰波与魏尔伦的通信，1871年5月15日。

② André Breton, *Nadja*（安德烈·布勒东：《娜嘉》），Gallimard 出版社，1990年，第137页。

路天使，在书中的退场则是超越了精神边缘的疯狂，起始和终结，都自然而然地诠释了超现实主义最重大的两个主题。而除此之外，她身上其他的超现实主义特质，也在文本中多有提及。其中最为重要的身份之一——既然她扮演着这样一个超现实主义化身的角色——即“演员”。布勒东曾提出，超现实主义中最重要的一环就是，发现一切事物间的联系，同时又说不出这种联系存在于何处。借用一个俗气些的词，我们可以把这样的趣味称为“巧合”。娜嘉自称她的名字取自俄语中“希望”一词的开头，但玛格丽特·波奈在专著中曾有提及，娜嘉其实对俄文一无所知，她的名字是从同时期的一个舞蹈“演员”那儿借用来的。而隐藏在这个充满戏剧性称呼下的蕾娜，也是个充满戏剧性的人。“我甚至看到她……让她的理发师将她的头发缕成清晰的五道，并在额头的顶上留出一颗星星的形状。而且，这五缕头发还必须转过来，像山羊角一样卷到耳朵的前面来……”①娜嘉喜欢把自己打扮成女妖的样子或穿上中世纪风格的衣裳，她曾号称觉得像“扮演了”布勒东《可溶解的鱼》中的海伦一角。她甚至曾在一所城堡中用一顶带有羽毛的大帽子装扮成舍伍赫兹夫人，宛若身处于一部历史剧。同样类似于一个女伶那样，书中的娜嘉时而穿着寒酸，时而高贵优雅，不可捉摸而变化多端。对于其多处书面词白似的话语，我们在此无法一一引述，但只用一句话就足以说明问题。当她谈到曾与一名大学生短暂的恋情时曾说道：“怎么可能？与一个人朝夕相处……最后却几乎不认识他……您相信爱情竟可作出这样的事情吗？”这段舞台气息十足的独白毫无疑问会令今日的读者想起杜拉斯笔下的爱情和遗忘，“一钱不值的故事，我忘了你”。而有意思的是，在这部《广岛之恋》中，女主角的职业正是个“演员”。

实际上，娜嘉身上演员的特征从第一眼就已呼之欲出了：“她的化妆很奇特，就好像是从眼睛开始化妆，却没有时间完成，但她的眼沿对一名

---

① André Breton, *Nadja*（安德烈·布勒东：《娜嘉》），Gallimard 出版社，1990 年，第 155 页。

金发女郎来说，显得太黑了。是眼沿，而不是眼皮（像这样一种光泽只有在细心将化妆笔在眼皮之下描过时，才可能得到。关于这一点，有意思的是，布朗什·黛瓦尔在扮演索朗日这一角色时，即使从很近的地方去看，也显得没有丝毫化妆。这是否就意味着，对我来说，在大街上并不大允许而在剧院里却是必需的事情，只有在它在前一情况下被禁止、后一情况下被强迫的时候唱了反调，才让我觉得有价值？也许吧）。我从未见过这样的眼睛。"[①]不仅是通过其所化的"舞台妆"，而且通过与另一女演员的对比，布勒东揭示了娜嘉个性中演员的一面。而引人注意的是，10 月 4 日的这次相遇在文本中是以间接引语的方式出现的，并且多用一般现在时，仿佛是一部剧本中的背景陈述。而最为符合超现实主义审美的是，娜嘉所住的旅馆正叫做"戏剧"。

假如说娜嘉身上演员的特质还或多或少是通过巧合和暗示来揭露的，她的另一特质则是从一开始就赤裸裸地被布勒东摆在了台面上：通灵者。书中曾记录了这样的一幕：在多费娜广场，"娜嘉的目光开始绕着周边的房子转。'你看见了吗，那边，这扇窗户？它是黑色的，与其它的一样。好好看着。一分钟以后，它就会亮了，它会是红色的。'她说的那分钟过去了。窗户亮了。确实，那里有红色的窗帘。（我很遗憾，这好像超过了可信度的界限，但我没有办法。然而，在这样的事情上，我可不愿意主观介入：我只是限于确认，这扇窗户在此时从黑色变成了红色。仅此而已。）"[②]。另一个例子发生在 10 月 5 日，"我们出了酒吧，她又对我说：'我看见了您家里，您的夫人。当然，是褐色的头发。个头不高，很美。啊，她身边还有一条狗。可能还有一只猫，但在别处（确实如此）'"[③]。只用这两个小例子就足以证明我们的观点，预示窗户的亮起表明了娜嘉提前预知的能力，而对于布勒东家人的描述则表明了娜嘉"千里眼"的能力，

① André Breton, *Nadja*（安德烈·布勒东：《娜嘉》），Gallimard 出版社，1990 年，第 72 页。

② 同上书，第 96 页。

③ 同上书，第 85 页。

也就是说，时间和空间的双重通灵。

但娜嘉的通灵并非止于此，她最擅长的是勘破抽象的谜团。在阅读《迷失的脚步》时，她所受的可怜的教育并不能阻止她看懂雅里(《乌布王》的作者)极晦涩的诗歌，“(她惊恐地合上书本：)‘啊，这可是死亡！’”[1]。用布勒东的话来说：“她从每个词中都能看出它所要求的智慧与准确的悟性。”[2]而当面对契里科、恩斯特这样的超现实主义画家，以及他们连名称都是个谜的画作，如《命运之谜题》、《可男人们什么也不会晓得》时，娜嘉立刻就进入了他们神秘的宇宙，她所解释的，正与画作背面的注解契合。也就是说，娜嘉会阐释不可知的、不可见的、甚至是不可感的，她以令人激动的创造者的面目出现。可能得于遗传，就连她的小女儿也“总是想拿掉布娃娃的眼睛，看看这些眼睛**后面**有什么”[3]。

正如《娜嘉》一书中所提到的女伶黛瓦尔暗合娜嘉演员的特质，有意无意间，布勒东也同样提到了一位女通灵者，用来呼应娜嘉的通灵者身份，这就是萨科夫人。早在1922年，布勒东就沉溺于招魂术，发表在《文学》第11期上的《灵媒的入场》就是此类试验的一个总结。而布勒东自1925年结识萨科夫人后，不仅自己频频拜访她，同时还带去了很多其他的超现实主义人士。同年5月，布勒东在《超现实主义革命》的第5期上发表了《致通灵者的信》，信中重申了通灵之术和自动主义的重要性。

通过上述的分析我们就可以知道，既然布勒东迷恋着女演员(他在书中对黛瓦尔和戏剧《女精神病患者》的长篇描述即可佐证)和通灵家，那么，集合这两种特质于一身的娜嘉会令布勒东如痴如狂也就不足为奇了。如果说女伶和灵媒的身份是通过我们发掘总结而出的，那么与此同时，娜嘉还具有布勒东赋予她的显性的另一个双重身份，即“女神”和“梅吕西娜”(神话中人头蛇身的怪物)。

---

① André Breton, *Nadja*(安德烈·布勒东：《娜嘉》)，Gallimard 出版社，1990年，第84页。

② 同上。

③ 同上书，第102页。

行文中，布勒东曾不吝于将类似“精灵”、“仙女”这样的溢美之词给予娜嘉，而实际上，娜嘉也的确当之无愧。比如由于经济窘迫，她根本无法去蒙多尔疗养，只觉得这个事实很“好玩”。她以“纯粹的诗意”断定在一家面包店、或者肉店工作会比在其他地方更能确保她的健康。别忘了当面包店老板提出一天付给她十七或十八法郎工资时，娜嘉是这样“欢快”地回答的：“十七可以，十八不干。”①在她身上，存在着一种不食人间烟火的气质，她拒绝单调的工作、日复一日的稳定，拒绝世界的平淡无奇，拒绝一切限制自由的事物，以至布勒东唯一可以拿来捕捉她的，就是“自由的精灵”、“空气中飞翔的精灵”②这样的词语。

但另一方面，如此诗意的存在却又不断地与一些生活中最低级、最底层的事件搅和在一起。我们在一开头就提到过，娜嘉曾经有过被包养的经历，第一次与布勒东见面，她就提到了经济上的困难，也接受过后者的资助。而在10月7日的第四次会面中，她提起了一段贩毒的往事。许多轻浮的零碎片段使布勒东看到了娜嘉沉重的过去，他甚至为此哭泣并进而产生了与她绝交的念头。“仙女”和“精灵”的形象在此被邪恶堕落的“梅吕西娜”所替代，甚至连娜嘉自己也觉得，所有的神话人物中，她与梅吕西娜最贴近。③

就像索菲对于诺瓦利斯，贝蒂娜对于阿尔南，娜嘉就是布勒东的灵感之源。纵观文学史，曾有不少诗人向这些正邪一体的美人献上过赞歌，其中最有代表性的显然是波德莱尔：“你来自于天堂或深渊？……撒旦或上帝？……天使还是人鱼？”④但就此便将娜嘉与以上的这些女性们相提并论却是不合适的。波德莱尔从女人的头发、眼睛、气味中提取异乡，远离

① André Breton, *Nadja*（安德烈·布勒东：《娜嘉》），Gallimard 出版社，1990 年，第 81 页。

② 同上书，第 130 页。

③ 同上书，第 149 页。

④ Charles Baudelaire, *Les fleurs du mal*（夏尔·波德莱尔：《恶之花》），Gallimard 出版社，1993 年，第 183 页。

生活,重回到出生前的纯真,通过通感,他将丑与恶变成花。而对于布勒东而言,女性的线条或情色的温暖显然不是他所需要的。也就是说,尽管波德莱尔的绿眼睛女伶玛丽或女议长萨巴契夫人同样是使诗人将人世的平庸与最高美学融会贯通的媒介,但她们不过是一樽樽肉体的容器,她们能提供的,仅仅是一双“丝绒的眼”或“鬈毛的气味”。但娜嘉却是通过其思想、其语言、其特立独行的方式成为布勒东的宠儿。布勒东就曾声称,比起娜嘉本人,他与在娜嘉身边的“事”更加接近。即是说,娜嘉已成为作家精神的反射器,她“蕨菜般的眼睛”是诗人照见自我的最忠实的镜子。

不过,如同我们前文所提到过的,批评家和文论家们对娜嘉这个人物一直存在着很大的争议,甚至连布勒东的挚友,超现实主义的另一领军人物苏波也曾毫不讳言地将布勒东与娜嘉的关系总结为“一段平平常常的艳遇”①。那么我们就禁不住会问,究竟书中那超凡脱俗的娜嘉是果如布勒东所坚称的“活生生的一手资料”,还是经过加工修饰的虚构角色?

事实上,在1926年11月1日,娜嘉寄于终点站咖啡馆的一封信中,曾表明她对《娜嘉》一书初稿的看法,她将文本称作“一副不大自然的我的肖像”。这样的说法,难以不令我们想起雅克·瓦谢。亦与娜嘉的情况如出一辙,当布勒东将瓦谢捧为超现实主义开创者,为其大唱赞歌时,瓦谢也受到了各方质疑:真有这一号奇人吗?除了服药过量的暴死,真实的瓦谢简直名不见经传,即便在南特一个小小的文学团体中也毫无名气。其实,年轻的布勒东只是在当时的瓦谢身上看到了他所需要的花花公子的态度、自我崇拜的气度,和一种接近于贝克特式的荒谬的幽默。瓦谢同样也是布勒东的一面镜子,而其自身,则与娜嘉构成了一对颇有意趣的反射镜(一如罗兰·巴特《S/Z》中倒置性别的镜子)。事实上,布勒东夸大了——有心或无意地——他这一组超现实主义精神代表者的本质,他并不在看真正的他们,他在他们的身上看自己。因此在《娜嘉》末尾,布勒东

---

① Annie Le Brun, *Entretiens sur le surréalisme*(安妮·勒布汗:《超现实主义访谈录》),Mouton 出版社,1968 年,第 108 页。

不假掩饰地提问:“是谁?是您吗,娜嘉……难道只是我一个人?难道是我自己?”

尽管如此,娜嘉仍是无可取替的。布勒东诗人的天性导致他时时都在诗化生活,可在成千上万次尝试中,他只取得了瓦谢与娜嘉这一对成功。举个小例子:1938 年,当某位特莱斯也有幸得到布勒东的激昂抒情时,该女子回馈以嘲弄,以至后来的评论界给了她一个绰号:“反娜嘉”。波德莱尔最著名的口号便是:“你给我你的泥巴,我将其变成黄金。”但对于同样是位炼金师的布勒东来说,特莱斯这样的泥巴半点用处也无,他需要一颗“够得上高度”①的点金石,娜嘉就是《娜嘉》的点金石,价值连城。

而在抽丝剥茧地探讨过娜嘉于文本中的出场和退场、其隐含的人物特性,与其他近似文本中女性形象的区别以及其真实性后,我们回归到最初的问题:所有这些与超现实主义精神息息相关的一个个小细节,最终是通过什么在这个女子身上升华到化身的高度?或者说,这一粒粒的碎珍珠,是由哪一根隐而不见的金丝串为项链——甚至是念珠,以供超现实主义的无数信仰者膜拜?其实,这一根金线,布勒东早在《娜嘉》的起首就已经交到我们手上了。就像他在序言中鼓励我们的那样,要从“蜘蛛网”一下子跳到“圣母手中的线”!我们自然可以将整部由各种毫无关联的事件、片段、哲思等交织而成的《娜嘉》看作是一张重重的网,文本的阅读过程,就是走钢丝的过程,随时可陷于布勒东所津津乐道的“踉跄式事件”(faits-glissades)或“跌坠式事件”(faits-précipices);但进一步说,何妨将娜嘉这个人看作是一张网呢?这个神秘的、千丝万缕的、包罗万象的女子,是她引领着我们走上巴黎星罗棋布的小道、在貌似迷宫的疯狂中抛出一条阿丽安娜之线,是她用纤长到不可思议的、充满了磁力黏性的四肢一头连接起天堂一头连接起地狱,一手牵起居住在“玻璃屋”中的安德烈·布勒东,一手牵起翻开这页文字的我们;是她在最为阴暗潮湿的角落结网,

① André Breton, *Nadja*(安德烈·布勒东:《娜嘉》),Gallimard 出版社,1990 年,第 82 页。

抖动着每一根敏感而柔韧的神经，随时猎取着自投罗网的、每一粒碎金般的生活的灵光。我们通过娜嘉这张网，可重新梳理出千万条超现实主义精神的主题线条，而由她总是吐出近似于神谕独白的口中，这丝，仍在绵绵若存地不断被吐出。甚至她的意义不止于此，因为既然布勒东指出了从蜘蛛网跳到圣母手中的线的可能性，就指出了娜嘉这张蛛网可变作一根圣线的可能性；这也就是为什么，他在这一个赤贫、放荡、疯狂、被生活薄待、被登徒子当街殴打的女孩身上，看到了辉煌的、永恒的超现实主义精神的制高点。

进一步说，既然布勒东向读者指明了在大街上迎头撞见一个娜嘉的可能性，他也指明了自己最独特的超现实主义观点（与其他超现实主义者，比如阿拉贡的观点截然不同）：超现实存在于现实中。因此，考据学家们对娜嘉这个人物的真实性或真实性比例多少的争论其实毫无必要，她既不是"有"、也不是"空"；她不在此地，也不在彼岸；她既不是手，也不是月亮，她是手指向月亮的姿态。在这一点上，我们不得不为布勒东喝彩，他之所以如此轻而易举地将整个的超现实主义精神塞进了娜嘉，纳须弥于芥子，是因为他采取了一个极其狡猾的——几乎是偷懒的手段：类比。他直接就将超现实主义精神比作了娜嘉：她就在你将会与她相遇的大街小巷上一直游荡着，涂抹着可令你一眼认出的、神秘的黑眼圈，在她身上，不可能共存的一切都得到了融合：善与恶、美与丑、高贵与堕落、清醒与疯狂——或者说，这些假象的矛盾从未真正存在过，超现实与现实从无界限。

毫无疑问地说，是这个原名叫做蕾娜的女子，成就了布勒东笔下的《娜嘉》。如同飞流直下三千尺的水帘，成就一座深千尺的桃花潭，二者合一，才可能成为一座史无前例的大瀑布，激起这神秘而宏大的超现实主义水雾。但从蕾娜到《娜嘉》——如娜嘉自己在书中的一句话：仅仅是个开始——因为《娜嘉》这本书中，第 71 页前的序言与第 173 页后的尾声（Gallimard，1990 年）均与娜嘉这个人物不产生任何关系，而是被一些看起来非常琐碎的哲思、闪回、戏剧、黑色幽默等充斥着。另外，书中亦收录了大量的摄影和绘画作品。甚至书的结尾，竟出现了另一位被布勒东称为“X”的全新的神秘女郎。至于这一切，又是如何在不与娜嘉其人有任何交集的情况下成为组成《娜嘉》不可或缺的部分，则是另一篇论文的题目了。

朱光潜《诗论》与中国诗学现代性问题[1]

梁　刚[2]

［摘要］　中国诗学现代性问题的实质是古今关系、中西关系问题。朱光潜的诗歌起源论表明中国现代诗学的建构离不开古典诗学传统的支撑；其诗歌文体论表明中国现代诗学建构不能照搬西方现成学说样板；其诗歌境界论主要追求中西诗学思想的印证、调和，但他提出的“见”范畴具有理论新质，意义深远。

［关键词］古今关系　中西关系　中国诗学现代性

中国诗学现代性问题涉及论述方式、研究方法、理论思维特征等多个方面，而其实质可以归结为古今关系（古典诗学与现代诗学）与中西关系（中国诗学与西方诗学）。因为中国现代诗学不是中国古典诗学自然演进的结果，而是在西学东渐的大背景下，中西诗学思想在“冲突的融合”与“融合的冲突”中历史地建构起来的。在这个意义上，中国诗学现代性是一个激荡的涡流。本文拟在尊重朱光潜《诗论》内在理路的基础上，依照诗歌起源论、诗歌文体论和诗歌境界论的逻辑顺序加以讨论，以此透视中国诗学现代性问题的实质，努力在朱光潜理论探索的基础上，提出自己的见解。

①　本文系2012年教育部人文社会科学研究一般项目（课题批准号12YJC710037）、中央高校基本科研业务费专项资金（2012RC1114）及“网络系统与网络文化”北京市重点实验室（北京邮电大学）2011年度主任基金的研究成果。

②　梁刚，现任北京邮电大学人文学院副教授。

一　诗歌起源论

朱光潜在讨论诗歌起源问题时，从方法论的角度，对一些中外学者用搜罗古佚的历史学或考古学方法探寻诗歌的发生表示了异议。朱光潜提出两个带有根本性的质疑和反驳：(1)他们认定诗歌起源在史书上载的最古老的诗，其实诗的发生远在文字之先，例如民歌在学者搜集整理之前，早已流传众口了。(2)他们认定最古老的诗是研究诗歌起源的唯一途径，其实诗的原始性不以时间先后为准，例如现代中国民间歌谣在诗的进化阶段上反在《商颂》、《周颂》之前。在朱光潜看来，"就人类诗歌的起源而论，历史与考古学证据远不如人类学与社会学之重要，因为前者以远古诗歌为对象，渺茫难稽；后者以现代歌谣为对象，确凿可凭。我们应该以后者为主，前者为辅"①。朱光潜先以亚里士多德的《诗学》、欧里庇得斯的《酒神的伴侣》、尼采的《悲剧的诞生》为据，说明古希腊诗歌、舞蹈、音乐三种艺术都起源于酒神祭典，继而又引用格罗塞《艺术的起源》中近代西方学者对澳洲土著的实证研究成果，以更有力地证明：诗、乐、舞同源，诗在最初是诗、乐、舞三位一体的混合艺术。朱光潜论诗歌起源集中体现了他对中国古代史学考据方法的反思和对西方人类学实证研究方法及具体研究成果的引进，这对于建设学理化的中国现代诗学是很有意义的。

但另一方面我们也必须看到，朱光潜的结论并非是"全新"的。《吕氏春秋·古乐》篇说："昔葛天氏之乐，三人操牛尾，投足以歌八阕：一曰载民，二曰玄鸟，三曰遂草木，四曰奋五谷，五曰敬天常，六曰达帝功，七曰依地德，八曰总万物之极。"这里的"八阕"就是对原始艺术的描述，中国古人对上古时代诗乐舞三位一体的状况，是认识得很清楚的。《墨子·公

① 《朱光潜全集》3卷，安徽教育出版社，1987年，第13页。

孟》中有："颂诗三百，弦诗三百，歌诗三百，舞诗三百"之说。《礼记·乐记》更将中国古代诗乐舞三位一体的状况总结为："诗，言其志也；歌，咏其声也；舞，动其容也；三者本于心，然后乐器从之。"这就是说，中国古典诗学在诗歌起源问题上的基本结论是诗乐舞同源，并且三者统一于人的心志的体现。从总体上看，朱光潜并没有超出这一理论观点。

这对于我们把握中国诗学现代性的实质问题之一即古今关系问题有重要启示，在中国现代诗学建构中，使用新的研究方法或手段，并不意味着必然能够得出新的结论。中国现代诗学与中国古典诗学的关系是复杂的：即有断裂的、研究范式转换的一面，亦有延续的、血脉贯通相联系的一面，这就是古今关系的二重性。美国学者丹尼尔·贝尔有一句话说得很好："现代性显而易见是同逝去了的过去的决裂，同时又把过去弹射进现在。"①显然，中国现代诗学的建构离不开绵延千年的古典诗学传统的有力支撑。

二　诗歌文体论

中西关系是中国诗学现代性的另一实质问题。朱光潜论述"诗是什么"这一诗学基本理论问题时表现出接受克罗齐思想的有主见、不盲从的治学风范。

关于"诗是什么"、诗与散文的区别，克罗齐在他的《美学原理》里本是提供了现成的论述可供参考的："直觉的知识（表现品）与理性的知识（概念），艺术与科学，诗与散文诸项的关系，最好说是双度的关系。第一度是表现，第二度是概念。第一度可离第二度而独立，第二度却不能离第

---

① 丹尼尔·贝尔：《资本主义文化矛盾》，赵一凡等译，三联书店，1989 年，第 148 页。

一度而独立。诗可离散文而独立，散文却不能离诗。”①克罗齐在《美学纲要》中更明确地说：“诗与散文的区别……我们要用更深刻的尺度，即意象和知觉的尺度，直觉和判断的尺度来衡量这个问题。诗是意象的表现，散文则是判断或概念的表现。”②很明显，克罗齐讨论诗与散文的区别，从根本上是从他的先验唯心主义心灵哲学体系推演出来的。

在克罗齐那里，心灵就是真实界的全体，融贯整一，递进生长，有高低有别的四个阶段。心灵活动可分为知解活动和实用活动两度，知解活动可进一步分为直觉（个别事物形象的知）与概念（诸事物关系的知）；实用活动可进一步分为经济的活动（目的在求个别利益）和道德活动（目的在求普遍利益）。直觉与概念，经济与道德，知解活动与实用活动之间都是“双度”关系，前者可离后者而独立，后者却必以前者为基础。还原到克罗齐的哲学系统来看，诗与散文的关系也正是直觉与概念，艺术与哲学，想象与逻辑的关系。诗可离散文，散文却不能离诗，它们也构成所谓“双度”。威姆塞特对克罗齐的批评可谓一针见血：“事实上，克罗齐的美学，毕竟不是一种艺术哲学，而是……认知的哲学。但克罗齐从未清楚地承认这事实，甚至没有面对它。”③而朱光潜早在《文艺心理学·作者自白》中就已指出：“以往的美学家大半心中先存有一种哲学系统，以它为根据，演绎出一些美学原理来。本书采的是另一种方法。它丢开一切哲学的成见。”④他还在完成于1933年初的博士论文《悲剧心理学》中强调：“哲学家当中一个普遍的错误，却是本末倒置。他们不是用归纳的办法……却是从某种预拟的哲学体系中先验地演绎出理论。……当哲学家从天上走下来，尝试解决一些个别的具体问题时，他们是多么力不从心。”⑤朱光潜

---

① 克罗齐：《美学原理》，朱光潜译，见《朱光潜全集》11卷，安徽教育出版社，1989年，第158页。

② 克罗齐：《美学原理·美学纲要》，朱光潜等译，外国文学出版社，1983年，第264页。

③ 卫姆塞特、布鲁克斯：《西洋文学批评史》，颜元叔译，台北志文出版社，第466页。

④ 《朱光潜全集》1卷，安徽教育出版社，1987年，第197页。

⑤ 《朱光潜全集》2卷，安徽教育出版社，1987年，第217—218页。

的《诗论》承袭《文艺心理学》、《悲剧心理学》中对先在的哲学体系保持警惕的理论立场,他讨论诗与散文的区别就是著例。朱光潜从文体特征论入手,以大量诗文作品为基础,精心操作严格辨析,得出“诗是有音律的纯文学”的比较切实合理的主张(尽管也并非无懈可击)。总之,朱光潜对克罗齐思想的接受具有自主性和创造性,他不是什么克罗齐的“忠实信徒”。朱光潜“接着”克罗齐说,而不是“照着”克罗齐说,他在引进西方美学、诗学理论中比较清醒地注意到有所取亦有所弃的问题。这表明中国现代诗学建构不能照搬西方现成学说样板。

三　诗歌境界论

本文尤其关注的是,古今关系牵涉着中西关系,中西关系又往往以古今关系的形式表现出来,中国现代诗学如何在这双重张力作用下走出一条独特的新路?朱光潜关于诗歌境界的论述有助于我们深入思索这一问题。本文不同意那种把朱光潜“诗境论”简单视为中国古代“情景交融”说现代翻版的观点。

从表面上看,朱光潜的诗歌境界理论是在复述中国古典诗学的固有思想。朱光潜认为:“每个诗的境界都必须有‘情趣’和‘意象’两个要素。‘情趣’简称‘情’,‘意象’即是‘景’”[①],“诗的境界是情景的契合”[②]。朱光潜无异是在说,他的所谓诗歌境界就是“情趣”与“意象”的契合,也就等同于情景交融。据此,有学者以为,不要为《诗论》中所引用的克罗齐、里普斯、叔本华、尼采诸人的理论所惑,朱光潜诗歌境界论其实是给予中国固有的“情景交融”说一个现代证明而已。笔者不同意这种观点。朱光潜的理论立足点是中国现代诗学建构,而不是要给某些中国古典诗学观

① 《朱光潜全集》3卷,安徽教育出版社,1987年,第54页。
② 同上书,第55页。

点招魂。本文认为,朱光潜"诗境论"的独创性首先表现在他将诗歌境界的产生与诗人艺术创造中的审美直觉联系起来,上承王夫之的"现量"说,创造性地拈出一个新的理论范畴——"见"。要正确理解朱光潜"诗境论",应当由此入手。

在王夫之那里,情景交融的诗境究竟是怎样产生的呢?他提出"现量"说。"现量"本是古印度因明学术语。在因明学中,"量"指知识。"量"又分"现量"和"比量"。用我们今天的话说,"现量"就是人们通过感觉器官直接接触客观事物,把握事物的"自相"(个别),而"比量"则以事物的"共相"为对象,是由记忆、联想、比较、推度等思维活动所获得的知识。王夫之很有眼光地将"现量"这一佛学术语引入诗学,并进一步阐释为:"'僧敲月下门',只是妄想揣摩,如说他人梦,纵令形容酷似,何尝毫发关心?知然者,以其沉吟'推''敲'二字,就他作想也。若即景会心,则或推或敲,必居其一,因景因情,自然灵妙,何劳拟议哉?'长河落日圆',初无定景;'隔水问樵夫',初非想得;则禅家的谓'现量'也。"(《姜斋诗话》卷二)这里,王夫之借佛学的现量来说明情景交融的诗境,认为是心目相触的一刹那不经概念思考而自然地涌现出来的。

和王夫之的"现量"概念相比,朱光潜讲的"见"既有所同,亦有所异;既有承袭,更有己见。我们先来看前一方面的内容。朱光潜认为:"一种境界能否成为诗的境界,全靠'见'的作用如何。"①要产生诗境,"见"必须满足两个重要条件。第一,诗的"见"必为"直觉"。朱光潜强调,直觉不同于知觉,"直觉"是对于个别事物的知,"知觉"则是对于诸事物中关系的知,亦称"名理的知"。朱光潜还具体举例说:"在凝神注视梅花时,你可以把全副精神专注在它本身的形象,如同注视一幅梅花似的,无暇思索它的意义或是它与其它事物的关系。这时你仍有所觉,就是梅花本身形象在你心中所现的'意象'。"②这就是说,朱光潜在强调作为审美直觉的

① 《朱光潜全集》3卷,第51页。
② 同上。

"见"的非逻辑性、非概念性上,与王夫之的"现量"说达成一致的理解。

不过,朱光潜对直觉的理解并没有停留在同王夫之"现量"说相印证的层次,而是在此基础上进一步丰富了中国古代审美直觉论的固有思想。朱光潜认为:"要产生诗的境界,'见'所须具的第二个条件是所见意象必恰能表现一种情趣,'见'为见者的主动,不纯粹是被动的接收。所见对象本为生糙零乱的材料,经'见'才具有它的特殊形象,所以'见'都含有创造性。"①朱光潜还具体举例说,天上的北斗星本为七个错乱光点,但在见者心中则成为一个斗的完整形象。在朱光潜看来:"这形象是'见'的活动所赐予那七颗乱点的。仔细分析,凡所见物的形象都有几分是'见'所创造的。凡'见'都带有创造性,'见'为直觉时尤其是如此。"②在这里,朱光潜特别强调审美直觉是一种发现,而发现也就是一种创造。这样,心(心灵)对于物(意象)的能动性、构造性和赋予形式功能就被前所未有地突出了。这是王夫之"现量"概念所不具有的新质。我们已经指出,王夫之的"现量",包括"现在"、"现成"、"显现真实"三义,而"显现真实"才是"现量"理论的最终归宿,它强调的是"心目之所及,文情赴之,貌其本荣,如所存而显之"。"比量"是用人的概念、逻辑、语言把一个完整的存在加以分割,而"现量"则是事物本来"体性"、"实相"的存真,所谓"貌固有而言之不欺"。总之,在王夫之看,诗的境界必诞生于心目相取,顺乎造化的审美直觉,自然成章,方为妙笔。用他自己的话说:"心理所指,景自与逢,即目成吟,无非然者。"(《古诗评选》)不同于王夫之,在审美直觉的心物关系中,朱光潜更看重的是心灵的主动性、创造性,而不是心对物的顺应,以及物性的本然显露。因此,朱光潜才会说:"深人所见于物者亦深,浅人所见于物者亦浅。诗人与常人的分别就在此。同一个世界,对于诗人常呈现新鲜有趣的境界,对于常人则永远是那么一个平凡乏味的混乱

---

① 《朱光潜全集》3卷,第53页。

② 同上。

体。"[①]在瞬间的审美直觉中,"因为有创造作用……各人在对象中取得多少,就看他在自我中能够付与多少,无所付与便不能有所取得"[②]。总之,在强调审美直觉的主动性、创造性上,朱光潜的"见"是对王夫之"现量"的补充和丰富,把心物关系的侧重点由物移到心。比较而言,"现量"属于"目击道存"、"度其物而取其真"、"吾师心,心师目,目师华山"的中国古典诗学传统,侧重诗人、艺术家对自然的归依以及自然的本样呈现。朱氏的"见"则更符合"人为自然立法"、人赋予混乱的自然以形式、要求诗人及艺术家创造出高于原始自然的"第二自然"的西方近代哲学、美学潮流,从而与中国古典诗学讲的"即物即真"大异其趣。说来,这也并不奇怪,朱光潜对"见"的创造性特征的揭示明显来自克罗齐"直觉论"的启示。不过,"见"范畴决非克罗齐在西方唯心主义哲学传统下"直觉概念"的机械翻版,而是朱光潜创造性地对克罗齐"直觉"范畴加以扬弃、改造的产物。

首先应当承认克罗齐对于朱光潜的重要启发。克罗齐在明确直觉的非逻辑性、非概念性后,旋即指出:

> 既已使知觉的知识脱净理智主义的意味以及一切后起外加的东西,我们现在就要从另外一方面来说明它的界限,替它防御另一种侵犯和混淆。在直觉界限以下的是感受,或无形式的物质。这物质就其为单纯的位置而言,心灵拥抱能认识。心灵要认识它,只有赋予它以形式,把它纳入形式才行。……物质和形式并不是我们的两种作为,互相对立;它们一个是在我们外面的,来侵袭我们,撼动我们;另一个是在我们里面的,常要吸收那外面的,把自己和它合为一体。物质,经过形式打扮和征服,就产生具体形象。这物质,这内容,就是使这直觉品有别于那直觉品的。[③]

克罗齐是在讲,直觉不是被动的感受,而是主动的创造。主动者是心

① 《朱光潜全集》3卷,第55页。
② 同上书,第56页。
③ 《朱光潜全集》11卷,安徽教育出版社,1989年,第135页。

灵,被动者是直觉以下的物质。这物质就是一些无形式的印象,心灵本其固有的理性,即先验理性对它加以组织综合,赋予形式才能知解和领会它。朱光潜的“见”创造性地接过克罗齐对直觉活动中心灵的主动性、创造性的强调,而果断扬弃了其直觉论中心灵的抽象性、先验性。克罗齐自己的一段话讲得最明白:

> 如果有人问,在心灵的各种活动中,哪一种活动是真实的,或者问这些活动是否都是真实的,那我们必须回答:哪一种也不真实,因为唯一真实的现实就是这一切活动的活动,现实并不存在于某一具体活动中。在我们逐个进行区分了的各种综合——审美综合、逻辑综合、实践综合——之中,唯一真正的综合就是诸综合的综合,即心灵,它是真正的绝对,是纯粹的活动。[①]

放在西方哲学思想背景下看,克罗齐所讲的“心灵综合作用”可以近溯至康德的“先验综合”,远溯至中世纪经院哲学所谓先验真理(a priori truths)或俱生观念(innate ideas),秉承的是西方先验唯心主义、理性主义传统。[②] 克罗齐表面上给人以“反理性”的假象,他也的确讲过:“直觉知识并不需要主子,也不倚赖任何人;她无须从旁人借眼睛,她自己就有很好的眼睛。”[③]从上下文看,克罗齐“主子”、“眼睛”即指“理性知识”。不过,我们必须明白,克罗齐所反对的是逻辑、概念意义上的理性,相当于康德哲学体系中的“知解力”,而不是永恒的先验形式意义上的理性。因此,克罗齐“直觉论”骨子里其实是抽象理性主义和形式主义的。朱光潜正是充分看到这一点,因此以诗人活生生的具体的生命灵性置换了克罗齐“直觉说”中抽象、神秘的秉有先验理性形式的“心灵”。朱光潜强调“见”同诗人主体的活的联系,用他的话说:

① 《美学原理·美学纲要》,朱光潜等译,外国文学出版社,1983 年,第 261 页。
② 参见朱光潜:《克罗齐哲学述评》,《朱光潜全集》4 卷,1988 年,307—317 页。
③ 《朱光潜全集》11 卷,安徽教育出版社,1989 年,第 132 页。

情趣不同则景象虽似同而实不同。比如陶潜在“悠然见南山”时，杜甫在见到“造化钟神秀，阴阳割昏晓”时，李白在觉得“相看两不厌，惟有敬亭山”时，辛弃疾在想到“我见青山多妩媚，料青山见我应如是”时，姜夔在见到“数峰清苦，商略黄昏雨”时，都见到山的美。在表面上意象（景）虽似都是山，在实际上却因所灌注的情趣不同各是一种境界。我们可以说，每人所见到的世界都是他自己所创造的。物的意蕴深浅与人的性分情趣深浅成正比例。①

朱光潜在他的“见”范畴里强调诗人的情趣灌注，它不是抽象的而是具体的，不是神秘而是现实的。

归结起来，相对于王夫之的“现量”，朱光潜的“见”既有承袭，更有丰富；和克罗齐的“直觉”相比，朱光潜的“见”既有所取，亦有所弃。如此说来，朱光潜的理论立足点本该是很明确的，那就是中国现代诗学的既来自又不同于中国古典和西方诗学的独特个性的建设。不过，这一立足点却更多是我们今天透过中国诗学现代性的特定研究视角重构出来的。对此，当年的朱光潜还缺乏必要的自觉意识。他的“见”既然强调心灵对意象的情趣灌注与形式赋予，那么，他所讲的情趣与意象契合，也就是基于审美直觉中心灵主动性、创造性的“契合”或“融合”，而决不以中国古代“天人合一”的宇宙观为基础，从而也就不能和中国古典诗学常见的“情景交融”论完全等同起来。朱光潜只要从自己的审美直觉论（“见”）再向前推进一步，本可以得出上述结论，惜乎正是他本人将“情趣”与“情”，“意象”与“景”两对概念匆匆画上等号，从而给攻击他的人留下了口实。在我们看来，朱光潜的“审美直觉论”及以此为基础的“诗境论”，不是简单地回到传统，而是创造了一种新“传统”，是对中国古典诗学与西方诗学相关理论的双重借鉴与超越，他实际上创造出中国现代诗学的某些独特的理论。但朱光潜似乎对此并未察觉，他不但误将自己诗境论中的情趣、

---

① 《朱光潜全集》3卷，安徽教育出版社，1987年，第55页。

意象和中国古典诗学的情、景等同起来，还进一步与克罗齐的愿望（aspiration）、表象（representation），叔本华的意志、意象，以及尼采的酒神精神、日神精神划上一连串等号。

着眼为中国现代诗学建设总结历史经验和教训，我们有理由“苛求”朱光潜，对其在中西诗学思想印证中出现的“牵西就中”的学理征候作深入的分析与反思。

如前所说，朱光潜所理解的诗歌境界就是“情趣”（feeling）与“意象”（image）的契合。为论证这一点，朱光潜直接从克罗齐《美学纲要》中抽取了一段话引为证据：“克罗齐在《美学》里把这个道理说得很清楚：‘艺术把一种情趣寄托在一个意象里，情趣离意象，或是意象离情趣，都不能独立。’”[①]首先需要说明的是，上引的朱译不够准确，笔者认为，还是台湾学者古添洪的译文更为忠实：“愿望（aspiration——相当于朱译的“情趣”，引者注）寓于现形（representation——相当于朱译的“意象”，中国内地一般通译为表象，引者注）中，那就是艺术。愿望代表着现形，而现形代表着愿望。”[②]退一步说，即便仍采用朱译的所谓“情趣”、“意象”，它们在克罗齐《美学纲要·艺术是什么》中也有上下文的特定含义，不可与《诗论》里的用法作表面上近似的比附。为说明这一点，我们需要还原《美学纲要》中朱氏引文前后的两段话。它们是：

> 直觉之所以为直觉，不在其为一堆散漫的意象，而在其有赋予它以生命的原理。这种原理是什么呢？……给予直觉连贯（coherence）和统一（unity）的是**感情**（feeling）……直觉确实如此，它表现了感情。它只能从感情来并止于感情上。不是意念，是感情赋予艺术轻灵的象征。**愿望**寓于现形中，那就是艺术。愿望代表着现形，而现形代表着愿望。……我们对真正作品的喜爱是它底想象而来形式。那形式是由某一**心灵状态**（A state of soul）所提供的。我们称之为生命，为

---

① 《朱光潜全集》3卷，安徽教育出版社，1987年，第54页。

② 古添洪等编著：《比较文学在台湾的垦拓》，东大图书公司，1985年。

统一，为艺术作品的权杖。[1]（古添洪译文）

如果把这几段话联系起来看，不难知道克罗齐所用的“感情”和上下文中的“愿望”、“心灵状态”是同等程度的概念，都是用来界定那赋予感受以统一和形式的东西。这就是说，克罗齐讲的“感情”说到底还是抽象的、形式的，而朱光潜讲的“情趣”却是内在于诗人的独特的、具体的、活生生的审美情感与审美趣味，这两者之间的差别是明显的。以朱光潜对于先在哲学体系的警惕，他应当是看到这一点了，所以才会在引文中悄悄隐去了克罗齐和自己“情趣意象契合论”相矛盾的论述，而单单留下表面上恰可印证的部分。这里，朱光潜欲调和中西诗学思想而实际上相互冲突，他力求二者的统一，却未能达到真正的统一。

问题的严重性还在于，类似的“牵西以就中”的学理征候在朱光潜对于叔本华、尼采等西方哲学家、美学家思想的接受、运用中也不同程度地存在着。同样是为了印证自己的“情趣意象契合”的诗境论，朱光潜还调动了叔本华、尼采思想武库里的装备，几乎是拿过来就用，而似乎对这里面中西诗学思想的尖锐冲突并不在意。

在叔本华哲学里，意志、理念、表象是三个关键性的概念。“意志”又称为“生命意志”(will to life)，是一种盲目的非理性本能冲动。用他自己的话说：“纯粹就其自身来看的意志是没有认识的，只是不能遏制的冲动。”[2]并且在叔本华看来，真正的自在之物不是康德所说的独立于人而又不为人认识的客观存在，而就是意志：“一切表象，不管是哪一类，一切客体，都是现象，惟有意志是自在之物。”[3]叔本华把“意志”实体化为一切宇宙现象的本源，从而一举翻转了黑格尔的绝对理念本体论。因此，叔本华的“意志”是一个哲学本体论概念，和朱光潜心理诗学经验范畴的“情趣”不在同一理论层面上。而朱光潜却说：“诗是情趣的流露，或者说，狄

① 古添洪等编著：《比较文学在台湾的垦拓》，东大图书公司，1985 年。

② 叔本华：《作为意志和表象的世界》，商务印书馆，1982 年，第 63 页。

③ 同上书，第 62 页。

俄倪索斯精神的焕发”[①]，又说：“意志为酒神狄俄倪索期(Dionysus)”[②]。可见，朱光潜在相当程度上把叔本华的“意志”和自己的“情趣”对应甚至等同起来。朱光潜把 idea 这一关键性术语译为“意象”[③]，恐怕也可商榷。在叔本华的哲学系统里，意志是世界的本质，它直接客体化为理念，又通过理念的展开，间接客体化为具体时空中的诸个别事物。理念(idea)不同于通常意义上的表象，它是代表该事物全体族类本质的个体，但又不像具体个别事物那样因受制于时空律、因果律而不得自由，幻灭无常。在叔本华那里，“理念”是纯粹哲学(美学)意义上的纯粹形式，从而和一般心理学意义的、经验层面的“表象”或“意象”严格区分开来，朱光潜出于印证自己诗境论的需要，译 idea 为“意象”，于情可谅，于理欠妥。

类似的征候还出现在朱光潜对于尼采美学核心范畴“日神精神”、“酒神精神”的把握上。朱光潜说：“诗是情趣的流露，或者说，狄俄倪索斯的焕发。但是情趣每不能流露于诗，因为诗的情趣并不是生糙自然的情趣，它必定经过一番冷静的观照和熔化洗炼的功夫，它须受过阿波罗的洗礼。一般人和诗人都感受情趣，但是……诗人在感受情趣之后，却能跳到旁边来，很冷静地把它当作意象来观照玩索。”[④]首先，朱光潜的这番话似乎透露出他所理解的日神精神是一种理性精神的意思，而在尼采那里，日神阿波罗和酒神狄奥尼索斯同是象征人性中的两种原始本能，一是“驱向幻觉”的本能，一是“驱向放纵”的本能。它们表现在自然生理现象上就是“梦”和“醉”，表现在审美领域中，则是迫使艺术家进行创作的两种原动力。其次，朱光潜所理解的日神精神、酒神精神的调和统一中，占优势和起决定性作用的是阿波罗，而尼采《悲剧的诞生》的主导精神与此恰恰相反。尼采认为，酒神是比日神更原始的本能，“日神不能离开酒神而

---

① 《朱光潜全集》3 卷，第 63 页。

② 同上书，第 62 页。

③ 朱光潜指出：“宇宙与人类生命，像叔本华所分析的，含有意志(will)与意象(idea)两个要素。”见《朱光潜全集》3 卷，第 62 页。

④ 同上。

存在”,酒神是希腊艺术乃至全部艺术的基础。古希腊悲剧的衰落恰恰就是由于欧里庇得斯按照苏格拉底精神,坚持“理解然后美”的原则,“把那原始的全能的酒神因素从悲剧中排除出去”[①]。在很大程度上,朱光潜是通过曲解尼采以印证自己的观点,似乎情趣与意象的契合就是酒神精神与日神精神的调和。

中国诗学家在论证自己观点时当然可以援引西方美学理论作为根据,但问题的关键在于,中西诗学思想的印证必须要明确双方的概念、范畴、命题在哪个层面,在何种程度、特别是在怎样的有效范围内可能达成共识,交相辉映。真正深刻的“见同”必然要以“见异”为前提。朱光潜的《诗论》成功完成从古代诗话到现代诗学的历史性跨越,但他没能自觉地将建构中国现代诗学既来自又不同于中国古典诗学和西方诗学的独特个性作为自己追求的目标。这就从根本上决定了:“我(指朱光潜——引者注)本来不是有意要调和折衷,但是终于走到调和折衷的路上去。”[②]其实,中西诗学思想的印证本身不是目的,它应当推动而不是阻碍中国现代学独特个性建设。当然,对朱光潜在中西诗学思想融合中所做的理论建设工作应当有全面公正的评价,要看到其征候,也要充分看到其成就。例如经我们与王夫之“现量”、克罗齐“直觉”的比较阐释,《诗论》中“见”范畴的提出就是卓越和富有开拓性的,对于中国现代诗学建构中如何正确处理古今关系、中西关系这一实质性的问题具有不可低估的启示意义。我们不仅拥有一个源远流长的古典诗学传统,还拥有一个中国现代诗学的“新传统”,因而需要时时回到包括朱光潜《诗论》在内的中国现代诗学经典,从中吸取智慧和经验。

可以预见,未来的中国现代性诗学建构,将是对中国古典性诗学和包括《诗论》在内中国现代诗学“新传统”的双重继承与双重超越,它将意味着面对西方“他者”的强大文化压力,中国诗学独特个性的建设。

① 尼采:《悲剧的诞生》,三联书店,1986年,第49页。

② 《朱光潜全集》1卷,第198页。

霍加特和霍尔的早期文化理论比较

胡疆锋①

[摘要] 伯明翰学派的霍加特和霍尔都是英国文化研究的代表人物，国内学者在评述他们的时候往往只强调其学术共性，却忽视了他们的分歧与差异。早期的霍加特持有一种对工人阶级的有机文化的怀旧态度，对大众文化和青年亚文化是排斥和批评的，他虽然超越了阿诺德、利维斯等人的精英主义文化观，但也止步于“文化—文明”传统的门槛之前。而霍尔注意到了大众传播媒介在青年中扮演的重要角色，认识到了大众文化和青年文化的复杂性，并多次质疑霍加特的文化怀旧立场。重视并辨析霍加特和霍尔的早期文化观念的分歧，有助于我们理解英国文化研究的理论发展和演变过程，更准确地运用文化研究的方法与理论。

[关键词] 伯明翰学派 霍加特 霍尔 大众文化 青年亚文化

伯明翰学派的理查德·霍加特(Richard Hoggart)和斯图亚特·霍尔(Stuart Hall)是英国文化研究的奠基人。以往，国内学者在评述他们的时候，往往强调了他们在文化研究领域的开创性贡献，强调他们作为同一学派的代表人的学术共性和新左派背景或倾向，却经常忽视了其文化理论的分歧与差异。如果比较霍加特和霍尔的早期代表作如《素养的用途》和《流行艺术》，我们可以发现，霍加特和霍尔确实存在着许多共性，如他们都延续并发展了英国学术研究上的“文化—文明”传统，都关注

① 胡疆锋，首都师范大学文学院副教授，北京师范大学艺术与传媒学院博士后。本文是国家社科基金项目“当代英美亚文化理论及实践研究”(10CZW012)、北京市教委面上项目“当代英美青年亚文化理论及实践研究”(SM201110028001)的阶段成果。

文学之外的日常文化和生活方式，将学术研究对象从文学文本扩展到广义的文化和社会；他们都重视“小写的文化”，即重视相对于文化（Culture）开头字母C大写的文化（即精英文化）的普通文化或通俗文化，特别是工人阶级文化和以工人阶级为主要消费对象的大众文化，如住宅、体育、服饰、流行音乐等；他们也都从大众媒介和大众文化对传统文化、青年的影响这一层面探讨了青年亚文化。不过，他们的文化观念的分歧和差异也同样是明显的，在评价当时的大众文化以及青年亚文化等问题，霍加特和霍尔的观点大相径庭，前者也因此受到了后者的多次质疑和批评。重视并辨析霍加特和霍尔的早期文化观念的分歧，有助于我们理解英国文化研究和伯明翰学派的文化观念的演变过程，更准确地运用文化研究的方法与理论。

一　霍加特与《素养的用途》

霍加特于1917年出生于英国利兹的工人阶级家庭，就读于利兹大学，二战结束后，在赫尔大学成人教育系谋得文学教师一职，其间出版了他的第一部批评性论著《奥登》。1964年霍加特在伯明翰大学英文系工作，创建了“当代文化研究中心”（Centre for Contemporary Cultural Studies，以下简称CCCS），任CCCS第一任主任。1968年赴巴黎任联合国教科文组织副总干事，1972年正式辞去CCCS主任。代表作有《素养的用途》（*The Uses of Literacy*，1957）。

霍加特的《素养的用途》是文化研究的筚路蓝缕之作，他在书中继承了阿诺德、利维斯等人的“文化—文明”传统，运用了“文本细读”这一文学批评方式来探究更多的文化形态，如电影、商业广播、流行读物、休闲娱乐等。在讨论战后美国大众文化对英国工人阶级文化的“侵蚀”时，霍加特严厉批评了当时的美国大众文化和“堕落的”工人阶级青年亚文化，充分展示了自己的文化观念。《素养的用途》的重点是描述英国工人阶级文化的变迁。由于霍加特出生于工人阶级，拥有着足够的“草根”性，不再持高高在上的精英态度，他摒弃了阿诺德、利维斯等人对工人阶级的文化的苛责，而是把20世纪30年代的工人阶级文化称之为“丰富充实的生活”(The full rich life)。关于工人阶级的这种自娱自乐的通俗文化，霍加特的描写不乏浪漫和留恋。霍加特笔下的工人阶级生活，一扫阿诺德所说的“群氓”的“无政府主义”的混乱和芜杂，体现出清新、健康、自然、自足的特点。

据霍加特自述，他想在《素养的用途》中避免两点：一是把无产阶级文化贬得一无是处，低劣或者粗糙；二是滥情的接受。① 从全书看，霍加特的这两个目的基本达到了。但是，霍加特的《素养的用途》也遭到了后人诟病，特别表现在三点方面：一是文化悲观主义，二是忽视了生产领域，三是存在着性别盲点。② 其中的“文化悲观主义”主要表现为霍加特对美国大众文化的批评和对“美国化”的焦虑上，和亚文化有直接关系。霍加特认为，近年来，“真正的”工人阶级社群正处在被大众文化和美国化融入文化荒漠的过程之中③，这种观点直接影响了霍加特对工人阶级青年亚文化的看法。

霍加特面临了工人阶级文化在战后的巨大变迁。二战结束后，英国在经济、社会和文化方面都发生了重大变化：工人生活比以往要富裕很多，青少年消费能力日增，政治选举权扩大等等。《素养的用途》的第一句话就是：“经常有人说现在英国已没有工人阶级了，不流血的革命已经发生了。”④让霍加特担忧的，不是战后工人阶级与其他阶级的社会差距消

---

① 〔英〕理查德·霍加特：《文化研究四十年》(1997 访谈)，胡谱中译，《现代传播》2002年第5期。

② Richard Hoggart, *The Use of Literacy*, New Brunswick (U. S. A) London (U. K.), 1998, p. xxi.

③ Ibid., pp. 164-165, pp. 282-285.

④ Ibid., p. 1.

失了,相反,他为之欢欣鼓舞,霍加特曾经感慨地说:“我的祖母和母亲如果要是在20世纪中叶抚养家庭,也许会少操不少心。”①霍加特担忧的是工人阶级文化的失落:“显然,没有人不高兴看到大部分工人在所有方面的改善。有更好的居住条件、健康、消费品和教育机会,我所描绘的是:随着文化变迁接踵而来的,不总是改善,在一些更重要的方面带来了更加恶化的情形。”②霍加特在这里所说的“恶化”,指的是工人阶级特别是工人阶级青少年因受大众文化的影响而变得粗俗了,成了大众文化的牺牲品。

显然,在这里霍加特把美国式的大众文化在英国的传播同工人阶级集体社区的失落联系起来,把“美国化”与工人阶级青年文化混为一谈。他认为“较新的流行艺术”,如“性与暴力小说”、“下流杂志”、“商业性通俗歌曲”和“自动点唱机”等,会引诱工人阶级群众将自身及其文化迷失在无知觉的和浅薄的“棉花糖世界”中,迷失在“闪光的野蛮状态”、“虚假的光芒”中,迷失在一个从大西洋彼岸带给他们的世界之中。霍加特的焦虑集中在1950年代的被他称为“自动点唱机小子”(The Juke-Box Boys)的工人阶级青年身上。这些青年得名于他们所迷恋的冷饮吧(milk bar)安装的“自动点唱机”:

> 冷饮吧同时显出了它们的现代主义装饰物的俗丽和耀眼的浮华,这是一种审美上的崩溃……我的印象里类似的冷饮吧几乎在每一个超过1万5000人的北方城镇都有一个,它已经成为一些青年人晚上惯去的聚会地。有些姑娘也去,但大多数顾客都是年龄在15到20岁之间的男孩,穿着有褶皱的套服,打着有图案的领带,一副美国人懒散的样子。他们多数人都付不起连续喝混合饮料的钱,而是喝一两个小时的茶,同时——这是他们来这里的主要原因——把铜币一个接一个地投进自动点唱机里。每一次大约从12张唱片选歌;按照曲目索引,按一个数字键就可以选好想听的唱片。唱片大约隔两

① Richard Hoggart, *The Use of Literacy*, p. 129.

② Ibid., p. 246.

周由租赁公司更换一次;几乎全是美国人,几乎都是声乐作品,演唱风格远远超越了英国B.B.C的轻松节目,有些曲子很容易记;全部曲子都为播放作过修改以便具备当下流行的那种节拍……自动点唱机发出刺耳的噪音,更像是给大舞厅用的而不是主街上一个改装过的小店所能承受的。青年人来回晃着一只肩膀,或者像汉弗莱·鲍加①一样目光绝望地穿过那些铁管椅。②

上述文字充分暴露出霍加特对"自动点唱机文化"的批评态度和深深的忧虑。对这种青年文化和生活方式,霍加特毫不客气地痛斥道:

即使与街角上的酒店相比,这种生活方式也完全是一种特别浅薄的、病态的放荡形式,一种熟牛奶弥漫的香味中的精神腐化。许多顾客——他们的衣着、发式、面部表情说明了一切——很大程度上生活在一个神话世界之中,其中混合着一些他们心目中的美国生活的单一成分。

他们是意志消沉的一族,绝对算不上工人阶级的典范;他们大部分人也许都比不上普通人那么聪明,因而他们比其他人更加不加掩饰地破坏大众时尚,他们没有目标,没有雄心,没有防御,没有信仰。

他们是一些重要的当下势力打算创造出来的人物,是没有方向的、看管机器的阶级中驯服的奴隶……这些人是追求享乐的消极的蛮族,他们花3便士坐50马力的公共汽车,花1.8个便士看500万美元制作的电影,他们不仅是一群社会怪人,也是不祥之兆。③

《素养的用途》中的这几段话,集中体现了霍加特关于青年亚文化的核心观点。概括起来,主要有以下几个意思:第一,"自动点唱机小子"迷恋和模仿的文化是一种来自美国的消费品,美国的大众文化——美国式

① 汉弗莱·鲍加(Humphrey Borart,1899—1957),美国著名电影演员,以饰演硬汉形象著称,代表作有《卡萨布兰卡》(饰演里克夜总会的老板里克)。

② Richard Hoggart, *The Use of Literacy*, pp. 189-190.

③ Ibid., pp. 190-191.

的“俗丽”、“浮华”，美国的“时装”，“美国式的懒散”，好莱坞电影，以及这种文化的核心——“美国唱片”，构成了一个“神话世界”——美国式的审美文化；第二，这种美国大众文化和青年文化是大批量生产和复制的东西，是流行一时的、千篇一律的文化，是一种单调的“噪音”；第三，战时和战后最初几年中热忱的道德观念被享乐主义和消费主义所取代，霍加特对此产生了一种清教徒式的反感；第四，也是最重要的，美国大众文化的输入使得工人阶级青少年耽于享乐。意志涣散、浅薄病态、举止怪异、精神空虚，失去了创造的自由，远离了具有活力的工人阶级背景的本真性。

如何看待霍加特的这些观点？应该说，霍加特最大的问题不在于他对美国大众文化的迅猛扩张过于忧心忡忡，也不在于他过分美化和留恋工人阶级文化，而在于他把消费文化的传播只看作是单向度的过程，对大众文化的主要消费者——工人阶级特别是工人阶级青年的主动性和解读能力估计不足，把青年当作只能被动消费、不会反思、不能创造的客体，忽视了青少年能够让大众文化“为我所用”，从中获得抵抗的力量和解放的感觉，对工人阶级青年文化的复杂性认识不足。霍加特的一只脚迈出了阿诺德、利维斯等人的精英主义文化观，另一只脚仍然停留在“文化—文明”传统的门槛里。[①]只不过，阿诺德和利维斯是为了保卫少数人的精英文化而反对“无政府”的工人阶级文化，而霍加特是为了保卫工人阶级文化而反对消费文化和美国大众文化。在这里，非马克思主义者的霍加特的观点，和法兰克福学派的“文化工业”理论和马尔库塞对美国大众文化的批评并没有本质的区别。只不过，马尔库塞对工人阶级和产业工人的被收编彻底失望，而霍加特对整体的工人阶级对大众文化的抵制能力却仍然持有信心。

霍加特的这一立场和当时理论界对青年文化的批评是异曲同工的。不妨看霍尔引用过的两则1960年左右的材料：

---

① 这一点霍加特的学生们看得很清楚，当霍加特1970年1月离开伯明翰大学后，斯图亚特和学生的一次会议记录上有这样一句话：“你已经看清了，我们现在是一个‘红色组织’，不能再和霍加特、马修·阿诺德式的文化传统有什么关系了。”见霍加特：《文化研究四十年》（1997访谈），胡谱中译，《现代传播》2002年第5期。

材料1:“我们没有一代有罪的青年人,我们有最自私的一代青年人,我们有一代物质主义的青年人,我们有一代贪婪的青年人,他们吃着碗里的,看着锅里的。”(《教师世界》社论,1961年11月8日)①

材料2:ABC的经理主管曾经把青年文化的趣味评述为“性”和“暴力”:“朝着青年人努力,尽可能朝着性努力,尽可能朝着暴力努力——我们就会成功了。”②

两则材料的价值取向有一点和霍加特是极其相似的:都把青年描述成了消费文化中“纯粹的牺牲品”。对霍加特的这一立场,约翰·斯道雷后来准确地指出:《素养的用途》的“真正弱点是它没有能够把对20世纪30年代通俗文化的见解,发挥光大到对20世纪50年代通俗文化的认识中”③。斯道雷的批评是一针见血的。霍加特在严厉地批评“自动电唱机的小子”时,他没有预料到1950年代的自动点唱机里对节奏布鲁斯等以及具有反叛激情的摇滚乐等新音乐提供了至关重要的传播方式。事实上,摇滚乐从诞生之日起就是工人阶级青年文化的象征——1960年代最伟大的摇滚乐队“披头士”乐队的成员毫无例外地都是利物浦的工人阶级子弟出身。点唱机对工人阶级文化的传播、更新和再创造起到的作用是不可忽视的。④ 伯明翰学派后来讨论的亚文化如无赖青年、摇滚派、嬉皮

① Stuart Hall and Paddy Whannel, *The popular arts*, Boston: Beacon Press; New York, Pantheon Books, 1967, p. 276.

② Ibid.

③ 〔英〕约翰·斯道雷:《文化理论与通俗文化导论》(第二版),杨竹山等译,南京大学出版社,2001年,第68页。

④ 美国学者考恩曾经介绍了投币式自动点唱机在美国的发展,有助于我们理解这一点:与无线广播相比,唱片带来更大的多样性,为宣传新音乐提供了许多渠道。投币式自动唱机将本来受到冷遇的唱片带给了人数众多的听众。1927年开始销售的电子扩音投币式自动唱机使这种方式进入全盛时期。投币式自动唱机很快被用来为舞厅、酒吧和夜总会的大量人群提供娱乐。到1939年为止,投入使用的投币式自动唱机大约为30万台,每年用于投币式自动唱机的唱片多达3000万张。到了1940年代中期,投币式自动唱机使用了美国灌制的唱片数量的四分之三。投币式自动唱机的流行推动了远离主流的音乐种类的发展。乡村音乐——尤其是节奏布鲁斯——从这种新的产品交货方式受益最大。许多听众无钱购买收音机,只能到公众娱乐场所去欣赏音乐。见〔美〕泰勒·考恩:《商业文化礼赞》,严忠志译,商务印书馆,2005年,第210页。

士,跟流行音乐和摇滚乐都有着千丝万缕的联系。霍加特否定了"点唱机文化",实际上就是否定了工人阶级青年在接受大众文化时的筛选、抵抗和创造的能力。

霍加特关于工人阶级亚文化的论述,在很长时间里都成为包括伯明翰学派在内的学者的靶子,有人干脆说:"当霍加特描写'点唱机小子'时,他不具备深入的接触,也缺乏同情,他听起来更像是供职于所谓上流社会报纸愤怒的社论评论员,而不是一个和工人阶级文化有接触的人。"①同为伯明翰学派的成员,霍尔等人对霍加特尽管十分尊敬,但对他的批评却是毫不客气。1976 年,在《素养的用途》出版近二十年后,文化研究的另外一本经典著作《仪式抵抗》出版了,霍尔等人在评述亚文化理论时,矛头直指霍加特:"更为复杂的是,新的青年文化的某些方面被怪异地视为是新兴的大众文化的最糟糕的结果的再现——它倾向于认为工人阶级的行动和抵抗的活力已经一盘散沙。霍加特,在许多方面记录了他们的工人阶级文化经验的细微差别,不得不在这里被冒犯,因为他描写了'电动电唱机小子',而它几乎是缺少具体性的、不能感同身受的描写。"②1988 年,在《素养的用途》出版三十多年后,伯明翰学派的赫伯迪格仍然批评霍加特"把美国和大众文化等同起来,把美国化和同质性等同起来,把美国的现在和英国的未来等同起来"③。赫伯迪格认为"自动电唱机小子"并没有以一种被动的、不经反思的方式来消费他们想象中的美国,他们用可得到的通俗文化材料来建构这种想象,而不是被这些材料建构。因而他们以一种积极的、有意义的和富有想象力的方式来消费形象、服装和音乐的风格,这种方式改变了美国化的意义,并将它们转换成独特的亚文化趣味和抵抗的风格,用来对抗中产阶级和上层阶级的文化,并且当作

---

① Richard Hoggart, *The Use of Literacy*, p. xxiv.

② Stuart Hall, Tony Jefferson, eds, *Resistance through Rituals*: *Youth Subcultures in Post-war Britain*, London: Hutchinson, 1976, p. 19.

③ Dick Hebdige, *Hiding in the Light*: *On Images and Things*, London and New York: Routledge, 1988, p. 57.

对他们自己的从属地位的生气勃勃的反抗。①

虽然屡遭批评,但不能否认的是,霍加特的《素养的用途》对伯明翰学派的文化理论还是有重要贡献的。霍加特摆脱了越轨社会学总是集中在犯罪、越轨等社会学领域研究亚文化的定势,而是转向媒介、消费和大众文化,这为伯明翰学派以后的文化研究划出了崭新的领域。此外,出于对工人阶级文化的敏感,霍加特对工人阶级青年亚文化的服装和音乐风格的细致描述,对大众文化引发的快感的评论,使用民族志的研究方法,都有助于后来者理解工人阶级青年的生活经验,对伯明翰学派的亚文化理论具有建设意义。

二 霍尔与《流行艺术》

从霍加特对文化研究和伯明翰学派的影响来看,他只是一个筚路蓝缕的开拓者和奠基人,而非精神领袖。文化研究真正的领袖是比他年轻约 14 岁的斯图亚特 · 霍尔。

霍尔于 1932 年出生于牙买加的一个黑人商业中产阶级家庭。1951 年,霍尔进入牛津大学莫顿学院就读,学习文学,并逐步卷入西印度群岛的政治活动之中。1950 年代,霍尔成为复兴的"社会主义俱乐部"举足轻重的人物,也是《大学和左翼评论》的编辑和《新左派评论》的首任主编。1964 年霍尔加入当代文化研究中心(CCCS),任主任助理,1968 年代理主任工作,1972 年正式出任 CCCS 主任。无论是从霍尔在中心的领导地位,还是从个人的成就和思想的开放性上看,霍尔在 CCCS 的实际影响力都比首任主任霍加特要更为深远。霍尔主持中心工作的 11 年(1968—1979)成为英国文化研究发展史上的黄金时期。

① Dick Hebdige, *Hiding in the Light*: *On Images and Things*, pp. 73-74.

霍尔是新左派的杰出代表,他的文化观也打上了新左派的深刻烙印。在新左派的政治理论中,文化分析与文化政治处于核心地位。与处于同一时代的政治对手相比,新左派以一种更富有想象力的方式来将文化与政治融合起来,他们对20世纪60年代早期兴起的大众文化活动有着强烈的兴趣,发起和激励着一些具有实验性质的文化创意活动,如自由电影运动、爵士乐等文化活动,霍尔在主编《大学与左派评论》时,杂志的风格与内容就与众不同:它追求大胆的现代主义路线,并被辅以纪实摄影装饰,因此与同类社会主义期刊相比,其设计更像是商业杂志,《大学与左派评论》的独特计划就是去构想、实践一种新的左派文化政治,开创性地实现了对青年文化、亚文化、城市规划、广告的影响、工人阶级的尖锐分化、教育改革的影响、艺术和电影批判的分析。①

霍尔早期的文化理论主要体现在他的第一本著作《流行艺术》(1964)(和沃内尔合著)中。在这部著作中,霍尔针对大众文化和青年亚文化提出了许多重要的观点,初步奠定了伯明翰学派文化理论的基础。伯明翰学派对亚文化抵抗的强调,对风格的关注,对亚文化与媒介之间复杂性的认识,在《流行艺术》中都可以找到源头。

和许多文化研究著作相似,《流行艺术》的写作起因与学校教育直接相关。② 霍尔曾在英国次属的现代学校③教过书,在那段时间里,他清楚地感觉到:在"正式教育的标准和经验"和"青少年真实世界的复杂性"之

① 〔英〕迈克尔·肯尼:《第一代英国新左派者》,李永新、陈剑译,江苏人民出版社,2010年,第121—122页。玛德琳·戴维斯:《英国新左派的马克思主义》,汤建龙译,张亮编:《英国新左派思想家》,江苏人民出版社,2010年,第18页。

② 《流行艺术》是霍尔和沃内尔(英国电影研究学会官员)在1962年至1964年替英国电影中心所进行的电影研究,受到了英国电影中心的教育部门的支持。1961年,霍尔在查尔西学院被指派教授电影和大众媒体研究的课程。据霍尔称,当时英国还没有任何学院安排过电影和大众媒体的课程。《流行艺术》的写书目的是为教师所用,该书选择的材料主题都与教育有关,在书的附录还列有长达50多页的教学建议和课程资源。可参见Stuart Hall、陈光兴:《文化研究:霍尔访谈录》,唐维敏译,台北元尊文化,1998年,第48页。

③ 英国的中学一般分为三种,根据学校的费用和等级依次是:贵族学校、文法学校、现代学校。现代学校的学生多为工人阶级子弟。

间存在着矛盾。[1] 霍尔在这里所说的“矛盾”，其实就是对学校正统文化、主导文化形成了挑战的大众文化和青年亚文化。作为教师，霍尔迫切感到有必要重表认识青少年亚文化，需要在学校教育和一些青少年喜爱的现代艺术特别是电影、爵士乐之间建立起联系，从而填平通常的讨论和教室之间的鸿沟。

霍尔对青年亚文化的探讨角度和霍加特的《素养的用途》相似，也是从大众媒介和大众文化对传统文化、青年的影响这一层面介入的。但两人的态度和结论大相径庭。《流行艺术》显示出了霍尔与利维斯式的怀旧思想越来越大的距离，同时对大众文化体现出现实和辩证的态度。霍尔拒绝了所谓的“前工业时代英格兰的有机文化与今天的批量生产的文化之间的传统的对抗”：

> 旧时的文化已经逝去，因为产生它们的生活方式已经逝去。工作的节奏已经永久性地改变，封闭的小范围的社区正在消失。抵制社区的不必要的扩张、重建地方独创性也许很重要。但是，假如我们想要重新创造一种真正的通俗文化的话，我们只能在现存的社会之内寻找生长点。[2]

在这里，霍尔没有留恋昔日的工人阶级文化——尽管它让人留恋，工人阶级文化依存的生活方式已经发生了很大变化，新的“真正的通俗文化”的“生长点”不在过去，而在“现在”。霍尔的这种“往前看”的态度与霍加特的怀旧态度显然不同。霍尔注意到，战后大众文化的冲击突出地表现在两种相互融合的革命上——传播革命和青少年革命。媒介革命是指录音机、摄影机、广播和电视等大众媒介所带来的传播革命以及对引发的对艺术和娱乐的作用。青少年革命是指青年人在战后消费能力提高、娱乐设施增加的背景下表现出来的明显的态度和风格的变化。霍尔注意

① Stuart Hall, Paddy Whannel, *The Popular Arts*, Introduction.

② Ibid., p. 38.

到大众传播媒介在青年人的生活中扮演了重要角色，如电影、电视节目和流行歌曲对青年影响极大，但不是霍加特所说的只是让人堕落：“通过各种不同的艺术和娱乐，媒介提供了具有想象力的体验，这对青年人的态度和价值产生着限制和影响。”①

据霍尔归纳，英国社会当时对新兴的媒介文化和大众文化以及受其影响下的青年文化主要有三种态度：

第一种是敌意的态度，认为“大众文化和传统文化是彼此水火不容的两种文化”。霍加特的《素养的用途》就属于这种态度。比如，认为“流行音乐是好的音乐的反面”。“流行音乐”包括爵士乐到舞曲的一切音乐，好的音乐包括从轻音乐经典到巴赫的一切曲子。这种观点不承认流行音乐有着不同的成就、目标和自己的标准。霍尔后来在《仪式抵抗》中再次对这种观点进行了回顾和归纳：“青年文化只是没有灵魂的青少年模仿出来的结果。青年文化被精明的有操纵力的商业界培育而成，更为复杂的是青年文化的新的方面被怪异地看成是再现了新的大众文化的最糟糕的部分。”②

第二种是文化机会主义的利用态度。文化机会主义（cultural opportunist）通过接受青年人的娱乐兴趣和青年人建立联系，然后对流行文化进行规范，试图建成“圣坛上”的点唱机和摇滚“牧师”。文化机会主义的意图是在青年人中发展更广泛的兴趣，引导他们欣赏更好的事物，他们对流行娱乐的兴趣是假设的而非真实的热爱。机会主义者从爵士乐开始，但目的是把青少年引向音乐会；从电影开始，但是目的是为了发展青少年对戏剧的兴趣。③ 这种态度实际上还是视大众文化为一种威胁，和第一种敌意的态度没有本质的区别。

第三种是全盘的接受态度。迷恋大众文化的青少年主要持这种

① Stuart Hall, Paddy Whannel, *The Popular Arts*, p. 20.

② Stuart Hall, Tony Jefferson, eds, *Resistance through Rituals*: *Youth Subcultures in Post-war Britain*, p. 44.

③ Stuart Hall, Paddy Whannel, *The Popular Arts*, p. 37.

态度。

霍尔对这三种态度均不赞同。首先,霍尔认为大众媒介的大量传播不是造成工人阶级传统文化衰落的原因:《圣经》的销量超过杰姆斯·哈德利·齐斯[1],许多色情文学比《目击者》[2]卖的还要少。[3] 霍尔认为第一种观点实际上是出于一种文化悲观主义,认为大众文化和媒介对传统文化带来了威胁。霍尔批评了利维斯的"文化—文明传统":"利维斯的《文化与环境》(1933)虽然扩大了文化的范围,但是它的基调是保守和悲观的。它把前工业社会的英格兰和今天的大量制造的文化对立起来。"[4]霍尔还不点名地批评了霍加特对工人阶级的有机文化的怀旧态度:"因为民间文化和生活方式如此完全地相互改变,我们现在不能希望能够在没有复活这种生活方式的情况下而使这种文化继续存活。重回有机社区的渴望是一种文化怀旧,只有那些没有体验过这种生活的束缚的和不近人情的人才会虔诚地迷恋它。"[5]应该说,这种措辞是很严厉的,也切中了霍加特的要害。

为了说明这一点,霍尔在《媒介与社会》一章的开头引用了一个耐人寻味的故事:

> 一个原始部落居住在舒适的环境里,亘古不变。所有的孩子在父辈们的传统中被抚养成人,被传授如何在清流中摸鱼和猎杀剑齿虎。当下雪时,溪水变浑浊了,剑齿虎也向南迁移了,但部落仍保留着这些传统方式。他们清理出一方溪水,好让孩子们继续抓鱼;他们把老虎的头颅填充进东西,好让孩子们学会打猎。这时一个激进的年轻人去找部落的长老问:为什么孩子们不能被传授在浑水里摸鱼,为什么不能捕杀近来危害乡里的北极熊?但长老愤怒了:我们一贯

---

① 杰姆斯·哈德利·齐斯(James Hadley Chase,1906—1985),英国推理小说作家。

② 创刊于1828年,是英国全国性周刊中历史最久的杂志。

③ Stuart Hall, Paddy Whannel, *The Popular Arts*, p. 34.

④ Ibid., p. 38.

⑤ Ibid., p. 53.

传授如何在清水里摸鱼，如何打虎，这是经典的科目。况且，要学的课程已经够多的了！①

故事中的“长老”无疑是位冬烘先生，未免有些不合时宜。霍尔试图用这个故事告诉读者：时代和语境已经发生了转变，包括工人阶级文化在内的传统文化也要“与时俱进”，不能食古不化一成不变，否则就会如故事中的“部落长老”一样荒唐可笑。

再看“文化机会主义”，霍尔认为：机会主义者的观点尽管看起来更加开放，但骨子里有一种思想上的变体——由新媒介提供的艺术和娱乐对传统文化是一种威胁，霍尔认为：这种态度没有能够做出必要的价值和种类的区分，使用的道德门类太笨拙，不能把握风格的精妙。对第三种态度，霍尔认为也不妥当，对媒介不应该是“不加批判的接受”。霍尔认为，要认识媒介文化，“首要关注的是在好的、有价值的和糟糕的、无价值之间进行的斗争，不是反对现代传播形式的斗争，而要反对媒介中发生的矛盾”。“本书试图发展一种处理媒介中价值和评估的问题的一种批判方法。”②“我们要考虑打破对媒介的区分——严肃/通俗，娱乐/品质，要注意风格的形式——传播的形式。它的内在，隐含的韵律和重心。”③这种态度，实际上就是对媒介传播的文化进行细致的解读、分类。

比如，在对待流行音乐上，霍尔认为不主张把流行音乐和古典音乐做比较，而是主张在流行音乐的内部做比较：

我们经常比较流行音乐和爵士乐，这是因为尽管有许多流行音乐的单曲值得一听，但是从总体上看，爵士乐看起来更是无穷丰富的音乐，不管是从美学上还是从情感上都是这样。比起经常在流行音乐和古典音乐之间进行比较的更为典型的对比，这种比较看起来更有价值。以爵士乐为参考能帮助我们和其他的娱乐音乐进行比较，

① Stuart Hall, Paddy Whannel, *The Popular Arts*, p. 19.
② Ibid., p. 15.
③ Ibid., p. 47.

尽管这些音乐也有合理的用途和可辨别的标准，在进行这样比较之后，不应是简单的把青少年和点唱机英雄隔绝开来，而是要警示他们要注意被模式化控制和被商业市场设定导向了的音乐的局促性和转瞬即逝。它是一种我们应该为之努力在感情和情感领域内实实在在地发生的拓展——一种导致快感延长的趣味扩容。我们说流行音乐最糟糕的不是它是有规律的(vular)，或是道德败坏的，更简单地说，是大部分流行音乐是不好的。①

在霍尔看来，在流行音乐内部，爵士乐是更为值得一听的流行音乐，因为它的“美学和情感内涵”更丰富。这样的比较不是把青少年和霍加特所排斥的“点唱机英雄”隔离开来，而是提醒青少年要警惕流行音乐的商业化和标准化，因为，“大部分流行音乐是不好的”。乍一看，这是一个让人奇怪的观点，霍尔似乎回到了法兰克福学派的阿多诺那里②，回到了霍加特那里，回到了机会主义者那里。实际不然，霍尔这里的“流行音乐”并不是全称判断，而是对流行音乐的一种细分，因为在1960年代爵士乐(包括摇摆爵士)是最典型的流行音乐，霍尔实际上是把流行音乐分为爵士乐和其他音乐两种。霍尔对爵士乐的赞美实际上就是对流行音乐的肯定。这种分析旨在打破大众文化是铁板一块的一贯说法，与霍加特的“民粹主义”和法兰克福的精英主义以及“文化机会主义”是完全不同的。而且，从全书来看，霍尔认为不同的音乐有不同的标准，不认为流行音乐就低人一等，他认为：爵士乐和电影(当时同样是大众文化的代表)抒发了不同的特殊情绪，如果它们只被看作是趣味等级中的垫脚石就会让人困惑，因为不同的音乐提供的满足感是不同的。③

---

① Stuart Hall, Paddy Whannel, *The Popular Art*, pp. 311-312.

② 阿多诺曾在《论流行音乐》、《论爵士乐》等文章里把以爵士乐为代表的流行音乐的特征概括为“标准化”、“伪个性”、“听众是被动消费”、“流行音乐是社会黏合剂”等。学者赵勇曾对此有过深入论述。见赵勇：《整合与颠覆：大众文化的辩证法——法兰克福大众文化理论研究》，北京大学出版社，2005年，第58—78页。

③ Stuart Hall, Paddy Whannel, *The Popular Arts*, p. 38.

在此基础上,霍尔提出:受到媒介和大众文化影响的青少年亚文化,也有着复杂的动因和特点:

> 青少年文化是本真和复制的矛盾混合体。对青少年来说,它是一个供青年们自我表达的领域。对商业供应者来说,它是水清草肥的牧场。①
>
> 我们在处理青年人时的态度,和商业娱乐业为未成年人的消费提供的事物之间存在着复杂的互动关系。青年人被丹麦街(Denmark Street)②苛刻的商人白白盘剥这一图式虽有几分道理,但太简单化了。我们观察到,这在某一方面更类似电视,在那里,供应者的企图和通常由特殊风格的观众的主旨从来没有完全融合,而且经常冲突。这种冲突在青少年娱乐领域尤为明显。③

这两段话的主要意思是:亚文化不是被动地接受大众文化的产物,大众文化提供的符号意义和青年自己的解读从来不完全相同。青少年文化是"本真和复制的矛盾混合体",建立在大众文化基础上的青少年文化对青年们和商界是各取所需。霍尔认为,青少年迷恋大众文化,并非是一味被动地接受提供者的符号意义,而是能够自己解读出自己的含义,因而大众文化的解读经常出现"冲突"。这一观点和霍尔在8年后(1972)在《文化工作报告》第7期上发表的论文《媒介话语中的编码与解码》(Encoding and decoding in the media discourse)的要旨是一致的。④ 在这篇文章中,霍尔提出了著名的"编码—解码"理论。霍尔采用结构马克思主义的观点,

① Stuart Hall, Paddy Whannel, *The Popular Arts*, p. 276.

② 丹麦街是英国著名的唱片公司集中所在地,位于伦敦,和美国的"锡盘巷"(Tin Pan Alley)类似。

③ Stuart Hall, Paddy Whannel, *The Popular Arts*, p. 267.

④ 这篇论文的一个更正式的版本是1980年在重新编辑的文化研究工作论文集《文化、媒体与语言》(*Culture, Media and Language*)中出现的《编码,解码》。目前该文已至少有两种中文译本,见斯图亚特·霍尔:《两种范式》,陶东风译,载陶东风等主编:《文化研究》第一辑,天津社会科学出版社,2000年。又见:罗钢、刘象愚主编《文化研究读本》,孟登迎译,中国社会科学出版社,2000年。

认为“媒体话语不是呈现意义，而是在社会生产、流通与消费中生产意义”，继而霍尔提出了三种解读模式：反抗式解读、谈判式解读、接受式解读。我理解，这些观点的基本意思在《流行艺术》中已经基本表达出来了。

同时，霍尔还以我们常见的歌星崇拜来论证了他的这一观点：

> 他（即歌星——笔者注）通常是一个青少年，从普通的未成年人世界脱颖而出，和他的受众分享着一整套共同的情感，但一旦他成名了，就被流行音乐界转变成一个商业艺人。然而在他的风格、外表和品质，必须和青少年世界保持紧密一致，否则他将失去宠爱。他成为唱片公司一种开拓市场的手段，一个活生生的被模仿的商业偶像。听众如果喜欢他的演出，社会买他的唱片，满足了生产商的热销心愿，但他们也将把流行歌手看成是一种模式，一种成功的理想化形象，一个他们对本人的理想化的形象。①

这段话的意思是说：流行歌手并不只是唱片公司和音乐工业包装的结果，他必须也反映出青少年真实的理想化的世界，传达出听众的风格。否则，他将会被市场和听众淘汰，青少年不是被动地听任市场宰割。因此，有必要“从青少年亚文化的本身的内部（原真性）和外部（与音乐工业的关系）来评判它”②。

此外，霍尔还敏锐地发现了独特的风格在亚文化中的重要性。霍尔认为：因为青少年文化强烈的情绪化内涵，它本质上是非语言的，更自然地表现在音乐、舞蹈、服装和某种走路和站立的某些习惯，或某种表面的表达、“外表”或某集团的暗语。尽管有许多来自流行歌曲的抒情里，但是有更多的来自垮掉的一代的音乐（大声的、简单的、持续的），来自摇滚、猫王，来自披头士，这些符号组成了亚文化的风格。要描绘青少年亚文化，最好的方法是通过回顾青少年音乐中的主要风格的成长和变化的历史。③

---

① Stuart Hall, Paddy Whannel, *The Popular Arts*, p. 267.

② Ibid., p. 296.

③ Ibid., p. 282.

同时,霍尔还发现了亚文化的风格经常体现出离经叛道的反叛的姿态:无赖青年的服装是对上层贵族的反叛,特里·迪恩(Terry Dene)的《青少年的梦》是对父辈的反叛,詹姆斯·迪恩的电影《无因的反叛》、《伊甸之东》是对社会的反叛,"对青少年来说,服装成为一种未成年人的流行艺术,它被用来表现一定的当下态度。如在青少年中出现了一股强烈的离经叛道的反叛潮流,在一个早些阶段,这些反社会的情感相当活跃,以它所有的形式拒绝权威,对成人制度和传统的道德和社会习俗满怀敌意。这一期间,成人叛乱者经常把这种被概括的离经叛道误读为一种青少年犯罪类型,尽管它很少与有组织的犯罪和暴力有关"①。很明显,到了霍尔这里,流行音乐、服装和电影等流行文化不但不是应该被贬抑、被批判的"大众文化",它还是表达阶级和世代抗争意味的"青年亚文化"。

那么,青少年又为什么会追求反叛的风格?青年亚文化为什么会出现?霍尔主要从两个层面进行了解释。从心理层面上,霍尔认为:"青年人对风格的追求是对意义和生活模式的认同中的更深的追求的真实部分。青年人追求风格实际上是更深的追求意义和生活模式的认同的一部分。它是青年人成熟过程中的一个主要阶段——一种对认同的追求,如D. W. Winnicott《在郁闷中挣扎》所说的:他们不接受虚假的解决方案,这不是一个首要的未成年人的特征吗?他们有强烈的道德感。只接受感觉到真实的东西。这是一种未成年人特有的道德感,比顽皮要深得多。它有自己的箴言——'您的自我就是真实'。未成年人正致力于发现真实的自我。"②概括地说,青年追求风格和亚文化,就是为了建立一种认同,发现真实的自我。

从广阔的社会层面上看,霍尔认为青年亚文化的产生有"更深的社会基础"。青年亚文化是一种特殊的社会反应,如未成年人在学校要停留更长的时间导致青年期的延长,这"从最好的理由看,我们已经延长了孩童

① Stuart Hall, Paddy Whannel, *The Popular Arts*, p. 283.

② Ibid., p. 278.

期和成人期之间无处可去的时间,这营造了反叛的气氛——甚至针对在15岁后便不再受任何教育的多数成人”。还因为“青少年在学校的严格选拔中失败后的加重的受挫感”,再深远一些是因为,“对于许多青年人来说,五六十年代的英国正处在社会转型期,社会涌现了大量让人困惑的征兆。青年文化部分上是这种形势的真实反应,一个被部分或整个一代人分享的日常的符号和意义的领域。在这里,青少年能够解决或者致力解决的不仅有未成年人的固有的压力,也有我们这个社会中未成年人的特殊压力”。“有些反映可在直接的条件中显现——某种极端的有某种清晰的象征目标的政治活力中(核武器的威胁,政治同情,政治生活中的官僚作风,所有这些可以概括为‘权力机构’这个术语)。有时,这种反应采用的是社会习俗中激进的转变——如青年人中的缓慢但确有的性道德革命……”霍尔把亚文化的生成和学校教育,和英国的社会转型、政治运动和伦理革命联系了起来,从而揭示了青年亚文化更复杂而深刻的社会动因。

正是在这里,霍尔完全超越了霍加特的文化怀旧主义。霍尔不仅是以对青年亚文化报以同情的身份在评论,更是以一个新左派的知识分子在发言,所以他赋予了青年亚文化的鲜明的政治内涵和使命:

> 凭借这些以及其他途径,青年一代在超越深深植根于英国资产阶级道德的清教约束,朝向在我们看来更人性、更文明的行为制度,扮演了一种创造性的未成年人的先锋角色。在他们自己的亚文化中,青年人许多积极的参与,有一种这样的味道——它是面对经常迷乱的社会局势而产生的一种本能的、有生产力的反应。在这样的情形下,青年人的问题看起来特别重要,因为他们是作为一个整体的社会征候。①

至此,我们可以看到,霍尔的《流行艺术》一书涉及伯明翰学派文化理

① Stuart Hall, Paddy Whannel, *The Popular Arts*, pp. 273-274.

论的大部分主题——如何对待大众文化和媒介文化，亚文化的风格和功能，亚文化的抵抗，亚文化与认同危机的关系，亚文化和大众文化、商业化的互动等。在这些问题上，早期的霍尔与霍加特所体现的文化观念的分歧都是非常明显的。

不过，应该指出的是，霍加特和霍尔早期的文化观念虽然存在着许多分歧和传统，但这并没有妨碍他们在“文化研究”的大旗下携手合作。霍加特确实拥有一代宗师的雅量。1964 年，在《流行艺术》一书出版的同年，霍加特没有顾忌霍尔与自己的学术分歧，而是慧眼识英雄，邀请 32 岁的霍尔加入 CCCS 担任主任助理，从而掀开了文化研究崭新的一页。更为可贵的是，随着 CCCS 的研究工作的展开，在与霍尔的合作和接触中，随着文化研究的范式转换（文化主义和结构主义、葛兰西“领导权”思想的译介），霍加特本人的文化观念也有很大的转变。比如，霍加特在 CCCS 第一份“年度报告”列出了首先需要研究的七个项目，流行音乐、体育运动等大众文化和青年亚文化名列其中①，显示出他足够的学术胸怀。再如，1978 年，霍加特在论文《当代文化研究方法》中②指出：人们对大众文化所知甚微，值得学者深入研究。霍加特这里指的大众文化，包括电影、电视、广播、通俗小说（侦探小说、西部小说、言情小说、科幻小说、推理小说）、新闻报刊、连环漫画、广告、流行歌曲等，这些是他在《素养的用途》一书中多次批评过的。他对大众文化的态度也发生了改变，认为大众文化有复杂的特质，如，大众文化可以很容易让人产生种种“错综复杂的感情”，“使你怀着痛苦的心情看到种种相似和相同的事情，使你突然想起富有挑逗性的言语，或者使你能够鼓起勇气或变得幽默，或者使你对大众化的艺术可以反映任何题材，甚至可以反映我们最隐秘的情感所采用的表现手

① 这七个项目分别是：奥威尔（Orwell）和 1930 年代的思潮、地方报业的成长与变化、流行音乐中的民歌和俚语、当代社会小说的层次及其变迁、民间艺术及肖像研究、体育运动的意义及其表征、流行音乐及青少年文化。CCCS, *First Report*, 1964, pp. 6-7.

② 参看张英进、于沛编：《现当代西方文艺社会学探索》，包振南译，海峡文艺出版社，1987 年。

法感到惊讶”。在霍加特眼中,大众文化尽管有时属于粗俗不堪的艺术,但它是“有吸引力的,神秘的,而且是难以解释清楚的”。霍加特承认大部分通俗艺术是具有积极意义的,有令人“肃然起敬的时刻”。他的研究立场,显然与霍尔在《编码,解码》(1970)与《解构“大众”笔记》[①](1981)等重要论文的观点也有着暗合之处。不难看出,霍加特已完全超越了先前的左派利维斯的立场,无愧于为文化研究的先驱。

① 〔英〕斯图亚特·霍尔:《解构“大众”笔记》,戴从容译,见陆扬、王毅主编:《大众文化研究》,上海三联书店,2001 年,第 51 页。

巴塔耶早期对“牺牲”和“献祭”的理解

卓 悦[1]

［摘要］ 牺牲或献祭(sacrifice)是巴塔耶思想中的核心概念。本文通过对他写于1930年代的两篇以此为题的短文的细读,对巴塔耶早期在神性问题上的探索展开全面讨论。作者认为这两篇散文提供了一个本体论和社会经济论的综合:孤独主体在存在上的“凌空”和狂热与献祭中通过死亡、摧毁及在无意识中建立起来的集体“融合”相对应,两者追求的都是对社会实践中“物化”同质性的逃离和抵制。它们瓦解了现代基督教中的神性框架和逻辑,追求一种以异质性为基础的不附属任何客体的神性世界。

［关键词］ 巴塔耶 牺牲 献祭 神圣 生产性耗费 不生产性耗费 同质性 异质性

牺牲[2](Sacrifice)是巴塔耶思想中最重要的概念之一,但它始终处于难解状态,任何解释都不能让它的意义完全固定下来。法语中Sacrifice一词来源于拉丁语sacrificium。Sacrificium本身衍生于两个词的组合,即sacer(“神圣”)和facerer(“制造”),或“使成为”。Sacrifice的第一含义由此被它的宗教性决定,它可被理解为一个“使神圣化”的过程,即“将……奉为神圣”的举动和仪式。中文里将sacrifice译成献祭强调它的另一层含义:供奉和献礼。它的来源可能更古老,可以追溯到原始宗教。

① 卓悦,耶鲁大学法语系。

② 法语Sacrifice一词在中文里既能译成“牺牲”,也能译成“献祭”。此文对两种含义都会进行探讨。文章第一部分主要将它译为“牺牲”,第二部分将它译为“献祭”。

早期梵文中有一种吠陀献祭叫作 yajña，它衍生于动词 yaj，即"提供"和"给予"的意思。这第二层含义突出了献祭过程中对实物的依赖和摧毁，也意味着一种三元介入：献祭是一方将牺牲物（摧毁之物）献给另一方的过程。对巴塔耶来说这第二层供礼的意义比第一层神化的意义更重要，因为他深受苏格兰宗教学家罗博特森·史密斯，法国社会科学家、人类学家马塞尔·莫斯和亨利·于贝尔思想的影响，对原始群落的最初宗教形式和献祭的起源和演变深有研究。Sacrifice 的第三层含义才是我们平常用语里所说的牺牲的意思，它指一种拒绝或放弃的举动：为了达到某个目的，把一件有价值或有意义的东西和事情放弃了。这第三层意思强调的不是交换的成功感，而是它内部的损伤性：某种东西从我们身上丢失了，它不可挽回。

很难说巴塔耶到底是什么时候对牺牲这个词开始感兴趣的，但我们知道 1925 年他第一次和他的精神分析医生波莱尔（Adrien Borel）相遇时，后者就给他看了卡尔波（Louis Carpeaux）1905 年拍摄的"凌迟酷刑"（Supplice des cent morceaux）的照片。这张凌迟受难者面带微笑和狂喜，全身一段段被肢解的照片[①]对巴塔耶一生起了决定性作用。在他成年作品中他会不断重临此像，反复琢磨，一直到他最后一部叫《欲望的泪水》（*Les Larmes d' Eros*）的画册里，他还在对这张照片进行阐释。巴塔耶是否假想自己身至受难者的处境，肌肉被撕裂，头部将被割去，在身体脱离脑袋控制的那一刻，他会对意识的边缘有极限体验，从而接近狂喜状态？凌迟酷刑照片是巴塔耶给我们留下的一个谜。它究竟代表了什么，一种身至体外的强烈欲望，还是一种自我"牺牲"的勇气？

巴塔耶最早对牺牲作出文字说明是在 1930 年代。1933 年夏天他重病卧床，痛苦和晕乎中写下《牺牲》（Sacrifices）一文，是给安德烈·马松同

---

① http://www.desordre.net/textes/bibliotheque/bataille.html。

名的六幅蚀刻版画的配稿。[①] 奇怪的是，在这第一篇关于牺牲的文章里，牺牲这个字一次也没有出现，文章里没有神灵，没有献祭，也没有丧失，有的是空虚、昏眩和死亡。巴塔耶在此文里呈现的世界是一个无意义的空虚"帝国"，他孤身一人在里面和他的双重泡影斗劲。后来谈起这篇文章，他说他要表现的是"存在深处凌空的状态"。写这篇文章时他正经受着一个"不是很残酷的分离"。他看到下午的太阳，模糊感受到"痛苦的本体"，然后一阵狂喜，一阵突然的陶醉。[②]

另一篇题名为《献祭》（Le Sacrifice）的文章年份不能考证，但它应写于1934年。当年巴塔耶曾有计划要写一本叫作《法西斯主义在法国》的书，把《献祭》一段编为书的第三章。第一和第二章后来合并起来就是后来广为人知的《耗费的观念》（"La notion de dépense"），而《法西斯的心理结构》（"La structure psychologique du fascisme"）应该是第四章。书的计划没有完成，但我们在巴塔耶的手稿《社会学杂文》（*Essais de sociologie*, 1930）[③]那里可以观察到他思路的连贯性。在我看来，《牺牲》和《献祭》犹如一张纸的正反面，如果前者倾向哲学的"腾空"，后者紧贴社会现实。如果前者是孤独绝望的呐喊，后者已在开始寻找社会的有机结合和集体共鸣。巴塔耶在写《献祭》一章时受到当时各派思潮的影响，尤其是莫斯和于贝尔在《献祭的性质与功能》（*Essai sur la nature et la function du sacrifice*）一书中对献祭现象的阐释，罗博特森·史密斯把图腾学作为献祭起源的理论以及弗洛伊德在《图腾与禁忌》中对此理论的挖掘和推进。巴塔耶当时在这些思想的交错和矛盾里来回穿梭，一方面他极力想钻出它们

---

① 这本巴塔耶和马松合作的蚀刻版画画册直到1936年才由列为·马诺出版社（Éditions Lévis-Mano）出版。Sacrifices 为复数是因为马松的六幅画体现了六种不同的神话献祭：Mithras, Orpheus, the Crucified, Osiris 和 Minotaur。巴塔耶"Sacrifices"一文现收入 Georges Bataille, *Œuvres complètes*, tome 1, Gallimard, 1973, pp. 89-96。《内在体验》第三部分"死亡从某种意义上来说是一种赝品"一章其实是"Sacrifices"的改写。

② Georges Bataille, *Oeuvres complètes*, tome V, p. 83.

③ 上述文章的手稿收入一组题名为"Essaies de sociologie"的档案（1913）。参见 NAF 28086 Fonds Georges Bataille, 法国国家读书管档案手稿部。《献祭》（"Le sacrifice"）编入"Essais de sociologie", *Œuvres complètes*, tome II, pp. 238-243 。

的迷宫，建立他独特的对献祭和社会至尊的理性认识，另一方面他又依赖于这些理论来解释当时迫切的社会现象，即法西斯主义的兴起。他在《社会学杂文》中对献祭思考的零星性和“未完成性”也正是此文吸引人的地方，因为它让我们看到他作为现实存在的主体其实没有“凌空”，而是完全“投入”于生存处境中，对历史和政治的现实重视担忧，对社会文明的起源和发展也有深入思考。下面我们就来具体看一看这两篇文章，它们如何对应，相斥又相成，深入我们对 sacrifice 概念的理解。

一 《牺牲》(“Sacrifices”)

“我（moi），我存在，凌空在一个实现了的空虚中，悬吊在我自己的焦虑（angoisse①）上。我和其他的存在物都不同，他们可被各种事件够及，而我的自我（moi）却残酷地被拒绝于我的整体存在（l' existence totale）之外。但同时我认为我入世这件事——即它依靠了一个男人和一个女人的联合，还要有一个时刻让他们联合，也就是说世界上应该存在过那么独特的一刻和‘我’的存在直接有关的推论——其实偏偏证明了我完全没有必要到这个世界上来。因为随便在‘造我’的这个过程中哪一口上稍稍出现细微的不同，那现在有的就不会是这么个汲汲想证明‘我’的‘我’，而会是另一个人。”

这段话是《牺牲》一文开头，巴塔耶在此提出的是一个本体论的问题：“我”是怎么到这个世界上来的？为什么来？如果“我”的存在从本质上来说和其他存在物毫无关系，那么“我”和这个世界的姻缘究竟在哪里？从很大意义上来说，巴塔耶这里提出的问题和由克尔凯郭尔哲学为基础的法国存在主义的起点论题没有什么大区别，即上帝“死去”后人在存在

① 法语中 angoisse 一词，在英文中没有完全的对应，在中文可译成“焦虑”，存在主哲学里也经常把它译成“惧怕”。

中感到的偶然性，荒谬性和在现实存在中感到的束缚性。但和萨特不同的是巴塔耶没有用理性去建立一个“实存”之外的“我”。换种说法，巴塔耶对自我的理解也是双重性的，但他没有像萨特那样将主体分成“自在”(l'en-soi)和“自卫”(le pour-soi)，即肉体的实存和理性的超越。相反的，巴塔耶的划分是：“我的实存”和存在以外的不可自知的“我”，社会结构框住的“我”和不断逃离的不愿意被定义的“我”。

巴塔耶对“自我”双重性的理解更如法国当代哲学家克莱芒·罗塞(Clément Rosset)在《事实及其双重性，关于幻想的考验》一书①中所描述：世界一分为二，由事实(le réel)和它的幻想(l'illusion)组成：“事实”没有颜色没有味道，它不可表现。唯一表现它的方法是通过它的双重，它的泡影，它的幻想。巴塔耶对“自我”(moi)的认识采用了同样的双重结构，他认为自我的实存性是不可知的。我们普通生活中对它的认识来自于从实践活动中社会和群体的结构附加于它的意义，而这种对自我的表现(représentation)是一种假象，因为它的目的是将后者归入历史同化逻辑。唯一保持“我”绝对异质性(l'hétérogénéité)的方式是把自己想象成一个被现实存在拒之以外的“我”。巴塔耶清楚地知道这个被“抛出”的“我”是个幻想，但他认为这个幻想是唯一能对“生活极端要求”作出回答的方法。为什么呢？

因为这第二个“我”以“现实之外的一个困境”的姿态存在。它知道自己和这个世界在根本上缺乏关系，拒绝实存后也不再能附属任何一个客体，但还是汲汲地表达对存在的渴望。换句话说，这个幻想的“我”是个负面概念，它除了抗议逃离现实生活中实践活动对它的封闭约束外，没法更进一定义自己。它是一种主体的体验，体验人在空无中根本上的悬置，紧紧想抓住什么东西又什么都抓不住的惧怕。这第二个“我”，在巴塔耶看来，只能用“泪水和焦虑去体现”。它在爱情性欲生活中受挫时会变得

① Clément Rosset, *Le Réel et son double. Essai sur l'illusion*, Paris, Gallimard, 1976, 1985, 1993.

更强烈，痛苦昏眩中它极力想投靠到另一方身上，在那里完全丧失自己。

唯一能让幻想的“我”真正感受到自己存在的是死亡。死亡的来临给“我”设定了一个界限，把它抽象的状态变为具体。“我”虽然不能从正面表现自己，却看到了自己的结尾，“我”变成了“正在死亡的我”，有朝一日会和周围看到的死人一样，变成一具尸体。当幻想的“我”感受到死亡和黑暗向他靠近时，他知道最后等待它的不是上帝的安抚，而是被“沉重的兽性”吞没了的他对生活的渴望。冷酷的事实是：“我”会像一条狗一样死去，而这件事对世界会毫无影响。这个残酷的启示让“我”晕转，恶心，惧怕，把“我”扔之于彻底的混沌中，但奇怪的是它把“我”抛到黑暗底部同时又把“我”推升到一个新的高度，因为它让“我”隐隐感觉到“我”除了跟着这个“无限空虚”深渊带来的开放和混乱运转外，毫无另外的选择。面对死亡的“我”不是其他东西，它就是惧怕，就是对自己兽性的正视，就是晕眩，就是痉挛式混沌。巴塔耶把这种状态称为“人被抛入死亡幻想时间里不可避免的极点和至尊”①。

我们不禁要问，巴塔耶这篇提名为《牺牲》文章里的神性在哪里，献祭在哪里，个人丧失在哪里？他为何撇开这些题目，选择讨论幻想之“我”和死亡？要回答这个问题，我们必须将巴塔耶在《牺牲》一文里的姿态看作克尔凯郭尔在《哲学性片段》中所描述的“先前状态”：人在开始寻找真理时是不知道什么叫真理的。他“处于真理以外”。②巴塔耶在《牺牲》里对神性的摸索也是一样，他还不知道它是什么，但他已对它不是什么有感性理解。《牺牲》的重要性在于它展开了巴塔耶思想中的二元分化，即同质性世界（l' homogène）和异质性世界（l' hétérogène）的区分③。同质世界是一个物化的世界，指由劳动、生产、积累、消费及保障它们再运转的逻辑操纵的一切实践活动。异质性世界和同质性世界保持着一种不对称关

① Georges Bataille, "Sacrifices", *Œuvres complètes*, tome 1, Gallimard, 1973, p. 92.

② Sören Kierkegaard, *Miettes Philosophiques*, Éditions Gallimard, Collection Tel., 1948, p. 48.

③ 这个区分后来在迪尔凯姆的影响下变成世俗世界和神圣世界的划界。

系，它不能被固定下来，只能以同质世界“排斥物”的方式不断定义自己。这里，一个寻找“异质性”的主体——“我”——开始运动，它尽力想摆脱物性世界同质逻辑的总体性的束缚，但它的对岸没有神影，只有一片无穷的空虚和黑暗。

很多年后巴塔耶将《牺牲》一文改写编入《内在体验》时，谈到死亡主题对他当年意味着什么。他说他其实更想表达的是他身体上和心灵上的痛苦、惧怕和孤独，而“死亡从某种意义上来说是个赝品”。“我的激情、我身上燃烧的爱，寻找一个客体。我只有在离开自己身体（hors de soi）后才能得到解放。我知道是我自己创造了我激情的客体，也能知道它其实不存在，但它还是隐隐地在那里驻留。我理想的破灭（désillusion）改变了它：它不是上帝（应为上帝是我缔造的），但由于同样的原因它也不是虚无。”①死亡，另而言之，正应为它的非客体性和它的不可抵达，成为黑暗世界舞台的一个景设，它既能让激情燃烧的“我”有个暂时的参考点，又不让它贴近休憩，从而进一步刺激它对自我不断的寻求。

巴塔耶把他激情主体的寻找对象称为“惨败”（catastrophe）。“这个对象（objet），光和阴影的混沌，是‘惨败’。我瞅见它像个实体，但我的思维由它定型，而它同时也是我思维的倒影。看着它，我的思维像人们在坠落是发出惨叫一般沉入消亡。一样过度浩瀚的东西随着一个灾难性的声音自己将自己解脱出来。这一切从一个无限的，不真实的空虚中呈现，同时又紧接着消失在一阵刺眼的光芒里。在一阵重叠的隆隆声中，死亡像一块突然被击碎的冰，宣布它迫切的，万能的，同时又已被覆灭的来临。”②巴塔耶的“惨败”概念，可被认为是他思想方式中一个矛盾的结构。他要让一个幻想的“我”脱离实存的我，向神性的方向靠近，但是他同时又拒绝神性的客体化，拒绝将它与宗教上存在过的任何一个神灵认同起来。“我”的主体体验于是永远停留在“腾空”状态，它追求一种自身的崩溃和

① Georges Bataille, *L' expérience intérieure*, *Oeuvres complètes*, tome V, p. 88.

② 同上。另参 Bataille, “Sacrifices”, *Oeuvres complètes*, tome I, p. 94。

超越(hors de soi),但这个“分散了的我”,除了死亡将它收集起来外,是没有客体能给它依靠和支撑的。它永远会处在踏不到地面,陷落和晕眩的紧张强烈状态中。

巴塔耶在《牺牲》一文里虽然没有对神性和献祭展开正面讨论,但他对孤独主体和世界之间关系的思考彻底颠覆了基督教和其他西方宗教的神体结构。我们可以说巴塔耶在此提供的是一个“反体”或“无体”论,一个拒绝客体存在的神性世界。从很大程度上来说,他讨论的是献祭形式的“先前状态”,因为在这个阶段神灵们还没有出场,仪式还没有开始,群体和社会结构也都还没有出现,它是初期的,个人内在世界的私人天地。基督教里有一种“私人”宗教其实和巴塔耶所描述的个人激情(passion)状态很接近,它就是神秘主义。神秘主义倡导的静观、沉思和迷狂(extase)一直使巴塔耶入迷。1932 间他专门看了一系列西藏和印度神秘主义的书籍,二战期间他写《内在体验》时还会热衷于练习一套冥想、禁欲、瑜伽的道术。但此处,在《牺牲》一文中,他已对基督教神秘主义的结构提出挑战。他一方面赞同这个“私人”宗教通过感性追究真理的方式,但另一方面他认为神秘的“知识”还是依赖于一种对天启(révélation)的期待,也就是说,在神秘主义的最高境界,即“迷狂”中,主体想感受的仍然是和神或一种最高原则的结合,他对最高境界的期望还是离不开对精神客体的依靠。

而巴塔耶追求的是一种末端没有客体的精神历程。从这个意义上来说,他比否定神学走得更远,因为他指出的不仅仅是“上帝不是什么”[①],而是“我们对神性的追求可以离开对精神实体的期待”。换句话说,他把神的意象从茫茫世界中撤空后,还鼓励我们保持狂热的追求状态。他的逻辑是,既然“上帝”和“死亡”都是“幻想”,那还不如选择死亡,因为“神

---

① 否定神学(Negative Theology)是基督教神学中一种从负面接近上帝的思维系统,它认为上帝的存在超出了人的认识能力的范围。我们不能直接讨论它“是什么”,而只能通过说它“不是什么”的方式对它进行理解。

的爱像一具爱折磨人的骷髅散发着阴暗的幽光"，而死亡带来的"惨败"至少让我们直接瞻望"燃烧的黑夜地平线"①。这个"黑夜的地平线"，巴塔耶说它不是其他什么，就是时间。时间不是存在（être）和不存在（néant）的综合，时间就是时间，它是一个"空"的概念，不需要客体对象也不需要哲学概念。

我们由此可以总结巴塔耶在《牺牲》一文中所向往抵达的是一种没有目的的狂热状态。他虽然没有对神性实质进行定义，但他描述的这种恍惚和激情是对神性世界追求的基础。它们来在主体本身在意识到自己和世界没有姻缘后的晕眩，焦虑和惧怕。主体希望逃离被"物"主宰的现实世界，但在这个世界的另一端，他除了死亡外没有感到，听到和看到任何东西的召唤。巴塔耶对第二"我"的幻想，对"时间空"概念的青睐，说明的不是他对这两个概念的坚信和推崇，而是他在构造被"排斥的"，不能定义自己的异性世界时结构上的需要。他必须在物质同化结构的对面建立起一些和它对抗的意象，比如"我"的泡影，比如死亡。巴塔耶在《牺牲》一文中真正传递给我们的是一种紧张状态，一种悲剧意识，一种对生存的热烈渴望，而这种渴望只能由"灾难"方式来体现自己，它追究对不可能事物的顽固冲击和自我崩溃瓦解时的狂喜。

二 《献祭》（"Le Sacrifice"）

《献祭》从严格的角度上来说算不上一篇正文，它是巴塔耶手稿《社会学杂文》中的一段。巴塔耶《全文》第二卷的第九章，题名为《社会学杂文》的卷宗里收了它和其他一些同年代写的零星文章。②法国国家图书馆

① Bataille, Sacrifices, *Œuvres complètes*, tome 1, p. 95.

② 请参 Georges Bataille, *Oeuvres complètes*, tome II (Écrits posthumes, 1922-1940), pp. 203-249。

档案手稿部收藏的《社会学杂文》的材料汇编要比这个出版稿完整得多，调理也更清楚，几乎能让我们看到巴塔耶当年极力想完成而没有完成的《法兰西主义在法国》一书的轮廓。在对《献祭》一文进行细读前，我们有必要对巴塔耶在1934年前后的思想背景和写作特点做几点介绍。第一，巴塔耶从1931开始参与以波瑞斯·苏瓦琳纳（Boris Souvarine）为核心的民主共产主义圈（Cercle Communiste Démocratique）。①他从1931年到1934年间写的篇幅较长的文章，例如《耗费的概念》、《法兰西的心理结构》，以及与雷蒙·格诺合著的《黑格尔辩证法基础评判》（"La critique des fondements de la dialectique hégélienne"），都发表在民主共产主义圈的圈内杂志《社会批评》（*La critique sociale*）上。这些文章反映出他当时最关注的问题是政治和社会问题，比如社会至尊的形成，资本主义社会的同质化趋向，无产阶级的出路等。第二，巴塔耶经常会构思一些庞大的计划，但只完成一小部分，或者反过来，写完一篇文章，却将它列为庞大计划的一个片段，而这个大计划他最终也不去完成。由于他的这样的一种写作习惯，我们对《献祭》的阅读不应该限于文本，而是应该把它看成一个片段，将它和其他同时期发表的"未完成"作品联系起来，在延伸的意义上来理解它的含义。第三，巴塔耶在《社会批评》里发表的文章里展开了一系列对社会结构和性质的重要思考，也形成了他自有的一套特殊的语言，比如耗费的概念、献祭的本质，以及同质性和异质性的相互作用。他当时希望通过这些不同的论题去阐述法西斯现象，定义它的根本，但这些不同层次的思考最终停留在零星状态，它们没有构成一个对法西斯主义的完整研究。而他完成的，从侧面去反映他这些"拼凑"思想的不是一部社会历史著作，而是一部小说，即1935年完成的《正午的蓝色》（*Le bleu du ciel*）。第四，《法西斯主义在法国》之书虽未完成，巴塔耶最终还是综合了他自己设立

---

① 民主共产主义圈是苏瓦琳纳在1930年创立的一个反斯大林主义的团体，它的成员们认为苏联共产主义是一个失败，他们希望借鉴于这个负面例子对马克思主义进行重新评估，从而找到新的革命理论的基础。巴塔耶1931年加入此团活动，1934年和它脱离关系。

的一系列概念，对《献祭》作出理论性解释。但这要等到1949年《被诅咒的部分》（*La part maudite*）一书的发表。在此书的第二章“历史事实之一，消耗社会”（Les données historiques, I. La société de consumation）里，他终于将耗费的概念和献祭的现象联系起来，提出献祭就是消耗的理论。献祭是对“现实规则的引退”，它是一种火热，一种“亲密的参与”。①

《献祭》一文由五个片段组成，每个片段的小标题之间初看没有什么逻辑上的关系，第一段（题为“献祭是死亡和生命间亲密和谐的表达”）和第五段（题为“‘面对死亡的欣喜’犹如献祭行为”）把献祭和死亡的关系抬到第一高度，说明巴塔耶对献祭的定义想从此处着手。第二、第三和第四段是对基督教弥撒仪式的强烈批判。巴塔耶认为现代基督教中把弥撒说成献祭是一个“谎言”，一种对原始献祭的虚假模仿。弥撒和资本主义市场经济同步，用赎罪和慈善的手法来压抑一切社会中的异性因素。神父行圣餐礼（communion）时手不沾血眼不见暴力，这种将血腥仪式纯净化的手段其实是基督教对非生产性耗费（La dépense improductive）的镇压，它也表明了现代行礼者（le sacrificateur）在死亡前的恐惧和退缩。

献祭，在巴塔耶开来，是“正对死亡态度的最佳代表”，构成它运动的中心是“让死亡呈现”的一个暴力。②在《献祭》一文中，他一方面强调“死亡和生命间的亲密和谐”和献祭仪式中根本上的“不可知性”，另一方面对基督教中的“救赎经济”（économie du salut）进行瓦解。这两者的关系是什么？如果前者是对后者的抗议和抵制，那它自身的“非意识性”是否足以构成一种“异类”的“献祭经济”（économie de sacrifice），在结构上对后者提出正面攻击？巴塔耶为什么要用一种朦胧的“异类经济”来和基督教的“救赎经济”对峙？这是他对从古代到现代宗教体系演变的总体思考，还是对当时社会现象（法西斯主义的抬头）的一种探索性认识？在《献祭》一文中，我们感受到“抽象”和“具体”思路的并存，但巴塔耶并没

① 巴塔耶，*Oeuvres complètes*, tome VII, pp. 61, 64。

② Georges Bataille, Le sacrifice, *Oeuvres complètes*, tome II, p. 240.

有给出一个让人满意的综合性解释。要回答以上提出的这些问题，我们必须将《献祭》放回到《社会学杂文》里，看看它和其他文章的关系，当时各种思潮对他的影响，以及这两种经济理论“对抗”背后的几个实质性问题。

第一个问题实际上是长期让巴塔耶着迷的献祭起源的问题，更确切点说献祭是否从“礼物”论开始的论点。英国人类学之父，爱德华·伯内特·泰勒（Edward Burnett Tylor）在《原始文化》（*Primitive Culture*）一书中曾指出献祭的最初起源是原始部落人为了讨好各种超自然之物献给它们的一个礼物。罗博特森·史密斯在《闪族的宗教》（*The Religion of the Semites: The Fundamental Institutions*）里提出一种相反的理论。他认为献祭最古老的形态不是“礼物”，而是“供餐”和“交融”（communion）。他主张对献祭的理解必须看到它在仪式上的演变。最原始的献祭是动物献祭，那时整个部落消耗祭祀品，吃它的肉，喝它的血。后来，当牺牲品变得太强大“吃不掉的”时候，它身上不同程度的“神圣”部分会分给社会不同的环节，比如神父单独一人会吃它的肉，而它的血会洒在众人身上。再到后来，随着抽象的天空神灵（celestial beings）的出现，献祭变成了将祭祀品全面“摧毁”的行为。没有人再去吃牺牲物，它在熏烟中被“送给”神灵。罗博特森·史密斯承认“礼物”是献祭的一个范畴，但他认为它是后来发展过程中延伸出来的东西，不是它的原初。史密斯想强调的是献祭的集体性，仪式性和同属性——对原始部落的人来说，他们的家人，个人的神灵，还有图腾动物，都属于“同一库存”（one stock），没有等级之分，也没有一方要去讨好另一方的利益企图，他们寻找的，是人和人之间，人和神性之间身体上的“亲属”关系（kinship）。他们经历了这样一种消耗“交融”后，被一种共用的负罪和失落感驱使着，渐渐地借于“有罪祭品”（piacular offerings）的方式来寻找和神的调和。

我们知道弗洛伊德在《图腾与禁忌》的最后一章里极力推张罗博特森·史密斯的思想，并强调他对宗教史研究作出的重大贡献。弗洛伊德之所以会沿着史密斯的脚步重新回到图腾文化，是为了证明神灵（divine beings）的非物质化（dematerialization）和最终的人性化（anthropomorphization）（即以上帝的形象出现）都是宗教后期的演变结果。献祭的起源不过是一个社交仪式，一次欢宴供餐，没有神灵和献祭者的等级之分。死亡是它的中心，因为除了对动物的屠杀和消耗之外没有其他任何一种途径能定义参与者与外界“神圣”世界的纽带。[①] 弗洛伊德和罗博特森·史密斯一样，认为早期的宗教形态不是“信仰体系的实践运用”，而是“一整套被固定下来的传统实践，每个社会成员只是理所当然地遵循了它们”[②]。换句话说，宗教不是由“信仰”而来，而是个人对“整个社会义务策划”的自然奉行。原始部落人对自己为什么参加“供餐”仪式，在这一仪式中又寻找什么，都是无意识的，他们对动物的死亡和“神性”的“亲临”会有一种身体上的感受，仪式结束后也会有失落感，但是这种原始的感受不能用语言表达。这正是巴塔耶对献祭“不可知性”的理解：

> 献祭不能通过我们普通的知觉意识去理解。其实，在最遥远的过去，那些献祭的人并不像我们现在的人这样脑袋清楚地知道自己在做什么。被完成了的仪式一直通过一种模糊不明的情感被感受和承认，但要把献祭的理由和参与者内在的感受清清楚楚地说上一遍是不可能的。[③]

第二个问题是献祭的目的性问题，也可以说是一种对个人经验和社会利益之间存在的矛盾的讨论。巴塔耶的思想里一直暗示了这样一个选择：我们应该从个人的角度来理解献祭，把它看成一种对死亡的“正视”和“自我毁灭”的勇气，还是把它看成一个社会机构，意识到它存在的理由是为了保持社会的和谐？巴塔耶的看法虽然绝对倾向前者，但他的思考还

① Sigmund Freud, *Totem et Tabou*, traduit par Dominique Tassel, Paris, Éditions Points, p.259.

② William Robertson Smith, *Religion of the Semites*, Transaction Publishers, New Brunswick (U.S.A.) and London (U.K.), 2002, p.20.

③ Bataille, Le sacrifice, *Oeuvres complètes*, tome II, p.239.

是受到了法国社会学派的影响,尤其是莫斯和于贝尔在《献祭的性质与功能》一书中对献祭的定义。莫斯和于贝尔继承迪尔凯姆的想法,把世界划分为神圣世界和世俗世界,他们认为一切宗教上的概念都是“社会事实”(faits sociaux),礼仪最重要的特征是它具有“社会功能”,通过加强共有价值观和集体构想来维护社会团结。由此,他们把献祭定义为“一个宗教行为,它通过将牺牲者(victime)的奉献(consécration),改变实行这个礼仪的道德人的状态或和他有关的其他一些对象”①。

在莫斯和于贝尔对献祭的分析中,最激起巴塔耶好奇心的是这两位人类学家对献祭者(sacrifiant)和牺牲者(victime)的绝对区分。他们把前者定义为“献祭利益的获得者,或它效果的承受者”,而后者是“被摧毁消灭的客体”。前者可以是个人,或集体(家庭、氏族、国家、秘密社会),后者可以是动物,也可以是其他东西。莫斯和于贝尔认为献祭是连接世俗世界和神圣世界的一个社会机构,这个连接需要一个媒介物,而“牺牲者”正充当了这个角色。“牺牲者”本身没有价值,也没有神秘的原始力量,它的神性在献祭仪式(consécration)中获得。它的作用是暂时集中仪式中制造的神圣力量,为献祭者接下来的需要做好准备。如果献祭者要加强他自身的虔诚和狂热程度,牺牲者可以把它“负载”着的神圣精神“卸”给他,这个过程叫作“增神化”(sacralisation)。如果献祭者要去掉他自己身上的污气和不纯,他也同样可以把这些不祥力量“卸”到牺牲者身上,这个过程叫作“去神化”(désacralisation)。不管“牺牲者”到底是什么,它都是一个被动的客体,等着自己被摧毁和被运用。它完全丧失了史密斯所描述的那种和自然及部落人融为一体的“亲近感”,仅仅变成“导航”神力的渠道。

---

① Henri Hubert and Marcel Mauss, Essai sur la nature et la fonction du sacrifice, *Mélanges d' histoire des religions*, Paris, Félix, Alcan, 1929, p. 15。原文为:“Le sacrifice est un acte religieux qui, par la consécration d' une victime, modifie l' état de la personne morale qui l' accomplit ou de certains objets auxquels elle s' intéresse”。“对象”在此文中通指在个人背后存在的集体事物。

巴塔耶对“献祭者”和“牺牲者”的区分深感兴趣，是因为莫斯和于贝尔虽然把献祭作为“总体性社会事实”(fait social total)来解释，他们对“主体参与者”和“客体被运用者”的描述却从心理学角度出发，第一次对献祭里“自我放弃”(abnegation)概念提出讨论。莫斯和于贝尔认为所有的献祭中都包含了“自我放弃”的行为，但“献祭者”的自我放弃不是自愿的，而仅仅是遵守了一个神的“指令”，它是“为自己着想”和“留有后心”的。他们同意“放弃”自己的一部分(通常是自己的财产)，因为他们知道这物质上的“给予”马上会“获得”神力的补偿。献祭从这个意义上来说是个功利性的行为，是献祭者和神灵之间的一个契约，“在场的双方交还服务，各方都得到它想要的那份”。在这整个过程中，只有“牺牲者”是真正不图利的，它把献祭者和神灵联系起来后自己就从他们那里“走开了”。①

巴塔耶一直想把“献祭者主体”和“牺牲者客体”的二元对立颠倒过来，从“牺牲者”(动物)主体的视角去体验献祭，因为只有这样一种行为才能摆脱献祭的功利性和契约性，对死亡的临近有真正的内在体验。这也就是他为什么很早就对“迟凌酷刑”，自残和自伤都入迷的原因。他早在1930年写的一篇关于梵高切耳的文章里就已指出莫斯和于贝尔忽略了“自我献祭”(autosacrifice)这一重要概念。②在巴塔耶看来，献祭不是献祭者和神灵之间的契约，也不应有任何目的。从这个意义上来说，他更靠近史密斯的想法，认为献祭是“神灵”，畜生和人的一次集体混合。献祭者随着集体经验中带来的任意的变化同时经历一种“彻底变更”(altération radicale)，他变成什么自己也并不知道。在普通生活中，自残者是“自我献祭”精神的最好表现，因为只有这种在身体上施行的“彻底变更”才可以真正打破他被社会定义的身份，将自己身上的“异化因素”(éléments

① *Mélanges d'histoire des religions*, pp. 126-127.

② Bataille, La mutilation sacrificielle et l'oreille coupée de Vincent Van Gogh, *Oeuvres complètes*, tome I, p. 268.

hétérogènes)释放出来。献祭中"最关键的一步",巴塔耶在《献祭性自残和梵高的切耳》一文中总结道,"是对所有被人和集体拨用了的成分的拒绝"。①

我们现在可以回到《献祭》一文,看看巴塔耶为何对基督教的"救赎经济"提出强烈批判。基督教中所宣传的献祭在巴塔耶看来是对原初宗教形式的"降格"和背叛,因为它不但强调等级观念,制造了一个伪善的"至尊"领导(神父),远离对死亡的"触摸"和对生命原动力的体验,更主要的是它掩盖了它和资本主义市场经济的同质性。"救赎经济"的宗旨是号召人们不要在此世消费,等待下世天堂里的享受。谦恭、禁欲、节制、关心穷人,所有让他们去施行的能保障救赎成功的美德实际上都是为了制止他们对财富的浪费,对游戏、狂欢、喜庆、耗费的渴望。这样,在这种对"救赎"永远的期待中,得益的实际上是社会的各个部门:乡村牧师、农业以及手工业者都对自己的资本有所积累。② "救赎经济"是一种功利性经济,它支持的是社会同质化的生产和消费,压抑的是一切在它看来"无用"的异性因素。

巴塔耶在《献祭》里把与"救赎经济"抵抗的"异类"力量叫作"献祭经济"(économie de sacrifice),但他对它的属性没有展开更多的讨论。我们对它的初探可以在《社会学杂文》手稿的第一、第二章里找到一些答案,因为这两章的合并就是1933年发表的,后来有巨大影响的《耗费的概念》。巴塔耶在此文中反转传统(包括马克思主义)经济学模型,指出左右自然和文化运转的不是生产,而是耗费。换句话说,我们对社会运转的理解应建立在它怎样去耗费它的资源而不是它怎样去维护生产力间的关系。

《耗费的概念》里最有名的是巴塔耶对生产性耗费(la dépense productive)和非生产性耗费(la dépense improductive)的区分。他认为这两者

① Bataille, La mutilation sacrificielle et l' oreille coupée de Vincent Van Gogh, *Oeuvres complètes*, tome I, p. 269.

② Bataille, Le sacrifice, *Oeuvres complètes*, tome II, p. 241.

在人类活动中兼存,前者是普通的,为了维护存活,延续和发展的必要耗费。后者是不能为这个运转程序提供利益的“剩余”耗费:比如“奢侈,哀悼,战争,祭仪,豪华纪念碑的建造,游戏,景观,艺术,不正常性行为等”。[①] 两者间最重要的区别是非生产性耗费是没有目的性的纯粹消耗,它的支配原则是“丧失”。巴塔耶认为现代人类社会是悲哀的,因为它完全被生产和节约的理性思想支配着,排斥了非生产性耗费的合理性存在。而古往今来,挥霍和浪费一直是社会的一部分,它们经常通过对荣耀的渴望、战争和性冲动方式满足自己,人类好像也从来没有限制过自己野蛮的兽性和暴力的倾向。巴塔耶感兴趣的,不仅仅是生产性耗费和非生产性耗费在理论上的区分,而是现代社会中非生产性耗费被压制,没有地方释放时,怎么被资本主义生产运转“回收”进整个运转过程,以更可怕的新的面目出现。法西斯主义,巴塔耶在《法西斯的心理结构》一文中指出,比基督教里伪装宗教精神走得更远,因为它的目的不是去压制社会不同层次的异性因素,而是恰恰相反,先把它们从各类群众身上释放出来,然后打着精神家园的幌子把它们集中反收回来,为一个武装至尊(纳粹元首)和他的军队“企业”服务。

巴塔耶在《献祭》和其他“社会学杂文”里对献祭的起源,它从古代到现代形式上的衰退,资本主义社会里生产和消费的关系,以及同质性和异质性的相互作用都已有深入思考。但他完成的是对基督教献祭形式的瓦解和批判,而不是对“异质世界”逻辑正面的构建。他已非常直觉地感受到在社会中存在的“无意识的”,能在人和人之间建立起纽带的有机力量和献祭有关,和古代宗教仪式里的毁灭和融合经验相似,但他还没有将这种对原始宗教的怀恋与自己对“耗费”幻想的拼凑结合起来,建立一个“献祭就是消耗(consumption)”的理论。从这个意义上来说,巴塔耶早期对献祭作为社会现象的思考迎合了他孤独主体的“凌空”状态,它以一种

① Bataille, La notion de dépense, *Oeuvres complètes*, tome I, p. 305.

力争从同质物化世界里“逃离”出去的负面作用来表达自己，它是一个停不下来的，没有特别方向的，末端没有神圣客体的运动，它追求的挥霍，对社会物质资源的摧毁，对死亡和兽性的“临近”，对人性和所有集体框架附加给它的意义的拒绝。

狄奥尼索斯和“解”狄奥尼索斯

——亚里士多德悲剧起源论释疑

杨俊杰①

［摘要］ 对于勉力结合狄奥尼索斯酒神崇拜的背景来理解亚里士多德“悲剧起源论（一）”的研读者们来说，亚里士多德对悲剧起源所作的解析显然是“解”狄奥尼索斯的。这里还以晚近莱昂哈特、比尔勒所作解读为契机，指出要想结合狄奥尼索斯酒神崇拜来理解希腊悲剧，就必须回到狄奥尼索斯酒神崇拜在悲剧自起源到“成熟悲剧”的演变过程中所起的作用，而通过摸索20世纪初的迪特里希、尼尔松等重要研究，则可知“狄奥尼索斯背景的悲剧起源”话题所涵括的“变化”的“狄奥尼索斯背景”意味在亚里士多德《诗学》里也遭遇被消解的命运。亚里士多德在悲剧起源话题上的“解”狄奥尼索斯倾向，对不愿意相信希腊悲剧“跟狄奥尼索斯无关”的研究者来说，也就不是只能自逻辑层面才可被判定的，还有具体实例可供佐证。

［关键词］ 亚里士多德　悲剧　起源　狄奥尼索斯　诗学

一

亚里士多德《诗学》有两处文字谈及希腊悲剧的起源，这里拟把其中第一段文字，与狄苏朗勃斯有关的文字，称作“悲剧起源论（一）”。

① 杨俊杰，北京师范大学文学院。

"悲剧起源论(一)"明确指出,希腊悲剧来自"狄苏朗勃斯的领队",希腊喜剧则来自"生殖崇拜歌的领队"。① 可这措辞简洁的"悲剧起源"论断,却因其简洁而让学界倍感困扰。② 这烦恼,甚至迫得德国学者莱昂哈特(Jürgen Leonhardt)在1988年另辟蹊径,重新读解《诗学》希腊原文,指出亚里士多德的原意其实是,希腊悲剧关联着"生殖崇拜歌的领队"的即兴表演而希腊喜剧关联着"狄苏朗勃斯的领队"的即兴表演。③

莱昂哈特立论的基础,是对"ho men / ho de"希腊语法作新读解。亚里士多德"悲剧起源论(一)"所涉文字,实是ho men / ho de语句,而关于这种语句,一般都是从"平行前指"角度来读解的。所谓"A.../B... ho men / ho de",就意味着ho men指示A而ho de指示B(亦即"平行前

---

① 参看亚里士多德:《诗学》,陈中梅译注,商务印书馆,1996年,第48页(第4章):**悲剧——喜剧亦然——是从即兴表演发展而来的,悲剧起源于狄苏朗勃斯歌队领队的即兴口诵,喜剧则来自生殖崇拜活动中歌队领队的即兴口占,此种活动至今仍流行于许多城市,悲剧缓慢地"成长"起来,每出现一个新的成分,诗人便对它加以改进,经过许多演变,在具备了它的自然属性以后停止了发展。**以下简称"陈中梅译注本"。Dithyrambos(或dithyramb)是较难翻译的。西方学界也一直不能确切地指出其词源和意味。有学者倾向于把Dithyrambos看成dithyr-ambos并解作"四步"(至于iambos、thriambos则是"一步"、"三步"),认为其与歌舞有关,可参看两部较有学术影响的著作:Sir Arthur Pickard-Cambridge, *Dithyramb, Tragedy and Comedy*, Oxford: Clarendon 1962 2nd (revised by T. B. L. Webster), pp. 7-8; Joachim Latacz: *Einführung in die griechische Tragödie*, Göttingen: Vandenhoeck & Ruprecht 1993, S. 60-61。但也有学者倾向于Dithyrambos里的"Di-"理解为"神",参看Ulrich von Wilamowitz-Möllendorf: *Einleitung in die griechische Tragödie*, Berlin: Weidemann 1907, 2 Aufl., S. 63,以下简称"维拉莫威茨1907年"。罗念生把Dithyrambos意译作"酒神颂"(亚里士多德:《诗学》,罗念生译,人民文学出版社,1962年,第6、14页。以下简称"罗念生译本"),当属后一种主张。为稳妥起见,这里拟从陈中梅音译(陈中梅译注本第27、48页等),作"狄苏朗勃斯"。

② 这困扰在很大程度上源于《诗学》"悲剧起源论(二)",亦即悲剧和"与萨提尔有关的东西"的关系(**罗念生译本第15页,陈中梅译注本第49页,均把"与萨提尔有关的东西"直接译作与萨提尔剧有关的东西,这恐怕是略显冒失的**)的说法。本文为简洁起见,不拟对此进行探讨。

③ Jürgen Leonhardt, *Phalloslied und Dithyrambos, Aristoteles über den Ursprung des griechischen Dramas*, Heidelberg: Carl Winter 1991 (Abhandlugen der Heidelberger Akademie der Wissenschaften, Philosophisch-historische Klasse Jg. 1991. Abh. 4). 以下简称"莱昂哈特1991年"。根据莱昂哈特"前言"可知,此著作系其1988年2月在慕尼黑所作报告扩充而来。莱昂哈特出生于1957年,1985年在慕尼黑大学取得博士学位,1994年在慕尼黑大学取得教授资格并在罗斯托克大学任拉丁语言文学教授,1997年转至马堡大学任拉丁语言文学教授,2004年转至图宾根大学任拉丁语言文学教授。

指”)，也就是说，希腊悲剧关联着“狄苏朗勃斯的领队”而希腊喜剧关联着“生殖崇拜歌的领队”。莱昂哈特却强调指出，“平行前指”只是 ho men/ho de 语句的一种读法，还另有一种“交叉前指”读法，所谓“A.../B... ho men / ho de”亦有可能是 ho men 指示 B 而 ho de 指示 A。他明确地提醒说，仅就《诗学》而言“平行前指”固然有多处文字，“交叉前指”却也同样出现多次，譬如第 2 章所谓“喜剧倾向于表现比今天的人差的人”而“悲剧则倾向于表现比今天的人好的人”就是典型的“交叉前指”的例证①。这就意味着，在语法层面是具备自“交叉前指”角度解读亚里士多德悲剧起源论断的可能性的。②

很显然，要奠定自“交叉前指”角度进行解读的现实性，莱昂哈特还必须论证希腊悲剧和生殖崇拜歌的亲缘性。希腊的“生殖崇拜”、狄奥尼索斯崇拜、“逝者”之间是有紧密联系的，譬如赫拉克利特残篇 B15 便是佐证之一。③ 莱昂哈特指出，生殖崇拜在希腊人那里是极其严肃的事情，“悲剧和生殖崇拜歌的亲缘关系，就此而言，不但确实可以被理解成亚里士多

---

① 透过陈中梅的译文(陈中梅译注本第 38 页)，已可窥得“交叉前指”的语法结构:悲剧和喜剧的不同也见之于这一点上:喜剧倾向于表现比今天的人差的人，悲剧则倾向于表现比今天的人好的人。

② 以上尤其可参看莱昂哈特 1991 年，第 18—27 页。

③ 赫拉克利特残篇 B15 是“倘若人们不是为了狄奥尼索斯而游行、而唱着生殖崇拜歌，那么，所做出来的就算得上是最无耻的事情。可哈得斯跟狄奥尼索斯是一样的，人们为(狄奥尼索斯)而疯狂、而狂欢”，可参看屈万山主编:《〈赫拉克利特著作残篇〉评注》，陕西师范大学出版社，1987 年，第 32 页；姚介厚:《古代希腊与罗马哲学》(上)，叶秀山、王树人主编:《西方哲学史》(学术版)第 2 卷，江苏人民出版社，2005 年，第 155 页。这则赫拉克利特残篇，既出自克莱门《劝勉希腊人》第 34 章(王来法中译第 43 页，三联书店，2002 年):他没有找到普罗希姆诺斯，因为后者已经死了。为了实现对自己情人的誓言，狄奥尼索斯赶到坟边去满足死者变态的肉欲。他从身边的一棵无花果树上砍下一根树枝，把它削成阴茎的样子，然后做了一番实现其对死者诺言的表演。作为对于这种情感的神秘纪念，各个城市都为狄奥尼索斯建立了男性生殖器形象。赫拉克利特说过:“他们举行庄严的活动，高唱生殖崇拜歌，如果不是为了狄奥尼索斯而这样做的话，那他们一定会感到无地自容的，哈得斯与狄奥尼索斯一样，人们为纪念他而发狂并每年举行利那埃盛宴。”我认为，人们举行狂欢，主要的不是为了肉体的陶醉，而是为了无耻的淫荡表演。另参见普鲁塔克《伊西丝和奥西里斯》第 28 章(或 362A-B)。

德的假设，还要被看作确切的历史事实”[1]。

莱昂哈特探讨希腊悲剧与生殖崇拜歌的关联，探讨希腊喜剧与狄苏朗勃斯的关联，并不是要论证指出希腊悲剧来源于生殖崇拜歌又或者希腊喜剧来源于狄苏朗勃斯。在他看来，亚里士多德谈论希腊悲剧来自生殖崇拜歌领队的即兴表演，其实是指希腊悲剧曾有一个即兴表演的阶段，希腊悲剧在此阶段已成轮廓，只是其创作特点是即兴表演，在创作特点方面还没有进入讲究创作技巧的新阶段。也就是说，领队的即兴表演并非希腊悲剧的源头（**这将意味着当时还没有希腊悲剧**），而是希腊悲剧的一种形态、一个阶段（**这意味着当时已有希腊悲剧**）。[2]

莱昂哈特论证所涉文献较多，折冲往次频繁，这里不拟赘述。但仅择其要者如上，便可看出莱昂哈特的论证是颠覆性的，既颠覆了此前所有论证的基点，把希腊悲剧同生殖崇拜歌关联起来，还以新基点为基础强调指出领队的即兴表演是希腊悲剧的第一阶段而非希腊悲剧的雏形。

面对如此另辟蹊径的论证，学界却全是疑虑甚或批驳[3]，其中以帕泽（Harald Patzer）的批评最为细致。莱昂哈特的论点、论证不论巨细，他近乎全部予以回应。[4] 这些回应，有很多确实是公允的，譬如他指责莱昂哈特误解了“来自”。也就是说，即便“来自生殖崇拜歌的领队”的是希腊悲剧（而非希腊喜剧），这“来自”（希腊语介词 apo）也仍然是源头意味的“来自”而不像莱昂哈特所暗示的那样类似于“创作者”意味的“来自”（希腊

① 以上参看莱昂哈特 1991 年，第 29—35 页，引文出自第 33 页。

② 同上书，第 44—60 页，尤其第 44、48 页。

③ 疑虑的态度，可参看 Joachim Latacz 同前第 60 页注释 6：Die von Leonhardt 1991 vorgeschlagene Umkehrung（Dithyrambos → Komödie；Phalloslied → Tragödie）dürfte nicht viele Anhänger finden。批评的态度，可参看斯福德（Richard Seaford）的批评，刊载于 *The Classical Review* Vol. 43（1993），p. 180。但斯福德的批评有简单粗暴之嫌。在这篇简短的书评里斯福德强调说，“莱昂哈德给不出一个具体的例子”可作“交叉前指”例证，但他的这个说法明显是错误的，《诗学》1448a16 及以下便是莱昂哈德所给出的诸多明证之一。

④ 刊载于 *Gnomon* Bd. 67（1995），S. 289-310。以下简称“帕泽 1995 年”。

语介词 hypo)。[①] 然而,帕泽对莱昂哈特“交叉前指”论证的批驳[②],略显勉强。莱昂哈特在语法层面所作的考究只是想推断有从“交叉前指”读解所涉文字的可能性,这种可能性作为可能性是不能被批驳的。

二

按照莱昂哈特的思路,“悲剧起源论(一)”固然不是对悲剧起源的描述,却仍然是对悲剧发展的概括,而且还是准确地合乎悲剧发展史的。实际上,学界研读“悲剧起源论(一)”的主流思路就是笃信这段文字所言非虚,这毕竟是最为古老的“证词”。只是不同的学者所作研读的方向略有差异,甚或相去甚远。

以“悲剧起源论(一)”为基础,德国学者维拉莫威茨(Ulrich von Wilamowitz-Möllendorf)由希腊悲剧来自“狄苏朗勃斯的领队”推出希腊悲剧来自狄苏朗勃斯。又由于希腊悲剧是“活动的模仿”,他便进一步推断说,“悲剧起源论(一)”所说的“狄苏朗勃斯”作为“悲剧的前阶段”,必然已经是一种“活动的模仿”类型的狄苏朗勃斯而非单纯“抒情”类型的狄苏朗勃斯。[③]

可是,希腊悲剧形成以前的狄苏朗勃斯究竟是不是“活动的模仿”类型的,尚无任何材料可作佐证。一般都认为,“活动的模仿”类型的狄苏朗勃斯是在希腊悲剧已发展得较为成熟以后才形成的。[④] 这样说来,所谓作为悲剧原始形式的“活动的模仿”类型的狄苏朗勃斯,不过是维拉莫威茨推论所得。

同样的,“悲剧起源论(一)”也是德国学者迪特里希(Albrecht Dieterich)论证的基础。对他而言,希腊悲剧来自“狄苏朗勃斯的领队”这一

① 帕泽 1995 年,第 296 页。

② 同上书,第 290—294 页。

③ 维拉莫威茨 1907 年,第 81 页。

④ 可参看 Bernhard Zimmermann: *Dithyrambos, Geschichte einer Gattung*, Göttingen: Vandenhoeck und Ruprecht 1992 (Hypomnemata 98)。

点是确切无疑的。只是他，作为希腊宗教史的专家，对“领队”的宗教意味非常敏感。结合“领队”一词在希腊文学里与“追悼”的关联①，加之希腊悲剧时常有“逝者追悼”的情景②，他便想着要追问，“逝者追悼”，作为“领队”所内蕴的意味，究竟是如何出现在希腊悲剧里，甚至被亚里士多德当成希腊悲剧的起源的。③

鉴于狄苏朗勃斯是一个打扮成动物模样的歌队，迪特里希就又结合宗教史方面的知识指出，这些打扮成动物模样而围绕神灵起舞的舞者实际上是在扮演逝者，扮演鬼魂，而狄奥尼索斯恰好就是统治着逝者的④。

① 尤其《伊利亚特》第24卷第720—724行（**歌手们下坐他［引按：赫克托耳］的身边，领唱挽歌的他们引吭悲调的凄楚，女人们哀号，答呼。白臂膀的安德罗玛开引导女人的哭诉，怀抱屠人的赫克托耳，丈夫的头颅**），第18卷第314—316行（**阿开亚人则彻夜悲悼哭泣，傍临帕特罗克洛斯的遗体。裴琉斯之子［引按：阿喀琉斯］领唱挽歌，曲调哀凄**），参看荷马：《伊利亚特》，陈中梅译注，译林出版社，2000年，2007年，第510、684页。

② 尤其鲜明地体现在埃斯库罗斯的悲剧里，譬如《七将攻忒拜》尾声部分（尤其第1064—1071行）：（**对波吕涅克斯的遗体）我怎么能不哭泣，怎么能不伴送你的遗体去坟茔？可我又害怕邦民们的愤怒，不得不畏惧。（对埃特奥克勒斯的遗体）你会有无数哭泣的人们，你那位孤苦不幸的兄弟却只有一个姐妹为他哭泣，这谁会同意？**，《波斯人》第944—949行（**［歌队］）我这就悲痛地哭泣，哭泣你的种种不幸，哭泣海上遭受的苦难，哭泣悲怆的国家的男儿们，我要悲哭，我要悲哭，充满泪水的哭淖**，《奠酒人》的“**阿伽门农哀歌**”（自305行以降，譬如第323—331行）：（**歌队）（第二曲首节）孩儿啊，火焰的大口永远不可能制伏这位亡人的思想，他终会发怨泄愤，人们为死者哭泣，期待出现复仇者，儿女公正的哀悼，慰藉先父的亡灵，令世间一切共怜悯**，载埃斯库罗斯：《埃斯库罗斯悲剧》（《古希腊悲剧喜剧全集》第1卷），王焕生译，译林出版社，2007年，第126、275—276、398—399页。

③ Albrecht Dietrich，“Die Entstehung der Tragödie”，*Archiv für Religionswissenschaft* 11 (1908)，S. 163-196. 迪特里希（1866—1908）1897年成为吉森大学古典学正编教授，1899年成为乌泽纳教授（Hermann Usener）的女婿，1903年转至海德堡。迪特里希1908年临终前，将这篇《悲剧的出现》交给朋友柯尼希堡古典学教授温施（Richard Wünsch）。以下关于迪特里希的研读所作介绍，均出自这篇文章，简称“迪特里希1908年”。

④ 关于狄奥尼索斯是逝者的统治者，可参看前注。普鲁塔克《伊西丝和奥西里斯》第28章（或362A-B）所载赫拉克利特残篇B15内容如下：**自然（哲学）家赫拉克利特说，哈得斯跟狄奥尼索斯是一样的，人们为（狄奥尼索斯）而疯狂、而狂欢，人们（译按：这里的第三人称复数应当就是所引赫拉克利特这句话里的“人们”而非普鲁塔克此前所说到的“他们”亦即托勒密的“谋士们”）说的就是这个观点，因为人们认为身体就是哈得斯，灵魂就像神志不清地、醉醺醺地待在身体里面，这当然是大有讲究的寓意之言。最好还是把奥西里斯和狄奥尼索斯看成一样的，把奥西里斯和萨拉庇斯也看成一样的，由于样子会变，他（译按：既然是与格，便只能是指奥西里斯）也就得着了这样的一个名字。所以，萨拉庇斯就是万事万物都有的东西，就像那些由于教士的引领而进了门的人都知道奥西里斯是这样的一样。**也可参看普鲁塔克：《论埃及神学与哲学：伊希斯与俄塞里斯》，段映虹译，华夏出版社，2009年，第63页。

这就意味着，“狄苏朗勃斯的领队”，作为所谓的悲剧源头，确实是很有可能关联着“逝者哀悼”的。[1] 紧接着要解决的问题是，悲剧的“活动的模仿”特点，又或者悲剧成其为戏剧的那个特点，究竟是从哪里来的，“逝者哀悼”毕竟只是一种抒情。

迪特里希再一次结合宗教史方面的知识指出，在厄琉息斯秘仪那里上演的“活动”所展现的，就是德墨忒耳得回珀耳塞福涅的故事。这“活动”的核心，是“由悲伤转向欢乐”。他还借用亚里士多德《诗学》里的概念，把这称作“突转”。在迪特里希看来，埃斯库罗斯把厄琉息斯秘仪的这种“活动的模仿”性质的“突转”嫁接到狄奥尼索斯酒神节的崇拜活动里，为希腊悲剧夯实基础。[2]

这就意味着在迪特里希看来，“狄苏朗勃斯的领队”之所以能够作为悲剧源头，就是由于这是狄奥尼索斯酒神节的崇拜活动，可之所以能够以此为源头而真正地发展出希腊悲剧，则要归功于狄奥尼索斯酒神节对厄琉息斯秘仪的崇拜活动的“拿来”。埃斯库罗斯作为“阿提卡悲剧的缔造者”，又恰好是很熟悉厄琉息斯秘仪的。由于他的艺术创造，希腊悲剧终于形成其所特有的形式和内涵，也就不是偶然的。[3]

仅以维拉莫威茨、迪特里希、莱昂哈特这三种研读为例，不难看出这些愿意以亚里士多德的“证词”为基石的诠释者是有一个共同特点的。不论以“平行前指”为基础，抑或以“交叉前指”为基础进行解读，为“圆”亚里士多德的“悲剧起源论(一)”，这些研读者都要有所推演。维拉莫威茨所推演的，是作为“悲剧的前阶段”的“活动的模仿”型“狄苏朗勃斯”。迪特里希所推演的，是厄琉息斯秘仪对狄奥尼索斯酒神崇拜的影响。莱昂

① 迪特里希 1908 年，第 172—174 页。

② 参看迪特里希 1908 年，第 182、184 页。学界论证埃斯库罗斯与厄琉息斯秘仪的亲缘关系，一般都是以阿里斯托芬《蛙》第 885—886 行的文字为论据：**(埃斯库罗斯)得墨忒尔女神，我心灵力量的源泉，啊，让我配得上您神秘的仪式**。参看阿里斯托芬：《阿里斯托芬喜剧下》(古希腊悲剧喜剧全集第 7 卷)，张竹明译，译林出版社，2007 年，第 89 页。

③ 迪特里希 1908 年，第 184—186 页。

哈特所推演的，则是悲剧创作“两阶段”论（**尽管莱昂哈特的研读最具个性，因为他不仅像其他很多研读者那样认为亚里士多德没有错会悲剧史，还更进一步指出亚里士多德的诠释者们全都错会了亚里士多德**）。这也是这一类诠释者的共同特点：要以亚里士多德的“证词”为基石，就必须有所补充。

三

迪特里希与莱昂哈特这两种研读，都是结合狄奥尼索斯酒神崇拜，对亚里士多德“悲剧起源论（一）”进行补充的。实际上，结合狄奥尼索斯酒神崇拜来理解希腊悲剧，这也是一种尽管尚非学界共识，却有着很强影响力的学术声音。

由传世的希腊悲剧作品来看，狄奥尼索斯酒神崇拜与希腊悲剧之间似乎并没有什么重要而且普遍的关联。德国学者比尔勒（Anton Bierl）把这种持消解态度的思路，称作“成熟悲剧与狄奥尼索斯无关”观点。[①] 但比尔勒指出，这种观点倚以为前提的“狄奥尼索斯图像”实际上有问题的，它在很大程度上以欧里庇得斯《酒神的伴侣》所刻画的那位“狂喜的，要消解文明的，完全另类的”狄奥尼索斯神灵为前提的，可这只

---

① 参看 Anton F. Harald Bierl, *Dionysos und die griechische Tragödie. Politische und "metatheatralische" Aspekte im Text*, Tübingen: Narr 1991, S.4. 以下简称作“比尔勒 1991 年”。学界批判“成熟悲剧与狄奥尼索斯无关”观点，常以英国学者泰普林（Oliver Taplin）的著作 Greek Tragedy in Action（Oxford: Oxford University Press ,1978）为主要对象。泰普林在第 162 页借用古代名言，指出狄奥尼索斯酒神节上演的悲剧实与狄奥尼索斯无关：“对雅典人而言狄奥尼索斯酒神节就是一个机缘，可以不用干活，敞开了喝酒，吃肉，围观又或者参与各种类型的仪式、游行以及宗教崇拜等活动，在世界各地的类似的节日里也是有这些活动的。当然，狄奥尼索斯酒神节也是一个机缘，可以看到悲剧和喜剧。但我不觉得狄奥尼索斯的东西渗透到了这种消遣氛围里又或者对这种消遣氛围有所影响。倒是也有雅典人抱怨说，悲剧‘跟狄奥尼索斯无关’了。可当时人们去看悲剧，都不是冲着什么仪式去的，也不是冲着某种或隐或显的宗教体验去的。说白了，希腊悲剧根本就是跟狄奥尼索斯无关的。”（转下页）

是希腊人的“狄奥尼索斯图像”的一面,希腊文学所展示的“狄奥尼索斯图像”其实还有与城邦生活其乐融融的另外一面。①阿里斯托芬喜剧《蛙》的“狄奥尼索斯图像”,因此成为比尔勒立论的基础。《蛙》里的“狄奥尼索斯”,“俨然就是雅典人,熟悉这里的所有事情,跟老百姓相处得很好”。②

与比尔勒一样,英国学者高德希尔(Simon Goldhill)也对“成熟悲剧与狄奥尼索斯无关”的观点提出批评。他承认,雅典悲剧作为雅典官方提倡的一种艺术形式,已然寄托着雅典官方的“教育”期待,渗透着雅典官方的意识形态,悲剧的精神也因此确实与狄奥尼索斯酒神崇拜的精神相去甚远(**很显然,高德希尔的“狄奥尼索斯图像”仍然是比尔勒严厉地予以批评的那种“现代人的狄奥尼索斯图像”**),这也很清楚地体现在悲剧作品里。但他指出,悲剧作品的具体内容仍然留有狄奥尼索斯酒神崇拜的痕

(接上页)(For the Athenians the great Dionysia was an occasion to stop work, drink a lot of wine, eat some meat, and witness or participate in the various ceremonials, processions and priestly doings which are part of such holidays the world over. It was also the occasion for tragedy and comedy; but I do not see any way in which the Dionysiac occasion invades or affects the entertainment. Some Athenians complained that tragedy was 'nothing to do with Dionysus': but whatever everyone else went for it was evidently not another ritual, nor in any obvious or overt sense for a religious experience. To put it another way, there is nothing intrinsically Dionysiac about Greek Tragedy)。所谓悲剧“跟狄奥尼索斯无关”,关于这个古代名言的渊源和分析,可参看比尔勒 1991 年第 5—6 页,也可参看 Max Pohlenz,“Das Satyrspiel und Pratinas von Phleius”, in Max Pohlenz: Kleine Schriften Bd. 2, Hildesheim 1965, S. 473-496, bes. 474-475(原载 1927 年 Nachrichten der Gesellschaft der Wissenschaften zu Göttingen. Phil.-hist. Klasse 第 298—321 页);P. E. Easterling:“A Show for Dionysus”, in P. E. Easterling (ed.): The Cambridge Companion To Greek Tragedy, Cambridge: Cambridge University Press 1997, pp. 36-53, esp. p. 46 fn. 38。

① 比尔勒 1991 年第 219 页。尼采著名的《悲剧的诞生》,就其影响力而言,实可谓比尔勒所批判的这种“现代人的狄奥尼索斯图像”的缔造者。与此同时也不难看出,比尔勒的观点,实来自美国学者亨利克斯(Albert Henrichs)的启发,尤其是 Albert Henrichs:“Loss of self, suffering, violence: The modern view of Dionysus from Nietzsche to Girard”, in: *Harvard Studies in Classical Philology* 88 (1984), pp. 205-240。

② 比尔勒 1991 年,第 28 页。

迹,“规范”与“违规”(或“越界”)的辩证法就浸润着狄奥尼索斯的精神。[1]

当然,比尔勒、高德希尔的论证并非是没有问题的。比尔勒的研究,长处在于翔实地以悲剧作品为中心对希腊悲剧和狄奥尼索斯酒神崇拜的关系进行论证,但就其解析《蛙》这部作品而言,阿里斯托芬《蛙》这一喜剧文本所展示的“狄奥尼索斯图像”是否可信,这一问题并没有得到严格的批判性的处理。而高德希尔认定“规范”与“违规”(或“越界”)的辩证法就浸润着狄奥尼索斯的精神,却并没有更进一步解释狄奥尼索斯与阿波罗的差异,更遑论对德国学者奥托(Walter Otto)有关阐述进行回应[2],这不免要让人怀疑这辩证法所浸润着的是否就是狄奥尼索斯的精神。

同样还可留意到的是,比尔勒、高德希尔的论证其实只涉及“成熟悲剧”与狄奥尼索斯的关系问题,并不回溯到悲剧起源与狄奥尼索斯的关系,其论证也就显得单薄。毕竟,“成熟悲剧”里何以会有这样又或者那样与狄奥尼索斯酒神相映照的东西,这是需要回到、也必须回到悲剧起源的话题上进行解释的。譬如比尔勒解析欧里庇得斯悲剧《腓尼基妇女》,由这出悲剧对“突转”所作的强调而谈及“突转”的重要意味,谈及“突转”在狄奥尼索斯酒神崇拜里的重要意味,却就此止步[3],但“突转”与狄奥尼索斯酒神崇拜的关联,并不像他所以为的那样简单。狄奥尼索斯酒神崇拜里的“突转”,究竟是如何进入悲剧创作的,这可是一个需要进一步解释的话题。而要是格外在意狄奥尼索斯酒神崇拜的“抒情”导向,“突转”的渊

---

① Simon Goldhill,“The Great Dionysia and Civic Ideology”, in John J. Winkler a. Froma I. Zeitlin (ed.): *Nothing to Do with Dionysos? Athenian Drama in Its Social Context*, Princeton, New Jersey: Princeton University Press ,1990, pp. 97-129. 这篇文章是高德希尔1987年发表在Journal Hellenic Studies的同名文章(第58—76页)的修订版。

② 尤其 Walter F. Otto, *Dionysos. Mythos und Kultus*, Darmstadt: WGB 1960, 3 unveränd. Aufl。

③ 比尔勒1991年,第140—143页,第223页。

源就是必须要解释的。[①] 然而，就像此前所简要概述的那样，迪特里希早就严肃、认真地处理过这个话题（**由此也就可想而知，迪特里希《悲剧的出现》是不会出现在比尔勒的参考文献里的，而这显然是比尔勒在文献方面的重要失误**）。这就意味着，要想结合狄奥尼索斯酒神崇拜来理解希腊悲剧（所谓"成熟悲剧"），不能忽视狄奥尼索斯酒神崇拜在悲剧自起源到"成熟悲剧"的演变过程中所起的作用。

四

像迪特里希一样，瑞典学者尼尔松（Martin P. Nilsson）同样关注"逝者哀悼"与悲剧起源之间的关系，也同样地认为悲剧的"活动的模仿"类型的性质不可能来自"逝者哀悼"。[②] 但尼尔松不同意狄奥尼索斯酒神节

① 尼采《悲剧的诞生》关于悲剧起源所作的探讨，就此而言也流露出了同样的不严谨。狄奥尼索斯的东西又或者"与萨提尔有关的东西"如何过渡形成"活动的模仿"类型的悲剧，对古典语文学研究而言是需要进行论证的。不过，尼采本人是有意要如此不严谨地揭示悲剧的起源，要与以历史批判的方法为工具的古典学研究拉开距离。他的这种做法，维拉莫威茨在批评的时候当然不会放过。参看 Ulrich von Wilamowitz-Möllendorff, Zukunftsphilologie! Eine erwidrung auf Friedrich Nietzsches ord. Professors der classischen philologie zu Basel, geburt der trag' die' (1872), in Karlfried Gründer (hrsg.): *Der Streit um Nietzsches Geburt der Tragödie. Die Schriften von E. Rohde, R. Wagner, U. v. Wilamowitz-Möllendorff*, Hildesheim: Georg Olms 1969, S. 27-55, hier 31。维拉莫威茨对尼采的批评，多半都是有道理的。但有两点也不可不察：其一，维拉莫威茨对尼采进行批评，这其实是有学术政治方面的因素的，可参看 William Calder III, "The Wilamowitz-Nietzsche Struggle: New documents and a reappraisal", in *Nietzsche-Studien* 12 (1985), S. 214-254, bes. 220-221；其二，尼采的《悲剧的诞生》固然在古典学研究方面是有所"失范"的，但它影响并启迪了 20 世纪一大批年青的古典学研究者，尤其可参看 Ernst Vogt, Wilamowitz und die Auseinandersetzung seiner Schüler mit ihm, in William Calder III, Hellmut Flashar u. Theodor Lindken (hrsg.): *Wilamowitz nach 50 Jahren*, Darmstadt: WGB 1985, S. 613-631。

② 迪特里希主编的 Archiv für Religionswissenschaft 第 9 卷（1906），曾发表（第 286—287 页）尼尔松的一篇德语短文《逝者哀悼和悲剧》（Totenklage und Tragödie）。尼尔松明确指出，"逝者哀悼"不是"活动的模仿"类型的，参看第 287 页。尼尔松的这篇短文，实是他 1905 年以瑞典语发表的文章的摘要。迪特里希当然是知道尼尔松这篇文章的，但他也表示，这只是一个摘要，用瑞典语写的那篇文章他没办法参考。参看迪特里希 1908 年第 196 页。（转下页）

的“活动的模仿”类型的崇拜活动来自厄琉息斯秘仪的影响。在他看来，狄奥尼索斯酒神崇拜原本就有“活动的模仿”类型的崇拜活动,“夏”与“冬”争斗的故事模式早就以模仿形式的舞蹈体现在狄奥尼索斯酒神崇拜里。①

在尼尔松所说的“夏”与“冬”争斗的故事模式里,狄奥尼索斯的痛苦和死亡是主题。但尼尔松也并不反对把狄奥尼索斯的重生,看作这一狄奥尼索斯酒神崇拜活动的内容。他列举各地的各种崇拜活动,指出这些活动的“核心”就是“杀死”和“重生”,而这两样东西是合乎“夏和冬的争斗的范畴”的。②而既然狄奥尼索斯先后经历死亡和重生,这一故事模式就显然也是有迪特里希所说的那种“突转”的。尼尔松与迪特里希有所不同的地方也就在于,他认为狄奥尼索斯酒神崇拜的这种“活动的模仿”类型的“突转”系狄奥尼索斯酒神崇拜所特有,并不是受厄琉息斯秘仪影响而形成。

这里无意,也无力评判尼尔松与迪特里希在源流考证方面孰高孰低,倒是更愿意以两位学者的一个共通之处为基础。尽管解读方向有所不

(接上页)尼尔松之后还发表一篇德语文章《悲剧的起源》,产生较大影响,实是1906年短文的充实版,也应是1905年用瑞典语写的文章的增订版。此即 Martin P. Nilsson: Der Ursprung der Tragödie, in: *Neue Jahrbücher für das klassische Altertum Geschichte und deutsche Literatur* 14 (1911), S. 609-642 u. 673-696, bes. 618-642, hier 642. 以下简称“尼尔松1911年”。伯姆勒(Alfred Baeumler)特别关注尼尔松等学者所申述的“逝者哀悼”与希腊悲剧的渊源,却显然有意淡化处理尼尔松关于希腊悲剧的“活动的模仿”因素不可能来自“逝者哀悼”的重要观点。参看 Alfred Baeumler, Das Mythische Weltalter. Bahofens romantische Deutung des Altertums, München: C. H. Beck 1965, S. 50-83。这册著作原是伯姆勒为1926年由谢林专家施罗特(Manfred Schröter)重新整理出版的巴霍芬《东方和西方的神话》所写导论。

① 尤其可参看尼尔松1911年第676—677页。尼尔松的研读,在很大程度上是受到了乌泽纳教授发表在 Archiv für Religionswissenschaft 第7卷(1904)的文章《神圣的情节》(Heilige Handlung)(第281—339页,尤其第303—313页)的启发。

② 尼尔松1911年,第684页:Aber in der Mitte dieser Bräuche steht eine Tötung und Wiederbelebung oder ein Scheinkampf zweier Scharen; beides fällt in die Kategorie des Streites zwischen Sommer und Winter。

同，他们却都认为狄奥尼索斯酒神崇拜的“活动的模仿”类型的“突转”是希腊悲剧起源和发展的基石。这就意味着，希腊悲剧里的“突转”其实有着深远的宗教背景，而且是狄奥尼索斯酒神崇拜的背景。

在亚里士多德的《诗学》里，“突转”是复杂故事所模仿的复杂活动的特点①，是活动“转至相反的方向”②。亚里士多德还以索福克勒斯《俄狄浦斯王》以及另外一位诗人的悲剧《伦丘斯》为例，对作为“转至相反的方向”的“突转”略作解释：“信使的到来本想使俄底浦斯高兴并打消他害怕娶为妻的心理，不料在道出他的身世后引出了相反的结果”，又或者“伦丘斯被带去处死，达那俄斯跟去执刑，结果，作为前事的结局，后者被杀，前者反而得救”。③

迪特里希借用亚里士多德所说的“突转”把“由悲伤转向欢乐”，这实际上是把亚里士多德在界定“突转”的时候所说的“活动”理解为“活动着的人”。从“活动者”的体验或者情感的角度来理解、使用“突转”，这种做法是背离了亚里士多德以“活动”为中心来解读悲剧的思路的。④ 迪特里希所说的“由悲伤转向欢乐”，尼尔松所会意的从死亡到重生，又或者比尔勒透过欧里庇得斯悲剧《腓尼基妇女》而谈到的作为“命运变化”的“突转”，其实更接近于亚里士多德《诗学》笼统所说的“变化”（metabole）而非“突转”，是“人物从败逆之境转入顺达之境或从顺达之境转入败逆之境”。⑤

---

① 陈中梅译注本第 88 页（第 10 章）：**所谓“简单行动”，正如上文解释过的，指连贯、整一、其中的变化没有突转或发现伴随的行动。所谓“复杂行动”，指其中的变化有发现或突转、或有此二者伴随的行动。**

② 陈中梅译注本第 89 页。

③ 同上。

④ 有学者（并没有意识到迪特里希的这一挪用，也因此不是针对迪特里希）很恰当地对把“活动”（更准确地说，“所做过的事情”）理解为“活动着的人”的做法提出批评。参看 I. M. Glanville, “Note on ΠΕΡΙΠΕΤΕΙΑ”, in: *Classical Quarterly* 41 (1947), pp. 73-78, esp. 76.

⑤ 陈中梅译注本，第 88 页（第 10 章），引文出自第 75 页（第 7 章）。可参看迪特里希 1908 年，第 180 页。

不难看出,亚里士多德关于悲剧里的“变化”所作的阐述,与他关于悲剧起源话题里的“狄苏朗勃斯”所作的阐述一样,都对狄奥尼索斯崇拜方面的背景避而不谈。结合狄奥尼索斯这位“悲剧之神”在亚里士多德《诗学》里的缺席,完全有理由推断说,亚里士多德是有意要淡化处理希腊悲剧的狄奥尼索斯背景、狄奥尼索斯因素。这实际上也符合他的“诗学”的旨趣。亚里士多德的“诗学”的重心是可以传授和学习的创作技巧,是“如何……写出优秀的诗作”。①

概而言之,对于勉力结合狄奥尼索斯酒神崇拜的背景来理解亚里士多德“悲剧起源论(一)”的研读者们来说,亚里士多德对悲剧起源所作的解析显然是“解”狄奥尼索斯的。这里则还以晚近莱昂哈特、比尔勒所作解读为契机,指出要想结合狄奥尼索斯酒神崇拜来理解希腊悲剧(所谓“成熟悲剧”),就必须回到狄奥尼索斯酒神崇拜在悲剧自起源到“成熟悲剧”的演变过程中所起的作用,而通过摸索20世纪初的迪特里希、尼尔松等重要研究,则还可知“狄奥尼索斯背景的悲剧起源”话题所涵括的“变化”的“狄奥尼索斯背景”意味在亚里士多德《诗学》里也遭遇被消解的命运。② 亚里士多德在悲剧起源话题上的“解”狄奥尼索斯倾向,对不愿意相信希腊悲剧“跟狄奥尼索斯无关”的研究者来说,也就不是只能自逻辑层面才可被判定的,还有具体实例可供佐证。亚里士多德的“悲剧起源论(一)”,与希腊悲剧真正起源之间的关系,真切地展示了海德格尔所解读的“真理”概念的意味,既是解遮,也是遮蔽。

---

① 陈中梅译注本,第27页(第1章)。

② 奥地利学者列斯基(Albin Lesky)关于希腊悲剧“起源问题”所作的梳理,向是学界必读书目(1972年第3版),此即 Albin Lesky, Die tragische Dichtung der Hellenen, Göttingen: Vandenhoeck u. Ruprecht 1972, dritte, völlig neubearbeitete und erweiterte Aufl.., S. 17-48. 列斯基的文献工夫是不容置疑的,但他忽视了这里所在意的迪特里希的重要研究,这或许也是学界如今惯常性地忽视迪特里希的一个重要原因。此外,莱昂哈特、比尔勒等的新颖研究是晚近出现的,列斯基(1896—1981)1972年所作的梳理无法涵盖。

时空交错中的经典

——对文学经典现象的社会学考察

秦晓伟[①]

[**摘要**] 文学经典以其超越性和权威性长期以来在人们的精神生活中占据重要地位。从社会学视角考察经典现象可以发现，经典的超越性神话是历史地建构出来的，创造性背叛在经典建构过程中发挥着重要作用；经典的权威性是世俗权威干预文化批评的结果，是知识与权力之间暧昧关系的一种表现。西方文学经典论争，显示了政治正确和审美自律两种文学研究观念的冲突与整合状况，也揭示了人文教育在职业化、技术化潮流中所面临的危机。

[**关键词**] 经典建构　经典论争　超越性　历史性　权威性　民主性

文学作品在时空中旅行。越是伟大的作品，越能穿越更久远的时光，越能跨越更广阔的疆域。这些在时空中流转的文学作品被认为具有一流的审美价值和丰富的意义，在构筑人们的精神生活方面起着举足轻重的作用；那些相对而言行之不远的文学作品被认为在价值和意义上相对贫乏和单薄，在人们的精神空间中居于次要位置。前者被称作经典，后者被归入非经典之列。一般认为，经典在时间维度上表现为超越性，在空间维度上表现为权威性。我们可以从社会学视角切入经典现象，来了解所谓的超越性和权威性的实质。

① 秦晓伟，北京师范大学文学院博士后。

一　超越性神话的历史性建构

经典的超越性，一方面指它在时间和空间上的超越性，一方面指它在价值和意义上的超越性。俄罗斯学者瓦·叶·哈利泽夫认为，作为高雅文学的某种"高峰"，经典是"好几代人都感兴趣、对好几代人都有权威性"，从而构成文学的"黄金储备"的那部分文学作品。通常来说，它都是"从外部"，"在另一个、下一个时代"才能得到认可，并"总是被积极地纳入不同时代之间的（跨越历史的）对话关系之中（这也正是它的本质之所在）"。"一个为同时代人欣喜接受的作者，还只是经典作家'候选人'。"①也就是说，所谓经典，必须经得起时光的考验和汰选。在某个时代享有盛名，还不能保证作品在价值方面的超越性和普世性，因为同时代的读者和同时代的作者置身于相同的历史文化语境，分享着差不多相同或相近的文化资源与价值观念。在不同时代都能得到价值确认的作品，才具有超越时代限制的永恒价值。这类经得起时光检验的作品，如荷马史诗、莎士比亚的剧作等，都被称为永恒的经典；而有些名噪一时之作，如桂冠诗人骚塞的诗篇，则被历史所湮没。

但事实上，经典的超越性和永恒性品质，只能是相对的而非绝对的。经典之作并非自它诞生以来的所有时代都会得到确认，也不可能在任何文化疆域中都被奉为典范。某个时代的经典并不意味着永久的经典，某个民族的、文化的经典未必能穿越任何民族和文化的藩篱。即使长久以来在多个文化圈中被好几代人都奉为经典的作品，也无人能保证它在未来不会被逐出经典之列。作为人类创造物，经典必然具有历史性和有限性。丹麦文学史家勃兰兑斯（George Brandes）认为："一本书，如果单纯从

---

① 〔俄〕瓦·叶·哈利泽夫：《文学学导论》，周启超等译，北京大学出版社，2006 年，第 165、166 页。

美学的观点看,只看作是一件艺术品,那么它就是一个独自存在的完备的整体,和周围的世界没有任何联系。但是如果从历史的观点看,尽管一本书是一件完美、完整的艺术品,它却只是从无边无际的一张网上剪下来的一小块。"[①]法国现象学美学家杜夫海纳(M. Dufrenne)提出审美性与历史性相关联的观点,他认为:"任何审美对象都是一个'历史的丰碑'。……它处在历史上主要不是通过自己的躯体(躯体属于物的时间),而是通过自己的形式和意义,通过人在它身上感知和读解的东西,通过它讲述的有关人的情况和人讲述的有关它的情况。"[②]作为审美对象的经典,它是依凭其艺术形式与人的历史性关联才超越时空而存在的。经典正是在历史性的基础上才得以永恒。波德莱尔(Charles Pierre Baudelaire)在《现代生活的画家》中明确提出:"现代性就是过渡、短暂、偶然,就是艺术的一半,另一半是永恒和不变。"而永恒和不变则寄居于现代性之中,艺术家的任务是"从流行的东西中提取出它可能包含着的在历史中富有诗意的东西,从过渡中抽出永恒"[③]。只有这样才有可能使现代性变成古典性。古典性,在时间上是现代性的过去式,但它也意味着一种一流的、典范的、优秀的价值品位。因为,古典(classic)在一定意义上与经典(canon)等同,古典作家往往具有较高的地位,而古典作品也被认为具有一流的价值内涵。由此看来,经典的历史性总是与其超越性相伴而生。

人们往往认为经典作品中存在超越时代和地域的普世价值。那么这种普世价值究竟是什么?换句话说,是什么在超越?这是个说不清道不明的问题。通过考察西方文学史可以发现,不同时代的人们对于文学价值的定位并不具有同一性:新古典主义时期人们重视的是均衡、合理、妥

---

① 〔丹麦〕格奥尔格·勃兰克斯:《十九世纪文学主流》(引言),张道真译,人民文学出版社,1997 年,第 2 页。

② 〔法〕米·杜夫海纳:《审美经验现象学》(上),韩树站译,文化艺术出版社,1996 年,第 189 页。

③ 〔法〕波德莱尔:《现代生活的画家》,见《波德莱尔美学论文选》,郭宏安译,人民文学出版社,1987 年,第 484、485 页。

当；浪漫主义时期重视的是崇高、想象力、独创性；新批评兴盛之时推崇的是含混、悖论、反讽和张力；后现代阶段则显示为断裂、拼贴、碎片化、不确定性等。显然，对文学作品的价值判断从未停止过，“事实上，批评话语的首要目标，或者说谈论作品的冲动，就是劝说其他人重视批评家对一部文学文本价值的发现”①。但是不同时代、不同文学团体、不同文化中的批评家们并不分享相同的价值标准。不过，维持人类从古至今所形成的经典序列的力量究竟是什么呢？以上那些带有历史标识的概念是不是没有穷尽一部作品之为经典的全部缘由？还存在一种逍遥在批评话语之外而蕴涵在作品与人的复杂纠葛之中的价值吗？如果有，那大概就是游荡在经典作品中的幽灵，穿梭于时空之中的人类精神。

客观而论，价值总是被赋予之物，是从外部添加到作品中的东西。不但在写作过程中作者要进行价值判断并形成意义导向，更重要的是在作品完成、脱离作者的监护之后读者还要进行自己的价值判读和意义阐释。在作者和读者通过作品进行的跨越时空的对话中，经典的超越性品质也被历史性地建构出来。

最早的诗被看作神灵凭附的产物，诗人被当作预言家、先知和神的使者。也许这在某种意义上预示了，在上帝离去的价值真空中，文学取代宗教的主导地位并展开其审美统治的未来景观。在西方神权政治时代，文学只是作为宗教的婢女，写作和阅读也只是少数享有文化资源的上层人士的事情。所谓的经典只有一部，那就是宗教经典《圣经》。文学经典超越性地位的建立与西方世界宗教的式微密切相关。宗教式微之后，少数文化精英痛感西方社会在道德观、价值观方面的衰落，呼吁用世界上最好的精神产品来取代宗教经典对人们进行教化与引导。维多利亚时代的批评家阿诺德(Matthew Arnold)作为文学经典化的主要推动者，大力宣扬文学的道德教化功能，提倡树立文学宗教以对抗当时英国社会文化上的无

① 〔英〕安德鲁·本尼特、尼古拉·罗伊尔：《关键词：文学、批评与理论导论》，汪正龙、李永新译，广西师范大学出版社，2007 年，第 45 页。

政府状况。文学代替宗教，为世俗经典打开了大门。作为历史流传物的文学佳作名正言顺地加盟经典行列，而《圣经》这部唯一的经典在一定程度上也被视作文学经典中的一部。同时，宗教经典所具有的神圣性、权威性和超越性品质也被部分地灌输到文学经典中去。此外，英美大学的人文教育也为文学经典的建构推波助澜，在文学教育中强调经典的审美超越性，把阅读经典之作看作将人从不自由中，从精神的奴役状态中解放出来的一种重要途径。

我们可以用柏拉图《会饮篇》中关于知识的一段话来理解经典建构活动的心理动因：

> 可朽者尽量设法追求不朽。……就是我们的知识全部也不但有些在生，有些在灭，使我们在知识方面前后从来不是同样的人，而且其中每一种知识也常在生灭流转中。我们所谓的"回忆"就假定知识可以离去；遗忘就是知识的离去，回忆就是唤起一个新的观念来代替那个离去的观念，这样就把前后的知识维系住，使它看起来好像始终如一。凡是可朽者都是依这个方式去绵延他们的生命，他们不能像神灵的东西那样永久前后如一不变，而是老朽者消逝之后都留下新的个体，与原有者相类似。①

文学经典的建构就是期望通过回忆，为在世的文学作品建立起秩序，令其在生灭流转中保持某种连续性，凭借这种连续性使文学的过往、现在和未来保持同一，同时也使人类的过往、现在和未来保持同一，以克服生存之有限性的困扰。我们对伟大作品的回忆当是一种挽留，寄予着可朽者追求不朽的冲动和愿望。回忆封杀了以往的经典，也孕育产生新的经典。通过这种方式，个体同永恒的美、永恒的时光之流建立起联系。每个作者都希望通过自己优秀的心灵子女——作品——为自己竖立纪念碑，

① 〔古希腊〕柏拉图：《文艺对话集》，朱光潜译，人民文学出版社，1963年，第267—268页。

令自己不朽。不过同时,“纪念碑化也是一种埋葬行为。……尊重死者的冲动,同时也是埋葬死者、远离死者、抛弃死者的冲动。可以说,对死者的记忆与遗忘之间的难以避免的冲突是文学研究体制的根本张力”[①]。也是文学经典建构的根本动力。

如果说人们借死者之名所做的一切事情都是为了生者,那么人们借经典之名所做的一切事情皆是为了现世的存在。人们将不朽之名赋予经典,不过是为当下的社会人生确立某种价值和意义而已。英国文学理论家弗兰克·克莫德(Frank Kermode)指出:“经典,以预先决定的价值塑造了过去,使过去变成从人的角度可以利用的、易于接近的现代。”[②]以莎士比亚作品的经典化为例可以看出社会价值因素作用于经典建构的具体状况。

莎士比亚的作品被奉为不朽的丰碑,经典中的经典,被认为“摆脱了所有历史羁绊与一切时空束缚”。但事实上,莎氏剧作由于充溢着封建时期的浪漫情调在当时并不为处于上升时期的英国市民阶层所接受,而只是得宠于宫廷贵族。由于莎氏对市民精神的认识还不及李洛和莫尔,在他死后的一百多年里甚至被英国人彻底遗忘。莎氏剧作通过伏尔泰的介绍进入欧洲大陆,但并非作为艺术杰作——深受法国宫廷趣味熏染的伏尔泰谴责莎氏“野蛮的出格”。莱辛对比伏尔泰和莎氏作品,做出“莎士比亚胜似伏尔泰”的评价,从而造就了莎氏声名逆转的契机。[③] 梅林将德国崇拜莎氏的一百年历史分作三个阶段进行了考察。第一个阶段是18世纪末叶,当时德国知识阶层从审美角度解读莎氏剧作,将之奉为典范。“为了对抗法国戏剧规矩的、柔和的、温情的格调,莱辛强调莎氏剧作的恢

① 〔英〕安德鲁·本尼特、尼古拉·罗伊尔:《关键词:文学、批评与理论导论》,第44页。

② 〔英〕弗兰克·克莫德:《经典与时代》,见阎嘉主编:《文学理论精粹读本》,中国人民大学出版社,2006年,第59页。

③ 〔德〕梅林:《论艺术趣味的历史条件》,方维规主编《文学社会学新编》,北京师范大学出版社,2011年,第308—309页。

弘、恐怖和忧郁。他当然知道，莎士比亚与其钟情的希腊人没有关系，但他很有把握地嗅出莎士比亚的舞台还带着日耳曼中世纪的气息。”[①]这引发了德国人模仿莎士比亚的狂潮。第二个阶段是19世纪初叶，德国浪漫派占据文学主流。浪漫派热衷于返回中世纪，反对古典主义文学中的市民化倾向。由于找不到创造性天才，他们也将莎氏视为典范。不过，“正是那些或多或少为古典主义作家所排斥的东西，即中世纪之离奇的、浪漫的、歪扭的景物，或者‘月光笼罩的魔幻之夜’，被浪漫派奉为莎士比亚的精妙之处。这时，是莎士比亚对革命的市民阶层的敌对态度，而不是古典主义作家所推崇的莎氏历史认识，让浪漫派出色地翻译了他的作品，并细致地研究了莎士比亚时代的英国戏剧状况”[②]。第三个阶段是19世纪中叶，市民阶层对歌德、席勒的审美理想产生怀疑，又缺乏政治斗争的条件，因此他们“拥戴莎士比亚为标举伟大历史和政治行动的诗人”。因为“把某种‘理念’植入莎士比亚的剧作，比装进我们更熟悉的歌德和席勒的剧作容易得多”。[③] 莎氏剧作因此成了市民阶层革命的一面旗帜。

显然，一个作品被接受的状况基本上是由时代语境决定的。不同时代对同一经典的推崇往往并不依据同样的理由，甚至有可能依据的是截然相反的东西。不同文化氛围、不同社会阶层、不同思想倾向的人们也会做出不同的选择和阐释。正是在这些不同的历史状况和价值导向下做出的差异巨大的阐释和评价，成就了莎氏作品不朽的神话，使莎士比亚这面旗帜，既可以服务于宫廷贵族，也可以为市民阶层呐喊助威；既可以作为古典主义作家的榜样，也可以充当浪漫派的典范。当然，莎氏遭遇封圣也在于其作品提供了相当丰富的意义阐释空间。法国文学社会学家埃斯卡皮（Robert Escarpit）用“创造性背叛”来界定后人对经典作品的历史性阐释：

---

① 〔德〕梅林：《论艺术趣味的历史条件》，方维规主编：《文学社会学新编》，北京师范大学出版社，2011年，第309页。

② 同上书，第310—311页。

③ 同上书，第311—312页。

> 就文学作品能够比它的时代生存得更长久而言，它永远接受各种读者群的重新阐释和重新消化。附加到作品上的共时和历时层次上的意义共同形成了作品的真正历史性格。一旦再也不可能给予作品进一步的阐释或误释之时，一部书即在文学上宣告死亡。我们因此推断，“创造性的背叛”是理解文学现象的主要钥匙之一。“创造性的背叛”指的是对作者创作时的实际意图的无意或有意的曲解。这种重新阐释可能挖掘出作者自己未曾意识到的作品的潜在意义，或者增加一种预料不到、甚至可以代替原意的新意义。①

通过“创造性背叛”，经典之作的意义和价值被不停地挖掘和生产出来，或者说创造出来，经典的地位也随其意义和价值的开放性与丰富性而愈加巩固。“对早先创作出来的作品意蕴之追补性的发掘和重新解读，经常伴随着其作者声誉的飘移。”②在经典的建构过程中，创造性背叛（或误读）可谓功莫大焉。

从社会学视角对经典进行考察，可以发现，经典的超越性准确地说即文学作品超越时空被接受的现象，它实质上是一种社会历史现象而非一个不可企及的神话。经典的超越性在很大程度上是历史地建构出来的而非永恒地、普遍地贯穿于经典文本之中。这种社会学视角和文化多元主义视角的融合，引发了人们对经典之权威地位的强烈质疑，最终导致了上个世纪80年代发生于西方学界的经典之争。

二　权威性光环的民主化抹消

经典的权威性首先来自于经典（canon）概念本身的含义。经典有尺

① 〔法〕埃斯卡皮：《文学社会学》，见方维规主编：《文学社会学新编》，第108—109页。

② 〔俄〕瓦·叶·哈利泽夫：《文学学导论》，第167页。

度、规则、权威标准、典律等义，后来延伸为符合标准、具有典律性的文本。这样的文本早期主要指具有强烈约束力的宗教和法律文本，后来逐渐涵盖了更为丰富的内容。经典词义的延伸与变化已经内在地涵盖了"经典化"和"经典扩张"的意味。经典早期与宗教和法律的密切关系是其权威性的一个重要依据。在经典扩张过程中，经典毋庸置疑的权威性也随之播撒到各个领域中去。另一方面，经典的权威性也是世俗权威进行文化批评的结果，是政治权威及文化权威们借助自身的权威地位对文本进行价值认证的结果。约翰·杰洛瑞(John Guillory)认为那些19世纪的批评家"把他们的社会批评建立在文化和文化研究的权威上，这种批评在当时仍然能在公共领域里成功地和那些研究政治学和经济学的专家们相匹敌"。[①] 如今，这种局面早被打破。由于法国思想家不遗余力地揭示知识与权力的暧昧关联，重估一切价值成为时尚风标。在文学研究政治化趋势中，经典长期以来毋庸置疑的权威性和不证自明的合法性遭到多元文化论者的猛烈抨击。

以女性主义、马克思主义、后殖民主义和新历史主义为代表的文化多元主义者率先向经典发难。他们从政治正确(political correctness)立场出发，认为传统经典是权力建构的产物，是由意识形态隐秘操控的具有压迫性、排他性的规训工具，只代表已故的、白种人的、欧洲的、男性的(DWEMs)文化标准，而对活着的、有色人种的、亚非拉的、女性的作家作品限制准入，缺乏社会公正。他们向经典开火(firing the Canon)的目的，"并不是要简单地破坏或者离弃经典，而是把它作为一个归化的(naturalised)等级体系进行拆解"[②]。也就是说，他们要攻击的目标不是排列在经典序列中的一个个文本，而是经典序列本身；不是经典作品，而是经典建构机制。他们的意图也不是摧毁工具，而是改造工具，通过改造经典建

① 〔美〕约翰·杰洛瑞(基洛利)：《必定是抽象的》，见《愉悦与变革：经典的美学》，译林出版社，2009年，第72页。

② Peter Widdowson, *Literature*, London and New York: Routledge, 1999, p.22.

构机制从而拓宽经典(to open the canon),使其对女作家和少数族裔开放,以无数的、平等的、小写的经典(canons)取代少数人的、有特权的、大写的经典(the Canon)。项庄舞剑意在沛公,多元文化主义者点燃经典论争之战火,其目的在于平等、民主,在于文化权力。经典只不过是这场文化权力争夺战的战场,某种程度上还带有战利品的性质。克莫德很明白这一点,他说:"经典就是那些反抗者在为权力而斗争的过程中,打算将其作为成功之回报而要占有的东西。"①从根本上说,经典的建构者和经典的反对者依据的是同样的文化逻辑,看重的都是隐藏在经典中的权力因素。

文学经典的捍卫者有从道德功利主义出发重申伟大作品在塑造人们心灵方面的强大功效,如艾伦·布鲁姆(Allan Bloom)。他在《美国精神的封闭》(*The Closing of the American Mind*)中宣告,由于"相对主义泯灭了教育和追求美好生活的原动力",美国的开放实际上导致了"故步自封"。②多元文化主义对经典的批判从某种程度上看,是以政治正确为借口转而制造偏见。捍卫文学经典的另一个立场是绝对审美主义,哈罗德·布鲁姆(Harold Bloom)是典型代表。他不仅坚决反对多元文化主义将文学经典问题政治化,还断然拒绝艾伦·布鲁姆的道德教化观。在赫赫有名的《西方正典》(*The Western Canon*)一书中哈罗德·布鲁姆严厉抨击那些主张"打开经典"的女性主义者、非洲中心论者、马克思主义者、新历史主义者或解构主义者,将他们称作"憎恨学派"。③ 他认为西方经典的遴选规则并不是由意识形态因素确立的,而是由精英阶层依据严格的艺术标准建立的。憎恨学派从意识形态视角考察经典现象严重损伤了经典的审美价值。在他看来,经典之为经典的根本原因在于原创性(originality),这种原创性使我们对熟悉的环境产生陌生感,置身异地他乡却感觉如在家中。经典就是作者原创性的产物。他说:"渴望写出伟大的作品就是渴望置身

① 〔英〕弗兰克·克莫德:《经典与时代》,见阎嘉主编:《文学理论精粹读本》,中国人民大学出版社,2006年,第56页。

② 〔美〕艾伦·布鲁姆:《美国精神的封闭》,战旭英译,译林出版社,2007年,导言。

③ 〔美〕哈罗德·布鲁姆:《西方正典》,江宁康译,译林出版社,2005年,第14页。

他处，置身于自己的时空之中，获得一种必然与历史传承和影响的焦虑相结合的原创性。"①这种原创性源自继承传统与摆脱传统之间的张力，源自记忆与遗忘之间的冲突。对于后世作者而言，显现在经典序列中的前辈作者的原创性既是学习的典范同时也是压迫性力量。经典就在后辈作者与前辈作者的审美竞赛中产生，而不由任何权威指定。

文化多元论者从社会功能出发要求经典建构中的社会公正，审美主义从审美自律出发坚持经典的审美标准，双方剑拔弩张。相对而言，杰洛瑞对这一问题的分析更为细致，判断更为精辟，态度也更温和。他借助法国社会学家布迪厄(Pierre Bourdieu)的社会学理论，从文学社会学视角深入研究经典问题。他认为不管是从政治正确立场出发的经典的反对者，还是从审美自律观念出发的经典的保护者，都没有涉及经典建构问题的实质。论争双方都简单地将经典的代表性等同于社会的代表性，卷入了某种想象的、表述的政治学。实际上，"经典之争只不过指出了某种文化资本形式的危机而已，这种形式正是我们称之为'文学'的那种文化资本"。他主张"把经典建构的问题当作文化资本形成与分配的问题来加以理解，或更具体地说，就是当作文学生产和消费方式的获取途径来理解"。② 在他看来，人们在文化资本分配环节，或者说读写能力的培养环节并没有获得平等的权利，忽视这个前提去讨论经典构成中的排他性与代表性并不合适。"排他性指的并不是从表述中排除，而是从文化生产方式的获得中被排除。"③从这种观点出发，他提出文化资本分配民主化的策略，"具体来讲就是要大力拓宽文学受众，让文学作品的生产和消费大众化"④。也就是文学教育普及化。杰洛瑞在《文化资本》(*Cultural Capital*)结尾满怀希望地构想了教育民主化之后有读写能力的人们都参与审

① 〔美〕哈罗德·布鲁姆：《西方正典》，江宁康译，译林出版社，2005年，第8页。

② 〔美〕约翰·杰洛瑞：《文化资本》，江宁康、高巍译，南京大学出版社，2011年，前言。

③ 同上书，第15页。

④ 刘意青：《经典》，见赵一凡主编：《西方文论关键词》，外语教学与研究出版社，2006年，第290页。

美竞赛的未来图景。他试图从教育层面解决社会公正和审美自由之间的冲突。

客观而论,经典的反对者对经典建构过程中权力因素的揭示是有道理的,权力的确在文学经典的建构中发挥着重要作用。就中国现代文学而言,由于意识形态的影响,周作人、张爱玲、沈从文、梁实秋等作家曾受到贬抑,社会语境变化之后,一些权威批评家的批评才拯救了这些作家的名望和地位。但是片面夸大经典建构中的权力因素也是有失公允的。文化多元主义者之所以要对传统经典发难,想方设法使活着的、女性的、少数族裔的作家作品挤进经典序列,实际上是由于无视文学经典的审美属性,把文学经典等同于宗教经典,强化其权威性、典律性所致。虽然文学经典与文学的典范、法度有密切关联,但二者并不等同。众所周知,文学经典并不具有宗教经典那样的约束力和权威性。宗教经典是源自神的神圣话语,是“圣言”,具有唯一性、神圣性和不可超越性(比如《圣经》),因此经典本身的独一无二性决定了其普世性价值,也奠定了它不可逾越的权威地位,这是不争的事实。文学经典就不同了。文学是“人言”而非“圣言”;文学经典是文学史上的“天才”通过自己的创作为艺术立法,而不是绝对他者之上帝通过话语为他创造的人类立法。前辈文学大师树立的典范,虽为后世提供了学习、效仿的榜样,但同样也成为后世天才超越的对象。如果一直在经典的法度之内写作,则很难生成新的经典,也有悖于文学之“自由”品质。文学正如德里达(Jacques Derrida)所言,是一种永远越轨的奇怪建制,怎么可能完全臣服于权力,在规矩之内兜圈子?多元文化主义从政治正确立场出发,通过强化文学经典的权威性呼吁文化权力的平等和公正。他们自己如同他们所攻击的文化权威一样也对文学经典实施了暴力干预。佛克马(D. W. Fokkema)对此现象进行了客观的解释:“文本的选择是建立在一个相对清晰的标准上的,这个标准往往来自某一特定的世界观或社会政治实践。从历史和社会的角度来看,所有的经典都是平等的,但它们所得以产生的价值观和世界观理由并不是对每个人都有吸引力。”[1]以这种差异的权利出发指责文学经典的不平等事实上并不能从根本上解决问题。佛克马承认“文学经典是为了解决人们特定的需要而创作”,有一些跨越文化界限而普遍存在的需要“会反映在文学里,但它们是如此的普遍以至于不能为经典的构建提供任何线索”。[2]多元文化主义试图通过抨击经典以谋求文化平等权的意图并不那么容易实现。

站在审美自律立场对经典的维护也显得不怎么奏效。对作者来说在巨大的传统压力下与古人进行原创性的竞争的确不易。这种影响的焦虑甚至会引发狂躁不安的情绪。20世纪初未来主义曾在自己的文学宣言中愤慨声明:“博物馆就是公墓!……它们何其相似,都是互不相识的躯体清冷的聚会场所。博物馆是让仇人或陌生人互相紧挨着长眠的公共寝室!博物馆是屠杀画家和雕刻家的荒谬绝伦的宰场,他们沿着竞争的墙壁,用色彩和线条互相残杀!”甚至号召人们放火“点燃图书馆的书架”,引来河水淹没博物馆,挥起铁锤“毫不手软地捣毁那些受人尊敬的城堡”。[3] 他们不仅狂热地揭示那种你死我活的竞争关系,而且流露出一种具有狂欢色彩的弑父冲动。看来,未来主义艺术家几乎被古老的艺术传统压垮了,他们不堪重负,要造反,要打倒古人,取消古代艺术经典确立下来的法则,自己为自己立法,从而释放被传统所禁闭的创造性和灵感。巨大的传统压力和现实诱惑将他们吸引到了速度、力量甚至是暴力的领域。显然,拒绝从传统中汲取养分很难产生原创性,也难以创作出伟大的作品。不过,仅从艺术传统出发也未必能产生伟大作品。歌德曾发誓学习荷马,他模仿荷马写的史诗却被认为几乎没有一行可能出自荷马之手。

---

① 〔荷兰〕杜卫·佛克马:《所有的经典都是平等的,但有一些比其他更平等》,李会芳译,童庆炳、陶东风主编:《文学经典的建构、解构和重构》,北京大学出版社,2007年,第19页。

② 同上书,第23页。

③ 〔意大利〕菲·马利涅蒂:《未来主义宣言》,吴正仪译,见《现代主义文学研究》上卷,中国社会科学出版社,1989年,第363、364页。

看来作家绝不可能超越时代和历史语境从事创作,正如梅林所说:“思想传统确实在发挥作用,但它仅像太阳、雨水和风之于树木,而树根则牢牢地抓着社会状况的物质条件和经济生产方式的粗糙的大地。”①过往时代打在作品上的印记(比如荷马史诗中的古希腊印记),不可能被复制;当下时代打在作品上的印记(如歌德作品上的德意志印记)也不可能被忽略。事实上,这些时代的印记,也就是波德莱尔所说的古典性和现代性的东西,它们构成了经典之作原创性的重要成分。而布鲁姆所谓的原创性主张却有意无意忽略掉了具体的社会文化因素,强调审美是个人的事情,与社会伦理和道德效果无涉。这并不能解决多元文化主义提出的问题。

应该说,杰洛瑞的文化资本论更为深入地触及了经典论争的实质,将由经典所引发的社会公正问题引向更明确的方向,将文化阵地争夺战转变为文化资本争夺战,并提出了教育公正的问题。他虽然一直立足于社会正义,但却能够突破多元文化主义的盲点,看到被政治正确所遮蔽的审美问题。当克莫德主张“愉悦是经典的必要条件”②时,他立即回应:“我坚信最伟大的艺术确实给了我们复杂的愉悦,但是,我认为这种愉悦的出现不是以牺牲其他种类的愉悦为代价的,也不需要它们减损为最简单的愉悦。……我更愿意认为,人类的存在如果没有审美愉悦,将是令人悲伤地不完美。……我支持人类愉悦的多样性而不是它们的层层等级,我相信富有人类精神的那些最伟大著作,能够通过保存对于或复杂或简单的人类愉悦的鲜活感觉而更好地保存下去。”③显然杰洛瑞力图在社会公正和审美自由之间达成平衡。他的意见表明,在文化主义和审美主义之间已经发生了卓有成效的沟通,且达成了某种有利于经典生存的共识。杰洛瑞对经典问题的考察不足之处在于忽视了教育体制之外文化资本的分

---

① 〔德〕梅林:《论艺术趣味的历史条件》,方维规译,见《文学社会学新编》,第 308 页。

② 〔英〕弗兰克·克默德:《愉悦与变革:经典的美学》,张广奎译,译林出版社,2009 年,第 10 页。

③ 〔美〕约翰·杰洛瑞(基洛利):《必定是抽象的》,见《愉悦与变革:经典的美学》,第 80—81 页。

配和运作状况，而这也许是由他学术人的身份决定的。

经典之争是文学研究危机的表征，也是人文教育危机的表征。这种危机从根本上说是由人文教育职业化和技术化的趋势所引发的。理查德·罗蒂(Richard Rorty)认为，文学作品富有启迪价值，能“使人认识到此生有超乎想象的意义”。但是这种启迪价值不是通过职业化教育获取的。职业化教育只生产知识，却不生产激情；“只有非职业的先知和占卜者的个人色彩才有启迪价值”。[①] 在罗蒂看来，“一门人文学科的健康发展既需要启迪性的作品，又需要分析性的作品”[②]；既需要非职业化的魅力型的鉴赏家，又需要职业化的冷静知性的分析家；既需要激情又需要知识。而眼下的情况是，技术理性不断扩张并主导了人文学科的教育方式，充满激情的审美主义者在教育体制内越来越无处容身，激情在知识的逼迫下显得越来越多余。职业化的学者再也不用建构什么审美乌托邦了，只要关注当下，理解现实就够了。这正是艾伦·布鲁姆所言的冷漠的开放性的表现。

面对文学只留下冷静的知性显然是不够的，我们没有必要为了政治正确而放弃阅读经典所带来的审美愉悦。文学知识分子有责任参与人们生存价值的建构和意义的生产。因此，只要我们明白经典的超越性总是基于一定的历史理性基础之上，经典的权威性也总在不停地遭遇社会正义的质问和民主的消解，这就够了。

---

① 〔美〕理查德·罗蒂:《筑就我们的国家》，黄宗英译，三联书店，2006年，第98页。
② 同上书，第98—99页。

宽广的反讽

包向飞①

[摘要] 反讽是重要的修辞手段。自我反讽甚至成为判断文学艺术作品质量优劣的重要标准之一。Irony来源于希腊语，它的最基本的词源含义是伪装。反讽的使用有着坚实的心理学、社会学及哲学根基。反讽不可避免。反讽根植于精神的本质和人类的生存处境，它们本质上都是矛盾的，因此，使用反讽更能表达真理。反讽作为一种文学修辞手段，它本质上拒绝自己被彻底地语法化，它的魅力并不在于一个意义永无止境地被另一个意义替代的虚无，而在于矛盾的双方共存的张力。

[关键词] 反讽 矛盾 伪装 语境 意义

在西方，文本的含混和多义性最初是人们力图避免的东西。当然，在西方人还在普遍信仰上帝、相信宇宙中存在终极的和最高的理性的时候，文本的含混和多义性最多只是一个短暂的错误，因为“权威”保证了唯一真正的意义，上帝或者说终极理性不允许任何歧义和不确定性。但是，以尼采的“上帝之死”为代表的思潮动摇了西方人的传统观念，真理不再唯一、自我不再统一，因为主体也可以是一个弗洛伊德式的、充满矛盾和对抗的结构。相对性的、非理性的和无意识的东西在逐渐发挥着自己的影响。因此文本的意义很难再被唯一地限定。文本的意义从一元走向多元，甚而从多元走向无限元。意义的无限生成和德里达式的意义消解已经没有了很大分别。在德里达看来，每一个所指总已

① 包向飞，武汉大学外国语言文学学院德语系副教授，哲学博士，武汉大学外国文学与文化研究所成员，武汉大学编译中心秘书长。

经处在了能指的位置上，因此没有“意义”能够逃脱时间化和空间化以及能指的差异结构。[1] 人们可以说，文本的最终意义已经不复存在，或者说它被无限延宕，只剩下了意义的足迹，意义（Sinn）最终成了无意义（Unsinn）。

但是，另一方面，在文本实践的历史中，这两种极端的情况却很少发生。在普遍相信宇宙理性的古希腊，文本的意义也不能够被完全固定。信仰上帝的但丁也并不相信文本意义的单一，他也区分文本的“直义”和“寓言”。[2] 而在解构主义者那里，文本的意义也从来没有被真正地消解过，文本的一个或几个含义总是能够通过具体的语境得到某种程度的、清楚的实现。文本实践总是意味着把文本置于具体的语境之中，从“复数的语境”来看，语境在打开着文本的意义，使更多的意义（从时间上看也许是无穷多的）滋生；从“单数的语境”来看，语境也在限定着文本的意义，限制着文本意义的无限增生。文本的意义在其实践中总是通过语境避免自己被单一化和被虚无化。

一个文本若要具有反讽的意味，它的意义必然不能被单一化和虚无化。意义的单一化和虚无化意味着反讽的消解。反讽作为一种修辞手段，它本质上避免自己被彻底地语法化。就像美国解构主义大师保罗·德·曼批评的那样，法国和其他地方的文学符号学对语法和修辞的差别没有清醒的意识，把语法结构连贯地运用到修辞结构方面，以至他们的追随者们的文学分析都不免简单化。[3] 反讽作为重要的文学修辞手段，它的魅力并不在于一个意义永无止境地被另一个意义替代的虚无，而在于矛盾的双方共存的张力。

---

① 参见 Jacques Derrida, *Grammatologie*, Übers. von Hans-Jörg Rheinberger und Hanns Zischler. Frankfurt a. M.: Suhrkamp, 1983, S. 129.

② 参见但丁：《至斯加拉亲王书（1319）》，见拉曼·塞尔登编：《文学批评理论——从柏拉图到现在》，刘象愚等译，北京大学出版社，2005 年，第 292 页。

③ 参见保尔·德·曼：《阅读的寓言》，沈勇译，天津人民出版社，2007 年，第 6 页。

一　反讽与伪装

反讽在英文中写作 irony，它来源于希腊语的 eironeia，它的最基本的词源学含义是"伪装"（Verstellung）。①伪装的一般目的首先表现为自我保护。这在动物界和人类社会是很常见的。反讽作为说话或者写文章时的一种修辞乍一看来好像和伪装没有什么关系，因为根据我们对反讽的通常理解，反讽的使用者虽然通过语言"伪装"自己，但他却总怀有这样的意图：他所表达的真实含义不应当被其字面含义所遮蔽。对于一般的伪装来说，伪装的目的都是要真正地骗过对手，否则我们只能说伪装失败了。

反讽手法显然不大符合语言学上的经济原则，因为它有些绕弯子；它也不大符合交流时尽量清楚明白的合作原则，因为它"所言非所指"。人们为什么不干脆直接明白地表达自己呢？答案是：我们不是总能够直接明白地表达自己。我们根本不用挖空心思设置什么特殊的语境，我们只需想象一个普通的生活世界。在这样的一个世界里，地位、权力的差异是一个根本不容忽视的问题，虽然在某些历史时期，我们会拥有世界大同的假象，但是即使是假象，它都是极其短暂的。人类历史清楚地向我们表明，权力确实扭曲着话语。

因此，在思考反讽时，我们首先要有社会学及哲学的宽广的眼光，否则对反讽之思考就会失去最坚实的根基，从而走向概念的泛滥，使人们不知所云。首先我们可以确定的是，地位低的人在面对地位比他高的人时并不总能够直抒胸臆，他的确需要伪装，一般来讲，这个伪装并不希望被识破。但现代心理学和哲学已经清楚地向我们表明了，自我控制并不是无限的，自我也并不具有先前人们所误以为的那种统一性，"我"并不总能

① 参见 Der Grosse Duden，Band 7. Bibliographisches Institut AG. Mannheim：1963，S. 292。

够控制“我”,“我”也并不总是了解“我”。就在说话者在言语上极力伪装自己的同时,也许他的语调、身体姿态或者他的面部表情已经在某种程度上暴露了他内心的不满或不服,因此他的话语很容易表现出一种讽刺的意味。但此时,我们完全可以说,“暴露”并不是说话者的真实意图。我们可以把上面的情况再作进一步的分析,在一个有差等的社会里,对这种差等的合理性或者合法性的思考并不是普通人力所能及的事情,所以我们并不总能够清楚地知道自己是在伪装,还是在真诚地表达自己。通俗地讲,在某种程度上,我们已经被强大的意识形态洗脑了,我们都或多或少地患上一些“失语症”。按照奥地利籍美国心理学家和哲学家弗洛姆的观点,我们的身体和思想并不总能够和谐一致,因为我们的思想可能不真正的是我们自己的,而是外部灌输给我们的。① 在思想禁锢的年代,我们的身体往往表现得比我们的思想更灵敏、更具有反抗性,当我们还在言语上大唱赞歌的时候,我们的身体已经不再配合。因此,在这样的情况下,话语在身体的映衬下也一般地会表现出一种反讽的味道。

通过以上的分析,我们可以得出这样一个临时的结论:从解释者的立场来看,反讽之为反讽,说话者和作者的清晰的“反讽意识”并不是必须的。反讽和它的词源含义“伪装”的距离并不遥远,只不过它并不是一个十分成功的伪装。从反讽的发生上来讲,反讽总是一种有“缺陷”的表达,它并不完美。在极力赞赏时却不由自主地表达出了一种不满,在极力贬损的时候却又无意识地透露出了一种羡慕。简单地说,到此,我们可以把反讽理解成思想和身体的矛盾(或者用弗洛伊德的术语来表达,就是超我和本我的矛盾)在语言层面的无意识的表现。

如果说伪装的目的在消极的意义上首先表现为一种自我保护(便于隐藏、便于逃遁等),那么从积极的意义上讲,成功的伪装便于伪装者发起更有效的攻击。但这种伪装已经多半是有意识的。很显然,伪装经常会

① 参见弗洛姆:《逃避自由》,刘林海译,国际文化出版公司,2007年,第129页。

被有意识地利用。按照通常的理解,苏格拉底式的反讽就是一种有意识的伪装,苏格拉底在辩论对手面前经常假装自己很愚蠢,连一些很普通的东西都不知道,让对手能够肆无忌惮地暴露自己,最终落入自己布置好的"陷阱",从而给自己的对手一个教训,或者引起对手更多的反思,让对手的思想并不总是停留在自以为是、自鸣得意的无反思的层面。苏格拉底的名言"我自知我无知"本身就是反讽式的。

由伪装而来的攻击一般来说比直接的攻击更有效,给对手的打击更大、更有力,因为它总是出其不意。意想不到的东西的突然降临总会对心灵造成更大的震撼。因此,在语言文学上,反讽往往能够比直接的表达收到更明显的刺激效果。由于反讽所能带来的刺激效果和力量,人们开始在说话和写作时大量地、有意识地使用反讽。反讽已经不再仅仅是思想和身体的矛盾在语言层面上的无意识的表现。反讽已经达到了它通常的词典含义,即故意的"所言非所指"。

伪装还是诚实的避难所。有时候真理不得不说,否则对不起自己的良心,但又无法明说,于是也只能用伪装的方式说。就像惯用反讽手法的德国诗人海涅所指出的:"那些备受书报检查和各种精神压迫之苦,而又不能再把自己的内心主张隐而不宣的作家,全都特别需要讽刺和幽默的形式。这是保持一点诚实的唯一出路,这种用幽默讽刺的形式表现出来的诚实才是最感人的。"①

二 "自相矛盾"的反讽如何存在

无论我们从何种角度以及从何种意义上来理解反讽,无论反讽者有无清醒的反讽意识,我们总能发现,贯穿在对反讽的各式各样的理解之中

① 海涅:《浪漫派》,薛华译,上海人民出版社,2003 年,第 141 页。

的是矛盾。简单地说，没有矛盾就构不成反讽。在无意识的层面上，反讽可能意味着思想和身体的矛盾；在意识的层面上，反讽总意味着字面意义与实指意义（说话者或作者的意愿——假使有的话）的矛盾。据说，海涅曾引入一个反讽符号的建议，法国诗人 Alcanter de Brahm 还发明了这样一个反讽符号，不过这一符号并没有被广泛使用。[1] 反讽符号之不被广泛使用本身就意味着反讽并不总是意识层面的东西，因此反讽的矛盾性并不总能够被一个清醒的意识所意识和把握。反讽符号的使用本身会导致反讽的消失，看到这样的符号，人们就可以立即从相反的方向理解，这就基本上等于直接的表达了，而直接表达的东西不能被称为反讽；其次，反讽的"实指意义"（如果有的话）并不总是一目了然的，说话者本身（从根本上讲）也没有能力先行地设定它。一目了然的反讽，不管它是否使用反讽符号，都会显得有些浅薄，甚至有时候它不但不能发挥应有的效果，反而会显得说话者心胸狭窄。反讽本质上是矛盾的。一个反讽，如果它清楚地表现为一个反讽，那么它就可能冒这样的风险：它不再是一个反讽！一个反讽的字面意义和它的"实指意义"之间完全可以有一段距离，有时候这段距离只有通过艰苦的旅行才能够被克服，和自己矛盾的东西并不意味着"转身可得"；有时候它的实指意义仿佛是一个不可企及的目标，旅行被无限制地拉长了。但是，实指意义被无限远置的反讽也将不再是一个反讽，它只是对一个反讽的召唤，虽然，这样的表达在文学中的意义也是深远的，但鉴于本文的目的我们就不再展开了。

如果说反讽在本质上是矛盾的，那么反讽还能够"存在"吗？形式逻辑清楚地向我们表明，自相矛盾的陈述将永远是一个假陈述。"P 并且非 P"永远为假。就像人们普遍相信的那样，自相矛盾的东西将取消自身的存在。根据人们的这种普遍信仰，反讽作为一个整体很难同时保留它的字面意义和实指意义，如果说这两种意义确实完全相反的话。要么字面

① 参见 http://de.wikipedia.org/wiki/Ironie。

意义完全地消失，反讽成为“浅薄的反讽”，它只是一个语用学意义上的规范化了语言用法（语法化），因此会在文学上失去真正令人感兴趣的地方；要么它根本没有和字面意义相反的实指意义，这样它也就不再是反讽。以矛盾为其本质的反讽如何才能作为反讽而存在呢？显然，我们并不愿意停留在“浅薄的反讽”的层面上，反讽在文学上的意味深长的运用也正是这一点的明证。对待文学、诗歌上的反讽，我们不应该（有时候也不能够）简单地“得意忘形”，即得所指忘所言。“深刻反讽”的存在的前提是自相矛盾的陈述和事物能够并存。也许在形式逻辑的压迫下，我们太畏惧矛盾。如果我们能够保住矛盾，反讽就将获得更加坚实的根基。

德国哲学家黑格尔论断说：“经验教导我们，自我并不因为有了矛盾而解体；我们知道，自我继续生存下去。因此我们用不着为了我们的矛盾而苦恼，因为矛盾并不能使自我解体，自我能够忍受矛盾。”[①]在黑格尔看来，人们容易形成这样的看法：事物有了矛盾是不幸之事；并且有矛盾的东西就会毁灭自己；精神一有了矛盾就会陷入混乱和发狂（参见黑格尔，1997：282）。黑格尔充分理解和挖掘了矛盾的积极含义，认为矛盾是极其可贵的东西，他说：“一般说来，二律背反（矛盾）的真正的、积极的意义在于，一切现实事物都在自身包含着对立的规定，因此认识一个对象，确切地说，把握一个对象，恰恰意味着意识到这个对象是对立规定的具体统一。”[②]黑格尔说：“……精神（最高的东西）就是矛盾……”（黑格尔，1997：282）在这里，黑格尔为我们完成了一个很自然的过渡，打破了一个常常被认为是必然正确的观点：自相矛盾的东西必然不能存在。进而，黑格尔论证了“一切现实事物都在自身包含着对立的规定”，以及“作为最高的东西的精神就是矛盾”，再根据他的主体等于实体的哲学观点，结论就是显然的了：事物也不会因为有了矛盾就自我毁灭。

① 黑格尔：《哲学史讲演录》第四卷，贺麟、王太庆译，商务印书馆，1997年，第282页。

② 黑格尔：《哲学全书·第一部分·逻辑学》，梁志学译，人民出版社，2002年，第116页。

从黑格尔的哲学出发，我们几乎可以作这样的断言：反讽根植于人类精神和事物的本质。这样我们就很容易理解19世纪上半叶德国浪漫主义文学理论对反讽概念进行的改造。他们使反讽不再单单为修辞学服务，而把它发展成为一种艺术作品之创造的美学理论。当然那一时代的浪漫派文学理论家和黑格尔差不多是同时代的人，他们的生命区间都有交集，他们的思想之间也有着一种亲缘关系，比方说费希特和谢林的哲学不仅影响了黑格尔，也影响了德国浪漫派。德国的浪漫派认为，世界的本质是矛盾生成的，因此艺术作品无论是在形式上还是在内容上，都应当在自我创生和自我毁灭的永恒变换之飘忽中来把握。而反讽是魔术创造性的力量，因为反讽能够把客观事物转变为主观事物，从而使人能够正确地思考世界，也就是诗意地思考世界，从而释放囚禁在物质中的精神。[①]

德国作家托马斯·曼是反讽的高手，他创造性地把反讽和客观联系在了一起。托马斯·曼的反讽乍一看来和德国浪漫派所理解的“化客观为主观”的反讽有着巨大的区别，其实不然，因为他们都抛开了浅薄的反讽，而把反讽建立在了人类精神和事物的本质之中。托马斯·曼把反讽理解成一种“明亮的模棱两可(矛盾)”(heitere Ambiguität)，他在日记中曾经这样写道：明亮的模棱两可(矛盾)在根本上是我的元素(Heitere Ambiguität im Grunde mein Element)。[②] 对于托马斯·曼来说，通过反讽人们可以更好地走向客观，从而避免片面性。他说：“客观性就是反讽，而且叙事诗的艺术精神就是反讽的精神”[③]，“反讽总是指向事物正反两个方面的反讽”[④]。就像当代美国著名的文学批评家詹姆逊指出的那样，托马斯·曼的反讽在其本质上是审美的，也就是说他能以审美的眼光看待对

---

① 参见维塞尔：《马克思与浪漫派的反讽——论马克思神话诗学的本源》，陈开华译，华东师范大学出版社，2008年，第55页。

② 参见 http://de.wikipedia.org/wiki/Ironie。

③ 托马斯·曼：《论小说艺术》，伯杰译，见刘小枫选编：《德语诗学文选》，华东师范大学出版社，2006年，第190页。

④ Thomas Mann, *Betrachtungen eines Unpolitischen*, Berlin: S. Fischer, 1918, S. 592.

立的两种立场，能够从审美思考的角度出发同时“欣赏”两种立场。[①] 此外，对于反讽和矛盾的关系，我们还应当注意到巴赫金关于复调小说的观点。巴赫金在《陀思妥耶夫斯基的诗学问题》中说：“独立和不相融合的声音和意识的多元性，音值充足的声音的真正的复调，这些才是陀思妥耶夫斯基小说的特点。”[②]巴赫金的理论在细节之处当然不同于德国浪漫派的理论，但他们对世界的看法却不乏很多相似之处，因为他们都意识到世界是变化生成的、矛盾的。单一的、作者传声筒式的小说无法表达这个本质上充满反讽的世界。

从以上这些引述中我们可以清楚地看到，在这些伟大的文学家和文学理论家看来，反讽不但不会因为自己的矛盾性而解体，而正因为自己的矛盾性它才使自己根植于精神和事物的本质。在文学手法上，反讽不仅是一种更好地表达真理的方式，而且它使文学作品更加有“味”，诚如歌德所说：“它（反讽）是一颗小小的盐粒，通过它菜肴方成为美味的。”[③]

三　反讽的不可避免性

按照黑格尔的观点，精神和事物本质上是矛盾的，分开陈述矛盾的双方，在没有最后的抉择的情况下，这样的陈述依然是一种反讽，这样的反讽在托马斯·曼的文本里俯拾皆是。如果我们最后作了抉择，反讽才会真正消失，但问题是这个抉择我们并不总能够做出。如果说在黑格尔那里，正题和反题可以通过矛盾双方的辩证的运动达到合题，因此反讽可以

---

① 参见詹姆逊：《论现代主义文学》，苏仲乐等译，中国人民大学出版社，2010 年，第 131—132 页。

② 巴赫金：《陀思妥耶夫斯基的诗学问题》，见拉曼·塞尔登编：《文学批评理论——从柏拉图到现在》，刘象愚等译，北京大学出版社，2005 年，第 293 页。

③ 转引自托马斯·曼：《论小说艺术》，伯杰译，见刘小枫选编：《德语诗学文选》，华东师范大学出版社，2006 年，第 190 页。

最终得以消解的话，那么在托马斯·曼看来，反讽的消解无疑是“客观性”的一种丧失。前进中的辩证法始终都是反讽的，前进中的世界本质上也必然是反讽的。

另外，特别要提及的是，反讽之所以无法避免，还因为人类的理性运作在本质上具有反讽性，并且人的存在处境从根本上讲也带着反讽的意味。首先，我们可以借助康德的文本来扼要地考察一下人类理性的运作。康德是第一个全面考察过人类理性的人，他对理性的思考至今仍然属于最重要的思考。康德在《纯粹理性批判》的《第一版序》中这样写道：“人类理性在其知识的某个门类里有一种特殊的命运，就是：它为一些它无法摆脱的问题所困扰；因为这些问题是由理性自身的本性向自己提出来的，但它又不能回答它们；因为这些问题超越了人类理性的一切能力。”①很显然，在康德那里，人类理性的运作自身就是一种自我反讽。德国康德研究专家彼得·鲍曼斯(Peter Baumanns)对康德的理性有一个很恰当的评价，他说：“(理性)堕入思辨的迷狂，高估自己，转而走向非理性。……理性在康德那里完全是受限制的，或者说充满矛盾的，理性没有能力彻底地完成自我调和，达成统一。”②

人类的理性充满矛盾，它不断地走向自己的反面——非理性。非理性源于人类的理性，这真是一个很大的反讽。近代的法国哲学家及作家加缪在其著作《西绪弗的神话》中也清楚地表达了人类存在处境的反讽性。③《哲学地图册》(*dtv-Atlas Philosophie*)对加缪的哲学思想有一个很好的总结：人类对统一和清楚的追求，由于世界的拒绝合作，总是以失败而告终，而人类出于自身的原因却永远不能放弃这种追求……④无需作太多

① 康德：《纯粹理性批判》，邓晓芒译，杨祖陶校，人民出版社，2004 年，A VII。

② Peter Baumanns, *Kants Philosophie der Erkenntnis*, Würzburg: Königshausen & Neuman, 2000, S. 87.

③ 参见阿尔贝·加缪：《西绪弗的神话》，刘琼歌译，光明日报出版社，2009 年，第 113—117 页。

④ Peter Kunzmann, Franz-Peter Burkard, Franz Wiedmann, *dtv-Atlas Philosophie*, München: Deutscher Taschenbuchverlag, 2000, S. 205.

的解释，很显然，人类的存在处境因其荒谬性成就了一个悲苦的反讽。

语言和语境的可分离性也是反讽不可避免的重要原因。语言之所以为语言，它一定要具有一种普遍性，否则它根本无法执行人际交流的任务，但是语言的具体使用总是在一定的语境之中。就像哲学家维特根斯坦曾力图阐明的那样，不是语言中的每一个单词都有一个确定的意义（Bedeutung），而是语言中单词的意义在很大程度上取决于该单词的用法，使用语境的不同，含义也会跟着发生变化。① 正是这种语言和语境的可分离性，单独的话语和文本无法固定住自己的意义，即使它们的字面意义清楚明白、毫无歧义，它们的"实指意义"也会根据语境的不同而发生改变。由此可见，即使说话者和作者毫无反讽的意图，但由于话语和文本的被重述和被重新阅读，文本和话语也会带上反讽的色彩。因此，我们也可以说，反讽之为反讽不是说话者和作者自己决定的，就像巴尔特断定文本有其独立性一样，反讽也有其生成的独立性，也就是说，它在具体的语境中实现其自身。正是这样的一种状况，使得反讽尤其意味深长，如某一作者根本没有反讽的意图，而他的文本却在某一语境下具有了强烈的反讽的色彩，而这种反讽反过来又是对作者的反讽，因为作者本不想使用反讽手法的。我们可以姑且把这一种反讽称为无意识的"二阶反讽"，它是一种指向作者本身的反讽。这样的二阶反讽有很多，还比方说一个文本形式和内容的矛盾也可以构成反讽，如果说这种反讽不是作者故意所为，那么它就成了一个二阶反讽。再如一个作者想为一种意识形态服务，写下一部意识形态性很强的小说，而这部小说的某些故事显然和他所提倡的意识形态不合拍，这也会构成一种反讽，而这反讽当然又指向作者本人，从而构成二阶反讽。

对于文学，尤其是诗歌来说，除去语境的因素，反讽往往也是不可避免的，对此新批评派人物克林斯·布鲁克斯有一个极恰当的阐明。在克

① 参见 Ludwig Wittgenstein, *Philosophische Untersuchungen*, Oxford: Basil Blackwell, 1963, S. 1-21。

林斯·布鲁克斯看来诗人不可避免地要使用类比和隐喻,然而类比和隐喻并非总在同一个层面上,或恰到好处地相互并置。那些平面不断地倾斜,因此,必然有重叠、裂缝和矛盾。他说,甚至最朴素无华的诗人也不得不使用悖论。[①] 如果说在诗歌中矛盾和悖论无法避免,那么无论诗人喜不喜欢,愿不愿意,他的诗歌都会蒙上一层反讽的色彩。

虽然我们无意把反讽的领域无限扩大,但是既然反讽根植于人类精神(理性)和人类的存在处境,我们稍稍涉及一下反讽在其他领域的体现也许是不多余的,并且我想以此更加清楚地表明反讽的不可避免性。我们知道数学是一门严格的学科,可以说是最严格的学科。有些逻辑实证主义者们甚至想把整个数学都说成是一个庞大的重言式,因为在他们看来,在数学里是绝无矛盾可言的,因此在数学里不存在"反讽"。而在1931年,数学家和逻辑学家哥德尔(Kurt Gödel)却给出了一个出人意料的证明:任一足以包含自然数算术的形式系统,如果是相容的,则它一定有一个不可判定的命题,即存在某一命题A,A与A的否定在该系统中皆不可证。[②] 简单通俗地说,哥德尔证明了数学中有不可证明的命题。一向以证明为要务的数学,却被证明在其中存在不可证明的命题,这当然是一个意味深长的反讽。

四　结语

反讽古已存在,至今仍在文学和人类的言谈中起着不可替代的作用。反讽是不可避免的,因为它根植于精神的本质、理性的运作以及人类的生存处境。语言和语境的相辅相成的奇妙关系不仅使反讽不可避免,而且

---

① 参见克林斯·布鲁克斯:《精致的瓮:诗歌结构研究(1947)》,见拉曼·塞尔登编:《文学批评理论——从柏拉图到现在》,刘象愚等译,北京大学出版社,2005年,第298页。

② 定理的叙述摘自李文林:《数学史概论》,高等教育出版社,2002年,第340页。

开启了各种各样的可能性。指向自我的二阶反讽也越来越受到人们的重视,它在文学、电影和戏剧等艺术作品中越来越多地被有意识地运用。在艺术批评中,自我反讽甚至被看成了一个重要的判断艺术作品质量的标准,而自我反讽意识的缺失当然也成为一种艺术缺陷。

艺术定义新思维

——“何时为艺术”

安　静①

[摘要]　在“艺术定义”成为当代美学的热点话题时,美国美学家纳尔逊·古德曼认为,对艺术的定义问题要改变提问的角度,从“什么是艺术”转变为“何时为艺术”。“何时为艺术”的建立在古德曼构造的世界观与唯名论基础上,这是“何时为艺术”的理论基础。被构造的世界是多元的,它的构造手段是个体的符号,这是“何时为艺术”的理论内涵。当个体符号具备五个基本特征时,它就是艺术符号。“何时为艺术”提供了艺术定义的新思维,但也有其局限性,对此我们应该作出自己的反思。

[关键词] 纳尔逊·古德曼　艺术定义　“何时为艺术”

一　问题源起:从“什么是艺术”到“何时为艺术”?

“何时为艺术”是美国美学家纳尔逊·古德曼(Nelson Goodman)关于艺术定义的一个思考,之前的提问并不是这样。最初关于这个话题的提问是“什么是艺术”,它在美学史上经历了漫长的发展过程。艺术定义既是理论家们对艺术特性所进行的持续追问,也是人类对“艺术”认识的清晰化过程,同时更是将艺术与生活置于相离对立的过程。

① 安静,中央民族大学文学与新闻传播学院讲师。

古希腊人第一次提出“艺术”这个概念，它更多带有“技艺”的含义，造船、建屋、纺织等“技艺”与“雕像”归为一类。[①] “艺术”刚开始不过是人类生活的一部分，仅仅是相对于天然物品的人工技艺，还没有形成专门的分类；所以贡布里希说“现实中根本没有艺术这种东西”[②]，经过古希腊含混的区分、中世纪的“自由的艺术”等对艺术进行归纳分类的努力之后，随着社会的发展，笼统的艺术概念出现分化，“自 15 世纪以降，学术界存有一种鲜活的意识(lively sense)，那就是绘画、雕刻、建筑、音乐、戏剧和舞蹈，形成了一个与工艺和科学有别的独立之艺术集团”[③]。到了 1746 年，法国神父夏尔·巴图(Charles Batteux)的《归结为单一原理的美的艺术》(*Les beaux arts réduits àunmême principe*)“在人类历史上第一次将‘美的艺术’定义为一个特殊的范畴”[④]，这时，“艺术”才被划归为与“美”相关的独特领域，从而形成了现代艺术体系。实质上，“贡布里希认为不存在的，是以大写字母 A 开头的 Art……他的《艺术的故事》，讲的是小写字母 a 开头的‘艺术’的故事”[⑤]，art 包括各种各样的日常事物，因此，贡布里希提醒“我们要牢牢记住，用于不同时期、不同地方，艺术这个名称所指的事物大不相同”[⑥]。而大写字母 A 开头的 Art 属于西方语言的独特现象，通常带有某种神圣性；在历史发展过程中出现了单独把某些特定的事物划归为一类的现象，即由 art(技艺)变成 Art(艺术)之后，此时才出现了建立在人类理性反思基础上的专门的“艺术”。art 与 Art 的矛盾所形成的张力构成了艺术史写作的一个动力。“什么是艺术”，追问的内容其实是“什么是美

① 柏拉图：《理想国》，转引自门罗·C. 比厄斯利：《西方美学简史》，高建平译，北京大学出版社，2007 年，第 11 页。

② E. H. Gombrich, *The Story of Art*, Phaidon Press Limited, 2006, p. 15.

③ 瓦迪斯瓦夫·塔塔尔凯维奇：《西方六大美学观念史》，刘文潭译，上海译文出版社，2006 年，第 23 页。

④ 门罗·C. 比厄斯利：《西方美学简史》，高建平译，北京大学出版社，2007 年，第 136 页。

⑤ 高建平：《现代艺术对艺术概念的挑战》，《全球与地方——比较视野下的美学与艺术》，北京大学出版社，2009 年，第 169—186 页。

⑥ E. H. Gombrich, *The Story of Art*, p. 15.

的艺术”,就是对艺术定义进行理论的探索和概括。从艺术哲学史来说,分析美学的发展极大地推动了这种理论努力的进展;从艺术创作史来说,对“什么是艺术”这个问题冲击最大的莫过于先锋艺术。因此,本文所讨论的话题从分析美学对先锋艺术的回应作为起点。

从1917年杜尚的《泉》开始到1964年安迪·沃霍尔的《布里洛盒子》,先锋艺术家留给艺术哲学家一个独特的任务,那就是为什么寻常物在艺术家的签名或一些并不明显的人为加工之下堂而皇之地走进展览厅而成为“艺术品”。在这种情境之下,究竟是什么因素使看似普通的物品变容成为艺术品呢?原先在康德美学意义上与生活相分离的“艺术”定义受到了严重挑战。这样,给艺术定义以重新界说成为理论家们必须解决的问题。分析美学对艺术定义的态度大致包括两类:一种认为艺术不可定义,否定艺术具有恒定的本质,以莫里斯·韦兹(Morris Weitz)为代表;另一种则认为可以定义,尽管传统的艺术定义是无效的,但是艺术具有本质,他们也努力提出了自己的定义,这种观点以乔治·迪基(George Dickie)、杰拉德·莱文森(Jerrold Levinson)为代表。不同的是,纳尔逊·古德曼认为应该转变研究的思路,提问本身要从立法性的“什么是艺术”转换为阐释性的“何时为艺术”。这个提问把古德曼与上述两类分析美学家区别开来:他既不同意艺术不可定义,但又反对艺术具有一种恒定独特的本质。古德曼想要阐明的是,艺术应该以一种符号功能来确定其身份属性。

那么,符号在具备怎样的特征时才是艺术符号呢?对这个问题的回答会不会再次陷入美学史上的“循环论证”?为了避免逻辑的尴尬,古德曼并不是从艺术本质的角度回答这个问题,而是借鉴跨学科的理论资源来回答“何时为艺术”,从而避免了先有艺术品然后再来为艺术定义的循环困境。

纳尔逊·古德曼“被公认为二战以后最重要的分析哲学家之一”①,

---

① 门罗·C.比厄斯利:《西方美学简史》,高建平译,北京大学出版社,2007年,第384页。

在哲学、语言学、美学、分体论(mereology)、科技哲学等领域都颇有建树,他的《事实、虚构和预测》(*Fact, Fiction and Forecast*, 1954)被列为"过去50年最重要的西方哲学著作"之一[①],他的《艺术的语言》(*Language of Art: An Approach to a Theory of Symbols*,1968)与杜威《艺术即经验》成为20世纪英语世界中公认的最出色的两部美学著作,近些年来,"还没有一本美学著作产生过像纳尔逊·古德曼的《艺术的语言》那样大的影响"[②],原因是"他关于分析美学的有影响的著作和方法,对这一领域中出现的枯竭作出了补偿"[③]。更为难能可贵的是,他的著作揭示了上述领域的共有特征及相互联系,这也是古德曼美学研究的难点所在,涉及领域广泛,研究视角独特,得出的结论不同寻常。

我国熟悉古德曼更多是因为他提出了一个著名的问题,这就是现在引用频次颇高的"何时为艺术"这个问题。但研究者多把目光集中在古德曼对艺术定义的提问角度转换,而没有对其深层哲学原因作出解释,总在谈论古德曼对艺术定义的表层分析,单就艺术而谈艺术,难以进行深入扩展。"古德曼那些内容迥异的文章经常被局限于在它们各自分门别类的领域中进行讨论,例如认识论则与其他的认识论作对比,美学更多与传统美学进行比较,本体论与逻辑则与他的前辈或者当代意见相左的哲学家们进行对比。这样的研究方法对待古德曼是不够的。"[④]这样,从跨学科的角度解释古德曼"何时为艺术"成为我们必须解决的问题。

---

① 详见陈波:《过去50年最重要的西方哲学著作》,《哲学门》2003年第2期,湖北教育出版社,第197—207页。入选其中的哲学著作是当代西方享誉世界的十五位哲学家(苏珊·哈克、唐纳德·M.波切特、唐纳德·戴维森、米切尔·达米特、约尔根·哈贝马斯等)推荐投票而得出,古德曼的著作名列第五。

② 朱狄:《当代西方艺术哲学》,武汉大学出版社,2007年,第79页。

③ Richard Shusterman, *Analytic Aesthetics*, Basil Blackwell Ltd, 1989, p.5.

④ Dena Shottenkirk, *Nominalism and Its Aftermath: the Philosophy of Nelson Goodman*, Springer Netherlands, 2009, preface, xii.

二 “何时为艺术”的理论基础

（一）卡尔纳普:构造世界的思想来源

卡尔纳普的世界构造理论解决了“艺术世界为什么可以由逻辑来构造”,这一点成为古德曼“何时为艺术”的基本前提。①

卡尔纳普早年受到物理与数学专业的严格训练,在耶拿大学曾受业于弗雷格门下,尤其擅长现代数理逻辑。从哲学渊源上说,卡尔纳普受到新康德主义与马赫实证主义和经验论的影响。② 从弗雷格那里,卡尔纳普继承了缜密而清晰地分析概念和语言表达式;而且根据弗雷格关于逻辑与数学为一切知识领域提供逻辑形式至为重要的观点,卡尔纳普进而关注它们在非逻辑领域、特别是经验科学领域的应用。罗素在《我们关于外间世界的知识》中阐发的运用数理逻辑作为探讨和澄清问题的方法,受到卡尔纳普的深深赞同。于是,在1922年到1925年期间,卡尔纳普运用这些方法对周围事物以及普通语言进行了大量的分析论证,并运用符号逻辑重新建立概念之间的逻辑关系,这种努力的结果便是问世于1928年的《世界的逻辑构造》。

与往常哲学认识论系统研究概念的区别和联系不同,卡尔纳普在《世界的逻辑构造》中“是要把一切概念都从某些基本概念中逐步地引导出来,‘构造’出来,从而产生一个概念的谱系”。在卡尔纳普看来,

① 参见冯·赖特:《分析哲学:一个批判的历史概述》,陈波译,摘自陈波主编:《分析哲学——回顾与反省》,四川教育出版社,2001年,第13页。

② 如卡尔纳普1921年的著作《空间:论科学哲学》、1923年的《论物理学的任务和简化原则之应用》、1924年的《空间的三维性和因果性:关于两种虚构逻辑关系之研究》、1925年的《论空间属性对时间属性的依存》、1926年的《物理学概念的形成》、1927年的《本原的概念和非本源的概念》。见《世界的逻辑构造》中译本序,陈启伟译,上海译文出版社,2008年。

弗雷格和罗素虽然提出了贯彻数理逻辑的原则，但并没有将之坚持到底。罗素在《我们关于外间世界的知识》中谈到，一方面我们把物质、空间、时间等外间世界的概念分析为（也就是还原到）感觉材料；另一方面又从感觉材料把它们构造出来，一切外间世界的对象都是感觉材料的"逻辑构造"，罗素也称之为"逻辑虚构"。罗素说这种逻辑构造的方法是一把有力的"奥卡姆剃刀"，可以把一切不是由感觉材料构造出来而仅仅是被设定、被推论出来的东西统统剃掉。但是，在卡尔纳普看来，弗雷格和罗素的构造主义运用得并不充分，特别是心理对象和人文领域；他要做的是，毫无例外地把一切知识领域的对象或者概念都从某些基本元素中构造出来。这样的构造系统也就是卡尔纳普所说的"理性的重构"，即"全部命题都被安排在以公理为其基础的演绎系统中，并且这个理论的全部概念都被安排在以基本概念为其基础的构造系统中"①。既然整个概念和对象系统是在同一基础上构造出来的，这样也就统一了科学认识的领域，这也是维也纳学派大力加以阐发的"科学统一"的思想。当然，这不是要抹杀各门科学及其对象的种类差别，而是要按照不同层次或等级把它们安排在由同一基础上建立起来的统一的系统之中。

如果按照认识论的观点，我们的认识必然遵循"认识在先"的原则。也就是说，如果我们对一个对象的认识是以对另一个对象的认识为前提，后者则被称为认识在先。《世界的逻辑构造》"主要讨论认识论问题，亦即知识之相互还原的问题"②，必然要遵循这个原则。就世界的两大基础物理对象和心理对象而言，当然是心理对象在先，因为具有物理基础的系统形式不能满足这个认识次序。在卡尔纳普看来，因为弗雷格和罗素没有将数理逻辑的原则贯彻于心理领域，更谈不上构造世界中的"认识在

---

① 鲁道夫·卡尔纳普：《世界的逻辑构造》，陈启伟译，上海译文出版社，2008 年，第 5 页。

② 同上书，第 2 页。

先”原则了。为了弥补他们的缺失,卡尔纳普提出了构造中的心理系统这一领域,更准确地说是自我心理系统领域:即在自我心理基础或者自我心理经验基础上构造概念或对象系统,然后才是在物理领域的构造。这一点也被称为是“现象主义”的。

弗雷格和罗素解决了世界为什么可以被构造的逻辑论证,卡尔纳普进而以心理领域为基础,建构了三个逐渐递进的世界构造体系——低等级是自我心理对象,弥补弗雷格和罗素逻辑体系中的缺失,并且完全以自我心理领域为基础的研究,沟通了世界与心理经验,彻底将分析哲学对形而上学的拒斥进行到底;中间等级研究的是物理对象,解决空间—时间—世界的构造;最后在前两者的基础上,建立了对他人心理对象和精神对象的构造,包括经济、政治、法律、语言、艺术、科学、技术、宗教等的产物、性质、关系、过程和状况。这样,卡尔纳普解决了“艺术世界为什么可以由逻辑来构造”的问题。

纳尔逊·古德曼进而推进到“我们以什么来构造”这个问题。在卡尔纳普那里,构建世界的手段是逻辑,“在一般意义上,逻辑……只是符号学的别名,是符号的带有必然性的或形式的学说”[①]。因此,符号当然成为参与世界构造的必然手段。

我们通过符号来认识世界,所谓“意义”,也就是由符号代码规定的符号内容。[②] 一般情况下,“符号”与“指示物”的对应关系是固定的,指示物要符合意义的规定,如“boy”适用于“男孩”。如果把“boy”适用于“女孩”,即打破符号与指示物之间的惯常联系而建立新的联系时,我们一般都会对此进行订正,使之回到正常的对应状态。但是,如果一位诗人说“下雪了,我看见一只只飞舞的蝴蝶”,我们就不会进行订正。当我们对这句话表示理解时,已经进入到通过符号在脑海中建构一个艺术

① 查尔斯·皮尔斯:《皮尔斯文选》,涂纪亮、周兆平译,社会科学文献出版社,2006年,第276页。

② 池上嘉彦:《符号学入门》,张晓云译,国际文化出版公司,1985年,第42页。

世界的过程；这时，符号的意义和指示物的关系发生颠倒，变成符号根据意义订正指示物的过程。在这个过程里，符号通过意义创造“虚的指示物”，现实世界与艺术世界在符号创造的世界中保持着张力的共存。尽管是虚的指示物，但这并不影响艺术符号对真实性的把握，艺术与科学、艺术与哲学等多种认识世界的方式是同样有效的，因为它们都是对世界不同的构造方式。“艺术判断和科学判断之间的分界线，与主观和客观之间的分界线并不完全相同，在任何重要的事物中达到普遍一直的任何办法都是独特的。”①于是，在古德曼这里，艺术也是认识世界的有效方式，并不由于其虚构、夸张、变形而失去真值，艺术并不是复制一个外在的世界，而是“捕捉一种相似性”，“在照片中失去的相似性却可以在漫画中被捕捉到”②；甚至在根本上来看，艺术与科学具有“共同的认知功能”，美学与科学哲学一道，“应被视为形而上学与认识论的一个应有的组成部分”③，而审美价值自然而然地被纳入到人类的认知体系中。

那么，在古德曼这里，一个新的问题产生出来：为什么我们以个体经验符号建构的世界是真实的？依据在于构造世界的另一个基础：唯名论。

（二）唯名论：构造世界的哲学基础

现代唯名论成为古德曼单个符号世界构造理论的哲学依据。“只有那些满足顽固而又灰心丧气的唯名论的要求，才适合于建构哲学体系的目标。”④

① Nelson Goodman, *Ways of Worldmaking*, Indianapolis: Hackett Publishing Company, p. 140.

② Nelson Goodman, *Language of Art*, Hackett Publishing Company, INC, 1976, p. 14.

③ Nelson Goodman, *Ways of Worldmaking*, p. 102.

④ Ibid., p. 21.

唯名论①源于中世纪经院哲学个别与共相的关系之争而形成两个对立的派别，唯名论否认共相具有客观实在性，认为共相后于事物，只有个别的感性事物才是真实的存在。现代唯名论者如培根、司各特等学者反对共相具有客观实在性，否认共相为独立存在的精神实体，主张唯有个别事物才具有客观实在性，认为共相后于事物，共相只是个别事物的"名称"或人们语言中的声息。

古德曼的现代唯名论成为解读其艺术理论的切入点。早在20世纪50年代，古德曼、蒯因以及怀特共同发表了一系列论文，激进的观点威胁到了传统哲学的根基，其中一个突出的命题是对传统哲学中分析与综合区别的否认。戴维德·刘易斯认为他们的观点带有很大的创造性，但并不认同他们如此激进的立场；理查德·罗蒂依然无法脱离传统哲学二元对立所带来的框架，悲观地认为世界正在消失。古德曼不同意他们双方的立场，他并不认为世界正在消失，而是把它看成传统哲学松弛之后带来的哲学发展的契机：对传统哲学二元对立的拒斥需要现代哲学家对哲学的边界与意义进行重新认识，这一点成为古德曼构建现代唯名论的重要契机。

在《表象的结构》(The Structure of Appearance)中，古德曼建立了他的

① 唯名论(nominalism)，亦称"唯名主义"，西方哲学理论思潮，在古代、中世纪和近现代哲学中均有所表现。古代的唯名论思想来源于亚里士多德，由于亚里士多德认为"种"与"属"虽可作为无形的与普遍的东西来理解，但它们却潜存于可感知的事物之中，因而坚持事物的重要性，认为"共相"只是事物的形式。在中世纪的经院哲学中，唯名论思想首先由贝伦加里就圣餐中的面包与酒是否是基督的血与肉的问题表达出来。这种思想认为个别、殊相先于一般、共相，只有个别事物才是真实的存在，一般、共相仅仅是人们用来表达个别事物的名称、概念、符号。主要代表人物早期有洛色林、阿伯拉尔，晚期有R.培根、邓斯·司各特等。从态度来看，有极端唯名论和温和唯名论，极端唯名论把一般与个别完全割裂，认为一般只是纯粹的名称符号，甚至只是一种声音或空气的震动，完全否认一般的客观内容。温和唯名论在承认一般与个别间的某种联系，认为一般绝非空洞的意见，而是人们用来表示许多事物间的相似性或共同性的概念，所以又称概念论。康德的感性形式与知性范畴均来自于人的心灵，把它们加之于经验材料而形成知识，而自在之物是不可知的观点，也带有唯名论的特点。见冯契主编：《哲学大辞典》，上海辞书出版社，1992年，第1455页；冯契、徐孝通主编：《外国哲学大辞典》，上海辞书出版社，2000年，第766页。

现代唯名论。① 他以逻辑为工具，重新建立了哲学的规则系统与概念系统，解决并提出了大量的哲学问题。他认为，我们必须放弃现实是由客体与事件构成的观念，在此基础上，古德曼区分了整分论（mereology）和集合论（set theory）之间的差异②，转向了构造主义③。集合论认为，存在无限多的相互区别的集合，这些集合都是由相同的基本因素构成的，这个基本因素叫零级合，又称空集，即 null set。微积分的假设推论是当多个个体（individuals）如果是完全相同（identical）的话，那么只有他们的组成部分也是完全相同的。如果 a 与 b 由完全相同的部分构成，a 则与 b 完全相同；但问题是没有两个整体（wholes）完全由非常精确的、绝对相同的部分构成，因此承认整体的集合论在理论上首先无法自圆其说。整分论则认为完全相同的基本因素虽然属于部分，却是单个的实体。古德曼的唯名论建立在这样的基础上，拒绝承认实体由完全相同的基本要素组成，我们可以承认的只有多个个体（individuals），这样也就拒绝了基本要素的形而上学构成。也就是说，古德曼拒绝了构成世界基本要素的完全相同，同时他认为，究竟是赞同抽象或具体、物质还是非物质、心灵的还是身体的，都需要个体以外的东西来决定。由于唯名论强调个体的存在与特性先于共

① Barry Maine, Erich Auerbach's "Mimesis" and Nelson Goodman's "Ways of Worldmaking": A Nominal(ist) Revision, *Poetics Today*, Vol. 20, No. 1(Spring, 1999), pp. 41-52.

② 关于 mereology 的翻译比较困难，汉语很难找到一个完全对应的词汇。mereology 本身包含多种不同的意思，它来自希腊语 μέρος，词根是：μερε(σ)-，意为"一部分"，与后缀-logy"……的研究，讨论，科学"构成一个词，是原子主义一阶理论的集合，主要解决部分与各自整体之间的关系。In contrast to set theory, which takes the set-member relationship as fundamental, the core notion of mereology is meronomic, which means based on part-whole relationshi Mereology is both an application of predicate logic and a branch of formal ontology. Mereology 属于应用谓词逻辑和形式本体论的分支。相对于集合论（set theory）而言，mereology 把集合成员之间的关系作为基础元素，它的核心观念是 meronomic，意为建立在部分—整体之间的关系。Mereology 已经成为现代本体论哲学与形而上学核心关注点中的重要部分。它包含的一些基本原则如重视部分，而不单是重视整体，重视各部分之间的相互关系，而不是孤立的研究每一个部分，这些都与原来的集合论不同。见 http://en.wikipedia.org/wiki/Mereology，访问日期 2010 年 1 月 24 日。

③ Catherine Z. Elgin, Worldmaker: Nelson Goodman, 1906—1998, *Journal For General Philosophy of Science*, Vol. 31, No. 1(2000), pp. 1-18.

相，真实存在只建立在无限多的个体存在的前提下，再加上受到分析哲学的影响，所有科学与艺术中不同种类的划分都在话语构想的影响范围之内，而且都是由每个具体的指称框架生发开去。如果相互区别的多个事物是由相同的组成部分构成，它作为一个整体发挥功能，那么它就是一个整体；如果一个事物仅仅是在一个既定组成部分中，那么它发挥了一个个体的功能，它就是一个个体。这样，世界构建的方式成为一个关键性的因素。这种观点在古德曼后期的哲学著作中有越来越清晰的体现。

在1956年的《个体的世界》(*A World of Individuals*)和1960年的《世界的方式》(*The Way the World Is*)中，古德曼阐明了他后来一贯坚持的立场：根本没有任何所谓的可以离开描述的世界方式，换句话说，世界的构成方式主要依赖于人们的描述。因为我们所认识的世界是每一个个别的事物，对个别事物的描述成为我们认识世界的前提。不同的描述来源于描述者不同的习惯、文化、立场等各种复杂的因素，不可能有完全相同的描述，那么人们眼中的世界必然是丰富多彩、面貌迥异的。在古德曼眼中，"如果存在且只存在一个世界的话，那么，它就包含着对立面的多样性；如果存在着多个世界，所有这些世界的集合便是一"①。

古德曼的构造的世界，是一个真实的世界，而非认为制造的景观性的世界，"这里的问题不是关于我的许多同时代人，尤其是那些邻近迪斯尼乐园的人，正忙着构造和人为地制造可能世界的问题。我们所谈论的是存在着真实的世界"②。那么，为什么这个处在认识构造中的世界是多样的，而不是单一的呢？古德曼的推理过程是，两个相互冲突的命题同样可能是正确的，却又是相互冲突的，如何解释这个问题呢？当然在不同的参照系中冲突的命题可以各自保持其真值，但古德曼的特别之处在于，他并不认为这两个相互冲突的命题是"拥有自身真值的完整陈述"，也就是说，两个相互冲突的命题在自身参照系中保持真值，但并不是对世界的完整

① Nelson Goodman, *Ways of Worldmaking*, p. 2.

② Ibid.

描述,把他们分别视作放在不同参照系的结果意味着承认了多种描述方式的合理性,所以,对世界的描述必然是多样的。同时,作为认识主体的我们,“被拘囿于对所有描述对象进行描述的方式之中”,由此,“我们的宇宙与其说是由一个或多个世界构成的,倒不如说是由这些方式构成的”。①

卡尔纳普与古德曼解决的,都是在认识中对世界的再造,认识论,都成为两人理论的共同基础,也成为世界构造的共同基础。卡尔纳普建立了一个层级递进的世界,古德曼在这个三层渐进的世界中,把构造继续向前推进,告诉我们一个多样化且真实的世界。古德曼的符号理论与他的构造世界理论紧密联系在一起,建构的世界给符号奠定了用武之地。

三 “何时为艺术”的答案

从皮尔士(Charles Sanders Peirce)创立符号学开始,符号便与逻辑密不可分,“逻辑学在一般意义上只是符号学的别名,是符号的带有必然性的或形式的学说”②。由于逻辑学与符号学具有这种天然的同构性,因而符号参与世界的构造成为必然结果。继皮尔士之后,莫里斯(Charles William Morris)认为“符号学……是统一科学的一个步骤”,“当美学用符号学来解释并与整个科学放置在一起时,美学才能被更加清晰地研究”③,如果说莫里斯清晰地完成了美学与逻辑学、符号学的联姻,那么古德曼把符号学的研究方法运用到艺术世界的构建与阐释在理论上就变得水到渠成。

---

① Nelson Goodman, *Ways of Worldmaking*, p. 1.

② 查尔斯·桑德斯·皮尔士:《论文集》,第二卷,第二二七节,转引自特伦斯·霍克斯:《结构主义与符号学》,瞿铁鹏译,刘峰校,上海译文出版社,1987 年,第 127 页。

③ Charles W. Morris, “Esthetics and the Theory of Sign”, *Journal of Unified Science*, 8, (1939/1940), pp. 131-150.

古德曼注重研究获得知识的过程中理性重构的语言系统，即从符号入手解决认识论问题，因此，符号学成为古德曼"何时为艺术"的提出途径。"我的研究则完全是通过对符号和符号系统的种类和作用的分析研究而展开的。"[1]他的贡献与卡尔纳普在《世界的逻辑构造》中所作的尝试有些相似，与传统的哲学家那种构造形而上学的认识论体系不同，他不相信有独立存在的宇宙规律，"只有想为只是的理性重构寻找一个理想的语言系统，并认为这个系统必须具有简单性、精确性和整体性等优点"[2]。出于这样的目的，他的研究主要是一种解释性的工作。古德曼认为，无论什么样的认知活动，都是人运用符号对世界的"制造"；既然是一种制造，那么对世界进行有效阐释的依据便是构造中的符号系统，所以阐释不能脱离系统语境。同时，由于艺术世界的符号与现实世界中的不同元素具备多元复杂的指称关系，符号的意义自然也不是唯一的答案。通常所谓"意义"就是指由符号代码规定的内容。[3] 个体符号作为系统元素参与世界构造，与所在系统中的其他符号形成句法关系，与所指谓的对象客体形成语义关系，与阐释者形成语用关系。而且，艺术世界的符号可以同时指称多个不同的对象，即假设"a 指称 x"成立，"a 指称 y"成立，"a 指称 z"成立，那么 a 作为符号意义的外延就包括由单个"x"、"y"、"z"构成的多元"意义系统"，[4]因此对艺术世界的符号可以进行多元的阐释。意义是由符号在具体系统中应用所引发，同时系统也是由多个个体符号构成，所以系统符号与它们所在的系统同时处于主体间性的建构关系。[5] 因而，一方面符号的意义处在完整的有机系统之中，受到特定系统环境的制约；另一方面阐释者也不是完全被动，可以利用符号与系统之间形成的开放性关

---

① Nelson Goodman, *Ways of Worldmaking*, p. 5.

② 李小兵:《古德曼的现代唯名论》,《北京社会科学》1996 年第 4 期,第 35 页。

③ 池上嘉彦:《符号学入门》,国际文化出版公司,1985 年,第 42 页。

④ Nelson Goodman, *Problems and Project*, Indianapolis: The Bobbs-Merrill Company (1972), pp. 66-67.

⑤ Ibid.

系进行多样化的阐释。

古德曼说，当一种符号具备了五个“征候”（symptom）时它就是艺术符号。[①] 这五个征候一是句法的密集程度（syntactic density），即符号结构内诸元素之间的密切联系；这一点可以与中国画论中的“笔笔相生”作为参照性的理解。[②] 二是语义的密集程度（semantic density），这取决于参照种类的数目及其在一个给定符号系统下个体元素排列的性质；这里也可以与中国画论中的“物物相需”进行参照性的理解。[③] 三是相对充实（relative repleteness），即符号所蕴涵的意义是丰富的。比较而言，北斋的工笔山水画中，任何形状、线条、笔触等勾勒都具有意义，与之相对照的是证券交易所每日平均交易量图表上的线条，在那里，所有有意义的元素是基价之上线条。四是例证（exemplification），符号通过隐喻地拥有某种属性，如“红”这个字符，本身与颜色“红”形成指称关系，只有当这个字符也用红色的墨水写成，它才是“红”的例示。最后是多重的复杂指称（complex references），即艺术符号所具有的多元意义系统。这一点已经得到了解释。在古德曼看来，这五个特征是艺术符号区别于非艺术符号的根本特征。当符号具备五个征候时就可称其为审美符号，由审美符号所构成的世界当然是艺术世界。[④] 那么，剩下四个特征究竟是怎样得出来的呢？这就要从指称论和音乐记谱理论谈起。

（一）指称与例示

在《艺术的语言》中，古德曼从指称论出发，区别了艺术符号的不同指称方式，进而引出了艺术符号发挥的功能。[⑤] 因此，指称论成为古德曼美

---

① Nelson Goodman, *Language of Art* [M], Hackett Publishing Company, INC, 1976, p. 71. *Ways of Worldmaking* , p. 68.

② 沈宗骞：《芥舟学画编》，人民美术出版社，1959 年，第 94 页。

③ 同上。

④ Nelson Goodman, *Ways of Worldmaking*, p. 3.

⑤ Catherine Z. Elgin (ed.), *The Philosophy of Nelson Goodman, Nelson Goodman's Philosophy of Art*, Garland Publishing, Inc. New York and London (1997), p. xii.

学的核心基础。[1]

指称论(reference)研究的是词语与所指对象之间的关系,根据词语是否有所实指可以分为广义的指称关系与狭义的指称关系之分:前者不一定有实指,后者则强调词语与所指之间一定确立了实指,这就是"指谓"。"指谓"(denotation)的最早研究者是罗素。他的基本前提是,意义与指谓具有同一性,为了解决名词指称对象与实在之间的冲突——即迈农提出的"金山"、"独角兽"这类空名造成词语与客观对象无法对应的问题——罗素提出空名的解决办法是,用摹状词(description)代替空有的专名。[2] 与罗素的观点形成鲜明对立的首当弗雷格。[3] 弗雷格认为意义与语词所指对象之间没有关系,弗雷格关于"晨星"与"暮星"的例证有力地证明了指称与意义并不完全同一。"晨星"与"暮星"属于两个词,应该有两个指称对象,但实际上所谓的两个指称对象其实是一颗星。弗雷格区分了符号、符号的意义和符号的指称三者之间的关系,他说:"符号、符号的意义和符号的指称之间有规律的联系是这样的:相对于符号,有确定的意义;相对于这种意义,又有某一指称;而对于一个指称(一个对象),不仅有一个符号。相同的意义在不同的语言中,甚至在同一种语言中有不同的表达。"[4]晨星与暮星在符号与指称上同一,但在意义上并不同一。

在这个问题上,古德曼的战友蒯因赞同弗雷格而反对罗素。蒯因认为[5],人们通常的认识惯例是,当使用一个单独名词或名字时,就是假定或许诺了这个名字所指称的对象一定是存在的;这就造成了我们理解神话

---

① Dena Shottenkirk, *Nominalism and Its Aftermath: The philosophy of Nelson Goodman*, Springer Netherlands(2009), p. 113.

② Bertrand Russell, "On Denoting", in *Mind*, New Series, Vol. 14, No. 56(Oct, 1905), pp. 479-493.

③ Gottlob Frege, "Sense and Reference", in *the Philosophical Review*, Vol. 57, No. 3 (May, 1948), pp. 209-230.

④ Ibid.

⑤ Willard Van Orman Quine, "On What There Is", in *From A Logical Point of View*, Harvard University Press, Second Edition(1980), pp. 1-19. 中译文参考了《蒯因著作集》(第四卷),涂纪亮、陈波主编,中国人民大学出版社,2007 年,第 13—28 页。

或非实指语词的困难，如“飞马”(pegasus)。虽不指称任何实有的对象，但我们既然使用“飞马”这个名字，对“飞马”有所陈述，那就得承认飞马有某种存在，即便不是却有“实在存在”(existence)，也是“潜存”(subsistence)。否则，“如果飞马不存在的话，那么我们使用这个词时就并没有谈到任何东西，因此，即使说飞马不存在，那也是没有意义的”。蒯因指出，“以为一个含有单独名词的陈述之有意义预先假设了一个由这个名词来命名的对象”，是一个“谬见”，因此，“我们能够有意义地在语句中使用单独词语而无需预先假设存在这些词语所要命名的对象”。①

古德曼与蒯因站在相同的立场上，像“飞马”这一类词的语用问题得到了理论上的解决，所以古德曼在非常广泛的意义上使用“指称”这个词，而不把是否实有所指才可以被称为是“指称”。古德曼说，“我所使用‘指称’(reference)是一个非常普遍的和原生态的词项，涵盖所有种类的符号，包括所有象征的种类”②。从研究对象上来说，古德曼的指称论“关注的是包含在一个词、一个指号、一个符号与它所指称内容之间的各种关系，而不关心这些关系是如何建立的……我研究的主体是指称的本质和多样性，而不关心它们如何指称、何时指称、为何指称或者由谁指称等有关指称的一些惯常理论”③。这就是古德曼广义符号学的基本前提。

在绘画中，指称涉及最基本的两类问题：再现与表现。通常的理解是，图画用视觉符号要么再现了现实中的某一个客体，要么表现了艺术家的某种情绪或认识。古德曼说，一幅画再现或表现，绘画本身就必须是这个对象的一个符号，代表(stand for)它，指向它④；艺术符号的具体应用就是指它所处的指谓系统，符号与对象之间形成一种指称关系；这种指称关系成为图像与对象之间建立联系的桥梁与纽带；而指称建立的中介是“符

① Willard Van Orman Quine, “on What There Is”, p. 12.

② Nelson Goodman, *Of Mind and Other Matters*, Harvard University Press, Cambridge, Massachusetts, and London, England, 1984, p. 55.

③ Ibid., p. 2.

④ Nelson Goodman, *Language of Art*, p. 132.

号”(symbol)。从词源上来说,symbol从其希腊语来源上说含有帮助阐明指称、联系和交流关系的内涵,本义是把两个部分(counterparts)连接起来组成一个整体。只要建立了这种连接,在指称论的框架下就不再问这种连接究竟有没有现实性。因而,再现的前提是指称关系的建立,表现则是由于例示的存在。至于“飞马”究竟再现了什么,这个问题要从记谱理论得到支持。对于“何时为艺术”而言,例示是更为关键的。因此,何谓例示是下一个必须解决的问题。

古德曼认为一个非常重要但却经常被忽视的指称就是例示。① 例示是指通过样本来指称样本的特征。例示的独特之处在于,它的指称具有一定针对性,即当被例示对象由符号来指称并且符号本身也具有被例示对象的特点时,才构成例示,如前文所述关于“红”这个字符用红色墨水书写而成才成为“红”这种颜色的例示。所以古德曼说“例示是具有(possession)加上指称”。② 这时的“红”字符成为“红”颜色的一个样本(sample),这里的“红”字符便具有了符号表征的功能。

指称如同物理中的矢量,具有一定的方向性,例示与再现指称的方向正好相反:再现是从样本到样本的指称,例示却是从一个样本的应用回到样本本身,或者回到与样本相联系的特征。例示不仅仅是机械地占有这些特征,同时还要求指称到这些特征上,在这个意义上来说,例示是颠倒性指称的亚指涉。

所以,“表现”从符号学上来说,是一个指号隐喻性的而非文字性所指谓的特征。比如,一曲表现了悲伤情感的交响乐并不是在字符上表达了这样的情感,也不是演奏者或者指挥者所具有的情感,它是作品本身通过符号隐喻地传达着这样的意思,并且通过符号来指称这种情感;也就是说,当一个对象所例示的宾词是一个隐喻性的宾词时,这就形成了隐喻性的例示。指称方向发生了回转,这就是表现。

---

① Nelson Goodman, *Ways of Worldmaking*, p. 22.

② Nelson Goodman, *Language of Art*, p. 53.

例示解释了艺术符号为什么具有表现的性质，是因为其所包含的隐喻性（亚）指称。这样，五个审美征候其中复杂的指称关系与例示得到了阐释，剩下的三个要从记谱获得进一步支撑。

（二）从记谱到审美征候

从组成部分上来说，符号系统是由字符（characters）[①]构成的，因此，记谱系统的第一个句法要求针对字符的本质特征而言。不同记谱版本可以相互替换而不受影响，只有字符在句法上完全等同才能实现这个目标；否则记谱的可复制性就不能得到保证。由此记谱系统的第一个句法要求是字符拼写的完全相同。在实践中，我们不可能把每个字符都写得完全一样，但终归都指这个字符。因此，构成记谱系统字符的必要条件（necessary condition）是每个字符必须是中立的（character-indifference）[②]，即字符之间的不相交（disjoint）。对记谱字符在句法上的第二个要求是，字符必须是有穷区分（finitely differentiated）的，这样它才可以在记谱图谱中清晰地表达含义，字符间既相互区别也能形成有机联系的整体。[③]

字符的句法条件决定了什么是句法上的彻底密集：如果在两个字符之间因为其他字符的插入而不破坏密集性，那么这个图谱就没有空隙，因而可以称之为彻底密集的（dense throughout）。如果这个系统是彻底密集的，那么每两个相隔的符号之间尽管可能会有别的符号插入，但是所有插

---

① 在古德曼这里，"字符"的外延十分广泛，包括某些种类的陈述（utterances）、铭写（inscriptions）或标记（marks），不仅如此，古德曼的"铭写"还包括陈述，"标记"包括铭写，铭写是任何视觉的、听觉的字符记号。参见 Nelson Goodman, *Language of Art*, p. 131。

② Ibid. , p. 132.

③ Articulate 在这里很难在汉语中找到一个对应的词汇，这个词本身就有"相互独立"但也"联系在一起"的意思，参见 *The New Oxford Dictionary of English*（1998）articulate 条，p. 94。如同履带车的履带，其特点就是每个关节都各自独立，但是又联系在一起，用来指一个人的时候通常是说语言流畅、表达清晰。古德曼选择了一个非常形象、贴切的英文词汇来表达记谱系统中字符的特点，即相互间有穷区分，但也清楚地表达了自己的含义，联系在一起又是一个有机整体。汉语中却难以找到一个对应的词汇，只能以解释的方式给出它的含义。

入符号之间的区别、插入符号与这两个符号之间的区别肯定不会像这两个符号本身之间的区别那么明显[①],它们之间的区别肯定不可能具备相同的可操作性。

记谱系统的语义要求是语义的有穷区分(semantic finite differentiation)和密集(semantic density)。首先需要明白什么是"遵从"。所谓遵从其实就是符号的实践过程,例如演奏就是乐谱的遵从。遵从(complies with)就是"被指谓"(is denoted by),一个字符或者一个符号的多种遵从形成一个类,就是遵从—类(compliance-class),类似于一个字符在运用方面的外延。因为"遵从不要求特别的一致性,无论什么被一个符号指谓,它都遵从这个符号"。[②] 对每两个字符 K 和 K'来说,它们的遵从—类并非同一,而且每个对象 h 都不遵从它们二者,要决定要么 h 不遵从 K 要么 h 不遵从 K',这在理论上一定是可能的。[③] 如果完全满足这个要求,那么这个系统在语义上一定是彻底密集的。也就是说,在这个系统中,每一个遵从—类都安排得非常规整,没有任何其他的遵从—类在正常的位置插入破坏其密集性。

综上,如果一个系统在句法上和语义上都具备了彻底密集性的特点,系统之外的符号不能随意进入这个系统,即便进入其中也不会具有系统中其他符号已经形成的既定的有机意义。系统中的字符彼此中立可以相互区分,我们可以完整识别,进而保证遵从—类自始至终达到完全相同,这就是记谱系统在句法和语义上保持彻底密集的意义所在。

如果说"表现"因例示理论得以阐释的话,那么,记谱理论则成为古德曼从全新的角度解释"再现"的有力手段。在古德曼看来,没有任何东西在本质上就是再现[④];再现身份的确立与符号系统是相关联的。一个指谓符号是否成为再现性符号,取决于它自身与一个特定系统中其他符号之

---

① Nelson Goodman, *Language of Art*, p. 136.

② Ibid., p. 144.

③ Ibid., p. 150.

④ Ibid., p. 226.

间的关系，这就需要在符号系统中分析其句法关系。只要一个系统在句法上是密集的，那么这个系统就是再现性的；只要一个符号属于一个彻底密集的系统或者属于一个部分密集系统的密集部分，那么这个符号就是一种再现。即使这种符号根本不指谓任何东西，它也可以是一种再现。

这就回答了“飞马图”为什么也可以称作是“再现”图画。而即使存在所指对象，它们也无须虚构一个密集的指称领域。与句法条件不要求一套密集的字符集合一样，对一个再现系统的语义条件也不要求一套实际上密集的遵从类集合，而只是再一次要求一种密集安排的规定。尽管再现因此依赖于符号间的某些句法与语义联系，而不是依赖于符号和所指对象之间的一种联系（诸如相似性），但是再现却依赖它们作为指谓符号的身份。只有表面上被提供了所指对象，一套密集的要素集合才是再现性的。因此，就再现性符号而言，指称的领域可以是空的。

四 “何时为艺术”的意义与反思

首先，“何时为艺术”带来了美学研究的新方向，为艺术定义问题提供了新的解决思维。

诞生于康德体系中的“美学”担纲了为艺术立法的神圣使命，艺术从此获得了从本质上区别于日常生活物品的崇高地位，艺术品从此获得了象牙塔中的诗意栖居。然而，这个宏大的体系从印象派开始发生局部的动摇，接着又从1917年杜尚的《泉》开始到1964年安迪·沃霍尔的《布里洛盒子》发生基础性的震撼，原先在康德美学意义上与生活相分离的“艺术”概念受到了严重的挑战。美学家们把提问的角度变成了“艺术是什么”，也即从艺术品本身的内部定义走向艺术品外部的定义，从艺术品诞生及后续生产的社会机制与内在结构来探讨艺术品的独特性。此前法国神父夏尔·巴图从物品本身出发，用“模仿”作为单一原理为“美的艺术”

进行定义,但现在这个定义显然已经失效了。[1] 换句话说,原来这个东西是不是艺术品,这个物品本身就可以构成确定的答案,可以从这个物品本身出发进行判断;在遭遇到先锋艺术之后,这个物品是不是艺术品已经不能根据它本身所具备的特点进行评判,而是需要从它所处的环境来衡量,需要引入外部的评价机制进行确定,其代表思想分别是哈贝马斯的“公共领域”和丹托的“艺术界”,以及后来与丹托论争的乔治·迪基所提出的“艺术体制”。哈贝马斯的“公共领域”将艺术品放置到社会的各种制度性因素,如出版社、杂志、剧院、博物馆等,而丹托的“艺术界”、迪基的“艺术体制”则指艺术界的内部组织,诸如艺术家协会、专业艺术团体、学派或运动。这两者都是从艺术品本身之外来寻找艺术定义的可能,还是努力试图将艺术品和生活物品辨认出来。

古德曼的“何时为艺术”对艺术定义的探讨把艺术品内外机制有机结合了起来。构造世界的思想、深厚的唯名论基础以及彻底的相对主义立场恰恰使古德曼不同于上述任何艺术定义的角度,因为无论从艺术品的社会机制还是从内在结构的角度都强调一种决定的因素,虽然这种决定因素在“什么是艺术”和“艺术是什么”之间存在质的区别:“什么是艺术”追问艺术品与生活物品相异的恒久属性,“艺术是什么”探讨艺术与形成艺术的体制之间的关系,这种体制必然与之前的艺术相联系,一定会形成艺术品与生活物品之间持续性的差异。这对于持相对主义和唯名论立场的古德曼来说是不能接受的。古德曼认为,艺术的定位主要依赖于不同环境中符号与客体形成的多样性指称关系,而这种多样的关系建立的依据并不是一种决定性的因素,而是相互构造的,所以不存在艺术品是否被某个因素相联系而成为艺术品,而是与多种因素(艺术作为符号的象征功能、指称关系、这种指称关系的当下环境)相互构造的结果。现代唯名论认为理论上的事物只存在于语言的声息之中,所以,这种对“时”的强调更

① 周宪:《审美现代性批判》,商务印书馆,2005年,第88页。

使得古德曼把艺术放置于“当下”进行考虑,艺术品是瞬间的,只是在一刹那间发挥了五个审美特征的功能。所谓“时”蕴涵了对当下性的强调,这种当下性的获得,必然是艺术的社会机制与内部结构因素共同发挥了各自的作用;在这个意义上说,古德曼的“何时为艺术”成为继“艺术是什么”之后的对艺术定义探讨的再一次深化,并将艺术与生活的二元对立进行了重新弥合。

其次,“何时为艺术”带来了美学研究中古老概念的新阐释。古德曼用分析哲学中的指称指谓理论诠释了“再现”、“表现”的全新含义,对古德曼而言,艺术客体再现了什么和表现了什么与一个被再现的事物和被表现的事物根本是两回事;换句话说,古德曼致力于打破一种定势的观念——那就是再现与表现之间的区别建立在具体与抽象相区别的基础上。他想要建立的是一个符号系统中不同的指称方向来得出结论,他说:“一幅画,一幅照片,再现了一个客体,只能说这幅画或照片是这个客体的符号,代表了它,指称了它。”[①]用古德曼的助手及资深研究专家艾尔金的话来说,古德曼的“指称理论主要任务就是把语言(更广泛地说还包括符号系统)及其对象之间的关系特征梳理出来”[②],在古德曼眼中,艺术的定位主要依赖于不同环境中符号与指称之间形成的多样性关系,他更多把美学功能化而不是理论化,美学的任务不是被动地对“崇高”、“美”这些抽象的概念冥思苦想,而是要积极主动地参与到艺术符号的认识活动中,是否为艺术不是取决于艺术真的与其他日常物品有什么可以永久分离出来的本质区别,也不认为美学应该与日常生活能够彻底隔离,艺术品的成立与否依赖于怎么样(how)、在哪些环境(where)和什么时候(when)。鉴于此,古德曼认定,无论是在美学思辨中还是在艺术实践中,我们的提问方式都不应该是“什么是艺术”,而应该问“何时为艺术”。

---

① Nelson Goodman, *Language of Art*, p.5.

② Catherine Z. Elgin, *With Reference to Reference*, Indianapolis, Ind. Hackett Pub. Co., 1983, p.5.

第三,“何时为艺术”让美学与艺术和科学研究一道成为人类认知构造世界的方式,从根本上解决了“为诗辩护”的问题。古德曼并不是想把艺术品与普通物品彻底分割开来,而是回答了普通物品在变容之后变成艺术品之后所具备的理论内涵,特别是在先锋艺术之后,经典的艺术模仿说受到巨大挑战之后。由于例示的指称关系存在,符号的意义和指示物的指称关系发生颠倒,变成符号根据意义订正指示物的过程。因为一个符号牵涉到非常多的隐喻性指称。这样就可以解释艺术符号的多元指称特点,即可以解释艺术作品为什么可以有很多的解释,在这个过程里,符号通过意义创造“虚的指示物”,现实世界与艺术世界在符号的建构过程中保持张力共存。于是,“无数的世界版本借助于符号的使用从虚无中被构造出来”①,“古德曼坚持认为,所有的符号都为制造诸世界(worlds)和理解诸世界(worlds)发挥着自己的作用”②。这样,艺术符号也可以与科学符号一样参与世界的构造,如同科学研究与新闻报道一样,都属于在限定的语义学与句法学符号系统中的构成要素,因此古德曼“反对科学主义和人文主义将科学与艺术置于对立的境地,它们都是世界的构成方式”③。艺术与科学之间的差别并不在于它们的展示物差别,而在于它们是由不同符号所建构的不同系统之间的差别。

第四,与上述理论立场相联系,这种构造的艺术哲学观必然涉及跨越不同学科的研究;从研究的外部环境来看,20 世纪的美学不仅是一个时间概念,而且获得了广泛的地域属性,同时打破了学科限制,从而获得了跨学科的特点。这种跨学科特性使其理论在当代学术背景中有深入研究的价值,这种价值首先体现在美学的内部研究,古德曼的艺术哲学树立了跨学科研究的典范。古德曼对艺术的哲学思考建立在他对哲学、逻辑学的研究基础之上;更为重要的是,他的研究揭示了哲学、科技哲学、美学、

① Nelson Goodman, *Ways of Worldmaking*, p. 3.

② Catherine Z. Elgin, *The Philosophy of Nelson Goodman*, Garland Publishing, Inc. New York and London (1997), p. ix.

③ Nelson Goodman, *Of Mind and Other Matters*, preface.

符号学、逻辑学等领域的共同特征，这在整个西方艺术哲学研究中都十分难能可贵。今天的美学研究由于面临复杂的社会背景与学术背景，使得在单一学科内的美学研究越来越呈现出跨学科的趋势，有关美学的讨论不仅涉及美学中的主要问题，而且与众多哲学议题相关联，包括形而上学、认识论、心灵哲学、语言哲学、伦理学以及大量其他核心的哲学领域。其次，从美学研究的外部来看，这种跨学科的研究对当代其他研究领域也会带来深入的思考。最早在18世纪的法国出现著名的“古今之争”，一种现代的意识即应运而生。启蒙运动所带来的关于现代性观念的更新，使得“现代”在思想领域得以形成，对古人的批判性否定使现代指向了未来；而奠定现代性问题的基础，则是从美学批评开始的。[①] 无论现代性的研究如何深入，且不说是否转向了后现代，也不说后现代是否是“一个未完成的计划”，现代—后现代所贯穿的美学精神始终没有消散，跨学科视角的内在要求使现代性的美学精神必然也扩展到社会学、政治学、经济和文化等各个层面。古德曼的艺术哲学其生命贯穿整个20世纪，如今我们以美学作为继续研究的出发点，重新审视现代性的构造性与多元性，这一点也符合现代性本身的话语逻辑。

古德曼“何时为艺术”带给我们的意义远不止这些，仅择其要而述之。从根源上来说，从古德曼的导师实用主义美学创始人之一威廉·詹姆斯时代即处在对黑格尔主义“理念”一元论的拒斥，从詹姆斯开始就强调不同的观看或表现世界方式的合法性，把世界看作或者表现为我们应对它的不同情境和目的的效用。承认多元的认识方式归根结蒂与约翰·杜威的一元论也是相通的。杜威提出艺术定义的“绕道而行”，根本目的是要还原自康德以来把艺术与生活割裂的隔绝状态，他的“活的生物”就是要把艺术还原为生物活动基础上的完整经验。所以，“经验”成为杜威一元

① Jürgen Habermas, *The Philosophical Discourse of Modernity*, Cambridge: Polity, 1987, p. 8.

论的核心。[①] 古德曼反对的是黑格尔体系中的一元理念，进而打破艺术与科学之间的隔离，把科学与艺术都放在认知的大旗下，试图找到科学与艺术的共通点。只是在不同的语境当中，也就是不同的符号系统中，同样一个物品或成为艺术品，或是一个普通物品。这就是“何时为艺术”这个命题想要回答的问题。在古德曼看来，由于我们对世界不同认知方式而造成了认知结果的不同，承认一个多元世界的版本，实质也就是承认多元世界的认知版本，这样，古德曼的“多元”又可以归结到“认知”这个“一元”上来。而且，古德曼的认知与实践建立起一种有机的联系，认知与实践不可分割的基础是个体经验的完整过程。因为我们不可能完全认识世界的全部，我们所认识的世界就是我们在实践范围内建构的认知世界，在这个意义上说，实践是认知中的实践，认知也是实践的实现过程。所以，“何时为艺术”是古德曼理论体系中的一个组成部分，而不单单是在艺术哲学领域内对艺术品进行的哲学思考。

尽管古德曼“何时为艺术”为我们带来了很多的启示，但也有其局限性，也应该引起我们的重视。

首先，古德曼相对主义的学术立场所带来的理论困境应该引起我们足够的警惕。古德曼本人非凡的才华为他的艺术哲学研究带来了宏大的视野，他可以如此自由地穿梭在各个学科之间，世界在其思想之中的确可以进行“构造”；尽管这种构造并不是随心所欲，但也造成了他绝对的相对主义立场。相对主义立场可以赋予他的艺术哲学以强大的解说力量，如博物馆的石头与路边的石头的区别等这类理论难题在古德曼这里可以得到有效的解说，但同时在一定程度上也让理论带有虚无的意味。也就是说，如果我们把任何东西都看成是“艺术”的时候，那么实际上“艺术”也就泯然于众物了。就像古德曼自己在《构造世界的多种方式》中提出的那样，真理一定具有相对性，所以对古德曼艺术哲学这种强大解说力不应该

① John Dewey, *Art as Experience*, New York: Capricorn Books, 1959. 中译文参考了杜威:《艺术即经验》,高建平译,商务印书馆,2005 年。

滥用而将之泛化,还是应该有限度地使用这种理论资源。在避免"美的滥用"的同时,也应该避免"何时为艺术"的滥用。

其次,尽管"何时为艺术"将艺术置于一种时间性因素上进行考量,但是以记谱系统为工具解读的部分艺术(如绘画)由于无法满足记谱系统的语义、句法要求而被视为不能复制的、绝对的亲笔艺术,这虽然成功地解决了哪些艺术门类可以进行复制的问题,但这样的解决方法也使我们对艺术的解读完全脱离了历史性的因素,而这一点也是造成古德曼艺术哲学传播受到限制的一个重要原因。①

五 结语

尽管20世纪的艺术遭遇到了激烈的批判,但20世纪的艺术也使原来康德意义上的美学走下了圣坛,在日常生活审美化的大潮中接受着生活的洗礼,艺术也越来越包容性地融入了人们的生活。不一定所有的人都要用五个审美征候来分析每一个物品,而且即便进入艺术体制的作品也都不一定同时具备这样的"征候",所以古德曼的艺术哲学带给今天的我们更多的是一种思维方式的启发,特别是古德曼将艺术与科学放置在同等的天平上进行考量的价值取向,他为艺术带来社会使命的理论家的责任感,以及他的理论在展开过程中的严密论证,这些都是理论研究者所应坚持的态度。要知道,放任艺术泛滥会导致情感的无序宣泄,放任科学的无限扩张也会带来唯科学马首是瞻的自大狂妄。艺术同样肩负着丰富认知、反馈社会的崇高使命,科学理论的构造过程中也渗透着艺术的主观精神。科学与艺术的联姻不是简单的加法,而是需要一个严密的逻辑体系进行深层次说明。如果说18世纪的启蒙运动带来了认知的觉醒与分

① W. J. T. Mitchell, "How Good Is Nelson Goodman", *Poetics Today*, Vol. 7, No. 1 (1986), pp. 111-115.

化，那么当代社会则更需要一种融会贯通、使各种资源能够相得益彰的理论阐释。我们不应该要求一个人的理论能够解决所有的问题，尽管古德曼的“何时为艺术”依然存在这样那样的问题，但这不正是他构造多元世界的最终指向吗？世界是唯一的，对世界的认知版本却是多样的，正是这种多样性的存在，才激励着一代又一代的人去开创和构造。

“作为意义生成器的艺术文本”

——论尤里·洛特曼的文本观[①]

周启超[②]

[**摘要**] 从作为结构的文本这一基点出发,洛特曼执著地考察艺术文本的信息涵纳机制、文本结构的语义化、**文本结构**与**文本外结构**的互动共生,探索艺术作品的建构机制:艺术文本的内部规则同该文本所属的“文化代码”相互依存。具有“自律性”的文本结构与具有“他律性”的文本外结构,在互动共生中建构艺术作品。洛特曼这一“内外互动”的文本理论,在结构主义时代超越结构主义,在继承雅各布森诗学理论的过程中来发展雅氏诗学,与同时代人德里达的文本思想也不无契合,堪称“后索绪尔时代”别具一格的文本观。

[**关键词**] 艺术文本 文本结构 文本外结构

将艺术文本视为一种结构,这是尤里·洛特曼(Юрий Лотман,1922—1993)始终不渝的一个理念。从作为结构的文本这一基点出发,洛特曼执著地考察**文本结构**与**文本外结构**的互动共生,探索艺术作品的建构过程:艺术文本的内部规则同该文本所属的“文化代码”相互依存。具有“自律性”的文本结构与具有“他律性”的文本外结构,在互动共生中建构艺术作品。强调文本结构与文本外结构之关联与互动这一艺术

① 2013年是尤里·洛特曼逝世20周年。笔者1989年曾在塔尔图大学受业于这位著名学者,谨以此文表达我们对这位饮誉世界的苏联文论家的纪念。

② 周启超,中国社会科学院外国文学研究所研究员,中国社会科学院文学理论研究中心主任。

作品的建构机制，可谓洛特曼符号学文论的一大创新。洛特曼这一“内外互动”的文本理论，在结构主义时代超越结构主义，在继承雅各布森诗学理论的过程中发展雅氏诗学，与同时代人德里达的文本思想也不无契合，堪称“后索绪尔时代”别具一格的文本观。

一　艺术文本的信息涵纳机制

艺术作品与文本究竟是什么样的关系？如果不再认为作品等于文本，我们自然会追问：作品大于文本？作品小于文本？

我们比较熟悉德国学者沃尔夫冈·伊瑟尔的文本观与作品观，也比较熟悉法国学者罗兰·巴尔特的文本理论与作品理论；我们也要看到，巴尔特与伊瑟尔的同时代人——苏联学者尤里·洛特曼，在艺术文本/作品理论上也是颇有开拓和卓有建树的。

还在上世纪60年代，以研究“艺术文本的结构”而饮誉世界的苏联符号学家尤里·洛特就明确提出：

> 首先必须反对将“文本”与艺术作品整体性的观念加以等同。将作为某种现实的文本同观念、思想和各种各样的领会——在它们中间可以发现某种太不可靠的和过于主观的东西——加以对立这种做法已经相当普及，尽管这一对立具有种种外表上的简朴，还是很难让人信服。

> 艺术作品乃是特定的世界模型，乃是用艺术语言来传达的某种讯息，在这一语言之外，一如在所有其他的社会交往语言之外，它简直不可能存在。对于那些致力于借助随意的、主观选择的代码对艺术作品进行解码的读者来说，意义会被严重曲解，但对于那些一心只想与文本——从种种文本外关联的集合中脱离出来的文本——打交道的人来说，作品压根儿就不可能成为任何意义的载体。历史地形

成的艺术代码的全部集成,使得文本具有意义的艺术代码的全部集成,属于文本外关联的领域。但这完全是现实的关联。①

应当断然拒绝这样的观念,即认为文本和艺术作品是同一个东西。文本乃是艺术作品的元素之一,诚然,这是极其重要的元素,没有它,艺术作品的存在乃是不可能的。但是,艺术效果在整体上乃是在文本同复杂的一套生活观念和思想美学观念的对比中产生的。②

不难看出,洛特曼主张作品大于文本。文本是作品的基石。

那么,在洛特曼看来,文本又是什么呢?从《结构诗学讲义》经《艺术文本的结构》与《文化类型学研究》、《诗歌文本分析》与《电影符号与电影美学问题》,直至《思维的宇宙内部:人·文本·符号圈·历史》与《文化与爆裂》,文本问题一直是洛特曼理论探索中的一个核心问题。

诚然,洛特曼的文本观也经历了不断的演变。

如果说,洛特曼早期的文本观侧重于意义的生成机制,艺术文本,被视为"以特别方式而被构造的机制,这种机制具有涵纳绝对高度浓缩的信息的能力"③,据此,洛特曼强调文本完整的符号性,或强调文本在某种文化语境中其功能的整体性;那么,洛特曼后期的文本观则侧重于这种机制的多语言多层面多向度的文化功能,"文本不再被理解为有着稳定特征的某种静止的客体,而是作为一种功能"④。

然而,文本是一个结构的概念还是洛特曼始终不渝地恪守的一个理念。

文本指的是**"获得语言表达的结构关系的总和"**⑤,它具有三个基本

---

① Ю. М. 洛特曼:《艺术文本的结构》,莫斯科,1970 年,第 65 页;彭甄博士已根据俄文原著将该书译成中文,中译本已列入《尤里·洛特曼文集》,待出。这里的引文参考了彭甄博士提供的译文,特此致谢。作者对译文中的个别词语有所改动,特此说明。

② Ю. М. 洛特曼:《诗歌文本分析》,列宁格勒,1972 年,第 24—25 页。

③ Ю. М. 洛特曼:《艺术文本的结构》,莫斯科,1970 年,第 360 页。

④ Ю. М. 洛特曼:《文化与爆裂》,《符号圈》,圣彼得堡,艺术出版社,2000 年,第 102 页。

⑤ Ю. М. 洛特曼:《诗歌文本分析》,列宁格勒,1972 年,第 43 页。

特征：一是表达性，即文本表现出来的现实方面：文本是由一定的符号铭录刻写下来的，而与非文本结构相对立；二是界限性，意味着文本的相对完整性：文本具有区别于外文本即非文本的特征；三是结构性，意味着文本各要素的相关性，文本是处于不同层次的符号子系统组合而成的结构整体。[①] 正是从作为结构的文本这一基点出发，洛特曼再来考察文本内结构与文本外结构，分析艺术文本内各层级结构的意义生成机制，阐释艺术文本外各序列结构的意义建构功能。

上世纪80年代末，中国学者已经开始关注洛特曼的艺术文本理论。较早开始介绍苏联塔尔图符号学文论的施用勤指出，洛特曼强调：一方面，艺术作品是不能用文本来穷尽的，它是文本系统与非文本系统之间的关系，不考虑这种关系，就无法确定什么在文本中是积极的结构成分，什么不是。另一方面，艺术作为现实的模式（宜为模型——笔者按），永远是翻译成艺术语言的现实的类似物，因此，艺术是假定性的，同时又是直觉地被理解为是某种客体的类似物。它介于“似”与“不似”之间。如果仅仅强调其中的某一方面，就会破坏艺术的模式功能（宜为模拟功能——笔者按）。[②]

那么，作为艺术作品的一个极其重要的元素的**艺术文本**有什么特征？艺术作品以其立身的**艺术语言**的运作机制又是什么呢？

要思考这两个问题，必须从身为符号学家的洛特曼的文本观、艺术文本观、语言观、艺术语言观逐一谈起。

近年来对洛特曼文论有专攻的康澄博士，对洛特曼的“文本观”作过比较系统的梳理：

> 洛特曼将文本定义为：“文本是完整意义和完整功能的携带者（假如区分出文化研究者和文化携带者，那么，从前者看文本是完整功能的携带者，而从后者的立场看，则是完整意义的携带者）。从这

① Ю. М. 洛特曼：《艺术文本的结构》，莫斯科，1970年，第67—69页。
② 施用勤：《文艺结构符号的探索者》，《外国文学报道》1988年第1期。

个意义上将，文本可以看作是文化的第一要素（或曰基础单位）。”①

洛特曼完全是从符号学意义上来定义文本的，他的这一定义有着深刻的内涵。

首先，从文本与自然语言的关系看：1）文本可以是用自然语言写成的。比如，普希金的诗歌文本是用俄语写就的；2）并非任何用自然语言写成的传达（讯息）都是文本，只有那些拥有某种完整意义且能够完成某种完整功能的自然语言作品才能称之为“文本”。比如，祈祷文、法律或是小说；3）文本不仅仅是指自然语言作品写成的文字作品，任何一个被赋予完整意义的客体都是文本。比如，绘画作品、音乐剧、一个仪式、一个手势乃至无法留存的口头传达都可以是文本；“文本也是符号。可简可繁。文本可以是一个音，可以是一句话，可以是四卷本的《战争与和平》。问题在于我们取什么为起点，如19世纪俄国文学，如世界文学，后现代文学，总之，看把什么当作一个完整的符号体系”②。4）同一个文本可以用不同的自然语言或是以该自然语言的不同方式来书写。比如，祈祷文可用拉丁语创作，又可用斯拉夫语写成；一种文化既可体现于成人文学中，又可体现于儿童文学中。总之，依照洛特曼的观点，不存在任何先验的和客观的能使某物变成文本的东西。

其次，所谓“完整意义”及“完整功能”是以特定的文化语境为背景的。同一个讯息可以是一个文本，也可以作为某文本的一部分。实际上这也就是局部文化与整体文化间的关系。比如，既可将普希金的《别尔金小说集》看作完整的文本，也可以看作“19世纪30年代俄罗斯的中篇小说”这一完整文本的一部分。此外，在某种文化语境下的文本迁移到另一种语境下就不一定是文本了。

---

① 尤里·洛特曼、维亚切·伊万诺夫等：《文化的符号学研究提纲》，《符号圈》，圣彼得堡，艺术出版社，2001年，第57页。

② 米哈伊尔·洛特曼：《塔尔图学派的形成与特点》，王立业主编：《洛特曼学术思想研究》，黑龙江人民出版社，2006年，第11页。

洛特曼将文本划分为两类:“连续性文本”和“离散性文本”[1]。“连续性文本”指的是由连续性符号构成的文本。这样的文本本身就是一个完整的符号。整个文本是讯息的携带者。“连续性文本”意味着不能将该文本分成单独的符号,且这种文本与自然语言的特性没有直接的关系。比如,绘画、雕塑、舞蹈、电影、电视及因特网等艺术形式中都有这样的文本。“离散性文本”由词语——离散性符号构成,它们是由单独的、有序的符号组成的。符号是第一性的,而文本是第二性的。事实上,我们在文化现实中所碰到的往往不是纯粹某一类型的文本,而是两种类型相互交织和影响的文本总和。

洛特曼认为,两种类型文本间的对话与信息交换构成文化意义的生成机制,且与人脑的思维机制相仿。[2] 这种信息交换不是简单的意义迁移,而是在以不同方式建构起来的文本之间进行翻译。他提出,“翻译是艺术的主要机制”[3]。文化的全部新意与活力产生于不同编码之间的翻译中[4]。从词语文本到图画文本,从雕塑文本到诗歌文本等等,都是一种翻译。由于这两种系统模拟现实的方式完全不同,它们的语言结构不一样,其代码具有不匀质性和不可翻译性,所以这种翻译不可能是意义间一一对等的机械转移,而是必须在翻译的过程中不断地克服不同语言间的“不可译性”。然而,正是这种“不对等”与“不可译”促成了意义的产生。在翻译过程中两种文本类型之间的相互干扰、交杂和互译,不仅保证了文化讯息的传递与保存,同时也产生了不可预见的新意义。洛特曼写道:“两极结构是所有系统的不变式,在一极上是连续性文本,而在另一极上

---

① 或曰“第一性文本”与“第二性文本”。

② 根据科学家的发现,人脑左半球主管语言和逻辑,而右半球则负责形象与直觉。人脑的思维活动依左、右半球之间的分工协作来共同完成。洛特曼将这一发现运用到文化符号学中。他认为文化是人类符号化活动的结果,因此人脑的思维机制决定了文化的运行机制,两者具有相似性。

③ 尤里·洛特曼:《思维的宇宙内部》,《符号圈》,圣彼得堡,艺术出版社,2001 年,第 264 页。

④ 这里的翻译当然不是指自然语言之间的转换,而是符号学意义上的信息交换。信息发出到信息接收的过程其实就是编码到解码的过程,都可以看成是翻译过程。

则是离散性文本,在系统的出口是这些文本的混合,这些文本内部交织着相互不可翻译的、多种多样的代码。从这个系统产生的任何文本都因此具有雪崩似的自我意义生成能力。"①例如,"只要我们从书架上将《哈姆雷特》取下来,无论是去阅读它,还是将它搬上舞台,拍成电影,它相对于作者、读者及作品本身就都会成为意义的生成器"②。

文本就是意义的生成器。③ 或者,更准确地说,艺术文本乃是含义生成的一种装置。这确实就是洛特曼文本理论的一个核心观点。

那么,艺术文本是如何构建起来的?或者说,自然语言是如何变为艺术语言的呢?

在当代中国俄语学界,孙静云教授立足于《结构诗学讲义》(布朗大学出版社,1968 年重印)、《艺术文本的结构》(莫斯科艺术出版社,1970 年)以及《苏联结构主义文艺学文集》(1971 年于慕尼黑出版),较早撰写出"洛特曼的结构文艺学"专论。孙静云对洛特曼的理论有过这样的解读:

> 艺术文本是由艺术语言构筑而成,艺术语言则是在自然语言基础上产生。自然语言是人类在漫长的历史生活实践中约定俗称的系统。说"头发",人们就知道是指脑袋上长的毛,说"鞋子",人们就知道是穿在脚上的用皮革或布料等缝制的物件,说"啤酒",人们就知道是冒泡的饮料。在艺术文本中,原来自然语言中作为独立符号的词语成了符号成分,艺术符号自身成了符号。这种符号的性质不像自然语言那样约定俗成,一成不变,而是与众不同,独具特色。以唐代王建的《新嫁娘》为例:

---

① 尤里·洛特曼:《人脑——文本——文化——人工智能》,《符号圈》,圣彼得堡,艺术出版社,2001 年,第 585 页。

② 康澄:《洛特曼文化符号学的核心概念——文本》,王立业主编:《洛特曼学术思想研究》,黑龙江人民出版社,2006 年,第 115—116 页。

③ 尤里·洛特曼:《文化与作为意义生成器的文本》,《俄罗斯文化的历史和类型》,圣彼得堡,艺术出版社,2002 年,第 163 页。

三日入厨下，洗手做羹汤，

未谙姑食性，先遣小姑尝。

这篇作为艺术符号的诗歌文本模拟的是封建社会新嫁娘这个艺术个性的心态、神态和形态。文本中自然语言的独立符号如“三日”、“厨下”、“洗手”、“羹汤”、“小姑”等等，在这里只是作为文本这个独立符号的成分而存在，已经失去了独立符号的意义。在自然语言中，这些独立符号所指的内容是很明白的，但在这里，如果离开这篇诗歌文本，每个自然语言的独立符号对这篇诗歌就没有任何符号意义了。这就是自然语言变为第二性语言（即艺术语言）的过程。①

自然语言与艺术语言之间的关系，正是艺术文本问题的关键。

上世纪80年代末，王坤博士曾据《艺术文本结构》的英译本，节译过这部名著。②王坤已经看出，“洛特曼的全部研究重心都集中在作为**符号系统的语言**与**作为艺术文本的语言**之间的相互关系上，并把它们当作充满生命的有机体组织来看待”③。在《艺术文本的结构》中，洛特曼所有的观点，都是围绕着一个中心来展开的：把艺术文本当作有生命的活生物体来看待。生命是活生物体最独特的功能，艺术文本的生命是什么呢？艺术文本的生命就体现在“艺术语言能以极小的篇幅集中惊人的信息量（试比较契诃夫的短篇小说与心理学教科书）”④。

正是这种生命，使得艺术文本成为一个无尽的信息源，其他任何类型的文本都无法与之相比，这就是艺术文本的魅力所在。一篇优秀的短篇

① 孙静云：《洛特曼的结构文艺学》，彭克巽主编：《苏联文艺学学派》，北京大学出版社，1999年，第260—261页。

② Lotman Juri, *The Structure of the Artistic Text*, Ann Arbor, University of Michigan, 1977。王坤的节译刊于胡经之与张首映合编之《西方二十世纪文论选》，北京大学出版社，1989年；王坤对该书的全译本在15年后终于面世，洛特曼：《艺术文本的结构》，王坤译，中山大学出版社，2003年。

③ 王坤：《洛特曼的文艺符号学思想》，胡经之主编：《西方文艺理论名著教程》（下卷），北京大学出版社，2003年，第266页。

④ Lotman Juri, *The Structure of the Artistic Text*, University of Michigan, 1977, p. 23.

小说，如契诃夫的、鲁迅的，它的篇幅大概就一二千字左右，它可以向读者提供的信息却是无穷尽的，它的艺术魅力历久弥新，它那独特的审美价值永远都无法取代。信息也即意义，一部作品所包含的信息量越大，意义就越丰富，它的审美价值就越高；相反，它包含的信息量越少，意义就越小，它的审美价值就越低。因此，“美就是信息”①。

艺术文本中的信息，是其他方式无法储存和传达的，读者对艺术信息的任何解释，都只是一种近似。②

艺术文本中的信息非但难以消解，反倒常常会“无中生有”。结构本身就是一种潜在的信息。断臂的维纳斯雕像，残肢没有减少她的美，而是令她承载更多的信息，赋予她更高层次的美。

> 艺术文本最大的特征在哪里？就在它能容纳无穷信息的特殊机制。③

正是在这个意义上，我们可以理解洛特曼在《艺术文本的结构》一书的结语中给出的界定：艺术文本，可以被视为以特别方式而被构造的机制，这种机制具有涵纳绝对高度浓缩的信息的能力。如果我们将会话言语中的一个句子与一首诗进行比较，将一套色彩与图画，将音阶与赋格曲进行比较，那么我们很容易确信，第二类与第一类的基本差别则在于前者能够涵纳、保存和传递对于后者而言仍处于可能性范围之外的内容。④

那么，艺术文本能够承载大量信息这一特殊机制究竟是如何生成的呢？

王坤相当到位地清理出，艺术文本的这一特殊机制是由两大基础所

---

① Lotman Juri, *The Structure of the Artistic Text*, University of Michigan, 1977, p. 144.

② 王坤：《洛特曼的文艺符号学思想》，胡经之主编：《西方文艺理论名著教程》（下卷），北京大学出版社，2003 年，第 268 页。

③ 同上书，第 269 页。

④ Ю. М. 洛特曼：《艺术文本的结构》，莫斯科，1970 年，第 360 页。

奠定：自然语言的“剩余信息”特征和艺术语言的“信息饱和”特征。①

洛特曼指出，“自然语言以剩余信息机制来确保它自身的有效性”。②

王坤阐述道：“剩余信息”是自然语言内在机制中的最大特征，即“语句虽缺，句意已明”的那种功能。一个人在用语言进行交流时，他所使用的句子中所包含的信息总是要远远超出实际需要的信息量，“总是多于他本人要了解这同一信息而必须接受到的最低量”③。在日常交流中，“剩余信息”只发挥“保险系数”的作用，被当作备用队员而不是场上队员；而在文学交流中则不同，它被当作场上队员看待。读者往往会把“剩余信息”当作作者的本意，从而以读者的眼光在相当程度上填补作者在作品中留下的空白地带，而且这种填补往往还具有开创性。④

“信息饱和”是艺术语言内在机制中的最大特征，即“语句虽短，句意绵延”的那种功能。它是由艺术语言的信息自生特征与接受活动的分层次、重复性进行特征的结合产生的。构成文艺作品文本的语言，是一个由各种层次组成的等级结构体系，如词汇层次、语法层次、韵律层次……每个大层次还可以细分为许多小层次。任一层次都包含着信息，层次间的依次结合导致信息的递增，而它们之间各种交错结合的无穷性，则导致作品信息的无穷性自生。在其他类型的文本中，因其所传达的信息不是审美的而是实用的，故信息量被严格限定在作者给定的范围之内；而各种语言层次的功能，也就在于保证精确、简捷、明了地传达既定的信息，杜绝信息自生的任何可能。从接受活动的角度看，不同层次的接受者从同一作品中接受的信息是不同的；同一接受者还会因时间、地点的变化，对同一作品进行不同层次的接受。从而一部作品的信息无法保持某个恒定量。

① 王坤：《洛特曼的文艺符号学思想》，胡经之主编：《西方文艺理论名著教程》（下卷），北京大学出版社，2003 年，第 281 页。

② Lotman Juri, *The Structure of the Artistic Text*, p. 24.

③ 霍凯特：《现代语言学教程》（下），叶蜚声、索振羽译，北京大学出版社，1986 年，第 35—36 页。

④ 王坤：《洛特曼的文艺符号学思想》，胡经之主编：《西方文艺理论名著教程》（下卷），北京大学出版社，2003 年，第 281—282 页。

显然,作为科学的物质基础,它所发挥的作用,要超出自然语言"剩余信息"特征的作用。看来,"诗无达诂",也并非只是一个阐释的主观性问题,而是一道科学的命题。

弄清了自然语言的"剩余信息"特征与艺术语言的"信息饱和"特征以及它们的作用后,对艺术文本能够"以极小的篇幅集中惊人的信息量"这一特殊机制,我们也就可以给予科学的解释了:所谓极小的篇幅,就是指作家尽可能地抑制"剩余信息",大力予以压缩,使得作品文本的简洁、精炼得以成立;所谓惊人的信息量,就是指作家尽可能地利用"信息饱和",大力予以突出,使得作品文本成为"说不尽"的信息场。"二者在艺术作品中的结合,必定表现为文本篇幅的单位信息量最丰富,任何其他类型的文本都对之望尘莫及。"①

通俗地说,艺术语言不仅具有多义性,更有生成多种含义的机制。"在自然语言中,词的多义性对信息的精确性来说,是多余的。但艺术语言不仅充分地利用了词汇的多义性,它的复杂的结构还使得词汇得到在自然语言结构范围内不可能有的意义。以往,人们用逻辑语言和情感语言的对立来说明艺术语言的多义性,而洛特曼则用艺术文本的结构来说明艺术语言的性质:艺术文本是反复编码的多层次复杂结构,同一个词在不同层次上、在与不同层次的关系中获得不同的意义,因此,艺术语言的信息量最大。"②

然而,荷兰学者佛克马确认为,"美即信息"这句话中的"信息"一词,应取其纯技术的意义,即指一个系统的组织程度。"美即信息"这一结论,是承认艺术形式是可以解释的,并且有意义。③ 也就是说,艺术文本中个性化的、不可重复的要素并不会是只可意会不可言传只可感知不可解释

---

① 王坤:《洛特曼的文艺符号学思想》,胡经之主编:《西方文艺理论名著教程》(下卷),北京大学出版社,2003 年,第 282 页。

② 施用勤:《文艺结构符号的探索者》,《外国文学报道》1988 年第 1 期。

③ 佛克马、易布思:《二十世纪文学理论》,林书武、陈圣生等译,三联书店,1988 年,第 47 页。

的神秘之物，而是产生于纵横交错的各种“组织”即结构之内，并且负载着丰富的含义，同时从属于多种结构。而孤立地解析某一结构要素必然会有损于文本丰富的语义，因此也难于判明该结构要素的真实作用，因为个别结构的单独存在与其在结构系统中的作用不同，要考察整个“组织系统”。直言之，这里所谓“系统的组织”就是指艺术文本的编码，对“艺术形式的解释”则是在符号学视界中对意义与含义的生成结构加以分析。

二　艺术文本中结构的语义化

那么，艺术文本又是如何编码的呢？或者说，在艺术文本中，语言的信息载体功能是如何实现的？这就不仅需要信息论视界，更需要结构论视界，从符号的结构与功能来考察。

洛特曼对艺术语言与自然语言的区分入手，研究艺术语言的结构特征，阐述艺术文本结构本身就具有信息载体的功能、意义生成的机制。洛特曼强调：

> 如果仅仅限于语言交流的层次来理解艺术文本的内容，那就等于忽略艺术文本自身的结构所形成的极为复杂的意义系统。①

杜威·佛克马指出，以洛特曼之见，“语言和文学系统在同一文本中互相作用，这为文本提供最大量的信息。各种成分至少属于两类代码，且可以是不止一个意义的载体。当文本受到两种或者更多的次代码（例如现实主义和浪漫主义，史诗和抒情诗系统，或虚构和非虚构文学）互相作用时，信息还能进一步增加。如果文本被编码好几次，那么在我们看来它就很有个性，甚至有独特性。实际上在这样一种情况下发生的事情是：读

① Lotman Juri, *The Structure of the Artistic Text*, p. 48.

者只要一熟悉某一类代码,他就会遇到根据那类代码无法解码的其他成分,读者的期待视野就会化为泡影了,或用形式主义学派的术语来说,就变得'非自动化'了。根据洛特曼的看法,对'平均信息量多'(即不可预期的程度高)的文本进行解释,所提供的信息量必然也多(即组织的程度高)"①。

洛特曼指出:"在艺术文本的结构中,有两种互相对立的机制在发挥作用,一种竭力使文本的全部要素都从属于文本,将它们变为自动化的语法,没有这一点就不可能实现交际行为;而另一种又竭力去破坏这种自动化,而使结构本身成为信息的载体。"②

对此,王坤阐述道:"自然语言的结构是一种有序组织,这种结构是完全自动化的,说话者的注意力仅只集中在信息上,对语言的知觉完全是自动进行的;而在艺术文本中,正是艺术语言的结构向交流活动的参加者提供信息。也就是说,在艺术文本中,信息的载体,除了语言,还有结构。"③

通俗些说,艺术文本中产生了自然语言中非语义成分的语义化,各种结构的语义化。

元代马致远的《天净沙·秋思》更能说明自然语言转换为艺术语言的机制:

枯藤老树昏鸦,
小桥流水人家,
古道西风瘦马。
夕阳西下,
断肠人在天涯。

① 佛克马、易布思:《二十世纪文学理论》,林书武、陈圣生等译,三联书店,1988年,第48页。

② 尤里·洛特曼:《艺术文本的结构》,莫斯科,1970年,第85页。

③ 王坤:《洛特曼的文艺符号学思想》,胡经之主编:《西方文艺理论名著教程》(下卷),北京大学出版社,2003年,第271页。

这首28个字的小令，以其对苍凉的秋日黄昏意境之简约而绝妙的营造，抒发了浪迹天涯身在羁旅的游子沉郁隽永的悲秋之思，成为令人称道不绝的“秋思”经典。这一妙境的生成，自然是得力于这首词中语词的“音象”与“意象”的结构。这12个意象的排列本身，一如12个特写镜头的剪接本身，作为结构，参与生成一层又一层意蕴。

> 艺术语言是一种极为复杂的结构。假如艺术语言中所包含的信息量与普通语言中的信息量相等，那么艺术语言也就不复存在了。艺术语言是以自然语言为基础的，但它又使得艺术文本能够传送自然语言文本难以传送的巨大信息量，其根本原因就在于二者的结构大不一样。①
>
> 特定的艺术信息（内容、意义）既不能脱离艺术结构而存在，更不能脱离它而得到传送。如果用普通语言去复述一首诗，该诗的结构必定会遭到破坏，我们向接受者传送的便是与原诗完全不同的信息量。洛特曼非常欣赏托尔斯泰的观点：不能用另外的语言去复述一部作品，如《战争与和平》：如果必须如此的话，只有将《战争与和平》重写一遍才行。②

洛特曼认为，一部作品是无法分成内容和形式两个部分的，作品中的任何因素都负载着信息（内容），作品中的任何信息都出自信息载体，正如A.勃洛克所说：“无形式的内容自身既不存在，也无分量。”③

洛特曼的结论是：结构是艺术文本信息的主要载体之一。艺术作品的思想不可能存在于具体结构之外，形式与内容的二重性应当由“思想”和“结构”的概念来代替。

思想实现在相应的结构之中。洛特曼把思想内容与作品结构的关系

---

① 王坤：《洛特曼的文艺符号学思想》，胡经之主编：《西方文艺理论名著教程》（下卷），北京大学出版社，2003年，第272页。

② Lotman Juri, *The Structure of the Artistic Text*, p. 11.

③ Ibid., p. 10.

比作生命与活组织复杂的生物机制之间的关系。生命是活生物体的主要特征,不可想象生命会存在于其物质结构之外。文艺研究者如果打算去理解不依赖艺术作品结构的思想,那无异于唯心主义者试图把生命——活生物体结构的功能——从具体的活生物结构中分离出来。①

洛特曼对艺术文本中结构的语义化的重视,对形式特性的语义化功能的推重,早就得到学界的首肯。杜威·佛克马认为洛特曼的著作可以看作俄国形式主义的继续,但也有几点首创性。这位荷兰学者在这里还披露:一位法国评论家把洛特曼关于形式特性的语义化的见解称为文学研究中的哥白尼革命。②

那么,艺术文本中语义化是如何发生的呢?或者说,艺术文本中语言的信息载体功能是如何实现的呢?

孙静云指出,以洛特曼之见:在艺术文本中,语言的信息载体功能需要较复杂的途径才能实现。一般来说,是通过以下几种途径实现的:

> 第一、艺术文本的作者有可能对构筑文本的语言进行选择,而读者对作家的语言选择却不会立即理解。于是,在艺术活动中就出现两种倾向:一种倾向于将语言分类(如诗歌语言、散文语言等),另一方面则反对将语言分类。不同历史时期的不同文本中可能某一种倾向占上风。当然,一种倾向占上风并不等于另一种倾向被消灭。新的结构要素进入文本结构促使文本发生新的变化,也促使读者在破译密码上不断寻求解决新的解码手段,而且这种选择越复杂,其本身的信息量越大。
>
> 第二、把两种或两种以上的语言同时运用于同一文本。在这种情况下,不仅文本的诸要素获得双重或多种含义,而且整个结构也成

① 王坤:《洛特曼的文艺符号学思想》,胡经之主编:《西方文艺理论名著教程》(下卷),北京大学出版社,2003年,第272—273页。

② 佛克马、易布思:《二十世纪文学理论》,林书武、陈圣生等译,三联书店,1988年,第49页。

为具有双重含义的信息载体。这一结构正是实现相应的功能所需要的。

第三、突破原有结构是增加结构信息量的重要手段。艺术文本通常是在一方面突破旧的结构规范,另一方面构建新的结构规范中不断获得新的生命力的。艺术文本在双重结构中发挥其功能,这种双重结构由实现规范与突破规范两种倾向所组成。虽然其中的每一种倾向都力图消灭异己独霸天下,然而,任何一种倾向一统天下的实现都意味着艺术的死亡。艺术文本的生命力就在于不同倾向在竞争中取长补短,在矛盾中相反相成。

第四、不断更新各种物质文化和思想文化等相应的结构,以便更好地适应一定时代、一定类型的文学、诗歌、美术、音乐等不同层次的艺术功能系统。对文学来说,就是要不断丰富文本的结构,扩大和提高信息量,与功能系统相适应。在一定的文学史背景下,常常出现"不按常规功能"使用文本的情况。例如,创作散文而采用诗歌文本的功能,或创作心理小说采用侦探小说的功能(如,陀思妥耶夫斯基),或非艺术文本(内部结构与艺术文本完全不同的)可起艺术文本的功能作用。①

事实上,不仅是非艺术文本可起艺术文本的功能,文本与文本外的关联,也是生成信息的一种途径。"从结构主义的观点来看,每个结构都是该结构型的构成成分的有机统一体,结构本身又是更复杂的结构统一体中的一个成分,而它的每个成分也可以看作是独立的结构。这种艺术结构(宜为艺术文本的结构——笔者按)是开放性的,它与种种不同的关系系统发生联系:作家、流派的风格系统、民族、时代、社会、文化的关系系统。在这种复杂的关系系统中,艺术文本的每个细节和整篇文本都同时纳入不同的关系系统中,获得一个以上的意义。正是这点,使艺术文本有

① 孙静云:《洛特曼的结构文艺学》,彭克巽主编:《苏联文艺学学派》,北京大学出版社,1999年,第258—260页。

别于单义的科学文本以及其他按多语义原则构造的文本（教会的和秘密团体的文本），这类文本在不同的结构—语义层次上为表现不同的内容服务，对程度不同的读者揭示不同的真理，当对读者揭示了一个新的语义层，旧的语义层就不再蕴涵真理。"[①]艺术文本则不然。文本与文本外的关联甚至是作品的多重含义得以实现的基本保障，是艺术作品的意义得以实现的基本条件。

三　文本结构、"文本外结构"与文学作品的建构

洛特曼甚至提出与文本结构对应的"**文本外结构说**"。[②] 早在1964年的《结构诗学讲义》中，洛特曼就指出："文本外结构作为一定层次的结构要素构成艺术作品的有机组成部分。"[③]在1970年的《艺术文本的结构》中，我们可以读到如下文字：

> 作品之文本外的关联，可以被描写为固定于文本中的诸多要素与从中选择该被使用要素的那些诸多要素之间的关系。十分明确的是，在一个系统（这一系统不允许其他可能性存在）中对某种节律的使用，以及在另外一个系统中对某种节律的使用（这一在系统允许由二者择一的选择中，确定一种可能或提供五种相同概率的诗句建构方法——诗人将使用其中一种方法）——这两种使用的结果为我们提供出完全不同的艺术构造，尽管以物质材料固定的作品方面——它的文本，并未发生任何改变。

须强调指出，如同艺术作品整体的语言一样，文本外结构依然具

① 施用勤：《文艺结构符号的探索者》，《外国文学报道》1988年第1期。

② 原文是 внетектовые структуры。学界此前译为：非文本结构、外文本结构、超文本结构，笔者以为均欠妥帖。

③ Ю. М. 洛特曼：《结构诗学讲义》，布朗大学，1968年，第164页。

有等级性。在这种情形下,文本的任何一个要素在被列入不同层次的等级时,将加入不同的文本外的关联(也就是说,将获得不同的熵值)。譬如,如果我们将某个文本定义为俄罗斯诗歌作品,那么,其中对任何一个诗格(这些诗格同样是俄罗斯诗句所固有的)的使用,其概率则是相同的。如果我们将文本外构造(我们将把该文本列入这一构造)的年代学界线加以缩小,直至"19世纪俄国诗人作品"范畴,或者对一种体裁("叙事诗")进行同样操作,那么概率将发生变化。但是,文本同样属于所有这些结构,在确定它的熵值时,应该考虑到这点。

文本对各种体裁、风格、时代、作者等等的从属关系,可以改变它个别要素的熵值。这一事实不仅使得我们将文本外联系视为某种完全现实的东西,而且还展示了改变这一现实的某些途径。

应该对艺术语言层次上的文本外关联系和艺术讯息层次上的文本外关联加以区分。关于第一种关联,我们在上面已经援引了个例,而第二种联系即指这样一些情形:对这一或那一要素不加使用,表意的缺失,"负手法",均成为以图像记录的文本的有机部分。譬如,在《叶甫盖尼·奥涅金》的定稿文本中,以号码标出的诗节的空白,普希金以诗句片段("世界变得空旷寂寥……")对《拿破仑》一诗现有的结尾的替换,正如将未完成的建构引入定稿文本的所有其他情形一样,在读者期待韵脚的背景上使用无韵手法,等等。未被使用的要素——负手法[①]——与读者期待结构的相关性,同样,它与在该构造状态下对以文本方式记录的要素使用之概率大小的相关性,均会使得信息——负手法携带的信息——成为完全现实的、可被测量的值。这个问题乃是一个更为总体的问题的一部分。这一更为总体的问题

① 某一预期的成分没有了,例如在传统上有韵的地方没有韵,可能使读者感到这是有意义的手法。洛特曼把没用某种成分来表示意义的这种手法叫做"负手法"。

包括：零位（零形式）意义（“*zéro - probléme*”）[①]的构造作用，停顿的语义意义，艺术的缄默所携带的信息的测量。

正如我们发现的那样，下列事实则是上述问题的必要条件：在任何层次文本的被“负手法”占据的位置上，在与负手法相符的代码结构中，存在有表意要素或者在该构造范围内同义的表意要素的某种多样性。因此，艺术文本必须被列入更为复杂的文本外构造中，同时与之构成成对的对立。

还有一种情况使得问题复杂化了：文本外结构可以改变自身某些要素的概率，这取决于它们是否被列入“说者的结构”——作者的结构或者“听者的结构”——读者的结构，在这一过程中伴随着在艺术中该问题复杂性所引致的全部结果。[②]

佛克马则有过如下解读：以洛特曼之见，“文学文本至少是两个互相重叠的系统的产物，语言系统是其中的基础”。因此洛特曼得出结论说，文学，以及一般艺术是“提供模式的第二系统”。文学系统是超语言的。语言信息的接受者必须懂得语言代码，以便解释信息。据此，文学文本的读者除了懂得文本赖以写成的语言之外，还必须懂得文学代码。如果接受者不懂得发送者所使用的文学代码，他一般不能理解文本，甚至认为那根本不是文学。这使洛特曼明确发表以下重要论点：“如果没有对发送者和接受者的关系补充归类，艺术文本的定义就不完全。”[③]

通俗地说，“文学作品以文本形态奉献给读者，而现实生活、文学传统、历史文化背景、观念等等则属于非文本体系。非文本体系包括赋予文

① 零形式：指形式上没有变化却有一定意义的虚成分。——《艺术文本的结构》俄文版编者注。参见：M. Frei, *Cahiers Ferdinand de Saussure*, XI, p. 35; Roland Barthes, *Le degré zero de l' écriture*, Paris, éd. Gonthier, pp. 151-152; Z. Lissa, *Estetyczne funkcje ciszy i pauzy w muzyce*. ——*Estetyka*, Rocznik II, 1961——原作者尤里·洛特曼注。

② Ю. М. 洛特曼：《艺术文本的结构》，莫斯科，1970 年，第 65—67 页；这里采用的是彭甄博士提供的尚未出版的译文，特此致谢。

③ 佛克马、易布思：《二十世纪文学理论》，林书武、陈圣生等译，三联书店，1988 年，第 48—49 页。

本以含义的、历史形成的艺术代码的总和。这种非文本体系并非抽象的，而是客观存在的实体”。“非文本体系作为一定层次的结构进入艺术作品之中。因而，从艺术作品是文本与非文本统一体的角度认识艺术，便于读者对作品的理解；非文本结构所提供的背景材料对于批评家则更为重要。”“艺术作品的整体结构是各层次上艺术要素的总合，是文本结构符号与非文本结构符号的关系系统，二者处于密切联系之中，不能单独存在。文本只有在非文本体系的广阔背景中才能被正确理解与评价。”①

米哈伊尔·洛特曼在阐释尤里·洛特曼的文本观也强调文本与文本外结构的关联：“文本结构又像有机体的结构。文本是有生命的，生命在自己的环境中是存在的，文本也生活在自己的环境中。文本离开了文化，就停止了生命，它还可以存在但要停止发展。文本是同文化一起发展的。例如，现代欧洲的哈姆雷特就不是莎士比亚时代的那个哈姆雷特。换了另一个时代，这文本就有了另一种意义，它与另一些文本发生了联系，有了另一种语境。这是一个原则性的结论。文本本身就要求有一个环境保障它的生存，这就是文化。在这个意义上，文化可定义为文本组成的系统，是不同文本构成的。我们自身也是一些文本，一切有意义的东西，都可称是文本。”②

强调文本结构与文本外结构之关联与互动是艺术文本的机制，是艺术作品的机制，这是洛特曼为领袖的塔尔图——莫斯科符号学学派的结构主义文论的一大创见，或者说，是苏联结构主义文论的一大特色。洛特曼以这一理论实现了同西方学界与本土学界的双重对话：“这种结构观既不同于某些西方学者的封闭的艺术结构观，后者人为地割断能指与所指之间的联系，热衷于凌驾一切之上的抽象结构，也不同于苏联文艺学中忽

① 孙静云：《洛特曼的结构文艺学》，彭克巽主编：《苏联文艺学学派》，北京大学出版社，1999年，第262页。

② 米哈伊尔·洛特曼：《塔尔图学派的形成与特点》，王立业主编：《洛特曼学术思想研究》，黑龙江人民出版社，2006年，第11页。

视艺术本身特点的那种传统模式。”①20 世纪 60 年代在塔尔图大学启程的这种对话，可以说是双锋双刃，既是针对苏联本土仍居主流的社会学文论范式的一种“突围”，也是针对正如日中升的西欧的结构主义的文论范式的一种超越。非常熟悉洛特曼的著作的意大利符号学家翁伯特·埃科早就指出：“洛特曼在探讨文本理论这一问题时，超越了结构主义的教条，提供出更为复杂同时也更加清晰的视界。在突破同结构主义者将代码与讯息两项对立的偏执之后，洛特曼将对文本的研究与对语法的考察区分开来。”②

佛克马在 20 世纪 70 年代就注意到：“洛特曼关于文学文本的概念是带有双重性的，因为他接受了以下观点：文学文本可看作是在更大的文化环境中操作的符号。洛特曼实际上似乎同意穆卡洛夫斯基的观点：文学文本具有自主性和传达性。虽然这里也不能说完全是洛特曼始创的，但他承认文学文本的内部结构和社会—文化环境之间有结构关系，这对文学研究的进一步发展，也许比他详细评说图像原则更重要。”③

佛克马强调：“其他学者也论证了文学文本不能被认为是严格自主的。但洛特曼的研究方法好在运用同一符号学的方法，既分析文学文本的内部结构，又分析文本和社会——文化环境的外部关系。如果这一方法能够使我们填平文学的接受研究以及文学的社会学研究同新批评的自主解释以及内在解释之间的鸿沟，并且把这些高度歧义的方法的研究成果联系起来，那么洛特曼的书将在文学研究中的确带来了一场哥白尼革命。”④

佛克马的这一番话带有几许期待口吻，他这样说的时候，时值洛特曼

---

① 施用勤：《文艺结构符号的探索者》，《外国文学报道》1988 年第 1 期。

② 翁伯特·埃科：《为尤里·洛特曼的〈思维的宇宙内部〉所作的序文》，Ю. М. 洛特曼：《思维的宇宙内部》，莫斯科，1996 年，第 410—411 页。

③ 佛克马、易布思：《二十世纪文学理论》，林书武、陈圣生等译，三联书店，1988 年，第 49 页。

④ 同上书，第 50 页。

的结构符号学文本理论探索正在展开的过程之中。他对洛特曼文学理论探索的这一取向的把握是准确的。洛特曼理论在今天已成遗产。我们至少也可以认为,洛特曼运用“文本与外文本”的范畴,以艺术文本为中心来看待艺术文本在其中生成又在其中发挥功能的文本语境的,就文学研究而言,“既跳出了内部研究窠臼,又避免了外部研究的缺憾,成功地将艺术的内部机制与外部客观世界联系起来,并加以理论化,为填平文艺的‘外部研究’与‘内部研究’之间的鸿沟,迈出了坚实一步”①。

从审美活动的学理上来看,艺术文本的结构化与功能化过程,艺术作品的建构过程确实就是文本结构与文本外结构的互动过程。

然而,文本与文本外关联,不仅是艺术作品得以功能化的基本条件,也是艺术作品的非艺术功能得以产生的基本缘由。王坤准确地论述道:“由于存在着文本与外文本(应是文本外——笔者按)的联系,艺术作品中的非艺术功能也是相当可观的,这些功能极富有生命力,以至在当代能使狭隘的审美知觉延伸到对背景的知觉。在某些历史阶段上,为了审美地理解艺术作品,文本必须既具有审美功能,又具有政治功能、伦理功能或宗教功能。”②

王坤援引洛特曼本人的观点:“正是基于艺术在社会生活中所具有的独特作用,将审美模式与伦理的、哲学的、政治的和宗教的诸多模式联系起来的努力,才一直没有停止过;在人类文化史上,将特殊的艺术信息重新编码为非艺术模式系统的行为也就不断发生,尽管这样必然会失去许多只有艺术本身才包含着的信息,甚至遭到抗议(常常是辩解)。”③

不难看出,这里已经涉及艺术文本在现实生活中发挥其功能的复杂机制。或者说,艺术文本在被接受过程中——被建构成艺术作品的复杂机制。

① 王坤:《洛特曼的文艺符号学思想》,胡经之主编:《西方文艺理论名著教程》(下卷),北京大学出版社,2003 年,第 287 页。

② 同上书,第 277 页。

③ Lotman Juri, *The Structure of the Artistic Text*, p. 68.

艺术文本是联结发送者和接受者的纽带。在实际过程中,“经常存在着两种语言,两套代码:作者的与读者的”。接受者不仅要借助他自己所掌握语言的帮助去译解信息,还要确定发送者将文本编码的“语言”。由于作者的语言和读者的语言是一种极为复杂的等级结构,这就使得文本的信息量具有相当大的变化系数。面对同一艺术文本,随着读者语言的不同,或对作者语言的不同把握,从中所获取的信息量以及信息给人的感受,是大不一样的。围绕着艺术文本的信息这个中心,读者与作者会形成四种关系:

> 作者审美地对待艺术文本信息,读者功利性地对待艺术文本信息;
>
> 作者和读者都审美地对待艺术文本信息;
>
> 作者和读者都实用性地对待艺术文本信息;
>
> 读者审美地对待艺术文本信息,作者功利性地对待艺术文本信息。①

在这四种情形中,第一与第四都在表明同一艺术文本信息在作者与读者那里引起了立场上的不同,或者说,由于作者的编码语言与读者的解码语言之不同,同一艺术文本的功能在作者与读者那里发生了错位。

也正是从作者的编码语言与读者的解码语言的互动关系出发,洛特曼立足于艺术文本结构的分析,进入艺术文本类型的考察,提出两种不同类型的艺术作品理论,即建立在“同一美学”基础上的艺术作品,与建立在“对立美学”基础上的艺术作品。

孙静云对此作了阐述:第一类作品是吸取**同一美学**精华构建的作品。这类作品的艺术现象与结构是程式化的,读者的作用在于验证全部结构是否与自己的经验相符。民间口头创作、中世纪艺术和古典主义作品等

① 王坤:《洛特曼的文艺符号学思想》,胡经之主编:《西方文艺理论名著教程》(下卷),北京大学出版社,2003 年,第 271 页。

均属此类。评价这类作品主要看其是否遵循一定的艺术原则(如修辞规范、构成隐喻的法则、叙述方式以及读者所熟悉的各种情节组合模式等)而创作。违反读者经验中的艺术原则者,则被认为不够水平。这类作品所描写的生活现象同读者所熟悉的模式化规则体系完全一致。这种传统的模式化规则在对艺术作品的认识上(更广泛地说,在传送信息的过程中)起着重要作用。

同一美学的认识论原则在于,排除生活中次要的个别现象,揭示主要的共同本质,通过一定的逻辑模式使各种不同的现象同一化。这种美学系统中的重复是绝对的、无条件的、刻板的、没有复杂的变化。

同一美学的典型表现是:一方面是人物、情节构图的刻板系统,另一方面又提出灵活的、即兴的创作形式。即兴创作的"随意性"同构建原则的刻板性相互制约。如果失去即兴性,只按严格的程式化系统进行创作,那么,每一部作品只不过是前一部作品的重复,艺术作品就失去了传递信息的价值。十七八世纪流行于意大利的即兴喜剧即可为例。这类喜剧的特点是,演员根据情节大纲在舞台上自编台词即兴表演。剧中人物都是定型的,各有固定的名字。服装、言语、音色、语调都必须程式化:用威尼斯方言,穿红色上衣、红色裤子、黑披风,戴着鹰钩鼻子、大胡子的面具。演员准确完成固定角色的程式化动作,则被认为演技高超。洛特曼强调,同一美学为了保持自身认识、交流与构筑一定模式的特性,"必须把程式化规则与不同的相应的新材料结合起来……把极端不自由同极端自由结合起来"①。

第二类文艺作品是以**对应美学(应为对立美学)**原则为基础构建的。这类作品的代码是读者经验中不曾有过的。艺术现象在作者笔下不是简化而是复杂化。这种复杂化不是表面上的"装饰化",也不是"细节化",而是作者用自己独特的方式代替读者所熟悉的模拟生活的方式。现实主

---

① Ю. М. 洛特曼:《结构诗学讲义》,第173页。

义散文从外部风格特征上看，比浪漫主义散文简明，但它因不受浪漫主义刻板规则的约束，反而宜于构建较为复杂的结构。如果把这第二类作品比作数学游戏的话，那么，它不是“没有规则的”游戏，而是在游戏过程中制订规则的游戏。

对应美学文学现象的特点是，对刻板结构的破坏在读者意识中已成为下意识的习惯，同时，这种已被破坏的刻板结构在艺术文本中没有任何表现。①

四 洛特曼文本理论的发育语境、思想价值与国际影响力

应该看到，对艺术文本类型的这一区分本身，是具有现实意义的，这是同当时苏联主流文论模式的对话。洛特曼分明指出，“将各种纷繁复杂的艺术信现象划分为同一美学和对立美学两大类，其概括的深度与广度要超过用‘艺术方法’（现实主义、浪漫主义）对各种艺术现象所做的区分”②。这也是同俄罗斯形式论学派的潜对话：由于引进了“同一美学”这一概念，洛特曼实际上颠倒了形式主义学派的立场。在他看来，艺术的目的可以是跟规范一致，而不必是偏离规范。“同一美学”只能在需要（或“据说需要”）向心力和聚焦作用的某种文化而不是在具有离心力和个性化倾向的现代艺术中占支配地位。③

也要看到，洛特曼的文本理论也是同国外的结构主义文论的对话，是同索绪尔、雅各布森的对话。米哈伊尔·洛特曼在其“文化符号学中的文

① 孙静云：《洛特曼的结构文艺学》，彭克巽主编：《苏联文艺学学派》，北京大学出版社，1999 年，第 262—263 页。

② Lotman Juri, *The Structure of the Artistic Text*, p. 292.

③ 佛克马、易布思：《二十世纪文学理论》，林书武、陈圣生等译，三联书店，1988 年，第 53 页。

本问题”的演讲①中，梳理了尤里·洛特曼的文本理论形成的历史背景与学术语境。

如何获得文本的本质，莫斯科——塔尔图学派的理解与其他人文方法有原则的差别。原因在于对交际的性质认识不一样。交际理论出现于50年代，同美国工程师K.申农的名字相联系。他研究如何在最狭窄的路径上传播最多的信息，建立了数理的交际论。任何交际总要有发信者和收信者，有联结渠道，有传递的内容，这内容以信息计量。与信息相对的是干扰的噪音。这些是信息论的基本概念。他的结论是信息多少与概率多少相关联，可预料的频率愈高，信息量就愈少。你去找一个熟人，知道他在某座楼里住，但不知道住宅号码。你向人打听，别人告诉你这人住一号，而楼内只有两家。这时告诉你一号的信息，可能的概率是1/2，你只可能找错门一次。如果别人告诉你他住一号，但楼内有16家住户，那么你可能找错15次，信息准确的概率降低了15倍。这样又可以说，出乎意料的可能性越大，信息量也越大。拿文本为例，你告诉人们文中首句一个词，让他们往下猜是什么，也可告知第一句和第二句的首词叫人猜，告知的词越多，猜中的概率就越高。在60年代的匈牙利，有人通过实验得出结论，诗歌文本的猜中率最低，亦即出乎意料处最多，所以信息量也最大。信息量最低的，第一是12—18岁女孩的讲话，第二是报纸的社论。申农的理论纯属工程性质的，与符号学无直接关系，但信息计量的方法引起符号学者的关注，成为许多研究的基础。例如，埃科就是以此为基础建立了自己的交际理论。对塔尔图学派来说，最重要的是雅各布森的交际模式，它不是技术性的，它的基础是语言与文本

① 2005年5月30—6月1日，塔尔图大学米哈伊尔·洛特曼教授来北京出席由北京外国语大学俄语学院与中国社会科学院文学理论研究中心共同举办的“全国洛特曼学术思想研讨会”，在会上作了题为《文化符号学中的文本问题》的主题报告，阐述了著名符号学家尤里·洛特曼的文本观。这篇演讲稿的中译文发表时被易名为《塔尔图学派的形成与特点》。

两个范畴。这一模式还代表着语言的六种功能。雅各布森模式的不足,是列宁格勒著名的人类学者诺尔维茨提出的。不足是这里还缺一项,就是截听者。发信人向收信人发出信息,同时又考虑到中间会有人截听,信息就要采取伊索式语言来躲避检查。一个有趣的例子是普希金,他与沙皇关系不好,沙皇对他说要施行检查。普希金以为这是针对作品说的,不料发现沙皇截看他的私人信件。沙皇看后不满,告诉检察官,检察官转达给普希金。诗人十分愤怒,就给妻子写信说,皇上当然是绅士,不会私拆别人信件,不会偷窥人家夫妻在卧室床上干什么。信表面上写给妻子,实际上是给截听者看的。后来他又想出一计,致信妻子用法语详细筹划以后与她做爱的方法。当然这也没起作用,沙皇没有改变检查的做法。这例子表明,截听者在交际过程中占有重要地位,能够积极改变收信人,改变符码。雅各布森的模式,不具有普遍性,它只适用于一种交际:父亲称之为"我—他"之间的交际。但这不是唯一的,还有一种是"我—我"的交际。这里可能有各种不同的文本,比如说日记体。写日记有各种目的。真正的、真实的日记是写给自己的,目的在认识自己,弄清自己的行为动机,分析自己的错误等等。但也有不真实的日记,作家有时写日记是为了让别人看,实际上是作品。托尔斯泰晚年写有三种不同的日记,第一种写好放在桌上,等人来看来抄写。第二种写好放在抽屉里,也是准备有人来看的。第三种真是为自己写的,但也可以给人看,有些精彩的地方不给人看很可惜。"我—我"式交际的特点,是有广泛的共同语境,可以写的十分简要,却又多用象征性的编码。这里主要是未知信息,正如语法上的实际切分,有已知未知之分,在"我—我"渠道上,已知的不需要再说,只需要说出未知成分。还有,如果交际者是个人,主导的模式是"我—他"型。如果把一种文化当整体,在文化内部则是"我—我"型占主导。

父亲又强调,文本对发信人和收信人来说都是基本的第一性的东西。而雅各布森认为,发信人对文本来说才是第一性的,是发信人把文本传递给收信人。塔尔图学派主张。是文本培育收信人,决定听众,还会改变符码语言。索绪尔只讲语言体系决定言语的应用,塔尔图学派则还讲言语要影响改造语言,语言在交际中要发展,尤其是文艺文本。另外,在言语行为理论中,有一种叫言语行为的陈述,譬如说,"我祝贺你的生日"。这话本身就是祝贺的行为,就是交往的行为,保持着交往关系。在这个意义上,文本就是交往的行为本身,就是交往的关系。上面我们说了,文本实现交往、选择听者、改变符码,再进一步说,文本会改变作者。我们说话时常并不清楚自己要表达什么。特别是文学文本,常常可有多解。可以问作者,你是想说什么。他告诉你想说一个什么意思。但你不要相信。因为他这话就是一个新文本了,也需要加以阐释才成。文学史上常有文本摆脱作者控制的情形。再以普希金为例,他就说自己也不知道《奥涅金》一书是个什么结局,写到第八章时又给朋友写信说,塔吉雅娜出了个花样,谁也没料到她竟然出嫁了。构思在写作过程中实现,但实现过程可改变构思。文本于是改变了作者,作者已不是动笔前的作者了。所以说,与一切学派的原则不同,塔尔图学派认为文本占据中心地位,文本是一种负责任的行为。如果看法国符号学,那里占据中心地位的,不是文本(text),而是话语(discourse)。巴尔特、福柯提出话语理论,也认为话语并不服从语言体系。福柯认为,话语是介乎词与物之间的空间,在词、物、思想三者之中的空间,这里能产生思想、观念等等。但若比较 text 与 discourse ,text 有开头与结尾,discourse 却没有,text 有作者,discourse 却是不带人称的。于是,巴尔特与福柯说,作者死了。那什么还活着呢?福柯说只剩下了没有人称的空间——discourse。我打个比方,每个人都是有机体,体内实现着各种过程,如呼吸、消化、血液循环等。这些过程是不可控制的。当然有人可以局部地进行调控,如瑜伽功可以控制呼吸。但与生理现象同时,又有自觉意识的行动，自觉负责的行动 text 是事件，就是自觉的负责的行为，评价 text 要看它的后果。Discourse 却像是交际的生理活动，不带有信息性质。看 text 需要考虑它提供了什么新信息、新思想，对文化、对语言有何贡献。

Text 与 text 之间是有联系的，即文本间性。文本间相互发生关系有两种情形。一种是文本与文本直接发生联系，一种是在阐释过程中出现文本间联系。一个文本可以成为另一个文本的潜台词、潜在含义。离开这个潜台词的文本，我们无法理解原来那个文本。潜台词文本是多种多样的，最普遍的形式是引证其他文本。巴赫金说过，任何话语无不是引文，这可以讨论，不过“他人话语”的确很重要，如陀思妥耶夫斯基小说里就运用了许多潜在的引语。科学语言如此，文学文本尤其如此。如果潜台词是整个语境，但没有明确指出引自何处，情形就十分复杂了。上面说过，整个文化可以文本组成的系统，现在又可说文化是文本间相互联系的整体。文本与文本互相包容，影响后面的文本，形成不断的运动。文化史就是文本关系的发展史。①

可以说，洛特曼的文本理论是在与本土学界与国外学界之多向度的对话中形成的。

正是在这种多向度对话中，洛特曼的文本理论在结构主义时代超越了结构主义，在继承雅各布森诗学理论的过程中发展了雅各布森的诗学理论，而成为后索绪尔时代别具一格的一种符号学文论。

也正是在这种多向度对话中，洛特曼实现了其文本研究的拓展——由诗歌文本——文学文本——艺术文本——文化文本的拓展，实现了其研究视域的拓展——由文学符号学——艺术符号学——文化符号学的拓展，实现了其文本理论的拓展——由早期的意义型、单语性文本观向后期

---

① 米哈伊尔·洛特曼：《塔尔图学派的形成与特点》，王立业主编：《洛特曼学术思想研究》，黑龙江人民出版社，2006 年，第 11—13 页。

的功能型、多语性文本观的拓展，实现了其文本运用领域的拓展——由文学文本——艺术文本——历史文本——乃至包括仪式文本、行为文本在内的文化文本。

洛特曼认为："作为在空间上是有限的艺术作品，乃是无限的世界的模型。""每一个单个的文本既是在模拟某一部分客体，同时又是在模拟包罗万象的宇宙客体。"①

艺术文本这一能量无限的模拟机制，引导着洛特曼把一切都视为文本。

洛特曼这种不断拓展文本研究疆域的追求，这种将一切文本化的追求，不能不令人想起那个宣称"文本之外无他物"，鼓吹"解构论"的德里达。

那么，苏联学者尤里·洛特曼的文本理论与法国学者雅克·德里达的文本理论之间有契合相通吗？有差异分野吗？至少，这两人的文本理论之比较对于当代文学文本理论会有怎样的意义呢？

康澄博士认为："洛特曼的文本理论彻底打破了意义的终结性和一次性。在这一点上，他与解构主义的文本观在精神上是契合的。"②尽管洛特曼与德里达都否认了文本具有终极意义，但洛特曼的文本理论与德里达的文本理论又存在着本质的不同。这主要表现在：首先，与德里达忽略文本的内在结构与深层结构不同，洛特曼不仅肯定了文本拥有极为复杂的内在结构，而且他认为正是这种复杂的内在结构保证了文本具有与人脑相类似的功能；其次，洛特曼对于原文本极为尊重。他否定文本带有固定的、一成不变的意义，但认为文本如同"黑匣子"，是意义的生成器。③一切变化都源于文本，它是传递、保存和产生意义的智能中枢。洛特曼指

---

① 尤里·洛特曼：《艺术文本的结构》，莫斯科，1970年，第204—205页。

② 康澄：《洛特曼文化符号学的核心概念——文本》，王立业主编：《洛特曼学术思想研究》，黑龙江人民出版社，2006年，第123页。

③ 尤里·洛特曼：《文化与作为意义生成器的文本》，《俄罗斯文化的历史和类型》，第163页。

出，意义产生于异质文本的翻译过程中。解读文本的活动从本质上说是翻译活动。将用“他人的”语言写成的文本翻译成用“自己的”语言写的文本，由于在翻译过程中各类型的文本本质上存在着不可翻译性，才产生了新的文化意义。“交际过程是翻译行为，是变化的行为。文本不仅使语言、信息发出者发生变化，而且在信息发出者和接受者之间确立联系，使信息接受者也发生变化。进而，文本本身也发生变化，且不再等于它自身了。”①不可翻译的翻译使文本的变化具有不可预见的性质。

> 洛特曼认为文本意义的产生基础是翻译，而德里达则提出阅读文本实际上是读和写的《双重活动》。意义产生于对文本的补充、撒散、拼接、剪切、置换中。德里达将文本当作一块松软的土地，可以自由地播撒种子。德里达的文本理论（推重的）是瓦解、重写，是将碎片重新组合、拼接。②

与德里达一样，洛特曼认为文本没有确定的、终极的意义，但他对文本的态度极为尊重。一千个人的眼里或许有一千个不同的哈姆雷特，这意味着文本具有产生新意义的功能，不存在终结性解读，但绝不意味着我们可以随心所欲地重新书写、替换、增添莎士比亚的文本，也绝不意味着莎士比亚的作品不能向人们传达相对完整的意义。洛特曼认为，如果读不懂普希金在某种意义上意味着“杀死了”作者的话，那么最起码我们不应该以此为荣，更别说去加以炫耀。

> 洛特曼在运用结构主义——符号学原则的同时，其研究方法出现了许多解构主义特征，但又从根本有别于后者。结构主义文本理论的封闭式研究导致的普遍性和自律性使我们丧失了个体的独特性和差异性，解构主义颠覆了结构主义所有的理性逻辑，但丧失了对文

① 米·洛特曼：《在文本背后：略论塔尔图符号学的哲学背景》，《洛特曼研究论文汇编》卷一，莫斯科，1995 年，第 218 页。

② 康澄：《洛特曼文化符号学的核心概念——文本》，王立业主编：《洛特曼学术思想研究》，黑龙江人民出版社，2006 年，第 124 页。

本的尊重也就失去了意义生成的基本足点。在对文本的彻底解构和颠覆中将世界和自身都便成“碎片”。洛特曼的文本理论既反对意义的终极性、确定性，又积极探索意义的产生机制；既是动态、多样的，又是求实、科学的。①

对苏联洛特曼的文本理论与法国德里达的文本理论之间的差异，我们还可以往下开掘。若进一步追问德里达与洛特曼在文本理论上不约而同的“相通之处”，这两人异曲同工的“大文本理念”，或者，“泛文本化”思想之所以应运而生，这是不是与它们同属于后索绪尔时代的产物、同生于结构主义的大潮之中但却勇于超越结构主义这一后结构主义的精神追求颇有关联呢？

若将洛特曼的文本理论视为一个文本，那么，这一文本理论之被传播被解读被接受被运用的过程，它的跨文化的旅行过程，就是一个生动有趣的“理论旅行”的文本。检阅洛特曼文本理论的跨文化之旅，梳理理论旅行的这一文本的建构过程，也是不无意义的。不过，这已是另一篇文章的内容了。由于篇幅有限，我们这里稍作勾勒。

洛特曼以其结构符号学的文本理论，早就赢得国际学界的普遍关注。可以说，这是当代苏联文论界最早（甚至早于米哈伊尔·巴赫金）一位进入超越国别超越民族疆界之跨文化“理论旅行”之征途、最早产生了广泛的国际影响的重要理论家。《结构诗学讲义》1964 年在塔尔图大学以《符号系统论丛》第一辑问世，美国布朗大学于 1968 年就重印了这部书；1970 年在莫斯科问世的《艺术文本的结构》，1972 年在慕尼黑便有了德译本。佛克马当年写《20 世纪文学理论》时就参考了洛特曼著作的德译本。1971 年，第一部俄德双语版“莫斯科——塔尔图学派的符号学论著文选”——《苏联结构主义文学学文本》（*Texte des sowjetischenLiteratur-wissenschaftlichen Styukturalismus*）在慕尼黑面世。中国学者 1988 年介绍尤里·

① 康澄：《洛特曼文化符号学的核心概念——文本》，王立业主编：《洛特曼学术思想研究》，黑龙江人民出版社，2006 年，第 125 页。

洛特曼文论时推出的一个专辑《外国文学报道》(1988 年第 1 期),竟是从德国人编的这个《苏联结构主义文学学文本》(中译为《苏联结构主义文艺学文集》)文选中选译了尤里·洛特曼的 3 篇论文。德国人早在上世纪 70 年代就编出两部“莫斯科——塔尔图学派的符号学论著文选”的书目(1974、1977),而这是苏联本土学者当时都不敢梦想的;1986 年,在亚琛还出版了两卷本的《苏联符号学文选(1962—1973)》。在德国,有一位学者多年密切跟踪尤里·洛特曼的理论探索。他就是卡尔·艾梅马歇尔,德国鲁尔大学教授,斯拉夫学学者,后来出任以尤里·洛特曼冠名的“俄罗斯与苏联文化研究所”所长。卡尔·艾梅马歇尔的长篇文章《苏联文学研究中结构主义的发展、特点和问题》(1971)对于莫斯科—塔尔图学派的理论作了即时的评述。这位德国学者撰有《尤里·洛特曼学术活动的方法论层面(1950—1960 年代)》(1972)、《尤里·洛特曼:整合性文化学的符号学变体》(1974)这样颇见深度的专论。

几乎与佛克马将洛特曼的符号学理论写进其《二十世纪文学理论》(1977)同时,在英国,安·舒克曼写出一部《文学与符号学——尤里·洛特曼的著作之研究》[①]。1984 年,在美国,Jonaid-Sharif Lutfurahman 写出《文本·符号·结构——尤里·洛特曼的诗学》。2003 年,韩国学者金苏匡在莫斯科用俄文出版了《尤里·洛特曼的创作演变的主要方面》。[②] 洛特曼的文学理论建树早已进入当代文论大家的视野,雅各布森当年曾鼎力支持尤里·洛特曼创建莫斯科—塔尔图符号学派;埃科曾为尤里·洛特曼著作的英译本作序[③];伊格尔顿在《文学理论:导论》(1983、1996)[④]中

① Ann Shukman, *Literature and Semiotics—A study of the writings of Yu. M. Lotman*, North-Holland Publishing Company. Amsterdam 1977.

② Ким Су Кван, Основные аспекты творческой эволюцииЮ. М. Лотман, Москва, 2003.

③ Yori M. Lotman, *Universe of the Mind: a Semiotic Theory of Culture*. Translated by Ann Shukman. Introduction by Umberto Eco. London & New York, 1990. p. 306.

④ 参见特里·伊格尔顿:《文学理论:导论》(1983、1996)中译本(易名为《二十世纪西方文学理论》)第三章“结构主义与符号学”,伍晓明译,北京大学出版社,2007 年,第 98—100 页。

以“塔尔图学派的主要符号学家尤里·洛特曼的研究工作”为例证，来阐述符号学分析在文学研究进程中的历史贡献。洛特曼的力作《艺术文本的结构》、《诗歌文本分析》早已被译成德、法、英、意大利、西班牙、瑞典、波兰、捷克、塞尔维亚、罗马尼亚、日本、韩国等多种文字。洛特曼之文学作品建构于文本结构与文本外结构之互动共生的“内外互生”理论，与埃科之“开放的艺术作品”理论，与伊瑟尔之“具有召唤结构的文学文本”、“具有艺术极与审美极的文学作品”理论，与巴尔特之“由作品走向文本”、“可读的文本和可写的文本”理论，与克里斯蒂瓦的“现象文本”与“基因文本”、“具有生产性的文本”理论一样，共同参与了当代国外文学文本/文学作品理论的革新，参与了当代“文学”概念的更新与当代文学研究视界的刷新。

文本的结构和意义的生成

——洛特曼的结构诗学①

程正民②

［摘要］ 艺术文本是一个整体的结构，整体所提供的信息量要大于各部所提供的信息量的总和。文本结构的复杂性与所传达的信息量成正比。艺术文本结构中各种要素之间的矛盾和冲突，对立和统一，是艺术文本意义生成的重要机制。文本创新的力量取决于遇到阻力的程度。艺术文本结构是同社会历史文化这个更复杂的非文本结构相联系的。

［关键词］ 洛特曼 文本结构 意义生成 非文本结构

尤里·米哈伊诺维奇·洛特曼（1922—1993）是俄罗斯20世纪具有世界影响的学者，他的研究涉及文艺学、符号学、文化学等领域，他是塔尔图符号学派和俄罗斯结构诗学的奠基人，国际符号学学会副主席。他的代表作有《结构诗学讲义》（1964），《艺术文本的结构》（1970）、《诗歌文本的分析诗的结构》（1972）、《电影符号学和电影美学问题》（1973）、《文化的与断裂》（1992）、《在意义的世界里》（1990）以及两部合集《符号场》（2001）等。他的研究主要以诗歌为对象。不同于苏联传统的文艺社会学研究方法，他运用结构主义和符号学的理论，着重研究文学文本的内部结构，同时又把内部结构的研究同外部的社会文化语境联系起来，开辟

---

① 本文为教育部人文社会科学重点研究基地重大项目《20世纪俄罗斯诗学流派研究》阶段性成果，项目批准号：10JJD750006。

② 程正民，北京师范大学文学院教授，博士生导师，北京师范大学文艺学研究中心研究员。

了文学研究新的理论空间，从这个意义讲，西方有的评论认为“洛特曼的书将在文学研究中的确带来一场哥白尼革命”①。

一 “文艺学应当成为一门科学”

洛特曼的结构诗学研究，不同于占重要地位的苏联传统的社会学诗学研究。在一个马克思主义文艺社会学占统治地位的国家，在俄国形式主义遭到毁灭性批判的四十年之后，在苏联为什么又会蹦出一个具有世界影响的结构诗学流派呢？这是一个值得深思的问题。

20世纪60年代，结构诗学在苏联的出现，有其理论的渊源，有苏联文艺学历史发展的必然性和现实的要求。

洛特曼结构诗学的理论源头是以索绪尔为代表的结构主义语言学和俄国形式主义。索绪尔的语言学一反以往侧重语言和社会关系研究的外部语言学，突出语言的内部结构研究，他的语言学研究以及在他的影响下西方后来兴起的结构主义思潮，对洛特曼的结构诗学研究有深刻的影响。就国内而言，俄国形式主义对洛特曼的结构诗学的影响就更为直接。他在俄国形式主义的大本营之一的彼得堡大学学习，受到了俄国形式主义重要理论家的思想影响。同俄国形式主义一样，洛特曼重视运用语言学方法研究文学，重视文学的文本，重视作品的形式和结构。当然，洛特曼的结构诗学又不完全等同于西方的结构主义和俄国形式主义，他更重视各种艺术手段和形式之间的联系、重视艺术形式和意义的关系、艺术文本和社会文化环境的关系等等。

20世纪60年代洛特曼结构诗学在苏联的崛起也同当时苏联思想文化的松动有密切的关系。1950年代中期，苏联社会产生重大变化，出现了

① 佛克马、易布思：《二十世纪文学理论》，三联书店，1988年，第50页。

"解冻"。在文艺学领域,冲破了庸俗社会学和教条主义的束缚,冲破了传统认识论的束缚,开始重视艺术特点和艺术规律,开始认真思考文艺学的研究对象。一方面是过去遭到批判的俄国形式主义、普洛普、巴赫金的著作得以出版,得到重新评价。另一方面是西方的理论开始被介绍过来。正是在这种社会文化背景下,爱沙尼亚塔尔图大学的洛特曼和莫斯科的乌斯宾斯基开始从事文艺的结构符号研究,形成了苏联的研究结构符号学的塔尔图—莫斯科学派。这个学派直接受到西方控制论、信息论、系统论以及符号学、结构主义语言学、机器翻译的影响,积极展开结构符号研究。1962 年,苏联科学院斯拉夫学和巴尔干学研究所(设有斯拉夫语言结构类型学研究室)和控制论委员会,在莫斯科联合公开"符号系统的结构研究"讨论会,并出版了论文集《结构类型学研究》。之后,1964、1966、1968、1970、1974 年又在塔尔图等地先后召开一系列讨论会。从 1964 年起,在塔尔图大学出版了 20 多辑《符号系统研究论文集》。洛特曼本人除了参加和主持上述活动,还在塔尔图大学开设用结构方法讲授诗学的课程(1962),并将该课程的讲义《结构诗学讲义》(1964)出版,后来将其修改、补充,出版了《诗歌文本的分析·诗的结构》(1972)。这本专著,特别是后来的《艺术文本的结构》(1970),奠定了以洛特曼作为代表人物的苏联结构诗学的理论基础。

从以上情况看,洛特曼从事结构诗学研究不是心血来潮,不是赶时髦,是有其理论渊源和社会文化背景的。如果再深一层看,更是同他本人对文艺学学科存在的问题的思考,对文艺学学科如何成为一门科学的思考相联系的。历史地看,20 世纪初,俄国形式主义就尖锐地提出文艺学的研究对象这一问题,他们认为文艺学应当有独立的研究对象,它的研究对象是"文学性",不能混同于其他科学的研究对象。尽管俄国形式主义的理论有其缺陷,但他们对文艺学研究对象的思考是有其合理性的。在他们被批判之后,苏联不少著名的文艺学家,如普洛普、维戈茨基、巴赫金,在他们的研究和著作中,其实一直进行着这种思考。洛特曼是在新的历史条件下，继续文艺学研究对象的思考，继续建立科学的文艺学的思考。1967年，洛特曼在他的结构诗学研究遭到苏联文艺学界一些重要人物（如季莫菲耶夫）的责难和批评时，写了论文《文艺学应当成为一门科学》①，阐明他对建立科学文艺学的看法，批驳对结构诗学研究的指责。

首先，洛特曼指出文艺学应当成为一门科学，结构诗学研究不是反对“传统文艺学”，而是给“传统概念注入新的内容”。结构诗学研究的一个根本出发点就是要把科学思维运用于文艺学研究。文艺学要成为一门科学就不能只靠艺术感受，特别需要科学思维，要“捕捉不可捕捉者”，“挖掘不可挖掘者”。他指出传统文艺学存在两种互相之间没有任何联系的各自独立的研究体系：一种是细致考察作品的形式、结构和风格；一种是把文学作品当作社会意识的特殊形式，在同其他社会思想联系中加以研究。他反对这种相互割裂的研究方法，认为文学艺术作品是一个系统、一个结构，应当从文学艺术作品的结构中去寻找作品的思想意义。在他看来，文学作品不是一系列特征的集合体，而是一个行使功能的系统和结构。文学艺术作品的思想不是外在于作品的结构，而是通过作品的一定的结构形式表现出来。思想意义和作品结构的关系同细胞的生物学构造十分相似，细胞是一个具有复杂功能的自我调节系统，细胞功能的实现就是生命。文学艺术作品也是一个具有复杂功能的自我调节系统。思想是作品的生命，但这种生命不能存在于作品躯体之外，也不可能存在于被解剖家肢解得七零八落的躯体之上。

其次，洛特曼针对文艺学界一些人对结构学讲“去人文化”和“反历史主义”的责难，强调结构研究是同历史研究相结合的，科学主义和人文主义是不矛盾的。在他看来，艺术研究中的不确定性和或然性往往不自觉地为谎言打开大门，而谎言是不具有人文精神的。科学的本质是满足人们对真理的追求，对真理的追求本身是具有人文精神的，结构诗学研究

① 俄文见《文学问题》1967年第1期，中译文见《文化与诗学》2010年第1辑，北京大学出版社，2010年。

拓展了文艺学研究的科学思维,是对真理的追求,因而不是"去人文化的"。文艺学的结构研究也不是反历史主义的。他认为文学艺术属于复杂的结构,要深入这个复杂的结构,就不能只停留在对文学艺术作品结构本身的研究,因为这个结构属于更大更复杂的结构,这就是"文化"和"历史",因此必须把文学艺术作品放在更大的结构即历史文化中进行研究。

显然,洛特曼的结构诗学研究,不仅仅是文艺学研究方法的一种创新,其中蕴涵着他对文艺学研究对象的深入思考,对建立科学的文艺学的深入思考,这种思考是从 20 世纪初俄国形式主义开始的,洛特曼的思考是对他们的继承和发展。

二　艺术是一种特殊的语言系统

洛特曼的结构诗学研究是从语言切入的,他的艺术文本结构分析是同语言密切相关的。为什么艺术文本结构的分析一定要从语言切入,并把它作为基础?这是同洛特曼对文学艺术本质特性的认识,对语言的认识,对文学艺术和语言关系的认识,对艺术语言结构同艺术文本结构关系的认识相关的。洛特曼结构诗学的研究主要出发点就是把文学艺术看作一种语言,把文学艺术看作一种特殊的语言系统,这是他的结构诗学的理论基点。因此,要深入理解洛特曼的结构诗学,首先需要了解洛特曼对文学与生活关系的看法,对自然语言和文学语言关系的看法。

洛特曼同其他文艺学家一样,认为艺术是认识生活、再现生活的特殊手段,也认为艺术和生活之间既有同一性也有差别性。问题是你从什么角度来认识艺术和生活的差别。传统的做法是抓住形象,认为艺术是通过形象来再现生活。与这种看法不同,洛特曼是从语言的角度,通过语言来认识艺术和生活的同一性和差别性。在他看来,艺术对生活的认识和再现总是通过一定的物质材料来实现的,艺术作品就其本性而言,一方面既是社会意识形态，具有精神产品的特征，另一方面又有物质产品的特征，它对生活的反映和再现需要通过一定的物质材料和物质手段才能实现。马克思也说过，“彩色和大理石的物质性质没有超出绘画和雕刻的范围”①。具体来说，音乐的材料是声音，绘画是颜料，雕塑是石料，舞蹈是人体，而文学的材料是语言，文学正是依靠语言才得以存在。因此，要认识文学的本质特征，认识文学反映和表现生活的特征，必须抓住语言；要理解文学作品的结构，也必须抓住语言。

问题的关键在于文学的语言是不同于普通的语言的，洛特曼在从语言的角度认识文学反映和表现生活的特征时，正是从文学语言和自然语言的联系和区别入手的。他认为正是因为文学语言是不同于自然语言的，文学语言不仅有反映生活的功能，而且有表现生活的功能。

洛特曼在《艺术文本的结构》中，将语言分为两种模式系统。

第一种模式系统，或者叫第一性语言，包括两种类型。一是自然语言，比如俄语、法语、捷克语、爱沙尼亚语等。自然语不仅是一种最早的语言，也是人类社会中最得力的交流系统。正是靠结构的力量，自然语言才对人类心理和人类社会生活的方方面面产生巨大的影响。二是人工语言：科学语言，比如化学语言、数学语言等；约定俗成的语言，比如路标等。

第二种模式系统，或者叫第二性语言，这就是文学语言，艺术作品是用这种语言写成文本。这种语言既是建立在自然语言之上的，是同自然语言相关的，但它又是一种特殊的语言，是自然语言的重构。它既要遵循自然语言的规范，又要遵循艺术的规律。也就是说，文学语言作为一种特殊的语言形式，它必须有一套特殊的结构规则，一套独特的组合原则，一套特殊的连接方式，这种它才有可能比自然语言传达更独特更丰富的信息和内容。

① 《马克思恩格斯全集》第46卷(上册)，人民出版社，1979年，第121页。

那么,作为特殊语言系统的文学语言,它的特殊性何在呢?以往的文艺学只是从形象性,从准确、鲜明、生动等方面来阐明文学语言的特征,但这还不能完全说清楚这个问题。洛特曼在阐明文学语言的特征时,却是另辟蹊径,他是从文学语言的结构特点、连接规则和组合方式来说明这个问题,给人耳目一新的感觉。他认为要了解艺术的特征就必须了解艺术的结构,要了解艺术的结构就必须了解艺术语言的组合规则。在他看来,文学语言和自然语言并不是对立的,但文学语言是按照一定的组合规则对自然语言进行重组和改造,这样就使自然语言产生变化,导致自然语言的"非语义化",这一方面使自然语言的原意变得模糊,另一方面又产生更丰富的语义。比如在诗歌中,通过重复和对举等组合规则,通过多种成分的对立和对比,各种成分的矛盾和冲突,就使文学语言就比自然语言具有更丰富的信息内涵和审美内涵。

洛特曼正是从文学语言的结构和特征出发,来进一步探讨艺术语言和艺术文本结构的关系,探讨艺术文本的结构。他认为艺术文本的结构是同文学语言的结构和特征相关的。把艺术当作特殊的语言学系统,正是洛特曼艺术文本结构分析的基础,也是洛特曼结构诗学的基础。

三　诗歌的文本结构和意义的生成

洛特曼从系统结构的观点来分析诗歌文本的结构,他对诗歌文本结构的分析体现了他关于诗歌文本结构的一系列重要观点和理论原则,只有首先把握这些观点和原则,才能深入理解他的诗歌文本结构分析。其中主要包括以下几个方面。

1. 作品的思想内容和作品的结构是不可分离的,"作品的思想内容就是作品结构本身","思想"由整个艺术结构表达出来,思想实现在相应的结构之中，而不是存在于结构之外，艺术文本的所有因素都充满意义。[1]

2. 艺术文本是一个整体结构，是一个完整的系统，它不是各个结构要素的简单相加，艺术文本的结构分析不能停留于诸结构要素的分析，而要做系统的整体考察，着重分析各个结构要素之间的关系，揭示整体结构同各个组成部分的内在联系。整体是大于部分的，艺术作品的整体所提供的信息量要大于各部分所提供的信息量的总和。

3. 文本结构的复杂性与所传达的信息量成正比。“结构的复杂性与信息传递的复杂性恰好成正比。信息的性质越复杂，用于传递信息的符号系统也就越复杂。”[2]艺术文本的结构比其他文本的结构要复杂得多，因此，艺术性强的艺术作品所传达的信息就要复杂和丰富得多。

4. 艺术文本是复杂的结构，它是更大的结构系统的一部分。艺术文本的结构分析不能只局限在文本结构内部，应当考虑它同非文本结构的联系，也就是说把它放在更大的文本和更大的结构系统之中，放在一定的历史、文化、心理语境中进行分析。只有这样做，才能对艺术文本有更深刻的理解和把握。

5. 艺术文本结构之中各种要素之间的矛盾和冲突，对立和统一，是艺术文本意义生成的重要机制，是艺术文本艺术能量的源泉，“创新文本的力量和生命力，在很大程度上取决于其在道路上遇到的阻力的程度和力量”[3]。

具体来说，洛特曼的诗歌文本分析包括诗歌文本的结构层次、结构原则和意义生成机制等方面。

首先是诗歌文本结构的层次问题。

洛特曼认为作品不等于文本，作品是一个实体概念，文本是一个结构概念，“文本是指获得语言表达的结构关系的总和”。它具有三大特征，一

① 洛特曼：《艺术文本的结构》，中山大学出版社，2003 年，第 16—17 页。
② 同上书，第 13—14 页。
③ 同上书，第 276 页。

是表现性，艺术文本是由一定的符号或物质来体现的，是现实的物质体现。二是界限性，艺术文本的物质体现特征明显区别于其他文本物质体现的特征。三是结构性，艺术文本是个有机的结构，这个结构由各个成分组成，并分为各种层次，这些有机组成的要素和层次，最后构成艺术文本的结构整体。

洛特曼把诗歌文本分为音韵、词义、句法、段落等要素和层次。他对艺术文本的层次分析体现了几个明显的特点：一是重视多层次之间的联系，各层次之间的对立和冲突，以及这种联系和冲突对于诗歌意义生成的重要作用。二是重视各层次表层意义和深层意义的联系，力求透过表层揭示诗歌的深层意义。三是重视内部层次和外部层次的关系，既深入分析艺术文本的内部结构和层次，又注意艺术文本内部结构、内部层次同外部结构、外部层次（社会历史文化）的联系。

其次是诗歌结构原则问题。

洛特曼将诗歌作为文本研究的主要对象，这是因为诗歌文本各个要素和各种关系之间的结构和内涵更为复杂，更能传达出丰富的意义。诗歌文本的不同要素、不同层次用什么结构原则组成完整的艺术结构，并生成艺术文本的思想意义和审美蕴涵，这是洛特曼结构诗学关注的中心问题。洛特曼在不同著作中，从不同的方面和不同的角度涉及诗歌的结构原则问题，存在一些不同的提法，似乎并不只用一种提法来概括诗歌结构的全部原则。这里只分析他着重提到的横组合和纵聚合、重复和对举这两组重要的结构原则。

诗歌结构的横组合和纵聚合。

洛特曼认为，“艺术文本就是建构在两类联系的基础上：相等要素的反复对照和对比，以及近邻（不相等）要素的对照和对比”①。这段话涉及诗歌结构的两个重要的结构原则；所谓相等关系和相邻关系，也就是洛特

① 洛特曼：《艺术文本的结构》，中山大学出版社，2003年，第112页。

曼所说的诗歌结构的纵聚合和横组合的原则。所谓反复和对照、对比,也就是洛特曼所说的诗歌结构重复和对举的原则。下面先谈谈纵聚合和横组合的原则。

洛特曼所说的诗歌结构的纵聚合关系和横组合关系是从索绪尔提出又经雅各布森所发展的"二轴说"而来的。他们所说的聚合轴和组合轴指语言系统中最基本的聚合关系和组合关系,语义的生成和转移就发生在这两个过程之中。在他们看来,横组合是指语言系统组成成分之间的顺序和排列组合,纵聚合指的是横组合段中任何一个成分背景中存在的可以代替它的一连串成分。以穿衣作比喻,帽子、上衣、裤子、鞋子的搭配是横组合,而其中如上衣的款式、料子、颜色的选择则是纵聚合。前者突出的是排列、组合、搭配,后者突出的是选择、联想。一般来说,纵聚合是一种相似关系,横组合是一种相邻关系;纵聚合是一种联想,横组合是一种选择;纵聚合是历时的,横组合是共时的;纵聚合是一种隐喻,横组合是转喻;纵聚合是一种隐含,横组合是一种显示。就文学艺术而言,诗歌是纵聚合,散文是横组合;浪漫主义是纵聚合,现实主义是横组合;美术是纵聚合,音乐是横组合;电影的镜头叠印是纵聚合,蒙太奇特写是横组合。

洛特曼把这套关于语言系统纵聚合和横组合的理论运用于诗歌结构分析,试图说明诗歌结构的原则。在他看来,诗歌结构的横组合指的是诗歌各成分各要素之间的排列、联系、组合,如词与词的联系,词连成句子,句子连成诗行,诗行连成诗节等。而诗歌的纵聚合则指的是本文内所选择的词语,同本文外落选词语的关系。以古诗为例,贾岛的诗句"僧敲月下门"中僧是主语,敲是谓语,月下门是补语,它们之间的搭配、联系是一种横组合关系;而其中的炼字,选字则是一种纵聚合关系,敲也可以选择推、开、撞,其动作有共同特点,而诗人选择敲则是与同特定的情境相吻合的,它更能传达出月夜的寂静。再以戴维·洛奇所列的句子为例[①]:Ships

---

① 转引自童燕萍《语言分析与文学批评——戴维·洛奇的小说理论》,《国外文学》1999年第2期。

ploughed the sea(轮船犁过大海),其中轮船是主语,犁过是谓语,大海是补语,这是横组合关系,而其中犁过的选择则是纵聚合关系,因为它也可以选择"横渡"(Crossed)等等。选择"犁过"与大海搭配,是一种隐喻,犁过除了同"横渡"、"驶过"一样,有"经过"、"费力"等共同语义特征,同时还借助隐喻方式传达出别样的意味,强调一种劳作的艰辛,这也正是诗歌的魅力所在。

诗歌结构的重复和对举。

在谈到诗歌结构的纵聚合和横组合时,洛特曼其实已经涉及诗歌结构的重复和对举的原则,他已经看到无论在纵聚合中或是在横组合中处处存在重复和对举的现象,他认为重复和对举也是诗歌结构的重要原则。

洛特曼说,"不同层次上的重复在文本组织结构中充当主要角色"①,"重复的趋势可以看作是诗歌建构的原则,结合的趋势可以看作是散文建构的原则"②。重复既然是诗歌结构的重要原则,它当然要体现在诗歌结构的各个层面上,其中包括音韵、词汇、语法、诗行各个方面。语音包括韵脚,俄语还包括重音。语法的重复包括词语与词语的重复,句子和句子的重复。然而,洛特曼强调这种诗歌结构的重复绝不是机械的完全的等同,在诗歌的重复中包含着差异,例如词汇的重复、交叉、重叠,往往是互为对象、互为同义词和反义词。同时,重复本身并不是目的,诗歌结构总是要通过重复的手法传达出一定的意义,使诗歌的意蕴更为丰富和隽永。下面以苏联著名诗人奥库扎瓦表现卫国战争的诗句为例:③

> 您听:战鼓已经隆隆敲响,
> 战士啊,快别她而去,别她而去,
> 队伍走进大雾茫茫,雾茫茫,雾茫茫,

---

① 洛特曼:《艺术文本的结构》,中山大学出版社,2003年,第277页。
② 同上书,第112页。
③ 同上书,第179页。

但往事却越来越清晰，清晰，清晰……

在这四句诗行中，诗歌结构中的重复原则表现得淋漓尽致。第二句中的“别她而去”的两次重复，绝不只是表示再次告别，而是包含着“快告别吧，要不队伍已经走远了”、“快告别吧，这可能是最后的告别”、“快告别吧，别让战士依依牵挂”等丰富的情感。第三句“队伍走进大雾茫茫，雾茫茫，雾茫茫”，可以领悟为“队伍走进雾中，越来越远，最后在视野中消失”，也可以领悟为“战士走了，他的命运迷茫”。最后一句“但往事却越来越清晰，清晰，清晰……”，可以直接理解为“往事越来越清晰”，也可以理解为“往事越来越刻骨铭心，难以忘怀”。

洛特曼谈到的另一个诗歌结构原则是对举，也把它看作是诗歌语言结构中最基本的机制。在他看来，诗歌中不是多个词语意义的简单叠加和意义的组合，而是多个语义场相互交叉、对照、对立、冲撞，并由此产生新的意义，而支配这种机制的原则之一就是对举。对举原则与等价性密切相关，同重复一样，它可以体现在诗歌文本结构的各个层面，从词、诗句用至诗段。洛特曼指出：“对举指一种‘二项式’，其中的一部分只有通过另一部分才能被认识，后者作为前者的相似物，既不等同于前者，又不能和它分离，处于类比关系之中——它与前者有共同的总体特征，这些特征正是为了在前者中得到认知才被突现出来。”①重复突出诗歌结构中符合规律的“同”的一面，而对举则在诗歌结构中有意识地打破规则，突出“异”的一面。对举可能是对应也可能是对立的，可能是同义词也可能是反义词，苏联著名诗人阿赫马托娃有这样两行诗：“别人对我赞扬——我却认为是中伤，你即使对我毁谤——我也觉得是褒奖。”②这里别人和你构成对举，赞扬和中伤构成对举，毁谤和褒奖构成对举。这种情况在普通语言中是不可能存在的，赞扬不能等于中伤，毁谤不能等于褒奖，而在诗歌中作为一种对举，却是可能，不仅是可能，而且由于这种对举，这种对常

① 洛特曼：《诗歌文本的分析》，中山大学出版社，2003 年，第 131 页。
② 洛特曼：《艺术文本的结构》，中山大学出版社，2003 年，第 268 页。

规的违反,它产生了新意,在第一句中表现了关系的疏远,甚至敌对,在第二句中表现了关系亲近,甚是亲密无间。对举和重复不是毫不相干的。在具体的诗歌文本中,我们往往又看到对举和重复是相伴相随的。在前面所引用的奥库扎瓦的诗中,既有“快别她而去,别她而去”、“雾茫茫,雾茫茫,雾茫茫”、“越清晰,清晰,清晰”的重复,也有“茫茫”和“清晰”的对举。战士一去,形象越来越模糊,但在亲人的记忆里,在亲人的思念中,他的形象却是越来越清晰。“茫茫”和“清晰”的对举表现了亲人对战士动人的、深切的情感。

最后再回到结构和意义生成机制的问题。

上面谈了诗歌结构的层次问题和结构原则问题,其中实际上已经涉及诗歌意义生成机制的问题。在洛特曼看来,诗歌的意义是同结构相联系的,而诗歌的一系列结构原则,诗歌的纵聚合和横组合,诗歌的重复和对举,归根到底是为了更好地表现诗歌的意义,使诗歌具有更丰富的意蕴。

诗歌的结构系统不仅是一个复杂的有机结构,而且是一个充满矛盾和冲突的有机结构。从这个角度讲,洛特曼指出:“诗歌建构造成特殊的语义合并世界,类似、对比和对立不是与自然语义网相一致,而是参与同它们的冲突和对立。”[1]如果说自然语言、普通语言在日常交际中遵循的是规范,是各种语言要素的和谐统一;那么,在诗歌文本中,在诗歌语言中,遵循和违背往往同时存在,不同的结构组成部分往往处于矛盾和对立之中。诗人们正是在规范和突破规范之中,在种种矛盾和对立之中增加诗歌的能量,创造诗歌的艺术奇迹。洛特曼指出:“在韵文组组织中,我们可以找到对于冲突和抵触的永恒趋向,即不同结构原则之间的斗争……当对立统一趋向一致时,我们不是遇到斗争的缺少,而且斗争的特殊情况:即结构能力的零度表现。”[2]例如在纵聚合和横组合这一组诗歌结构

① 洛特曼:《艺术文本的结构》,中山大学出版社,2003年,第270页。
② 同上书,第267页。

原则中,我们可以清楚地看到诗歌的对立和冲突并由此产生意义的机制。在纵聚合关系中,"异质"的语言材料被放置在一起,在等值关系中,成为功能反义词或功能同义词,从而产生语义的转移和新的意义。在横组合关系中,语义的转移和产生则表现为诗歌语言冲破自然语言的规范,打破自然语言搭配意义的限制,将语义完全不相关的词搭配在一起,使其产生相互冲突和碰撞,新的意义于是产生。洛特曼指出:"创新文本的力量和积极性在很大程度上取决于它所遇到的阻力的程度和强度。"①显然,正是诗歌中音韵、词语、句子、诗行等不同成分之间的相似、对照、对立,它们之间的矛盾和冲突,产生了艺术的张力,形成了诗歌文本意义生成的动力。这就是诗歌文本意义生成的重要机制。

四　艺术文本结构和非文本结构

洛特曼的诗歌结构文本分析的一个重要特点是没有局限于文本结构内部。他把艺术文本看成社会历史文化的存在物,认为文学艺术是在一定的社会历史文化环境中产生,只有把它放在一定的社会历史文化环境中加以考察,才能真正地理解它。为此,他提出了艺术文本结构和非文本(外文本)结构的概念,他指出,"文本的概念不是绝对的,它与许多伴随的历史,文化和心理结构相互联系"。② 洛特曼不仅提出了文本结构和非文本结构的概念,而且指出两者是一个有机的统一体,认为"非本文结构作为一定层次的结构要素构成作品的有机组成部分"。③ 也就是说,对艺术作品的理解,必须在文本和非文本结构的统一体内才能进行。在他看来,分析艺术文本内部结构只是第一步,只有以更广阔的视野,把它放在

① 洛特曼:《艺术文本的结构》,中山大学出版社,2003 年,第 276 页。

② 同上书,第 397 页。

③ 洛特曼:《结构诗学讲义》,转自《苏联文艺学派》,北京大学出版社,1999 年,第 262 页。

非文本中,放在历史、文化和心理的背景中加以考察,才能洞察其深层意蕴。

如前所述,当年苏联有些学者出来指责洛特曼的诗歌结构分析是形式主义的,是过于强调文本内部结构因素,忽视艺术文本的外在因素,忽视艺术文本生成的社会历史文化语境。为此,洛特曼撰写论文《文艺学应当成为一门科学》(1967)加反驳,其中有一段很重要的话:“现在已经很清楚,当我们与复杂结构(而艺术就属于此类结构)打交道时,由于此类结构的多因素性,进行共时描述一般就是很困难的,对此前状态的了解是成功进行模式化的一个必要条件。因此,结构主义不是历史主义的敌人,不但为此,考量作为比较复杂的结构要素——‘文化’、‘历史’——的个别艺术结构要素,是一个十分迫切的任务。不是数学和语言学取代历史,而且数学和语言学与历史一起工作,这就是结构研究之路,也是文艺学家的同盟者阵营。”①1974年,洛特曼在给姐姐莉季雅的信中就她的一篇分析俄罗斯诗人费特的论文发表看法,他这样写道:“他对文本的中间层次,即词汇和布局的层次做了非常好的分析,这是应该的,因为这是诗篇中最重要的层次。但是低一些的层次也不是无事可做,如语音的层次,韵律的层次……另外,还有另一个更高级的层次:文本有自己的思想,同时还有自己的神话来源。”②这两段话再次说明洛特曼的诗歌结构分析是建立在系统论的基础上,在他看来诗歌的内部结构分为不同层次的系统,有语音、韵律层次,有词汇、布局层次,还有思想层次,同时诗歌文本结构还属于更大的系统,这就是现实生活、历史文化、社会心理、思想观念、文学观念等等。在他看来,文学系统离开更大的社会历史文化系统也无法真正理解文学艺术作品,文艺学唯一的出路只有将结构分析和历史分析紧密结合

① 洛特曼:《文艺学应当成为一门科学》,《文学问题》1967年第1期,译文见《文化与诗学》2010年第1辑。

② 洛特曼:《书信》,转引自《洛特曼学术思想研究》,黑龙江人民出版社,2006年,第4页。

起来。例如洛特曼在《〈叶甫盖尼·奥涅金〉的艺术结构》①一文中，就指出普希金这部长诗特殊结构与俄国当时现实和文学的关系，认为它的句法旋律和词法旋律构造之间有一种不对应的关系，这种关系破坏了传统的诗的结构，造成“风格断裂”，而这种变化正是反映了俄国现实和俄国文学的变化。他认为普希金之前的俄国文学中，文学作品的特点是固定结构，这样读者就被“吸收”入观点的一致性中。而普希金的现实主义使文本多元化，并且具有开放的性质，从而使用单一固定的文本变成复杂、开放的结构体系。文本结构的这一变化，归根到底反映了俄国社会现实和文学创作的深刻变化。

洛特曼在晚期的学术研究中，又从文学扩展到文化，从结构诗学研究扩展到文化符号学研究，在《在意义的世界里》(1990、1996)、《文化与断裂》(1992)以及包含前两部著作的合著《符号场》(2000)等著作中，涉及文化场、文化断裂、意义的建构等一系列文化符号研究的重要理论问题，但这已不是本文所看重研究的问题。

五　结构和历史、科学和人文的纠结和出路

洛特曼的结构诗学研究尽管深受俄国形式主义和西方结构主义思潮的影响，但他本人完全是在俄罗斯人文学术传统熏陶下成长起来的学者，俄罗斯文艺学强大的历史主义传统和人文精神显然在他的学术研究中打下深深的烙印。这样一种双重的影响，这样一种独特的学术环境，使得他的结构诗学研究不同凡响，独树一帜，不仅在俄罗斯，而且在世界范围具有独特的理论价值和影响。

洛特曼的诗学结构研究，显然是继承了俄国形式主义的理论遗产，他

① 赵毅衡编选:《符号学论文集》，百花文艺出版社，2004 年，第 102 页。

们都重视艺术特性的研究,都关注艺术的形式,但洛特曼比形式主义大大前进了一步:第一,他克服了形式主义孤立研究技巧和形式的弊病、把艺术文本看成是一个完整的结构,结构的各个组成部分是相互联系和相互作用的整体。第二,他克服了形式主义把形式和内容加以割裂的弊病,强调形式和内容的紧密联系,认为作品的任何形式和结构都是有意义的,作品的思想内容是从整个艺术结构表现出来的。诗歌的意义正是产生于诗歌各个组成要素的矛盾和冲突之中。

洛特曼显然也受到西方结构主义思潮的影响,试图用一种系统的观念、结构的观念来看待艺术文本,然而他又突破了西方结构主义只分析艺术文本内部结构,把自己封闭于文本之中的孤立性、封闭性、静态性,指出了艺术文本和非文本的密切联系,主张把艺术文本结构置于更广阔的社会历史文化语境之中,进行更全面、更深入和更有动态性的研究。

从20世纪初始年代起,俄国形式主义不满于将艺术等同于生活的庸俗社会等,强调艺术的特性、试图建立科学的文艺学,但他们割裂了文艺的形式和内容的关系。之后,许多有见识的文艺学家力图克服形式主义的弊病,努力将内容和形式加以结合,将结构和历史加以结合,探索科学和人文融合的新路。其中如普洛普故事研究中结构研究和历史研究的结合、维戈茨基文艺心理学研究中艺术作品结构和审美反应关系的研究、巴赫金复调小说研究中小说体裁结构特点和狂欢化文化关系的研究等。洛特曼的结构诗学研究应当说是这些研究的继承,走的也是内容与形式、结构与历史、科学与人文相结合的道路。同时,也可以看到洛特曼又有自己的发展,有自己独特的理论贡献,其中最重要的有两个方面:一是把艺术文本看成是一个有机的结构,并揭示了艺术作品意义生成的机制;二是提出了艺术文本和非文本的概念,明确提出不仅要分析艺术文本的内在结构,而是要把它放在更大的结构之中,放在社会历史文化语境之中加以分析。

内容和形式、结构和历史、内部和外部、科学和人文，这些关系一直是文艺学家感到纠结的问题，经过了几代文艺学家走过的弯路和艰难的探索，开始有了新的理论认识和批评实践，但这种认识和实践还远远没有终止。就洛特曼的结构诗学研究而言，艺术文本的分析如何同艺术非文本分析相结合，艺术文本结构的科学分析同对艺术文本的感悟是什么关系，都值得进一步思考和探索。

维果茨基《艺术心理学》的四重转向

李葛送①

[摘要]　经雅各布森的推介，巴赫金和维果茨基，成为西方热捧的“俄罗斯天才”。相比之下，维果茨基的《艺术心理学》相当受冷落，事实上，这部著作却有极其重要的地位。《艺术心理学》既不是为形式主义寻找证据，也不是为历史诗学开辟新向，更不是为红色理论提供心理支援。维果茨基《艺术心理学》从事的是一种开创性的建树工作，直接面对艺术创作，从具体分析中建立了一套新的研究体系，完成了他自己的学术转向，甚至整个俄罗斯文艺理论、心理学的转向。这一转向也是他人生遭遇转向的谶语。这不仅是正确理解维果茨基及《艺术心理学》的关键，也是研究俄罗斯文艺理论、心理学发展的法门。

[关键词]　中枢和缩影　理论标新　四重转向

在“维果茨基热”中，一些人忙于研究他的教育学、心理学；另一些学者专注于考察其艺术理论。维果茨基越发分裂为心理学教育学家与文学评论家，其原因是未认识到维果茨基理论的整体性，特别是未看到《艺术心理学》在其整个理论体系中的地位。《艺术心理学》是维果茨基1925年完成的一部早期著作，花了十年时间。维果茨基的研究方法是一种归纳探索式研究。他在艺术批评实践的基础上构筑起来的这一著作，可以说是他文学批评实践的总结、升华、深化、科学化的结果，成为其日后研究心理学的开端。他的艺术批评实践主要是在大学期间（1913—

①　李葛送，北京师范大学文学院2010级在读博士生，安徽师范大学外语学院教师，比较文学与世界文学方向。

1917)，这一短暂的文学评论生活与"意识"这一词语的出现紧密联系在一起，意识是维果茨基进一步进行科学研究的关键词。艺术心理的分析，突出了文化环境对个人的影响，而文化内化是维戈茨基心理学的核心思想，其心理学的成果回头又证明了在《艺术心理学》乃至他的文学评论实践的正确性。从这一点来说《艺术心理学》是他心理学研究的动机、起点和归结，是他整个研究工作的中枢，是他心理学体系的冰山一角，是开始也是结束。他的助手苏联心理学家、院士阿·尼·列昂节夫说"维果茨基转入心理学专业是有其内在逻辑的。这种内在逻辑在他的《艺术心理学》—— 一本名副其实的过渡性著作中留下了印记"①。这一印记标志着维果茨基学术的转向、俄罗斯文艺理论的转向、俄罗斯心理学的转向，也是维果茨基本身遭遇的谶语。维果茨基是他那个时代的产儿—— 一个从革命前的俄罗斯到革命后的苏联的矛盾的戏剧性时代。他充满了整个时代的味道，既是俄罗斯传统文化的继承者，也是一个新的社会的激情创造者，这一时代的戏剧性和悲剧性也是他自己注定的命运。不了解作为文化历史个人的维果茨基便无法充分理解作为一个学者的维果茨基。所以本文将从文化历史中个人、学者、俄罗斯文艺理论创新者和俄罗斯心理学革新者四个方面来论述维果茨基的四重转向，以其突出的成就为轴，以其学术史和遭遇为轮。

一 俄罗斯文艺研究的正—反—合：艺术心理学的审美反应研究

维果茨基的重大转向是1924年后转向心理学和教育学。在这次重大的转向之前，他也有过几次小的选择，考大学之前他的兴趣是历史哲学，考上莫斯科大学时他听从父母的建议学医学，但一个月后他便转到了

① 维戈茨基:《艺术心理学》，周新译，百花文艺出版社，2010年，俄文版前言。

法学;在大学期间,他的兴趣主要是文学、法学、戏剧。这期间他写了文学评论方面的著作,其中最重要的就是研究《哈姆莱特》的论文。他不满于“一派批评家把问题归结为哈姆莱特的性格问题……他们试图从哈姆莱特内心生活气质去理解他的延宕,仿佛这是一个活生生的真人似的……而不是从剧本的艺术安排上得出的论据。另一派批评家从哈姆莱特实现既定目标时所遇到的客观障碍方面来寻找他的延宕的原因。……他们的错误在于替莎士比亚杜撰了新的更复杂化的使命,并且更多地采用来自几乎生活真实方面的理由,而不是采用来自悲剧的美学方面的理由”。①他认为悲剧是故意安排成谜的,问题不是哈姆莱特为何延宕,而是莎士比亚为何使哈姆莱特延宕。他对《哈姆莱特》已有研究的不满,实质是对俄国文学评论界的不满。主要是对19世纪末20世纪初在俄国评论界流行的学派,如文化学派、形式主义流派、文艺心理学研究的不满。

19世纪末俄罗斯文学理论受实证主义影响较大,形成以布斯拉耶夫为代表的神话学派和文化学派等。神话学派采用历史比较的方法,旨在揭示俄罗斯文化特有的内涵和俄罗斯民族的精神特质。文化学派继承车尔尼雪夫斯“美是生活”的理念,把美与生活等同,艺术完全是现实生活的写照。“把文学理解为民族的历史文化生活的记录,试图突破文学本体论的束缚,在文学中读出民族自主意识的积淀和社会生活的变迁。”②其对文学中的文化和民族社会心理的考察没有把艺术等同于手法、忽略艺术中文化和民族社会心理的内容偏颇。但这种文史不分的思想,“把文学史视为历史科学的一个组成部分”,认为“文学作品就是一定时代的社会和文化文献,文学首要意义就在其中所蕴涵的历史文化含义,就是其中所渗透着的民族和社会心理”③,正如毛宗岗在批评《三国演义》“三分假”,直接拒绝文学的想象一样,不同程度地忽视了文学的审美特性和文学形式

① 维戈茨基:《艺术心理学》,周新译,百花文艺出版社,2010年,第227、228页。
② 刘文飞:《20世纪的俄罗斯文艺学》,《文艺理论与批评》2006年第4期,第19页。
③ 同上。

的相对独立性，使文学批评丧失了自己研究对象的特性和明确的研究范围。历史诗学学者如"维谢洛夫斯基强调文学的发展过程就是新的生活内容、新的观念、感情逐步渗透到旧的形象和旧的艺术形式，使传统艺术样式不断演变和更新的过程"①，这在一定程度纠正了神话学派和文化历史学派偏颇，注意到了文学形式的特性及其演变的特殊规律。

和文化学派同病相怜的是机械唯物主义或形而上马克思主义者。俄国马克思主义美学奠基于普列汉诺夫美学的基础上，随着形式的变化，一部分人甚至后来被打成"右派"的托洛茨基在《文学与革命》中，直接从阶级的立场、政治的角度划分非十月革命文学、同路人文学、未来主义、形式主义和无产阶级文学等。又如红色文艺理论家弗里契，把艺术仅仅看作"'将占统治地位的生活风格翻译成艺术语言'，完全忽略了艺术的复杂性、艺术的各种不同的思想倾向性。这就导致在评价古典作家时，将它们同'统治阶级'的自私自利直接联系起来"②。这种把艺术直接等同于阶级斗争，直接和经济基础、意识形态相联系的观点和做法，和文化历史学派直接把文学等同于历史如出一辙，文学完全丧失了其独立性，这些观点必然受到批评，最大的非难就来自于俄国形式主义。

19世纪，一方面是俄罗斯"白银时代""文艺复兴"，另一方面是欧洲启蒙运动后的科学精神日昌。文艺的推陈出新，直接导致了理论总结的更新换代。阿克梅派诗人们奉行"词的崇拜"，未来主义诗人们倡导"自在的词"和"无意义的词"，这些主张都成了俄国形式主义理论体系的来源。"最初把形式主义者联合成一个团体的基本口号，是把诗歌词语从日益支配象征主义者的哲学倾向和宗教倾向的桎梏中解放出来。"③科学的发展提供了理论创新的条件，也召唤新的理论的创立。雅各布森、鲍加特廖夫等建立的"莫斯科语言学小组"，主要就是吸收语言学最新成果应用

① 刘宁：《俄国文学批评史》，上海译文出版社，1999年，第553—554页。

② 彭克巽：《苏联文艺学学派》，北京大学出版社，1999年，第6页。

③ 巴赫金：《巴赫金全集》第二卷，李辉凡、张捷等译，河北教育出版社，1998年，第185页。

于文学的研究。什克洛夫斯基、艾亨巴乌姆和特尼亚诺夫在温格洛夫教授主持的"普希金讲习班"的基础上形成的"彼得堡诗语研究会"，受胡塞尔现象学影响，要求文学研究回到文学本身，探讨文学的内部规律，而不是作家生平、社会环境、哲学、心理学等文学的外部因素。"文学作品的灵魂不是别的，而是它的形式"，"文学作品的内容（也包括灵魂）等同于它风格手法的总和"。[①] 文学是由言语构成的体系，是由支配言语的那个规律所支配的，而"言语并不是（对象的）影子，言语就是事物"，言语是具有生产性的自我价值的。蒂尼亚诺夫在《古风与革新》（1929）说"文学从来都不是像一面镜子那样反映生活，但是它常常和生活重叠、复合"。[②] 他们关注的是，文学艺术"究竟是怎样表现的"，而不是"表现了什么"，文学研究像其他学科一样有自己独有的体系和内在规律。这样，形式主义者第一次把文学研究当作一门独立的学科，而不是哲学、历史、社会学、心理学、政治、经济等学科的素材和藩地。

形式主义者从"绝无争议的材料出发"，坚持诗学的艺术本质，艺术被宣布为手法，手法就是使物"陌生化"，是增加知觉的困难和时间的为难形式的手法，因为艺术中的知觉过程本身就是目的。"形式主义者陷入了惊人的自相矛盾，因为它以这样的论点开始：艺术中重要的不是物，不是材料，不是内容；但它又以这样的论点结束：艺术形式的目的是'感觉到物'是使石头成为石头，也就是更强烈、更尖锐地体验一开始所否定的材料本身。"[③]它陷入了对物知觉本身是令人愉快的这种低级快感主义。"形式主义和波捷波尼亚学派殊途同归：它在艺术心理内容变化的思想前一样无能为力，它所提出的论点不仅没有能说明艺术心理学的任何问题，而且本身还需要艺术心理学方面的解释。形式主义理论和实践的失败，反映了一切从艺术形式或内容的客观材料出发，而没有任何艺术心理学理论

① 转引自《苏联文艺学学派》，第 3 页。
② 厄里奇：《俄罗斯形式主义》，耶鲁大学出版社，1981 年，第 121、184 页。
③ 维戈茨基：《艺术心理学》，周新译，百花文艺出版社，2010 年，第 74 页。

为其理论依据的艺术理论的基本弊病。”①

形式主义的产生正是受波捷勃尼亚学派的启迪。波捷勃尼亚学派一方面继承了文化学派实证主义，把艺术等同于认识，“诗和科学一样，是对现实的解释，是为了更新的、更复杂、更高尚的目的而对现实生活的改造”②。诗和科学只是在体验上，即心理上不同。“这一观点发端于B.韩波尔特，而在波捷勃尼亚及其学派的著作中得到极大的发挥，成为一系列卓有成效的研究的基本原则。这一观点稍加改变就十分接近于远古传下来的颇为流行的学说：艺术是智慧的认识，教诲是艺术的主要任务之一。这一理论的基本观点就是语言的活动和发展同艺术的类比。”③这样与整个心理学传统背离，理智并不属于狭义的艺术心理学。另一方面他们又在相当程度上克服了文化学派忽视文艺特点和创作内在规律研究的缺陷，重视作品的“内在形式”和文本语言的符号特性。波捷勃尼亚反对艺术在于模仿，认为“没有形象便没有艺术，更没有诗歌”④。这种形象源于词语的内部形象，形象的不同在于作者不同个性，不同创作心理选择词语的结果，形象就是诗意所在。把语言学方法引入文学研究，首次揭示艺术“符号交际性”，重视作品内在形式。库里科夫斯基还从分析作家本人心理结构特性出发，区分艺术创作的两种类型：客观（观察）型和主观（实验）型。从文学史宏观研究形象的演变和发展，指明俄国文学所塑造的社会心理典型之间的联系。但他们走向了另一个极端，抛弃了文化学派对社会文化历史的重视，夸大了个人心理因素的作用，不能把心理分析与社会有机结合起来，也使在它的启迪下产生的俄国形式主义先天不足。

在当时流行的文艺心理学派除了波捷勃尼亚派，还有精神分析派。精神分析者们把性欲认定为艺术的基础并决定着艺术家的命运及其创作

① 维戈茨基：《艺术心理学》，周新译，百花文艺出版社，2010年，第91—92页。
② 刘宁：《俄国文学批评史》，上海译文出版社，1999年，第610页。
③ 维戈茨基：《艺术心理学》，周新译，百花文艺出版社，2010年，第34—35页。
④ 同上书，第37页。

的性质。“在这样的解释下，艺术形式的作用变得完全不可理解了；艺术形式完全成了一种很不重要的附属品，而这种附属品实质上完全可有可无。”“似乎全部的精神生活仅仅由全人类的可怕的欲望所组成，似乎一切表象、意志活动和意识只是受制于可怕的本能的僵死木偶。”“它给人造成这样一种印象，仿佛心理分析拥有一份性象征目录，在任何时代和任何民族那里，这些象征永远都是一样的……人仿佛是他童年的奴隶，一辈子都在解决和消除一出娘胎就形成的冲突。”①精神分析学派的错误的根本原因是从人的生物本能出发。从生物学出发研究人的情绪最初为达尔文所强调，后被斯宾塞等人发展为情绪残存理论，情绪是人类动物祖先的机体反应的残存环节。这种残存理论不为詹姆士—兰格认同，他们承袭了笛卡尔、斯宾诺莎将情绪看作是“生物好处的装置”，看到了情绪与机体变化的直接关联，强调了植物性神经系统在情绪产生中的作用。但片面强调了植物性神经系统的作用，忽视了中枢神经系统对情绪现象的控制和调节。坎农—巴德认为情绪的中枢并不在外周神经系统，而在中枢神经系统的丘脑。弗洛伊德沿着这条线索提出了情绪生活的特殊的动力——力比多、性，这就大谬其然了。

俄国文学研究中纷杂的流派，其实都是在19世纪启蒙运动下，科学急剧发展的情况下，艺术研究家们借鉴了不同的自然科学的成果和方法，从不同的角度对文学进行研究的结果。但是这些研究由于他们所凭借的理论前提和方法的不同，和心理学科的研究一样日益分裂。无论是社会学派、文化派，还是红色文论家都有一个倾向，突出社会、文化对文学的决定作用，但并没有弄清楚或者说阐述清楚文化、社会、历史到底是怎样作用于或者说决定了文学的，也无法回答为何同一环境下有不同的文学，忽视了文学的特殊性、文学的内在规律、文学性本身。而形式派走向了另一个极端，看到文学形式的独立作用，但无法回答为何这种形式可以引起美

① 维戈茨基：《艺术心理学》，周新译，百花文艺出版社，2010年，第105、108、109页。

感，为何这种形式成为有意味的形式等等。维果茨基正是对这种分裂的各自片面合理性的不满，批判综合了各自的片面合理性，独创一说。“如果把维果茨基的《艺术心理学》与20世纪20年代其他艺术类著作相比，那么不能不看到，它在其中占有特殊地位，作者在著作中转向古典作品研究一寓言、短篇小说、莎士比亚悲剧。研究重点不在于对形式主义和象征主义、未来派及左翼阵线的争论上，维氏探的问题更具宽泛的普遍意义，即是什么使作品具有艺术性，是什么使作品转变成艺术创造？……他选择的方法是客观的、分析的方法。通过分析艺术作品的结构特点来说明艺术作品所引起的反应，即内心活动结构。维果茨基认为只有走这条路才能洞察伟大艺术作品不朽意义的奥秘。”[①]从这里我们能够看到自维果茨基开始的文学研究的转向。如果可以假定前一派为“正”，那形式派为“反”，维果茨基就是“合”了。

二 心理学研究接着艺术心理探索未说完的话：文化历史理论

维果茨基《艺术心理学》的研究主要是对艺术结构的分析，但不是脱离内容的、纯形式、纯抽象的分析，“内容也不是简单地纯从外部搬进艺术品，而是由艺术家在作品创造中创造出来的。创造这一内容的过程结晶于，固定于作品的结构之中，一如生理功能固定于器官的解剖结构之中”[②]。内容结晶于结构的过程也是文化、历史、社会等溶入并固化到结构的过程。维果茨基承认马克思关于人类因制造和使用工具而改变这一观点：“他主张，工具，不管是实际的还是象征的，一开始都是‘外部的’，外部作用于自然人，或者与他人交流。但工具影响了它的使用者：语言，首先作为交流的工具，最终塑造了适应了它的使用的人的心智。这是维

① 维戈茨基：《艺术心理学》，周新译，百花文艺出版社，2010年，俄文版前言。
② 同上。

果茨基心理学主题之一。"①

为了揭示社会文化历史内化的具体过程，维果茨基从此就专门致力于心理学的研究，几乎再也没有专门研究过文学艺术的问题。这标志着维果茨基学术生涯的转向。"须知在《艺术心理学》完稿后的不多几年里，维果茨基发表了近一百篇著作，其中包括从《教育心理学》(1926)到身后出版的最后一部书《思维与语言》(1934)等好几本书。恐怕还是由于种种内因的缘故，维果茨基几乎没有再去研究艺术问题。"②这种内因就是维果茨基对俄国文艺评论理论基础——心理学的日益不满，对俄国已有的心理学研究和当时世界流行的心理学研究日益分裂的现状的不满。"当维果茨基结束《艺术心理学》的手稿时，在他心中已经展现心理学研究的一条新途径。他认为心理学对于理解艺术创作结构，对于理解艺术的特殊功能具有举足轻重的关键性意义。必须通过这条途径，才能完成艺术心理学的研究，才能说完尚未说完的话。"③

在维果茨基之前俄国心理学已经取得了重大的成果，国外心理学派也影响了俄国心理学的研究，得到响应，甚至也在俄国形成了相应的学派。

虽然弗洛伊德的理论有片面性，但它是强烈反叛传统机械论生理学的。继承传统机械生理学的行为心理学经过巴甫洛夫的条件反射学说，到神经生理学已经失去了当初的积极作用，"牵引心理学摆脱了'神'的控制，越过了'人'，奔向了'动物'。人所能做的，动物也一样能做，人的心理不必'理喻'，只要有合适的刺激就足够了，人已变得不再是'人'，人的心理与动物差无几"④。与行为主义并肩反对构造心理学"束捆"假设

① Vygotskii L S, Rieber R W, Carton A S, et al. *The Collected Works of L. S. Vygotsky: Problems of General Psychology including the Volume Thinking and Speech* [Z]. Plenum Press, 1987: vol. 1, 3. (《维果茨基著作集》第一卷，第3页。)

② 维戈茨基：《艺术心理学》，周新译，百花文艺出版社，2010年，俄文版前言。

③ 同上。

④ 赵耸婷：《维果茨基的文化解读与跨越》，《南通师范学院学报》(哲学社会科学版)2004年第3期，第136页。

中的格式塔心理学，终于在意识问题上与其分道扬镳。格式塔心理学批评其否定意识的存在，用反应来替代知觉，用反射弧来替代联结。知觉的“心里场”和“物理场”间并不存在一一对应关系，但是心理活动却是两者结合而成的“心物场”。同样一把老式椅子，年迈的母亲视作珍品，它蕴涵着一段历史，一个故事，而在时髦的儿子眼里，如同一堆破烂，它蕴涵着在女友面前陷于尴尬处境的危机。格式塔心理学从整体和心物相互作用中认识事物，有其积极的意义，但其“同型论”和“完形论”都是建立在先验的基础上，明显缺乏生理学假设的支持，任何一种心理现象均有其物质基础即便遭格式塔拒斥的构造主义和行为主义也都十分强调这一点，而格式塔理论恰恰忽略了这一点。

和维果茨基同时代的还有皮亚杰。维果茨基首先肯定了他的贡献：“我向思维和自我中心思维的无意识性概念是皮亚杰理论体系的基础”，“皮氏不知不觉地、直观地证实了外部言语是如何转化为内部言语的”。[①] 皮亚杰的理论与欧洲古典哲学体系一脉相承，其心理逻辑学是对康德关于先验问题亦即普遍知识(“先天综合判断”)是怎样可能的问题，进行了发生学或发展的转换，并受到实证主义哲学思潮的影响，强调科学的“因果解释”，也强调心理学的自然科学性质，但却忽视了历史文化的作用。皮亚杰也没有指出发展的动因。皮亚杰的“成熟走在发展的前面，儿童的发展不依赖于教学过程”的观点也不为维果茨基认可。

问题并不是这些学派的不足，而在于各自画地为牢，日益分裂，或只对心理活动初级形式进行科学分析，力图揭示心理过程的基本机制；或主张内省获得有意识的思维经验，极少关心感觉、情绪、联想等基本过程的科学分析。心理学界缺乏一套共同的概念和解释原则。对心理学来说最需要的不是发现事实，而是找出共享的概念与解释事实的方法，确立一套基本假设来界定心理学的研究对象和研究方法。其次，“‘这段时间心理

① 翟宏、谭海燕：《一个世纪的较量——皮亚杰与维果茨基理论形成的历史背景及发展轨迹比较》，《赣南师范学院学报》2008 年第 5 期，第 72 页。

学使用的语言不是真正的专门术语，也就是说，心理学没有它自己的语言。'或用日常生活语言，这类语言不能发展为科学语言，因为日常生活语言是模糊的、不精确的、有歧义的；或来自哲学的语言，这类语言并不适合心理学，因为它们也是有歧义的，歧义的存在反映了不同哲学理论之间的斗争，这些语言由哲学迁移到心理学也失去了其先前的意义；或借用自然科学语汇，这些语言大多在比喻的意义上被使用（如能量、紧张等）”[①]。这些问题的存在决定了心理学研究不能科学地开展，也不能获得有效的成果。

1926年维果茨基写了《心理学危机的历史内涵》。在这篇手稿中，维果茨基指出："当代心理学——没有灵魂的心灵学说——内在矛盾着，被分裂成两部分。"[②]他在《思维与语言》中指出心理学危机"是由于科学的实际材料与方法论基础处于尖锐矛盾而产生的……心理学危机首先就是这门科学的方法论基础的危机"。[③] 他认为此前的心理学没有或没有真正地应用马克思主义历史唯物主义和辩证唯物主义一元论的方法论，没有看到个体心理机能的社会起源、"人的心理过程的变化与他的实践活动过程的变化是同步的"、"意识与活动是统一的"；没有区分低级心理机能与高级心理机能，即没有认识到意识是人所特有的高级心理机能，意识与高级心理机能是整体与部分的关系，而动物只有"心理"，意识是理智与激情、认知与情绪—意志这两个不可分割的部分构成的统一的、动态的意义系统。因此，力求运用马克思主义辩证原理，科学地调查、分析特定心理学研究中的具体问题，批判地吸收了精神分析、行为主义、格式塔心理学、

---

① 麻彦坤、徐夫真：《维果茨基"论心理学危机"的现实意义》，《广州大学学报》（哲学社会科学版）2007年第12期，第32页。

② Vygotskii L S, Rieber R W, Carton A S, et al. *The Collected Works of L. S. Vygotsky: Problems of the Theory and History of Psychology*[Z]. Plenum Press, 1997: vol. 3, 302.（《维果茨基著作集》第三卷，第302页。）

③ Vygotskii L S, Rieber R W, Carton A S, et al. *The Collected Works of L. S. Vygotsky: Problems of General Psychology including the Volume Thinking and Speech*[Z]. Plenum Press, 1987: vol. 1, 117.（《维果茨基著作集》第一卷，第117页。）

皮亚杰认知发展理论、文化人类学以及各种哲学取向的合理成分，开始精心构筑他的社会文化历史心理学理论体系。

对心理发展的研究有两条线，一是把它看作一条纯生物进化过程，另一是把心理看作精神、灵魂或者绝对精神的发展，身体(body)仅是存放灵魂(psyche/spirit/ghost/vigor)的容器。维果茨基放弃片面的一元论和二元论，认为心理是一个历史发展的过程，这个过程从纯生物的进化到高级的心理机能，并随着人类活动的发展而不断发展。

生物的进化从单细胞刺激反应开始，到动物感觉、知觉、机械记忆、不随意注意以及形象思维、情绪等心理过程，这是人和动物等共有的。随着人类的实践和工具的使用，特别是人学会了使用符号这个心理工具，人的心理发展发生了质的变化，突破了类人猿的动物心理，在机械记忆基础上有了逻辑记忆、不随意注意基础上有了随意注意、在再现想象的基础上增加了理论性想象，在低级情绪的基础上增添了如道德感、理智感等高级的情感，在冲动性意志的基础上增加了预见性的意志。这些高级的心理机能相互联系，重新组合产生高级的心理结构，维果茨基把这种结构称之为心理系统或意识系统，意识是人和动物的区别，意识是一个单元，这单元是一个整体，具有人的心理的一切特征，就像一个水分子包含了水的特性一样。高级心理机能是如何“添加”到低级心理机能之上的呢？维果茨基认为是由于工具的使用。人使用物质工具进行物质生产，最终脱离了动物界。人使用精神工具或心理工具，即各种符号甚至语言进行精神生产和心理操作，使心理机能发生了质的变化，上升到高级的阶段，具有人的心理。精神工具也是不断发展变化的，起初只是一些极为简单的符号、记号，到了后来便出现了文字、语言。语言的出现和发展本身就是社会、文化的过程，所以人的心理的发展通过语言的中介，内化了历史文化，而这内化已固结到人的心理机能上。所以历史文化决定了心理的发展。

《心理学危机的历史内涵》标志着一种新的心理学理论体系和研究方法开始诞生。这是不同于以往或者其同时代心理学研究的一种心理学理论和方法，形成了所谓的“维果茨基学派”，即文化历史心理学学派。也与20世纪兴起于美国的以马斯洛、罗杰斯为代笔的人本主义心理学派不同。人本主义心理学关心人的价值和尊严，但忽视时代条件和社会环境对人的先天潜能的制约和影响。维果茨基心理学在20世纪心理学分化与整合中起着重要的作用，使西方心理学摆脱一直以来脱离具体的环境单纯研究人的心理的弊病，直接影响了社会建构主义学说的兴起，引发了当代教育心理学中的一场革命。同时纠正了当时苏联文艺研究外在分析和内在分析割裂的理论根源，这种分裂正是心理学研究分裂的后果，没有注意到文化历史已经内化到人的意识中，在艺术中文化历史已经固化到结构中的事实。因此他的《艺术心理学》开创了一条以文学自身为研究对象，从分析艺术作品的内在结构矛盾来揭示美感反应的机制的艺术研究新路径。很明显，这一新的研究方法正是基于他的文化历史心理学理论的，从一定意义上说他的艺术研究是他心理学的“还原”，通过形式的分析把内化的文化历史“还原”出来。从而在艺术中观照出人生感、历史感、社会感和宇宙感来，而不是这些东西简单的决定艺术，如泰纳那样。也不是像形式主义者为艺术而艺术，而忘记了其中所呈现的人类的东西。

三　维果茨基转向的认识：附庸或创新，以及对俄文艺研究流派的照鉴

《艺术心理学》是维果茨基从文学批评彻底转向心理学的标志，其实也是联系维果茨基两个研究领域的桥梁，对于全面理解他的学术思想甚至其本人有着重要的意义。他从文学批评的实践出发，这种实践是他艺术心理学的起点。可以这么说，维果茨基采用了归纳的探索研究方法。他从文学的批评实践中归纳出艺术心理学的一些原理，而这些艺术心理学的原理又成为他归纳一般心理原理的特例。如他在文学批评中指出艺术之所以成为艺术，伟大作品永久生命力的伟大奥秘在于作品的结构（形

式），而这种结构融合了社会、文化、历史和人的体验，在情节（结构）的发展中“仿佛自己在一个晚上体验了千百回人生，的的确确比我们在许多日常生活中体验的还多”，结构从两个相反方面推动了人的情感，最终短路，而让读者情感净化。这就是他文学批评中著名的逆向情感定律。而在他的逆向情感定律中，我们很容易看出，情感和结构或者内容和形式的统一，结构的发展就是情感推进的过程，这不正是他的心理学的重要原理之一，文化历史的内化理论在艺术中的显现吗？所以维果茨基的转向，不是为了给红极一时的俄国形式主义寻找理论根据，也不是为了完成俄罗斯历史诗学、文艺批评社会历史学派未竟的事业等，只是他自己的《艺术心理学》工作的继续，“完成他未说完的话”，是从特定的艺术心理到一般心理学研究，或者反过来说为他自己的艺术心理学寻找一般根据。所以应该把《艺术心理学》放在维果茨基整个心理学体系中来考察，而不是单独的。正如前面所说，《艺术心理学》仅仅是他心理学体系露出水面的冰山一角而已。维果茨基的心理学虽然博采了众家之长，却是独树一帜的。

当然，维果茨基的理论一定意义上也确实给艺术形式提供了心理根据。在维果茨基的研究过程中，他与形式主义者过从甚密，受到形式主义者影响必不可免。形式主义者的功绩是注意到艺术形式方面的作用。维果茨基承认形式在艺术中的作用，但对形式主义者把艺术仅仅归诸于手法，把形式的作用建立在快感主义心理学基础上，陷入波捷勃尼亚主义的泥潭，极为不满。这种不满也激发了他自己的研究，为艺术中的形式寻找正确的心理机制。所以与其说维果茨基是为形式主义寻找心理根据，倒不如说是为艺术形式寻找心理机制，因为形式主义理论本身就有其心理学的前提（形式主义是在波捷勃尼亚文艺心理学的直接启迪下发展起来的，换句话说，形式主义有自己的心理学基础。参看第一部分论述）。而他所找到形式的秘密在于形式不是单纯的形式，而是内化、固化了文化历史，所以才成为有意味的形式。

同样，从以上的论述可以看出，维果茨基的理论当然也是植根于俄国传统，俄国的历史诗学等也确实给维果茨基的理论提供了必要的元素，但维果茨基不是为了完成他们未竟的事业，而只是吸纳了他们的合理成分重新建构了一个新的理论。历史诗学及文化批评学派只看到历史决定的一面，而没看到历史内化为人的“内部话语”，历史成为人的展开。所以与其说维果茨基接着他们说，不如说维果茨基纠正了他们。维果茨基不仅是一个破坏者、批评者，更是一个建设者，他解剖了以前的理论，找到其病灶，挖出其病根，开出药方，并重新建构。这种建构标志着俄罗斯文艺理论的转向。他更没有附庸统治地位的红色批评理论。上文已经说过，当时的红色批评理论其实已经走向了机械马克思主义或者庸俗马克思主义。他也不是列宁或托洛茨基的马克思主义者，“维果茨基的马克思主义更接近于阿尔都塞、哈贝马斯、法兰克福学派，而不是他那个时代或者我们这个时代的苏联马克思主义。所以他的作品在1930年代早期遭到压制就不需惊奇了”①。维果茨基不属于当时任何一个派别，只是批判吸取了当时一些理论的合理成分，独创一说。正因为他不同一般，独树一帜，批判综合了各派片面的合理性，照鉴出各派的缺陷与不足，才遭到压制。1924年维果茨基到列宁格勒参加第二届神经心理学会议，首次提出了条件反射和意识行为的关系，主张科学心理学不能忽视意识这样的重要事实。当时的莫斯科心理研究所所长科尔尼洛夫（Kornilov）盛情邀请维果茨基到莫斯科心理研究所工作。1925年夏天，维果茨基作为代表参加在英国举办的“聋哑儿童训练和教育国际会议”，同年，他在公共教育委员会的医学教育所筹办了一个异常儿童心理学实验室，1929该所成为“实验缺陷所”即现在的“缺陷学研究所”。1925年他在病中完成了《艺术心理学》，此后写了一百多篇论著，1934年去世前还完成了《思维和语言》，可是如此多的极有价值的论著却未能在其生前得到出版，甚至在1936—

① Vygotskii L S, Rieber R W, Carton A S, et al. *The Collected Works of L. S. Vygotsky: Problems of General Psychology including the Volume Thinking and Speech* [Z]. Plenum Press, 1987: vol. 1, 2.（《维果茨基著作集》第一卷，第2页。）

1956 年遭到禁止,哪怕是讨论。1925 年就已完成的标志着维果茨基学术生涯、俄罗斯心理学、文学研究转向的《艺术心理学》直到 1965 年才由莫斯科艺术出版社出版,遭遇了长达四十年的禁锢。这部著作的遭遇实际上已经成为维果茨基个人遭遇的谶语和缩影。

不过,正如以上所说,维果茨基的论著遭到禁锢甚至连讨论都不允许,有人会怀疑,那何来影响和转向呢?其实我们要注意几个事实,一是维果茨基生前参加了一些活动,也出版了一些论著和文章,还发表了一些讲演。这些都会影响当时的学术,所以他才会受到重视,而被委以重任。也正因为其浩大的影响力,才会被禁止出版。假如没有任何影响何苦兴师动众去禁止甚至不准讨论呢。第二,"令人感兴趣的是私下手手相传,鲁里亚见证了其影响了整整一代心理学家。官方给出禁止的理由是他关于哈萨克斯坦和库尔德斯坦农民的论文嘲笑了禁止把农民作为错误思想的化身,尤其是在俄国农民正集体化的那段时间。我个人的猜测,不如说是维果茨基热情拥护精神生活中意识的地位,使他怀疑日益僵化的斯大林主义理论家们对心理事件的忽视。压制被解除后,'意识斗争'就成为苏联心理学核心问题,维果茨基的追随者部署反对诸如伊万诺夫—斯摩棱斯克的巴甫洛夫传统。接受巴甫洛夫'第二信号系统'理论,心理学气氛得到了改善。通过抓住刺激行为直接作用于神经系统(第一信号系统)和以语言与概念(第二信号系统)为中介的区别,在第二信号系统中的语言,重申了维果茨基理论"①。第三,维果茨基的影响是深远的,特别是解禁后,在雅各布森的介绍下,他的著作被西方认知并受到欢迎,"融入了蔚为壮观的'维果茨基现象'。他提出了与西方迥然不同的理论体系与方法论思想,丰富了心理学的理论宝库,广泛影响了心理学发展的众多领域;激发了心理学的文化转向,促进了跨文化心理学、文化心理学等心理学分

---

① Vygotskii L S, Rieber R W, Carton A S, et al. *The Collected Works of L. S. Vygotsky: Problems of General Psychology including the Volume Thinking and Speech*[Z]. Plenum Press, 1987: vol. 1, 2.(《维果茨基著作集》第一卷,第 2 页。)

支学科的发展；迁入并影响了后现代心理学，从工具论和方法论等方面启发了社会建构论心理学的孕育和发展"①。所以"转向"更是从这深远的意义上来，从更长的历史阶段而言的，虽然他在某一个阶段没有带来改变，但是在另一个时间却带来了影响和变化。正如庄子的学说在其产生的春秋战国默默无闻，在魏晋却改变了一个时代的风气一样。维果茨基不仅对心理学影响深远，也标新了文学艺术研究的一时风气。《艺术心理学》不仅照鉴出俄国文艺研究流派的不足和缺陷，更重要的是开启了一个新的研究门径，带来了新的方法论，由于"他所研究的问题更具有普遍性意义"，因此从根本上扭转了文艺研究的先天不足，带来根本性的变化。而由于《艺术心理学》是其整个学术的缩影和枢纽，从这个意义上来说它具有地标作用。

① 麻彦坤：《维果茨基对现代西方心理学的影响》，《华东师范大学学报》(教育科学版)2006年第3期，第67页。

家族相似与艺术类型[1]

王　峰[2]

[摘要]　艺术本性一直是一个难解的艺术之谜。维特根斯坦家族的相似概念可以用来瓦解艺术本性问题中隐含的形而上学倾向，指出本性问题不过是一种错误的理论预设，实际上根本没有这样的本性，有的只是各种家族相似结合在一起的艺术类型。这样就将艺术本性问题搁置一边，用艺术类型探讨代替艺术本性探讨。只有在类型中，我们才能探讨与艺术实践结合在一起的亲缘关系，不同类型间的艺术界限是亲缘关系的松弛环节。围绕艺术类型与界限进行探讨可以形成一系列艺术观念的转变。

[关键词]　家族相似　亲缘关系　界限　艺术类型

艺术本性问题是一个不断被探讨的难题，传统艺术理论以及部分现代艺术理论坚持进行艺术本性问题研究，各种方法也不断用来尝试保持艺术本性的实在地位。这一努力也的确存在着迷人的魅力，我们从中得到一种许诺，就是艺术本性问题的解决可以让我们真正认清艺术到底是什么，可以划定艺术的范围、界限以及看清艺术的走向。不可否认，这一许诺让从事艺术理论研究的学者怦然动心，但随着各种艺术本性的理论路径不断走入困难，相反的声音渐渐高昂起来。研究者们逐渐发现，对艺术本性的探讨并不能把我们带入澄明之境，却无端地增加了困扰，也许最好的做法就是抛弃这一问题，直接走上艺术无本质的道路，反

---

① 本文是国家社科基金项目“文艺美学的语言论重建”(09CZW015)的阶段性成果。

② 王峰，华东师范大学中文系教授，文学博士，研究方向为文艺美学和西方文论。

而能够开拓出更广阔的天地。受到维特根斯坦思想影响的莫里斯·魏茨就是这样设计的,同样受到维特根斯坦深刻影响的乔治·迪基和阿瑟·丹托也采取了一些变通的理论设计,可以说,目前的艺术理论研究界有相当部分的学者受到维特根斯坦思想的影响,受到维特根斯坦语言观的启发,将语言论运用到艺术理论研究中,为艺术理论研究开辟了新的境界。随着这些著作翻译为中文,也对中国的艺术理论研究产生了广泛影响。那么,我们何不直接回到维特根斯坦,看看他到底是怎样探讨的,并从中寻找到新的发展路径呢?此文将从家族相似入手,讨论家族相似概念的内涵,并力图探讨艺术活动中家族相似这一现象:艺术类型,以达到用艺术类型问题来替代艺术本性问题的目标。

一　共同之处或亲缘关系

维特根斯坦提出的“家族相似”对于一元本质论是一个相当有冲击力的概念。在瓦解绝对本性的层面上,充满解构力量,富有洞见力,同时又充满解释的弹性。弹性之大,甚至有些研究者认为它表达了一种无本质的观念,可以视为后现代思想的一种。① 的确,“家族相似”可能把我们引上一条无本质的道路上,某种程度上,这也是维特根斯坦本人的责任。因为“家族相似”概念的开放性很容易让人产生关联链条断裂的理论想象,但这不是维特根斯坦的本意。

且看维特根斯坦怎么说。

> 我无意提出所有我们称为语言的东西的共同之处何在,我说的倒是:我们根本不是因为这些现象有一个共同点而用同一个词来称

① 比如有一套国内编的“后现代交锋丛书”里就包含一本约翰·希顿写的《维特根斯坦与心理分析》,无论其真正意图是什么,这种摆放就表征了一种思想景观,反映了国内学界对维特根斯坦思想的某种理解。

谓所有这些现象——不过它们通过很多不同的方式具有亲缘关系。由于这一亲缘关系，或由于这些亲缘关系，我们才能把它们都称为“语言”。①

我想不出比“家族相似”更好的说法来表达这些相似性的特征：因为一个家族的成员之间的各式各样的相似之处就是这样盘根错节的：身材、相貌、眼睛的颜色、步态、脾性等等，等等。——我要说，各种游戏构成了一个家族。②

“家族相似”概念的主要攻击对象无疑是传统的一元本质论。上面几个部分已经对一元本质论做了分析，下面看看维特根斯坦是怎样进行批判的。

人们可以反驳我说：“你避重就轻！你谈到了各种可能的语言游戏，但没有说什么是语言游戏的、亦即语言的本质。什么是所有这些活动的共同之处？什么使它们成为语言或语言的组成部分？可见你恰恰避开了讨论中曾让你自己最头痛的部分，即涉及**命题和语言的普遍形式**的那部分。”

这是真的。——我无意提出所有我们称为语言的东西的共同之处何在，我说的倒是：我们根本不是因为这些词有一个共同点而用同一词来称谓所有这些现象——不过它们通过很多不同的方式具有亲缘关系。由于这一亲缘关系，或由于这些亲缘关系，我们才能把它们都称为语言。③

维特根斯坦与传统一元本质论的最重大的争点就在于不同的对象间是否有普遍的共同之处。一元本质论认为有，而维特根斯坦认为没有。“语言游戏”和“家族相似”概念首先反对的就是普遍的共同之处，甚至为

① 维特根斯坦：《哲学研究》，陈嘉映译，上海译文出版社，2001年，第48页。
② 同上书，第49页。
③ 同上书，第48页。

了回避这个词，维特根斯坦用的是亲缘关系概念。语言，没有所谓的共同之处，而是很多亲缘关系组成的语言游戏。这是一种洞见——只能说是洞见，因为这不是一种推论，也不是从学术史研究中抽取出来的某种规则，而是一种纯思的成果。

维特根斯坦通过语言游戏概念来反对一元本质论的用意是众所周知的。一元论的观点总是想寻找一种隐藏起来的本质，即所谓普遍形式，所以才有维特根斯坦"避开最头痛部分"的指责。[①] 但这恰恰是维特根斯坦有意为之的。他指出没有那样的共同之处，这是一个完全错误的概念，我们不需要一个共同点就可以用一个词来称之为一些现象，这种普遍形式不过是一种超级概念[②]，它好像引导我们寻找到一种特别深刻的意义来源，但实际上不过是把我们引至陷阱里无法自拔。维特根斯坦说哲学的任务就是"给苍蝇指出飞出捕蝇瓶的出路"[③]。所以我们不能再像一只没头苍蝇一样徒费精神，而是要逃出自己给自己编织的罗网，重新回到广阔的(语言)实践生活中去寻找真正的哲学之路。

这里指出的"亲缘关系"并非是一个普遍形式，而是在不同的语言游戏中呈现出来的不同关联。亲缘关系概念同样还是对各种不同关系的普遍性质的抽绎，是对此类语言游戏的称谓。如果我们去寻找这些不同关联中的共同之处，比如"不同的亲缘关系的共同之处"，找到所谓的同一性概念，假定不同的亲缘关系都是"亲缘关系"这一概念的不同分支，进而找到了"亲缘关系"这一共同之处，那么这种形而上学的奇技淫巧就是误导我们的陷阱。其实"不同的亲缘关系的共同之处"这一短语中，重心根本不是"亲缘关系"，而是"不同的共同"，如果我们按照形而上学的指引说，不同的共同之处在于它们都是不同的，除了误入迷途以外，就没有别的结果了。

---

① 维特根斯坦：《哲学研究》，陈嘉映译，上海译文出版社，2001 年，第 48 页。

② 具体见拙文《美学是一个错误的学科?》，《清华大学学报》(哲学社会科学版)2009 年第 4 期。

③ 维特根斯坦：《哲学研究》，陈嘉映译，上海译文出版社，2001 年，第 158 页。

维特根斯坦早已想到了这一点。“但若有人要说，‘所以这些构造就有某种共同之处——即所有这些共同性的选言结合。’——那么我将回答说，现在你只是在玩弄字眼。人们同样可以说：有某种东西贯穿着整根线——那就是这些纤维不间断的交缠。”①

这段话说得太棒了。共同是看到的共同，不是想出来的。我们不能把共同无限提升，说总有一个共同，那样做只是在滥用“共同”这个概念，没有“看”到的样本，就没有共同。共同是看到样本的共同，不是抽象形式的共同。一般哲学惯习(habitat)中，寻找共同似乎是一个不言而喻的行动。共同，被预设为必然并必须存在的单体，正是它使事物结合在一起。它是必然存在，因为我们一定能发现某种形式的共同；它是必须存在的，因为没有它，我们就不知道该如何找到两个事物间的联系。所以，作为一个悬设的共同，在形而上的惯习之思中，就深化为一个坚硬的单体。作为深思中产生的形式之物，它是必须存在的必然，如同德尔图良所说，上帝必须存在，上帝不再是不可想象的。——心理需求通过形而上途径演变成实在的基础。德尔图良《论基督的肉体》中有这样一段话：“上帝之子死了，这是完全可信的，因为这是荒谬的。他被埋葬又复活了，这一事实是确实的，因为它是不可能的。”②

当然，如果再把交缠当作共同之处的话，就更是在玩弄字眼了。交缠在此处不过是一种状态的描述，指的是不同游戏依据某种亲缘关系放在一起，如果再把这种外在的状态描述当作一种普遍的共同之处的话(形而上学主义者惯弄这样的把戏)，那么我们只好说，他陷入自己挖的语言陷阱里了，不能再怪别人。就像一个没有过头脑或没有经验的猎手，想挖一个深深的陷阱捕猎，站在坑里，不断把土扔到上面，就是忘了给自己留一把梯子，结果，坑挖得越深，他越无法上来——但他也可以满意地说，这就是陷阱，毕竟连自己也无法逃脱了。

① 维特根斯坦：《哲学研究》，陈嘉映译，上海译文出版社，2001年，第49页。

② 转引自赵敦华《基督教哲学1500年》，人民出版社，1994年，第107页。

我们没有理由设想一个没有对象的共同。在维特根斯坦看来，这些抽象的词必须与语词使用结合在一起才有意义，而语词使用本身就是连着对象的，但这些抽象的词既不指称抽象对象，也不指称物理对象，而是与语词和各类对象一起构成亲缘关系。维特根斯坦强调，共同是“看”出来的，不是“想”出来的。比如，我们指着两副面孔说，看，他们多像。如果另一个人看不出来像在哪里，只能说他还看不出这个相似之处。如果对方在任意的两副面孔那里都看不出任何相似之处，那么我们只好说，这个人没有使用语言的能力；而不能说，他实际上已经能够在意识里想出来那个相似之处，只是说不出来而已。仿佛他在心里已经确定了对象，已经理解了意义，只是没有过找到合适的语言说出来。康德的错误在于先验地预设了这一共同之处，并假定一个空的对象的概念，仿佛概念本身就是概念的基本内涵，它无所指，只指向它本身。无论这一做法在先验批判中处于怎样一个中继性的位置上，它所带来的崩溃性效应却是无法忽视的。

二　变化与界限

维特根斯坦的语言游戏和家族相似概念不是在为语言提供一种共同本质，而是一种断片(fragment)式研究，维特根斯坦也根本不认为有那种共同之处。那不过是一种语言误用之后产生的幻觉。但这一观念很快就面临一个诘难：既然语言游戏是一种断片式研究，那么不同语言游戏间是否存在界限呢？的确，这是一个很麻烦的问题，维特根斯坦并没有下面回应过，但其所论来看，一组语言游戏的各个部分有亲缘关联，但它与另一组语言游戏的关联却让人颇费思量。①

---

① Hacker 指出维特根斯坦对此问题几乎未置一词。参见 Hacker, P. M. S., and Gordon P. Baker. *Wittgenstein, Understanding and Meaning: Essays On the Philosophical Investigations*, Chicago: University of Chicago Press, 1985, p. 219。

维特根斯坦并没有过于强调不同组间的语言游戏的关联，那是一片草地，我们无法指出不同草的区别。但是，去想想两组语言游戏之间的关联的确是应该的。什么时候相似的链条松弛了？在最松弛以致看不到关联的地方，我们假定这就是两组语言游戏的边界。

维特根斯坦提醒说，“我们怎么把游戏的概念封闭起来呢？什么东西仍算作游戏，什么东西不再是了呢？你能说出界限来吗？不能。你可以划界限：正因为以前从未划过界限（但你一向使用‘游戏’一词却还不曾感到过什么不便）”。所以，边界是可以划出来的，但这不代表边界就一直存在不变，而是因为语言游戏需要边界存在，并且语言游戏的界限随着游戏的扩展发生变动。那种试图将边界封闭起来，为语言游戏划定界限的做法无异于画地为牢，其用意不过是为了找出一个固定的本性，一定要搞出一个普遍的语言本质来，再通过这一本质给语词赋义，以图传达所谓精确的含义，这完全是一种画蛇添足。维特根斯坦一再提醒说，语词的意义在于使用。语言的使用够用就可以了，只要能够传达意义，并且能够让对方理解，这就足够了。

例如看棋类游戏，看到它们的各种各样的亲缘关系。现在转到牌类游戏上：你在这里发现有很多与第一类游戏相应的东西，但很多共同点不见了，另一些共同点出现了。再转到球类游戏，有些共同点还在，但很多没有了。——它们都是消闲吗？比较一下象棋和三子连珠棋。抑或只有输家赢家或在游戏者之间总有竞争？想一想单人牌戏。球类游戏有输赢，可小孩子对墙扔球接球玩，这个特点又消失了。看看技巧和运气在游戏中扮演的角色；再看看下棋的技巧和打网球的技巧之间的不同。再想一想跳圈圈这种游戏：这里有消闲的成分，但好多其他的特点又不见了！我们可以这样把很多其他种类的游戏过一遍；可以看到种种相似之处浮现出来，又消失不见。这种考查的结果是这样的：我们看到了相似之处的盘根错节的复杂网络——粗略精微的各种相似。[1]

维特根斯坦这段话是在提醒我们游戏的变化，然而这一变化并不消解游戏，维特根斯坦的用意是强调不同游戏方式的亲缘关系，但一个合理的疑问是，离得较远的亲缘关系间似乎存在着巨大的沟壑。从上面所示来看，同一组游戏中因亲缘关系的链条发生变化，相互间存在着较大差异。这一差异在形而上学时代被处理为表面差异，实质同一，而维特根斯坦直接保留差异，去除背后同一的虚妄。消闲、输赢、技巧、运气等等都是游戏的主要性质，或是关联的主干，在这几个关系里面，技巧和消闲都是不可或缺的。炒股票有输赢，但它跟下棋不一样，它没有消闲，不过有时，有人也把炒股票称为游戏，这个游戏就比较边缘，它具有强大的离心力。赌博跟游戏密切相关，但不只是游戏，其中运气的成分更大。游戏更注重规则，而赌博注重与规则相关又游离出规则外的偶然性，并通过赌注来放大这一偶然性。扶乩是一种算命术，但它也可以成为一种消闲，所以也可以视为游戏，但这时就比较边缘。维特根斯坦所列的那几种是游戏的主要形态，我们很少发生怀疑，但是如果我们对称之为游戏的某种活动感到犹豫，进而有些怀疑的话，这就可能走到游戏的边缘地带了。这时做的事情就是拿那个活动跟这些游戏比较，找找亲缘关系，找得到，就纳入进来，找不到就暂时先排除在外。

三　偶然性

家族相似概念揭示了一种网状的开放相似性，但我们总会产生两个疑问：1. 相似的链条是偶然的吗？ 2. 被忽略的东西就是被排斥出这个家族相似的吗？

---

① 维特根斯坦：《哲学研究》，陈嘉映译，上海译文出版社，2001 年，第 48—49 页。

疑问一。亲缘关系这一概念无疑不像共同之处这一概念具有那么强的黏合力。共同之处概念暗示我们存在着强力的黏合剂，可以把各种不同的现象牢固地结合为一体；而亲缘关系概念无疑要弱得多，它指出的是，结合的展现，没有暗示必然性，特别是像共同之处概念所暗示的逻辑必然性。我们是否就可以因此指出这是一个强调偶然性的概念呢？从表面上看，的确有这一倾向。但这一倾向的产生跟一元论思考路径是一致的，我们预设了一个逻辑必然性的尺子，拿这把尺子去衡量其他概念。偶然性或转折是家族相似概念的推导，是对亲缘关系的一种自然反应。我们不能说这种反应可理解，只能说，这种反应是一种形而上学的遗存。家族相似是语言游戏的一个整体性的功能描述，它不过是指出有一些语言活动根据一些亲缘关系结合在一起，并不提供一种共同本性。这是语言的指示功能，并不是一种超级概念。维特根斯坦反而是要用“家族相似”这样的规范性概念来替代具有同一性质的“超级概念”。

因此，疑问二也得以解决。这里没有过排斥的问题，而是寻找和“看”亲缘关系。我们永远也“看”不完世界中所有的(语言)活动，也无法做到所谓的“本质看”①，我们只能按一定的亲缘关系来看一些语言活动的相似性，正是这些相似性，我们找到语言活动的规律。之所以产生排斥的顾虑有两个可能，1. 我们尚未发现某一言语与某种语言游戏的亲缘关系，所以不入其内。这是“看”的自然选择。也就是相似的链条在此松弛了。2. 语言活动的界限问题。语言活动未到之处，就是语言活动的边界，看起来就是网格中的空隙，但这只是想象力带给我们的一种图像。语言未到之处，什么也没有，没有“看”，也没有相似。

但家族相似概念依然可以被解释为一种瓦解性的概念，其原因就在于其中隐藏的“变化”(转化概念)概念所导向的偶然性。亲缘关系的方

① 胡塞尔的“本质看”虽然不是看到全部本质，而是一种本质的映射，但“映射”概念中蕴涵了本质的无限后退与合成的可能性，只是这种可能性仅仅保持为先验的，永不实现而已。

向是多维的，没有固定的指向，因此，一连串的亲缘关系所构成的游戏是随机的，游戏的边界也是变化的，偶然的。有时候，一连串的亲缘关系的链条也会松弛。这是偶然性所带来的缺憾。

这样的考虑不是没有道理，然而，对偶然性的导向违反了维特根斯坦的本意。家族相似中所包含的关联绝不是经验的，而是语言实践。我们之所以从家族相似中看出了变化乃至变化的无限性，并从中推论出元素关联的无效，完全是因为我们是从经验关联上去理解它，而没有从语言关联上去理解。经验关联在偶然中遵行某些规则，只是偶然性占主导地位；而语言关联有偶然性，主导地位的是规则，相对来讲，它的偶然性要弱得多，更多的是遵从规则的实践。所以我认为维特根斯坦的"家族相似"概念是没有错误的——而有些学者认为有巨大问题，只是由于研究者入手点的问题，可能造成一系列的误解。[①] 这也许是维特根斯坦后来对"家族相似"概念提得不太多的原因，而主要讨论语言规则问题。的确，与语言规则相比，"家族相似"概念更像是一个庞大外形，只有从遵行规则角度入手，我们才能看到细致面貌。

之所以产生诸种误解，原因在于"家族相似"这一概念的两面性：经验中的比对与概念的解决。同一家族中之所以具有亲缘关系，与两个元素进行比对密不可分，比对必须连着实践经验，否则就没有比对行动，像康德那种先验的抽象比对在语言学中是没有意义的。但实践的比对并不是目的，甚至连起点也不是，如果没有语词与这些实践经验结合在一起，我们根本不知道如何把这些东西放在一起，所以经验中的比对与概念的解

---

① Hacker 也对维特根斯坦的家族相似概念做了一些批判性的讨论，主要论题如下：1. 哪些概念可以归为家族相似概念，维特根斯坦在这个问题上相当含糊；2. 家族相似是否隐含着内部的一贯性，这是一个难题；3. 家族相似概念如何应用并不存在一个指导性的规则；4. 家族相似概念的适用范围难以界定。（参见 Hacker, P. M. S. , and Gordon P. Baker, *Wittgenstein*, *Understanding and Meaning*: *Essays On the Philosophical Investigations*, Chicago: University of Chicago Press, 1985, pp. 219-222。）可以说，这些问题都是存在的，但我理解是，家族相似概念本身就是建议性概念，它实际是一个外缘轮廓的描绘，具体内涵还需要"遵行规则"来支撑，如果把"家族相似"与"遵行规则"结合起来讨论，理论的疑难点会减少很多。

决是一体两态，只是经验的比对是直接呈现出来的，而概念的解决则相对潜藏，我们的注意力经常会被经验比对吸引过去，而相对忽视概念解决方面。实际上，家族相似更倾向概念的解决，强调亲缘关系的联结作用，联系是为了将一些关联凸显出来，与凸显出来的东西相对衬的才是没有凸显出来的，但那已经是一种反思中的发现了，不是在概念中直接看到。也就是说，联结是内在于家族相似概念中的，而偶然性却是一种推论。

四 语言的"看"

亲缘关系是各种语言活动中展现出来的，更确切地说，是"看"出来的。[①] 我们这些使用语言的人看到有这样的亲缘关系，如果有人质疑看不到这些亲缘关系怎么办？维特根斯坦会回答，你一定能看到，如果看不到，就说明根本不会使用语言，就没有过人类的活动，也根本不会提出能不能看到这样的问题。

此处经常存在这样的问题：人为什么就能"看"？

"看"是一种先行的来自内在意识的"看"吗？还是一种来自生理功能的"看"？当我们接触到"看"这个行为概念的时候，上述两个思路是最常见的。内在意识的"看"是胡塞尔。来自生理功能的"看"是一种自然观念。胡塞尔会彻底反对这种"看"，这种"看"是一种人类学意义上的"看"，强调先有一种生理机能，即眼睛的存在，才有看的可能性。这样眼睛就成为看的器官。这种自然科学的观念解决了解剖学意义的生理基础，但不能在哲学上解决"看到什么"的问题以及"看"的差异问题。一般来说，我们在探讨"看"的时候，不是在问用哪个器官看，如果仅仅把"看"落实在单个器官上，"看"就不过是一种器官功能，就不是精神性的，而我

① 此处必须说明，"看"是"看到"，不是抽象意欲，不是无对象的抽象意识指向。

们一般所指的“看”都是有精神性质的“看”，所以胡塞尔把“看”落实在大脑里，内在意识上，就是为了反对生理“看”的片面。胡塞尔在用“本质看”的概念时，无疑是要把生理功能逐渐地清除出去，将“看”演变为一种纯粹的意识直观，走向彻底的精神性。在我看来，上述两种观念之间，维特根斯坦更亲近那种生理功能的“看”。当然不等同于它。

维特根斯坦的“看”是一种自然看，但这种自然看不是生理上的自然，所谓生理上的“自然”反而是在自然科学框架里分析出来的，不是一种生活世界中的自然。维特根斯坦的“看”是一种自然理解。是人在这个世界上的基本能力。按陈嘉映的看法，自然理解“首先指的就是常识里所包含的理解”[①]，常识是前人通过各种方式传给我们的东西，语词是其中最重要的一种。我们生在一种文化语境中，学习语言的同时习得了语言的意义，这就是自然的东西。语言让我们“看到”，而不是某个器官。有时我们说，眼睛提供了“看”的生理基础，但并不等于说，眼睛给我们提供了意义基础，除非我们再加上一句，眼睛让我们看到语词与对象的关联，这种关联提供了意义的直接基础。而这样一来，就跟语词让我们直接理解意义没有太大距离。我们谈论的恰好是一种直接理解，而不是为所有理解的形而上学奠基。“理解是一个自然的、直接的、无中介的过程。当然，有时需要解释，需要中介，但最终要来到直接理解。”[②]“我们不是从怀疑一切开始的，不是从无穷无尽的误解开始的，理解的过程不是无穷无尽地消除误解最后达到确定性，理解是一个自然的过程。”[③]

提出这样问题（“人为什么能看?”这样的问题）会引向错误的方向。维特根斯坦提醒说，之所以能提出问题，是因为那里有疑问，但疑问会终结的。在没有疑问的地方，我们就直接理解，这是自然理解，无法达到自然理解的时候，我们才会提出问题。但那是什么样的问题？绝不是普遍式的问题，这

---

① 陈嘉映:《哲学 科学 常识》,东方出版中心,2007 年,第 231 页。
② 陈嘉映:《语言哲学》,北京大学出版社,2003 年,第 208—209 页。
③ 同上书,第 209 页。

里的“人为什么能看”就是一个普遍式的问题，仿佛这样一来我们就得去探讨人的生理机能或先验机能一样。实际上，这是一个误导的方向。如果一定要回答这个问题，那么只能是一个空泛的回答：语言让我们看到。这里的“看”就不是一个生理或心理活动，而是一个语言活动。而语言游戏是跟着物质对象和意义（sense impression）一块儿的，根本分不开。①

不要想，而想看。维特根斯坦这样提醒我们。重新回到上面所引的各种游戏类型的例子。我们能够看到各种游戏之间的相似之处有时浮现有时消失，但是怎么看？我们如何能做到看，而不是想？或者说，为什么想是不对的，看才对。这两个看起来不一样的问题其实是一个。

“看”不是本质直观。走向本质直观就会出错。但是“看”与本质直观有相似之处。本质直观假设我们能看到本质，但这个本质不是绝对本质，而是映射（Abschattung，adumbrations）②，是对象在知觉中不断地侧面展现，（因为）我们无法一下子看到全部（本质）——括号里的词是现象学隐含不说的意思。但这样一来，本质直观就假设了两个麻烦的概念，一是存在全部的或整个的本质，虽然那只是一个悬设；二是这一整个本质的悬设是最终基础，我们的本质直观的确是看到了本质，但只是整个本质的一侧。维特根斯坦的“看”完全不同。“看”在这里是综观，它是知觉的，但不依赖于知觉，而依赖于语言。实际上我们不是问知觉与语言哪个更基本，而是问，在不同的游戏中，语言与知觉怎样结合着。胡塞尔的本质直观概念中，意识能力先于语言，“看”是一种先天意识能力；而维特根斯坦则语言在先，“看”是一种语言行动。

映射与“看”的相似之处是都与知觉相关，只是映射强调内知觉，强调意识，而维特根斯坦强调语言与知觉的双向塑型与结合，或者更准确地说，语词与诸知觉的同时呈现。所谓知觉，是发现对象的意义，这是通过

---

① Hacker, P. M. S., and Gordon P. Baker. *Wittgenstein, Understanding and Meaning: Essays On the Philosophical Investigations*, Chicago: University of Chicago Press, 1985, p. 63.

② 参见倪梁康：《胡塞尔现象学概念通释》（修订版），三联书店，2007 年，第 2—4 页。

语言发现的,不是通过生理器官。看、听、想都是语言的功能,而不是某个器官的功能,只是在语言实践中,这一功能相对其他器官而言更多地落在眼睛、耳朵和大脑上。

在这里,寻找"区别"和寻找"相似"都是可以接受的,但假如我们先进行对象的指认,定好边界,然后再谈相似或区别,那就犯了错误——没有单独对象的指认,几个对象进行比对、区分就是确定对象的方式。家族相似不是先确定不同的对象,在对象之间找到某种属性的相似或不同,当然有时候我们也这么做,这是家族相似的一种表面含义。但维特根斯坦的用意根本不在于此,他要解决的问题更基本:我们怎样看到相似?只有在综观(Uebersehen)中。综观是直接看,没有看的能力就根本无法看到。看到什么?一致,或者说,一致中的不同。没有不同就根本看不到一致,没有一致也根本看不到不同,这两个词具有天生的语法关联。

五　关于艺术类型的划分

对于艺术本性这样的概念,其实我们不能再说什么。艺术是一种语言游戏,它的家族相似形式是它所独有的,我们用艺术来称谓一些人类活动,这类活动可归于艺术名下,如果我们说艺术有其本性的话,那么,实际是在指认一种所有艺术活动都分享的艺术本性,这一本性借艺术之名分配到各个活动当中。这实际在使用一种超级概念。①

选择哪种类型?这是一个浅近的目标,也是一个巨大的难题。理论上的困难暂时先放在一边,先从实际的情况说起。

---

① 家族相似与超级概念的不同之处在于,超级概念将宏大语词做成一种普遍性意义,制造一种假象。而家族相似则主张将语词当作一个规约性名称,它不提供普遍性意义,只是一种指引,就像一片草场中的路标一样,它指向一个方向,但还需要行走去找路,而不是假设一条笔直的大路指向天边。我们在行走中也许会走出草场,进入滩涂,但这也并不要紧,我们就此知道,进入了另一种语言游戏。

根据不同的划分原则，存在不同的艺术类型。类型的划分大致可以采用两大类方式，一是观念型分类。如，浪漫主义与现实主义的分类，再现与表现的分类。这些分类有历史和现实的依据。现实主义与浪漫主义的划分与19世纪以来的文艺运动思潮联系更密切，而再现与表现则是艺术史上两个更加基本和久远的论题，可以一直追溯到古希腊时代，在中国则可以追溯到先秦阶段。这两种分类间也有交叉的地方。在西方艺术理论中，再现论或者模仿说一直占据主导地位，“表现论”则是从浪漫主义时期开始得到重视，从此以后，表现与再现两种理论开始平分秋色。现实主义艺术隶属于再现艺术，它是现代启蒙艺术兴起之后特别是巴尔扎克小说获得极大成功之后的艺术形式，所以它的范围比再现艺术狭窄，我们有时也把现实主义艺术当作再现艺术的代表。简单地说，再现论和表现论的划分与现实主义和浪漫主义这两个艺术运动和思潮密切相关，其中包含“史”与“论”的双重标准；浪漫主义和现实主义的划分与再现和表现这两个艺术史上的基本命题也密切相关，其中依然有“史”与“论”的维度。不过，浪漫主义和现实主义是19世纪以后晚出的观念，把它们套在此前的艺术作品中，难免有削足适履之嫌。采取哪种艺术分类方式其实没有优劣之别，只与分类呈现的面相密切相关，而这一面相随着分类的语境发生改变。

黑格尔式的分类是形而上美学分类的代表。黑格尔按照理念不断推动自身发展、自我完善的观念，把诸种艺术当作理念由低级到高级自我显现的方式进行分类，分成历史与逻辑相统一的标准把艺术划分为三大类：象征型、古典型、浪漫型。象征型艺术是物质形式压倒理念内容，古典艺术是物质形式与理念内容的平衡，浪漫型艺术是理念内容压倒物质形式，这三种类型从古到今由低级到高级不断发展，理念在艺术中的表现越来越清晰，越来越纯粹。象征型艺术的代表是建筑，古典型艺术的代表是雕刻，而浪漫型艺术的代表是绘画、音乐和诗。黑格尔认为，艺术必须与绝对理念结合起来才能成为真正具有普遍性的东西，才不仅仅是人们娱乐的工具。[①] 这种把艺术看作某种崇高之物的做法是现代思想的典范表现。黑格尔的理念分类方式是比较传统的整体性分类模式，在这样的思想体系中，艺术是理念的中继环节。在不同的形而上美学那里，艺术的具体位置和功能各不相同。

康德认为只有三种纯粹的艺术，即美的艺术：语言的艺术（演讲术和诗艺）、造型的艺术（建筑、雕塑和绘画）、感觉游戏的艺术（音乐和色彩艺术）。色彩艺术并非绘画，而是一种感官上的各种色彩的比例关系。语言的艺术最高，最接近理性，感觉游戏的艺术最低，最接近感觉表象。按照从知性向理性过渡的要求，感觉游戏的艺术必然要比造型艺术和语言的艺术低，语言艺术（诗艺）处于最高层次。"它扩展内心是通过它把想象力置于自由中，并在一个给予概念的限制之内，在可能与此协调一致的那些形式的无限多样性之间，呈现出一个把这概念的体现与某种观念的丰富性联结起来的形式，这观念的丰富性是没有任何语言表达与之完全适合的，这形式一直是就把自己通过审美提升到理念。"[②]

相对于黑格尔来说，康德在艺术类型上的划分是粗线条的，甚至是不够清晰的。这与康德过度关注先验层面的联系有关，也与康德先验哲学缺乏黑格尔那样的历史维度有关。

第二大类是事实分类。比如按照社会历史阶段来分类，如西方艺术可以分为希腊罗马艺术、中世纪基督教艺术、启蒙艺术、现代艺术、后现代艺术；中国艺术可分为先秦两汉艺术、魏晋南北朝艺术、隋唐艺术、宋元艺术、明清艺术。像这种的分类好处是方便，每个时代都有其代表性的艺术样式，有利于艺术史的断代研究，缺点是过于庞杂，难以做更精致的描述和概括。

另一种是从艺术载体的角度进行分类，比如语言艺术、建筑、绘画、音乐、舞蹈、戏剧、电影等等，这也是最常见的一种分类方式。

---

① 参见黑格尔：《美学》第一卷，朱光潜译，商务印书馆，1979年，第102—125页。

② 康德：《判断力批判》，邓晓芒译，人民出版社，2002年，第172页。

一般来说，最后一种分类方式目前使用较普遍，它的好处是比较具体，方便讨论，容易区分，最关键的是，这种分类是一种直接的看到，是最普遍的承认。

不同的类型划分来自不同的面相，不同的“看见”。当我们选择一个面相作为划分的基础的时候，其他的面相就隐为关联。哲学家偏好第一大类分类，艺术家偏好第二大类分类。

六　艺术类型的面相

如果我们问，艺术到底是怎样的，那么我们不是在问一个普泛的问题，而是在问艺术活动是怎样进行的，这一活动中的状况怎样。这样问，就把艺术本性这样的形而上学式问题转变为艺术活动的实践问题。当然此处的艺术实践不是指单纯具体的艺术实践，不考虑任何概念的艺术活动。艺术活动依然需要综观，但综观不是漫无边际，而是一种适合的综观，是与概念相适合的综观。

艺术的综观，就是艺术的看，它不是艺术经验，而是艺术实践。艺术经验不是内在独自发生了，而是随着样本不断进行评判提升的，艺术家之为艺术家在于他善于将观看和临摹转化为自己的能力。

综观展现为面相（aspect），面相即一种“看到”。我们对一组对象往往是整体地看到面相，我们把它们把握在一起是有依据的，只是这一依据不像康德设想的先验依据，而是依于实际的语境，语境改变，面相改变。但这并不意味着面相是善变的，面相是与语境结合在一起的，它能够改变，但不随心所欲。一种艺术类型就是一种面相，南方人有南方人的面相，北方人有北方人的面相，同一类型的两个个体间有相似之处，但也有不同。有时我们也可能认错了，把不同面相的个体放在一起，比如把一个北方人认为南方人，但这并不会导致一种面相的瓦解，反而强化了面相。——我们为什么把一个北方人认为南方人？因为有一种南方人的面相。但假如经常认错，那么这一面相就不太牢靠。艺术类型就是如此。我们把一幅异常逼真的印刷品认作绘画，一旦我们了解到真相，就会作出调整。

艺术的面相本身是有语境的，但常常出现这样的情况：艺术品所处的位置改变了，即它的具体语境变化了，那么它还是艺术品吗？比如把荷尔德林的诗集跟与清洁用具一起放在背包里，或者贝多芬的四重奏存放在出版社的仓库里，就像地窖里的马铃薯。这些艺术作品还叫做艺术作品吗？如果我们认为荷尔德林的诗集与贝多芬的乐章是传统的艺术，它们的艺术性质比较稳定，那么，我们可以接着问，杜尚的《泉》从展览馆里拿出来，不就是一个普遍的小便器吗？而且，杜尚拿去展示的最初的作品的确随手丢弃在车库里。实际上，不同的艺术类型具有不同的语境。诗集与乐章不会随着具体位置的改变产生变化，因为它们的语境更虚化一些，它们所属的艺术类型更具有稳定性。但杜尚的《泉》更依赖实际的语境，即展览馆和艺术家签名。一旦这个语境改变了，作品就会与它所属的艺术类型分离开来。所以不同艺术类型的面相由于不同的语境展现出来的情况是大不相同的。

艺术的综观，是在语言中完成的，并不是一种抽象的主体能力。艺术中的语言与日常语言是两回事，也是两种不同的看。你如何看？跟你如何接受艺术教导是相关的。这里就与解释学接近了。艺术游戏跟语言游戏是两种游戏，其中形成意义的方式与其他游戏完全不同。

日常语言的意义在于使用，但艺术的意义在于效果，只是这个效果是一个很复杂的混合体。表面上看，它只是一个接受的反应，我们可以把它理解为内在的感受，是艺术作品引起了鉴赏者的内在心理感应。这样一来，就假设了外在的触因和内在的触果，艺术效果成为内在的心灵感受。

> 你可以弹奏一曲小步舞曲，感触良多，别的时间弹了同样的一曲，却一无所动，但这并不代表你的感受与小步舞曲毫无关系。比

如，错误地认为，意义或思想只是词的伴生物，并且与词无关。“命题的意义”与“艺术的鉴赏”非常接近。句子与对象有关联的观点，就是说，无论怎样具有这种效果就是句子意义的观点。“法语句子呢？——这是相同的伴生现象，换言之就是思想。”①

如果我们把艺术的感受与艺术表达分开，就像把命题与思想分开一样是错误的。假设思想提供命题的意义，与假设内在心灵感受提供艺术意义处在同一个思考平面上，也是同一种类型的错误。就像意义或思想不是语词的伴生物一样，效果或感受也不是艺术表达的伴生物。更适合的说法是，效果或感受与艺术表达是编织在一起的，就像意义与语词是编织在一起一样。否则，维特根斯坦这样调侃地问道：“一个人可以充满感情或毫无感情地唱歌，那么为什么不把歌儿省略掉？——你还能有感情吗？”②

维特根斯坦说：“美学难题是艺术影响我们的效果的难题。”③效果是最难确定的，每一种艺术效果都会因人因时不同而发生变化。然而，我们能够就此下判断说，效果是变化莫测的，无法确定吗？也不是。上面已经提示过，艺术效果不是内在的艺术体验，而是与感受和艺术实践结合在一起的东西。所谓效果或艺术的情感反应离不开具体的艺术实践，它们是直接相关，直接反应的关系。艺术效果不是个体性的，而是在艺术实践的训练中形成的，按照伽达默尔的看法，是在艺术传统的训练中形成的。没有训练，就没有效果的反应。如果把“艺术传统”概念改换为“艺术实践”概念，那么就是维特根斯坦的观点了。艺术实践总是一组艺术活动，亲缘因素间不断相互强化艺术反应，形成稳定效果。我们在一组艺术实践所展现出的面相中不断看到那一效果的闪现，偶尔强化或者弱化这一面相。

① Wittgenstein, *Lectures and Conversations on Aesthetics*, *Psychology and Religious Belief*, Berkeley and Los Angeles: University of California Press, 1966, p. 29.

② Ibid.

③ Ibid., p. 28.

七　界限与艺术类型

我们习惯于问，艺术与人类其他活动有什么不同？这样的问法就把我们带向艺术的总体界限，似乎艺术自成一体，它与人的生活的其他方面存在着一些交集，也存在着差异，艺术的本性保证了艺术是一个紧密的集合，它有一些主要的性质，使它区别于其他的活动。艺术作为这样特异的活动形式就具有了独一无二的特点，由此，通常的做法是将艺术与生活这一整体直接进行对比，探讨艺术与生活的关系。这样的做法充满了吸引力，有一种宏大的魅力，或者是一种关于宏大的想象，带给我们整体解决的虚幻快感。艺术与生活的关系一直是现代美学的难题，车尔尼雪夫斯基的艺术来源于生活的观念不是来源于实际观察，而是来源于理论设计，而现代艺术家对"艺术反抗生活"理念的张扬也并不能解决真正的艺术理论难题，只会加剧艺术与生活的二元对立的形势。阿多诺对艺术与生活的辩证关系的论述倒是一个明智之举。他为艺术与生活的融会关系做了相当精彩的论证，可以说，其理论洞察力是极具力量的。他说，艺术与生活是双向塑形的，而且是用一种理智欺骗的方式进行双向塑形，当我们发现艺术远离生活的时候，实际艺术正是在生活中汲取的力量使然；当我们发现艺术与生活紧密相连的时候，这是艺术的自律返视本源的结果。简单地说，两者分处实为合，两者合处实为分。①

这种辩证的，然而却让人如堕云雾的理论陈述看起来是关于艺术与生活关系的深刻论述，前提是两个整体的对比是可能的，进一步的前提是艺术真的是从生活中脱离开，并能反过来形成与生活的抗衡力量，其核心是强化艺术本性的存在。阿多诺的理论之踝乃是辩证的与整体性相结合

---

① T. W. Adorno, *Aesthetic Theory*, Chapter 1, London& New York: Athlone Press Ltd., 1997.

之处留下的灰尘,乃是两个超级概念相噬产生的巨大空洞,我们没有别的办法,只好指着这个空洞说,其中充满了神秘性,只是矛盾的概念才能引领我们通达那一神秘,即便那是一种辩证的神秘。按照维特根斯坦的看法,那根本不是一种辩证的神秘,而是一种概念的空洞,除了概念,没有别的,除了概念的误用,没有别的。

要之,"界限"概念在此绝不是放在所谓的艺术整体的层面上来讨论的,而是放在艺术这个游戏之内来讨论的,换句话说,是小"界限"。当我们提及非艺术的时候,表面是在思考一物是否可称为艺术,或它可否进入艺术行列,就仿佛有一个艺术之门,进了这个门就是艺术,出了这个门就是非艺术。这完全是把概念性的游戏当成了事实性游戏。艺术与非艺术之间的"界限"并没有想象中那么天壤之别。所谓非艺术,是非—艺术。它不是一个实在对象,而是一个判断,是依据艺术的判断。非—艺术怎样成为艺术?它不是要求分享某一物质,而是要求与某一类型挂钩,按照某种方式与它结合在一起,比如沃霍尔的布里洛盒子(Brillo Boxes),与绘画、制作、工艺多方挂钩,又具有一定的独立性。它常常被拿出来当作艺术的边界来讨论。实际上,这不过是对某一艺术类型的一种变形承认。

简单地说,只有小界限,没有大界限。只有艺术类型向艺术类型的越界,没有生活向艺术的越界,因为所谓生活,是艺术游戏的一部分。

艺术为什么要关心界限?因为只有界限,才有类型。当然只有在以载体形式来划分的艺术类型中,界限才是最直接的,因为它直接与艺术的表现方式结合在一起。在其他类型分法中,界限可能不具备这么明显的位置。

类型是一种比较。艺术没有所谓普遍的本性,但有不同的类型间的比较。对于不同类型中的艺术作品,我们往往能够看到其中存在一些相似或相近之处。这样的相近或相似,只是一些暂时稳定的黏合剂,它的效力根据艺术实践以及与艺术实践活动相关的周边文化语境的改变而改变,传统的艺术类型相对比较稳定一些,这与我们从现代视野看古代艺术实践，对其进行类型化的归约有关[1]，而现代的艺术实践类型的改变相对会迅速一些。维特根斯坦对那种总结类型的范式并把范式反套到类型中的各个例子上面的做法持强烈反对态度，因为这是一种独断的方式：

> 不管我们愿意或不愿意，我们将把与观察的原型相符合的一切事物归诸于我们所观察的那个对象，我们宣称："它**一定经常**是……"
>
> 这是因为在这种观察中人们将赋予原型的特征以一个立足点。但是，由于人们把原型与对象混为一谈，人们必然独断地把只有原型才能具有的特征赋予对象。另一方面，人们认为，如果这种观察仅仅在个别场合才是正确的，那它就不具有人们所希望的那种普遍性。原型恰恰应该显示它的本来面目，这样它就表现出全部观察的特征，规定了观察的方式。这种观察便处于焦点之上，它的普遍效力立足于它规定了观察的方式这个事实之上，而不是立足于一切仅仅适用于原型的事物也适用于所有被观察的对象这种说法之上。[2]

从维特根斯坦的角度看，类型并不保证一个封闭的本性，任何寻找本性或原型的做法都没有注意到，本性或原型不过是依据观察解释的角度产生出来的，在这个观察解释的角度之内，它的解释力才能发挥作用，而超出这一角度就会丧失解释力。所以，我们不能够为艺术类型赋予本质，而只能通过反省艺术类型的观察角度，达到对艺术类型解释力的认识和限制。

有鉴于此，这里提出的界限的范围将限定在载体上，载体不同，艺术类型也不同。比如绘画使用的是画布和颜料，雕刻使用的是石头，电影使用的是胶片或电子介质，音乐使用乐器，等等，每种艺术类型与其他类型往往存在着一眼即可识别的差异。当我们把 A 指为艺术作品的时候，往

---

① 伽达默尔的《真理与方法》第二部分"时间距离的诠释学意义"提供了古代艺术溯源与现代视野诠释视野之间的诠释学关联的极佳论证。同时也可参见拙文《"文学"的建构与重释文学史——兼论二十世纪早期"中国文学史"书写的意义》(《华东师范大学学报》2008 年第 2 期)一文的相关论述。

② 《维特根斯坦全集》第十一卷，涂纪亮等译，河北教育出版社，2003 年，第 21 页。

往是因为它可归之于某种既有的艺术类型。在语言艺术这一类型中，人的语言只被视为一种载体，这就是所谓的语言艺术或称文学。由于文学与日常语言的亲密关联，所以它往往被当作艺术的一种典范形式，但我们要明确，文学这一艺术类型中的“语言”与语言论美学中的“语言”不是一个层面的概念，两者不能混用。

艺术类型并非模型，不是建立一种模板，来规范具体的艺术案例。类型只是一种建议性的容器，它敞开，流动，如同大江一样流过不同的地势、环境，收纳大大小小的支流，冲刷河床，泛滥洪水，也会被挤压在狭长的深谷中。

为什么在艺术这儿界限成为一个醒目的存在？这完全是现代艺术带来的变化。传统艺术的类型之间的界限内涵于艺术实践当中，艺术家墨守界限，这是不须言明的。但现代艺术却把界限当作艺术本身的一种游戏方式，树立界限的作用就是为了打破界限的。从某些程度上讲，这种界限不过是把默会的规则转变为表面的规则，这种转变是否真能成功虽然可疑，但不管怎样，这又是现代艺术冲击传统艺术的动力。只有通过现代艺术，我们才在具体的艺术实践中（而不只是艺术理论中）发现艺术存在对自身的反对的因素，这是艺术规则的一部分，舍此艺术会平庸化。

八　现代艺术与界限的游戏

在现代艺术中，界限的游戏是艺术游戏的一部分，在现代艺术视野中，界限的游戏还是关键的部分。这是现代艺术不同于传统艺术面相的特殊部分。

艺术这种游戏的特殊性就在于，其他游戏形式都是在规范之内的变化，在遵守规范当中做的各种变形，有时也存在着打破规范的愿望，但并不以此为目的。艺术游戏则不同，它直接将打破规范当作自己的任务，再没有别的游戏像艺术一样强调创造了,而创造就是摧毁旧的,建造新的。进而,艺术也会打破某些规则,甚至是一些重要的规则,这一点在现代艺术,特别是杜尚的《泉》这类作品中表达得最明显。这类作品摧毁了既往的艺术观念,提出新的尖锐的质问:艺术到底应该怎样?这是将既有的规则表面化,并将其视为过时的东西抛弃掉。

在艺术活动中,艺术界限不是它所显现的东西,而是一种散漫的归约形式。界限伴随着具体的艺术判断而展现出来,它不是背景,而是游戏的主体部分;但界限不是一定下来不再改变,而是不断随着具体的艺术判断形态改变自己。品位并不像它表面显现的那样,是对个体的艺术对象的深入鉴赏,而是一种比较中的鉴赏,在比较之中浮现出界限的线条。

创造是艺术的一个内在的冲动,特别是现代以来的艺术的内在冲动,古典艺术更欣赏的是传承。相对而言,古典艺术倾向于在艺术界限之内遵行规则,所以"品位"是古典艺术批评的关键词。而现代以来的艺术,特别是所谓的"现代派艺术"(其实这是一种高度现代艺术,是将冲破界限当作新的艺术规则接受下来的艺术类型),"创造"成为批评关键词。

的确,艺术类型是可以创造出来的,最明显的就是电影,它以照相术的成熟为基础。当然它与戏剧也有亲缘关系,早期电影往往借助戏剧的表演,但它的"创造性"无疑是极端引人注目的。但电影只能算是一种现代技术为基础的新艺术类型,不是平时我们在一种稳定的类型中所说的艺术创造。

现代派艺术才真正破坏了旧有的艺术平衡,它创造了一种新的类型,这一类型与旧有类型形成巨大的冲突和张力,它把界限当作自身创造的来源,而旧有类型并不很在意界限的存在,或者说,旧有的艺术创作自觉地在界限内进行创作,经典艺术作品的示范是艺术创作的一个重要来源。也只有现代派艺术才改变了艺术的面相,使界限更加凸显出来。无论是冲毁自身还是指向他在,界限都能为游戏的一个部分。这是最特异的部分。

无论是《泉》还是《雪锹》都是把生活中的器具搬到艺术馆中，之所以都成为艺术，或者说，之所以我们在这些作品找到与以往的艺术类型的联系，在于它们将以往的艺术品与其他语言游戏的间隔关系都表演出来，表演为一种错位。正是这一错位，才使它成为艺术品，这是现代派艺术的一个突出的特性。

现代派艺术是一种特殊的艺术游戏。甚至我们到现在都不敢说它是成功的，除了它在商业上的成功。在艺术作品中表达一种对艺术的普遍性质的追寻和思考，这可行吗？或者我们变换一下问题，为什么在其他的语言游戏中会失败，而在现代派艺术中它就是成功的，或至少看起来是成功的。

我们进一步说，其实界限的游戏古已有之。只是现代派艺术将其直接挑明了，不像古典艺术那样将界限隐藏起来，表现出界限之内的变化。所谓的艺术趣味或艺术的某种特性，不过是隐匿的类型，只是这一类型隐现为形式感，而这种形式感即是某种类型的规约之后创作者和鉴赏者的自觉遵从。而且形式感并非越细腻越高妙，或者说类型越狭窄以及(作为后果的)类型种类越繁多越高超，而是与文化环境密切相关。比如昆曲在晚清的式微和通俗小说的兴盛，都是与当时的文化环境相关的。我们可以相当自信地下判断，昆曲更精致，在艺术上更成熟——所谓成熟就是类型界限的清晰以及内在规则形式的协和一致，但通俗小说更让人喜爱，连表面上耻于谈论通俗小说的高级文人，也会受到诱惑，阅读小说，或隐名在创作上一试身手，即使相对来讲，通俗小说在艺术类型上还不稳定，形式感还很粗糙。从艺术史发展的角度来看，趋向完美的艺术类型反而在面对新的甚至是形式上有些粗野的艺术类型的冲击时，显得回击乏力。这不能不引起我们的思索。

九　关联

关联即艺术类型的交叉合集。情感、恰切、反抗、模仿、节奏……再没有别的家族像艺术一样具有这么多的亲缘关系了。我们经常看到关于艺术本性的判断,比如“艺术是情感的表达”、“艺术即模仿”、“有节奏者为诗”、“艺术是对生活的反抗”等等,这些判断可以说都切中了一些关键,但都有失偏颇,不能涵盖艺术的总体。

同时,我们也的确看到,这些概念是突破艺术界限的桥梁,我们可以沿着这些概念发现不同载体的艺术的亲缘关系。有些时候,我们甚至觉得这些概念比载体更适合做分类的原则。比如我们说表现主义艺术张扬个性,宣泄情感;与表现主义艺术相对的就是现实主义艺术,要把情感内蕴于形象当中,让形象自然地表达情感。有时我们也将“表现”与“模仿”对立起来,主张有模仿的艺术和表现的艺术两种。凡此种种,都打破了载体区分艺术类型所划定的界限,载体不过是一种约定俗成的划分方式而已,相对来讲,这种划分最简便,也最易识认。此处的划分,绝没有黑格尔那种理念展开的意义,他将不同载体的艺术当作理念发展的不同阶段来对待,并且为其赋予了本质性的含义。这种做法无疑是一种强力的偏执,这也代表了传统艺术本质观作为一种强力理论的弊端:理论凌驾于现象之上,现象成为理论的玩偶。

当上面按照载体划分艺术类型的时候,其他的艺术类型划分法就在某种程度上隐没了,但并不是消失,甚至也不排除在整个划分的范围之外,应该说,采用某种类型划分不过是一种工作方式,随着适用环境的转换,类型划分必须会随之转换。

如果我们把类型与其适用的环境相结合的话,我们就会发现,诸种类型划分的方式并不是被排斥在艺术类型之外,而是以特殊的方式结合在艺术类型划分之中。以载体艺术类型的划分为例。一旦我们完成一种类型的划分,我们就会发现,另外的划分的可能性隐没了。隐没不是消失,它改变了存在的方式。它之所以改变存在的方式,在于我们看艺术的眼光的变化。艺术类型是一种看,这种看是一种整体的看,是一种综观的把握。此处的整体“看”不是胡塞尔的本质直观,而是一种调节性的观察,基于语境的观察。当我们基于一种语境的需要而选择了一种类型之后，与其他的语境相适应的类型划分方式就随之暂时失去语境的支持，变为非整体性的不连贯的存在，与其他同样隐没起来的划分方式缠绕在一起，变为艺术类型之下的某种属性。但同时，这些属性不可避免地会超出既有的类型划分，这也是不同类型之间发生跨界的动力。

实际上，无论我们遵照任何一种原则划分艺术类型，都是建议性的，不具有永恒的性质。任何划分都不能脱离语境，艺术类型的划分只是一种便利的工作方法，不具有形而上性质。我更愿意说，各种划分原则如同网络般交织在一起，选定一种划分原则，犹如勾勒一个人的轮廓，不同属性凸显的轻重是轮廓的细节，这些共同构成这一类型的整体存在方式，犹如一个人的整体风貌。我们总能在不同的人之间发现亲缘关系，但这依赖于语境。比如我们能够在不同的民族之间发现一些亲缘关系，但依据地理或国家将其划分为不同的国民。在一个个体身上也往往能发现不同种类的身份和生理标志，其个体的独特性很大程度上依赖于这些因素的融会。[①] 比如我们在莱辛那里就看到艺术类型与语境的结合，他说：

> 我希望把“艺术作品”这个名称只限用于艺术家在其中是作为艺术家而创作，并且以美为唯一目的的那一类作品。此外一切带有明显的宗教祭典痕迹的作品都不配称为“艺术作品”，因为艺术在这里不是为它自己而创作出来的，而只是宗教的一种工具，它对自己所创造的感性形象更看重的是它所指的意义而不是美。[②]

莱辛努力将艺术从宗教中区分出来，强调艺术为自身而创作，强调美在艺术中的地位，这是一种语境，我们在此不去判断这种做法的优劣，只是将区分的语境指出来，将莱辛式的艺术观展现出来。至少从他那里，我

① 此处关于亲缘关系和个体的独特性的关联无疑是建议性的，并没有强调个体的独特性产生自不同身份属性的交集。个体问题是另外一种语言游戏要处理的话题，也是一个巨大的话题。或者说，此处的论述缺了一半，另一半在“遵行规则”那里。

② 莱辛：《拉奥孔》，朱光潜译，人民文学出版社，1984 年，第 57 页。

们可以看到,不同类型的艺术有着明确的边界。

我们也发现维特根斯坦对于类型划分似抱有一种嘲讽的态度,他说:“我以这种方式对艺术作品进行分类:有的我推崇,有的我贬抑。”[①]如此分类很有趣。在推崇或贬抑艺术作品与推崇或贬抑其他东西之间,我们会发现各种各样的联系。如果我们发现(可能是这样)吃香草冰激凌让我们很推崇,那么推崇也就没什么重要了。可能有一个领域,一小块儿使我们推崇或贬抑的经验领域,于此,我从推崇或贬抑的事实中推断良多;也可能有另外的经验领域,于此,我无法从推崇或贬抑的事实推断任何东西。比如,穿蓝色或绿色的裤子在某个社会里颇具意味,但在另一个社会里却无任何意义。

这似乎是在反对艺术类型的划分。但我们看到,维特根斯坦之所以这么说,是有所指的。其实这是在强调划分本身不是最高的规则,相反,划分是依赖语境的,如果我们只向内求,只强调内在的审美感受,我们就找不到一个可以进行商讨的公共平台。更进一步,他所反对的是将艺术类型划分固化的做法,反对为艺术类型赋予特性。如果把艺术类型固化为模型,那么归属于某一艺术类型即意味着服从或分享该艺术类型的某种属性,这样一来,艺术类型被偷换成整体,而某一艺术实践被偷换成整体中的个体。由此,内在本性的思路沿着小门儿再次偷偷溜回来了。这时,我们必须防范了。理性的批判从来都不是一劳永逸,只有不断保持警惕,才能清除机体内的毒素。或者如海德格尔提示的那样,所谓的毒素绝不仅仅是毒素,它很多时候是健康的,只是在转换的语境中,它成为有害的。海德格尔这样说,意思是对光明的遮蔽的去除绝不是一时之事,甚至从根本上说也绝无可能,因为遮蔽不是不仅仅来自于黑暗,很多时候光明也是一种遮蔽,在最明亮的地方,可能产生最大的遮蔽。[②]

---

① Wittgenstein, *Lectures and Conversations on Aesthetics, Psychology and Religious Belief*, Berkeley and Los Angeles: University of California Press, 1966, p. 12.

② 海德格尔:《林中路》,孙周兴译,上海译文出版社,2008 年,第 34 页。

除了载体之外，在本文一开始的地方已经指出了各种类型划分的大致可能性——无疑还有更多的可能性，只是这里不一一指出。类型的界定最大的好处是方便，但最大的坏处就是方便之后的粗率之蔽。当类型划分方式选定之后，依赖类型的概念也随之建立起来，并强化类型的界限，与此相关的概念系统会组织起某种内在逻辑，形成相应的一致性，并强化为不变的机制性的一致性，由此对系统内的概念产生强大的规约作用。这又不可不察。

含沙射影，暗箭伤人：论莎士比亚历史剧《亨利四世》（下）

格林布拉特①

胡继华②译

［摘要］ 本文实践作者的“文化诗学”主张，利用跨文类研究的思路，在哈利奥特的《弗吉尼亚新大陆真相略述》和莎士比亚的剧本《亨利四世》、《亨利五世》之间穿梭，发掘其互文性。作者认为莎士比亚戏剧的核心旨趣，反复地纠结于颠覆与无序之产生，以及对它们的抑制。他从哈里奥特文本之中辨识出来的三种策略——异域求证（testifying）、立此存照（recording），以及昭告幽微（explaining），都反复地出现在戏剧之中，化为剧场对应物。像哈里奥特在新大陆一样，亨利历史联剧印证了马基雅维利的假说：王权即便是在驱使观众服膺权力之时，也发源于暴力与欺诈。

［关键词］ 莎士比亚　亨利四世　殖民　权力

三

然而，一旦转向记述哈利权力行传的后续联剧《亨利四世》（下部）和《亨利五世》，我们首先发现，较早戏剧之中平衡的力量现在已经充

① 斯蒂芬·格林布拉特（Stephen Greenblau），著名的文学批评家、理论家，当代西方学术界新历史主义批评流派泰斗。现任哈佛大学人文学教授、美国艺术与科学学院成员。著有《文艺复兴时期的自我塑造》（*Renaissance Self-Fashioning*）、《莎士比亚式的协商》（*Shakespearean Negotiations*）、《炼狱中的哈姆雷特》（*Hamlet in Purgatory*）等。

② 胡继华，北京第二外国语学院跨文化研究院教授。

满了紧张:《亨利四世》(下部)是幽闭恐惧获胜,而《亨利五世》则是气势磅礴凯旋。[①] 其次我们发现,从这个新角度看来,《亨利四世》(上部)里那种屡见不鲜的完美平衡必须被颠倒。近观其质,细察其檄,表面上的“平衡”就像是风雨欲来的情势被乔装打扮,俨然成为道德的秩序或审美的和谐。表面上的“澄澈”现在就像是魔术师实施的法术,掩盖混乱无序,施行缓兵之计,抵御时间的压力,避免一种幻觉的烟消云散。[②] 不见波涛汹涌,唯有洪水滔天。

同上部不一样,《亨利四世》(下部)中,权力之独特运作不那么令人费解:甚至也没有了那些邦国林立苟延残喘的幻觉,好像每一个王国都有其独特的价值体系,飘飘欲飞的丰盈幻境,以及风雨交加的噩梦。现在,只有一个单一的体系,天下无不明鉴,它建基于谋权篡位和众叛亲离。霹雳火将军万分陶醉的荣誉之梦而今已经随之入墓,代之而起的,乃是诡诈而羸弱的阴谋家阴沉冷酷的犯上作乱。酒馆里无意听到的火热言谈,斗志昂扬的喧闹之声,显然标志着不同于造反的另一种颠覆策略,而今这种喧闹之声却变成了婊子和皮条殴打嫖客致死的凄厉之声。福斯塔夫早些时候劫来的赃物,被镀上金色,俨然是天赋恩典的梦想,而今他在高谈阔论,说要把疾病变成财产(1.2.248)。

在该剧之中,唯有哈利王子不显得那么卑微猥琐,斤斤计较,而今他既疲惫又困惑,身受双重折磨,但这种变化并没有让他活得像人(奥尔巴赫在一篇著名的论文之中有所论述),相反却清楚地表明:背叛来自整个体系。背叛无不降临到他身上,无不以他为目标。他再也无须自言自语地

① 更精确地说,比例被重新分配了。比如,《亨利五世》序曲之中就有剧情说明人坚持,展现在剧中的世界极端宏大,千姿百态,以及变动不居,而舞台本身拥挤逼仄而又狭小局促:“这个小小斗鸡场能容得下法兰西宏大的战场吗?我们能把当年阿金谷风声鹤唳的战袍塞在这么一个木制的圆圈里面么?”(序曲,11—14)剧情说明人确实注意到了这个矛盾,劝说他的观众“在想象力的迅速制炼中”(5.0.23)超越这些局限:“请你们用想象来弥补我们的不足,把一个人分为千万分身,想象盛大的军威。”(序曲,23—25)

② 我们认为是“中心”的,可能是最遥远边缘的一部分。对剧院和权力的地志学描述可能是个幻觉,这一点让人格外困惑。也许,我们无法准确地参照他者来自我定位。

表明隐秘的意图:出卖放浪形骸的朋友而“挫败众人的愿望”。这场交易是由事情本身的结构决定的,这种结构在戏剧之中是以时间和必然两个名字来把握和命名的。因此,没有一个像霹雳火将军一样棋逢对手的危险敌人,他也无须慷慨悲歌,决一死战(剧中唯一能让人想起这种声音的,乃是皮斯托尔对趾高气扬的马尔洛温的滑稽模仿)。兰卡斯特的约翰,拘泥礼数,恪守道德,这位哈里王子的弟弟之虚假允诺,轻松而有失尊严地完成了叛乱之举。为了保守谎言,兰卡斯特一本正经地“以我血的荣誉”发誓(4.2.55)。一如福斯塔夫评说哈利王子,兰卡斯特从他父王那里因袭了“冷血”。

莎翁在该剧当中继续为异域的声音立此存照。这些声音无权无势,丝毫没有留下文字,其存在的证据石沉大海。该剧记录了它们,然而竟然没有皇室钩心斗角的戏剧幻象。帝王仍然认为,他的儿子放荡成性,当他撒手尘寰,他的王国也会化为废墟——也许,当他这么想的时候,他还得到了一种匪夷所思的慰藉。然而,公然表里不一,宣称要秘密地颠覆上下尊卑权威的人,却不是哈利王子独自一人。瓦尔维克向亨利王打保票说,太子殿下一心寄系东市好小子们,完全理所当然,毫无不妥之处:

> 太子殿下不过是在琢磨他的良友一群,
> 像为了精通一门语言一般去琢磨一门外语,
> 即便是最粗鄙下流的言辞也需要
> 仔细研读并烂熟于心,一旦习得
> 陛下尽知,就再也没有什么用处了,
> 但必须熟知而善避其害。只等时机成熟,
> 太子殿下就会像抛弃这些淫词粗话一样
> 撇下他的那些狐朋狗友,而对他们的记忆
> 将成为规矩方圆,成为生活的圭臬
> 供阁下衡准他人的生活之道,
> 往昔的罪恶将转化为处事的高谋。
> (4.4.68—78)

首先，瓦尔维克以语言设喻，将王子放浪形骸的低俗生活比作追求卓越的行为：完美的语言资质，“精通”一门语言，必须尽最大可能地把握最丰富的词汇。瓦尔维克措辞晦涩——“必须熟知而善避其害”(to be known and hated)，但这种措辞马上强化了哈利的语言学探索的目标，他不只是追求卓越。《亨利四世》(上部)中，哈利吹嘘他精通酒馆黑话，而现在至少可以想象，我们正在见证一种社会纽带的存在：社会最顶端的王子和社会最下层的酒保，开怀畅饮，不拘仪轨，俨然人与人之间壁垒全无，自呼良友。笔者已经设论在前，该剧清楚地表明，界定明朗的政治利益蕴涵其中，但这些利益可能暂时被存而不论，哪怕是在一瞬间存而不论也好，让我们快乐地想象“万民齐乐”(communitas)，那是一种暂时打破上下尊卑秩序而获得的一种快乐灵交(union)。不过，那种上下尊秩序总是庄严肃穆，笼罩着英国人的共同体。① 即便从这种气势宏大的快乐灵交之中返回到现实，莎翁的大多数戏剧至少还是容许我们从哈利王子的惊人才智之中，从他自吹自擂的卓越才能之中，获取快感。

学习一门外语，就必须首先承认另一群人的存在，修炼一种在另类世界谋生的能力，不管这个世界是多么凶险残暴。哈里王子说着自己的语言，论断他和三教九流一起开怀畅饮的事，尽管有几分滑稽可笑，但毕竟说明他坦然承认，这些庶民确然存在，构成了他王国之内的一个另类群体，一个陌生的部落，在人口数量上远远大于他那些皇亲国戚。有证据表明，在新世界定居的中上层英国人并未将美洲印第安人视为另一个种族，而是将他们视为另一个版本的庶民。由此推知，哈利王子的认识逾越了莎翁戏剧的囿限而延伸到了国族之外：一个人眼里的下里巴人同是一个人眼里的印第安人。②

---

① 参见 Victor Turner，《戏剧，战场和隐喻：人类社会的象征行为》(*Drama, Fields, and Metaphors: Symbolic Action in Human Society*, Ithaca: Cornell University Press, 1974)。

② Karen Kupperman 记录了丰富的证据，参见 *Settling with the Indians*。

如果说,哈里王子的俚语释义最初十分类似于罗列在哈里奥特《真相略述》之中的实用语词,比如在阿尔贡琴语中能找到"火"、"粮"和"遮拦"等等的对应词,那么,瓦尔维克对于哈利所做的差强人意之猜测,则暗示了它更深刻地类似于一种完全不同的术语释义,这种释义同理解以及控制下层人民的努力紧密相连,关系非常特殊。笔者是指那些被附加在16世纪罪犯和氓流概念之上的邪恶词汇。托马斯·哈曼(Thomas Harman)举一己之力编纂出一套据称是原汁原味的词汇表,而用一种滑稽的夸饰之词予以广而告之,刻意显示他的修辞天赋。[①] 他写道:"而今敝人当着体面善良看官之面,展示污秽下流之言,它们出自游逛浪子和慵懒歌手之口舌。"他宣称自己写作的小册子《正告案牍文士》(*A Caveat for Common Cursitors*)乃是个人明察暗访的结果,所得来之不易,因为他的那些告密者"精明透顶","诡计多端"。但是,哈曼从这些告密者为人之道所学甚多:"阿谀奉承之语,暗送钱财之贿,开怀畅饮之乐,甚而至于对告密者许下千金一诺,亦难求其名,难知其事。"(第82页)哈曼随后欣然将告密者之言撰述成书,公示于众,其著作之结尾不仅附加了一套"贩夫法语"词汇,而且还附加了以字母为序的名单,以便有法可依,有法必依,让这些无恶不作的懒汉受到"极端惩罚"。

哈曼所说的正直之人、邪恶之人、犹太人以及各色人等,是否比莎翁笔下的朵儿或桂嫂更多地同社会现实相关?这一点不得而知。[②]《正告》大半,就像当时其他一些氓流之书一样,有插科打诨的味道:骗子和无赖的传说历久弥新,被挑拣出来当作现实主义的范本。令人不快的是,哈曼认为,那些无赖用来描述自己因之而被治罪的缘由的词语,恰恰就是哈曼

---

① Thomas Harman, *A Caueat or Warening, for Commen Cursetors Vulgarely Called Vagabones* (1566), in *Cony-Catchers and Bawdy Baskets*, ed. Gamini Salgado (Middlesex: Penguin, 1972), p. 146.

② 关于伊丽莎白时代地下王国的呈现,参见A. L. Beier,《无法无天之徒:1560—1640间英国氓流问题》(*Masterless Men: The Vagrancy Problem in England*, 1560-1640, London: Methuen, 1985)。

所造。但是,至少可以说,哈曼的意图是传递精确观察和仔细记录的印象。不言而喻,这构成了此书的卖点之一。而且,他用来达到这个效果的主要修辞策略是制造泄露秘密的气味:他一再让人注意他的罕见诺言——绝对不吐露他打听而来的秘密,但他的背信弃义却保证了他所泄露的秘密的精确性与重要性。

哈利王子,俨然位居社会中层。哈曼声称,他是靠瞒和骗而认知一个按常规是他这号人无法认知的世界。因而,他将帮助公众认出并剪除那些欺骗者,转而利用他自己垂范天下的优先权利。哈曼记录(或者杜撰)了这些让他引以为豪的侦探与拘捕行为,但这些行为所构成的个人干预往往无济于事。唯有他的书充分揭露了那些氓流的诡诈机巧,据此他提醒法官和郡长们格外警觉和加倍严厉。在《亨利四世》联剧当中,戏剧性作为王权的重要动力之一而成为主题。同样,在《正告案牍文士》(以及同一时期英国和法国大多数氓流文学)之中,白纸黑字的文本也成为一种社会秩序和查证诈骗罪的力量之再现。书被印刷出来,广泛传播,而且容易修改,因此在那些氓流闯入诚实公民的家门之前,他们的名气和计谋就广为人知。仿佛这种流动不易察觉一样,哈曼宣称,他的论著只印了一半的时候,印刷工人帮他拘捕了一个言行怪异的"假疯子"—— 一个自称疯癫病患者的人。哈曼叙述道,这个印刷工人立马成为侦探,首先是沿街追捕那个骗子,随后"巧设妙局"将之制服(第 116 页),出乎恻隐之心把他交给警长。哈曼用这么一些恐怖的故事文学地呈现了书本的力量——追捕氓流,使其伏法。

这种记述方式的危险性在于,道德指控将自我颠转,秩序的力量(他们总是阅读此书的人民)本身显得就好像离不开假装与背叛,而社会氓流显得就好像时运不济、保护不周,亦步亦趋地仿效他们的那些上流统治者,或者反过来说,他们就好像是一群野蛮的原始人,同一个残忍社会的虚伪狡诈势不两立,绝命抗争。确切地说,这么一种颠转似乎一再出现在同一时期的氓流文学、奸夫淫妇和不孝之子文学之中。他们充满不败的匹夫尊严，以更加明确的方式辩护生活在别处的邪恶之徒，而回敬哈曼的责难之词，坚持认为他们的生活是模仿大人先生们，糟糕透顶，无以复加。

> 骗子打赌，如此告白：君生于世，阅历不及敝人之伟博，然敝人料定君心自明。若不走旁门左道，以不可告人之方自助，天下之众，遂无人能做正人君子。君当自思：若显贵者生当危世，离乱之下仍立于不败，彼等则实至名归，为所欲为，果乎？君当自思：若抗辩答诉之词简约乏力，举凡全凭判断、公义及良知，刑科责罚之士岂不成为沽名钓誉、利欲熏心之徒？官职可买卖，令人垂青，买主殷实富足，讨价还价之余竟然对巧取豪夺寐然无觉，可乎？若无妄语，漫天要价，于半明半暗之际出售货物，以条纹色彩欺骗买主，商贾岂能富可敌国？子子孙孙永为显贵？①

这些颠转乃是氓流文学的要旨所在。然而，如果以同样的光辉去烛照莎士比亚历史剧之中类似的剧段（通常是出自福斯塔夫的口吻），认为这些颠转乃是有意为之的颠覆效果，那么，这也可能大谬不然。这些颠覆的声音不仅源自对秩序的肯定，而且还是从肯定的秩序之中产生出来的。它们被强权立此存照，而丝毫无损于这种秩序。哈曼的个案虽然比莎翁戏剧更加粗糙，然而却是堪为殷鉴，说明如果没有背叛以及对背叛的觉察，这种秩序就不仅子虚乌有，而且也难以让人心悦诚服。

哈曼同背叛相依为命，须臾不离，而这一点也不妨碍他痛斥氓流的虚伪狡诈和深刻伪装，一点也不妨碍他刺激读者蔑视和迫害氓流。反之，自相矛盾的是，他陷入自己所痛斥的欺瞒之中，但这却提高了他的道德义愤，仿佛以修辞学的暴力谴责氓流就洗刷了他本人的罪孽。他出尔反尔，背信弃义，仿佛是开化之道与文明之举，乃是确保社会幸福的必要策略。"那些下里巴人气焰嚣张的犯上作乱之举"，自然不在知书识礼的交流范

---

① Gilbert Walker, *A manifest detection of the moste vyle and detestable use of Diceplay* (c. 1552), in Salgado, *Cony-Catchers and Bawdy Baskets*, pp. 42-43.

围之内。正义,恰恰就在于不择手段地剪除他们。哈曼立假誓,目的是为了指认那些传播假誓的人,以便将他们驱逐到共同体之外。少数害群之马,“满心忧伤,怒火中烧,信誓旦旦,对拙作横眉冷对”,因为他们先被许诺,秘密将被保守,但他们的所作所为立即被公之于世,然而在正义的谴责之中,大多数人还是同心合一:“高贵者厌恶,尊贵者拒斥,文人墨客犀利嘲讽,男子汉大丈夫公然蔑视,劳力者猛力责罚,妇人击掌,厉声呵斥。”(第84页)对氓流之书,嗜之如命,简直就是怨恨与赞许交织,对他们自身怨气不绝,而对他们的冷酷无情的背叛又赞不绝口。

一位颇有天赋的批评家在谈到《亨利四世》(下部)时指出:“君子与更大的秩序打成一片,而小人不是抵制就是滥用更大的秩序。”①诚哉斯言!但是,像哈曼所述那个氓流仇视者共同体那样,剧中兰卡斯特的王权之所以壮大,全靠背信弃义。莎翁将君子与小人分开,而一点也不畏惧其中所隐含的一切可感的厌恶之情。他将可能从哈曼以及上百种文本之中所发现的不成体统的方式化为己有,予以强化,以至揭示出现代国家之建立,恰如现代君主的自我塑造一样,都离不开精心算计,威胁恫吓,以及自欺欺人。不过,这些行为一概通过剧场娱乐来完成,而那些公众,即现代国家的臣民,不断地为此掏钱、喝彩。

有一种压抑感自始至终地贯穿在《亨利四世》(下部)。仅靠事无巨细地罗列细节,这种压抑感就被强化了:“你曾指着那一只半镀金的银杯发誓,是在海豚厅里行走,在那圆桌边,在那炉煤火前,在‘降临节’的那个星期的礼拜三。”(2.1.86—89)在莎洛法官的花园里,在一些阴暗朦胧的时分,我们也许能找到一息安宁,暂时摆脱这种万马齐喑的环境压力和策略压抑。然而,福斯塔夫无情地让这些安宁瞬间烟消云散,其恶意破坏之举高超无比,妙趣横生,以至我们接受挫败而满心欢喜:“我忘不了,在克莱门特客栈那会儿,他就像是饭后用酪饼屑捏出来的人形一般,他赤裸的

① Norman N. Holland, in the Signet Classic edition of 2 Henry IV (New York: New American Library, 1965), p. xxxvi.

时候，真活像一根两条腿的萝卜，上面用刀刻着一个怪模怪样的头。”（3.2.308—309）

弱肉强食，成王败寇，此乃永存的自然法则。然而，莎翁言下之意，绝非让观众拍手称快而肯定这条自然法则。像哈曼一样，莎翁拒不认同这么一种露骨的犬儒主义社会秩序观。相反，那些本来应该彻底颠覆权威的行为，最后却成了权威的支柱。《亨利四世》下部比上部更加残忍，正义、秩序、礼节，诸如此类的道德价值，只能由反面的颠覆性价值之朗然生成而得以保证。肮脏的背叛行为保护了王权，“帝王的赫赫威仪”于焉浮现，哈利王子最后通过彻底的致命的背叛，公然拒绝了福斯塔夫，从而与王权合而为一。

这么一些时刻也出现在《理查二世》之中。其中，治人者皆为父精母血，血肉凡胎，血气涌动，这一发现明白无误地表明王权的没落衰微。

丢开你的尊严面目，
道统，繁文缛节以及斯文隆礼，
因为你此时此刻完全没有待我以善，
像你一样，我也有口腹之欲，
尝遍悲苦，渴望友爱：因而低声下气
你怎么能对我以陛下相称？（3.2.172—177）

到了《亨利四世》（下部）结尾，这种血肉之躯的局限已经融入意识形态结构，因而让王权名正言顺。正是因为哈利王子亦有口腹之欲，我们才懂得他与乃父为此付出的代价。与理查二世不一样，亨利四世不是把这种牺牲展示为戏剧的修辞，而是表现为一种私密的沉思。一个穷途末路、满面倦意的人，说出了其最隐秘的思想：

睡神啊，你为何愿意躺在烟雾弥漫的茅屋里，
卧在不舒适的草垫上，
任由夜晚嗡嗡鸣叫的苍蝇催你入眠，
而不肯来到贵人的熏香内室，

躺在华美的幔帐里，由美妙的乐曲引入梦乡？(3.1.9—14)

谁知其妙？也许，这是千真万确的。也许，当绝大多数男人和女人都一无所有，在这么一个社会里面，唯有少数富人和强人夜不能寐。但是，我们应该了解，夜不能寐是一个公开的秘密：达官显贵的痛苦在16世纪统治阶级的文献中是一个屡见不鲜的主题。[1] 亨利四世自言自语，然而在莎翁的戏剧之中总是这样，形单影孑的君王只不过是强化了他向广大观众——戏院观众——所倾诉的感受而已。我们应邀去测度他的痛苦，去理解该剧及其他戏剧之中所表现的权力的代价。我们还应邀去理解这些代价，以便赋予权力以合理性，去理解这种怪异而又残酷总之不平等的财产分配：居有万物者寡，身无一名者众。通过痛苦，治人者赢得了高人一等的地位，或者说起码也因此而遭到了报应。这种痛苦如不彻底消除谎言与背叛，它就抬高了谎言与背叛。而那种高高在上的地位，就建立在谎言与背叛之上。

一如寻常，福斯塔夫滑稽地模仿这种意识形态，而且更为重要的是，在这种意识形态显示为官方认可的真理之前，他就将它作为谎言戳穿。从酒馆被传唤到宫廷，福斯塔夫转向朵儿和桂嫂，以格言警句的语音语调宣告：“你们看，我的好姑娘们，优秀的男人是何等忙碌！百无一用的人可以睡大觉，而会做事的人被唤走了。”(2.4374—377)这段雄辩之词，是用来凸显某些意味，给那些妓女和店主造成更深刻的印象，有人欠他们的钱，却又不想掏腰包。稍后一点点，同样雄辩的言辞再现在国王的讲话里，并以自言自语的方式出现在国王最幽深的思想中。

在舞台上表演这种不妨称之为未卜先知的滑稽模仿，构成了莎翁戏剧的一项主要结构原则。与直截了当的滑稽模仿不一样，这种结构原则的效果不是嘲讽那些一本正经的主张，而是给它们做出标记，以示其多少有些可疑，并鼓励人们对此加以警觉的怀疑。因而，先是福斯塔夫尽情地

---

① See Frank Whigham, *Ambition and Privilege: The Social Tropes of Elizabethan Courtesy Theory* (Berkeley: University of California Press, 1984)。

嘲笑德性的萎靡不振，随后是彻夜不眠的国王血气涌动，动摇在一派空虚和满腔痛苦之间。在这么一些时刻，《亨利四世》（下部）显然不仅验证而且确认了一条关于英国君权本质的假设，这条假设幽玄而又惶惑：君权的道德权威如此深刻地依赖于一种虚伪，以至只有伪君子自己才信以为真："那么，安睡吧，幸福的穷人！头顶王冠的人反而睡不安稳。"（3.1.30—31）老骗子对小骗子如是说。然而，老骗子事实上似乎对自己的言辞信以为真，同样他也可能相信，他真的不会追逐王冠。"只是环境的压力使王权如此低头俯就，我被迫得不能不和王位亲吻。"（3.1.73—74）对于王权背叛者的网络体系，我们有特许的认识。对于福斯塔夫的犬儒智慧，我们有特许的接触。而这一切将使这种阴阳怪气的虚伪大白于天下。但是，甚至随着《亨利四世》（下部）的情节进展，谎言和损人利己的动机畅行无阻，合法权威的非法性反复被演示在目前，（用摩尔的话说）整个王国都是达官显贵的一场阴谋，打着天下为公的旗号谋取和保护私利，甚至在这时国家虽然也对舞台上的叛乱信号投以警觉，可就是麻木迟钝，毫无反应，遑论干预！我们满可以将这种路人皆知的昏庸归结为无能或者腐败，但是笔者在历史剧与哈里奥特和哈曼之流所代表的话语实践之间所勾勒的关联却暗示出另一种解释。然而，我们再一次看到，《亨利四世》下部比上部结尾更富于铁器时代精神，此剧显然赋予既成秩序以合法性。其中，亨利五世称帝登基，将血肉之躯融入"吾国之伟大躯体"，古斯塔夫惨遭蔑视和无情放逐，冷血的兰卡斯特背叛了叛乱者，而倾心赞美更冷血的兄弟："我喜欢国王陛下如此公道的裁断。"（5.5.97）①

这种结局之情致确实令人不悦。放逐福斯塔夫，乃是莎剧批评家深

① 对背叛行为的公开反应，是难以估量的。L. Stone 指出，17 世纪早期发生了一场转折："到 16 世纪末，人们偶尔看到以高高在上的权力行伤害他人之事时，却不觉得有什么不体面之处，当一个人地位低下而伤害一个人，也没有什么可羞耻的。但是，在 17 世纪 30—40 年代，这么一些行为则成为人人得而羞之的现象，而且几乎很少被碰到。"（Lawrence Stone, *The Crisis of the Aristocracy*, 1558-1641, abridged edition, New York: Oxford University Press, 1967, p. 109.）

感苦恼而喋喋不休的难题之一。然而，此等不悦只不过是证实了哈利王子弃旧从新、脱胎换骨的誓言。如果说，此剧严酷的结局中有一种破灭感，那么这种破灭感确认了一种精心谋划的官方策略。据此，颠覆意识被激发出来，随即又被抑制下去了。

我的父王狂放地进了他的坟墓，
因为我的狂放之情也一起葬送其中。
怀着他的精气神，我要悲情地活下去，
去嘲笑世人对我的期待，
让预言破灭，扫荡
那些恶意的诽谤……(5.2.123—128)

四

《亨利四世》(上部)在这么一些时刻让我们感到，自己就像哈里奥特一样，眼观一个复杂的新大陆，用它来验证那些幽暗的思想，而又不摧毁那些思想所危及的秩序。《亨利四世》(下部)则暗示，我们自己更像印第安人，迫不得已向一套信仰表示敬意，而这套信仰的欺骗性仅仅是确认了他们的权力、权威与真理。《亨利五世》是这套联剧的最后一出，它一以贯之地提醒，我们既是殖民者又是被殖民者，既是君王也是臣民。此剧技法娴熟，为帝国体制下的虚伪、残暴以及欺骗之策立此存照，呈现其每一种细微的差异。事实上，它验证了这么一个命题：文治武功与君权神授(sacredness)无关，倒取决于邪灵暴力(demonic violence)。此剧验证这一命题的语境是一场政治盛典，一曲集体赞歌，献给了“英格兰之星”，献给了那位居有神奇个人魅力的统治者，是他将那些不可救药的逆子贰臣驱逐在国家之外，净化了江山社稷，铸造出威猛神勇的民族国家。

此剧之中，有威尔士人弗鲁哀伦，爱尔兰人马克毛利斯，苏格兰人翟米，他们在法兰西阿金谷与英国皇家军队并肩作战。通过将各色人等绑在一起，哈利王子（亨利五世）象征地收服了不列颠诸岛上最后几块蛮荒之地。这几块蛮荒之地，在16世纪有比新世界各民族更加强悍的人居住，代表着一个正在没落的蛮夷部落之命定前哨。[①] 我们心中可能期望，在《亨利五世》当中，笔者称之为"立此存照"的写史方式臻于极境，而且在某种程度上确实做到了。英国联军各自被赋予的语音语调，贵贱分明，一听便知："他在桥那边说了许多动听的话，那是你难得一听的"；"基督作证！哼，做的不好。工作是放弃了"；"这太好了，老实说，两位都是好营长，而且我也要伺机贡献一点意见来报答你们"。这么一种台上的拉腔作调，有助于人们决定以文学方式再现威尔士、爱尔兰和苏格兰人所属的血统，这种方式将延续到未来几百年。但是，这些种族的独特性却显得是那么工于形式，着实令人称奇，聚集了那些呆板的标志，令人不禁想起约翰生以幽默怪诞之笔描写的那种个性，崇高体面但木讷无为。

我们觉得这些人物言语的痉挛妙趣横生。因为，他们并不代表异邦人，而是代表那些情理之中并且自生自灭的存在。他们让人开心快乐。因为他们让一个观众意识到自己不仅变幻无常，而且玄妙莫测。一个观众面对戏剧场面，目瞪口呆，无所作为，完全为戏剧修辞所慑服，但他比那些为自己荒唐言辞所维系而任其摆布的木偶更加悠闲自得。弗鲁哀伦，他大多数时间都是一个夸夸其谈之士，恃强凌弱之徒。似乎唯有他，在某一片刻之间清楚地表达那些不为官方阵线所束缚的意识，然而这些意识之产生并非因为他置身世外，而是因为他顽固地寻求古典的比喻。在亨利五世和"肥猪亚历山大"之间玩弄那种普鲁塔克风格的类比，弗鲁哀伦调侃道："马其顿有一条河，蒙矛兹也有一条河"，云云。此时此刻，他便观察到："请你留意"，亚历山大"在酒气和怒气之中，杀死了他最好的朋友

① 剧情说明人指出，英国先遣部队在戏剧的关键时刻试图征服爱尔兰人，因此在英国联军中出现爱尔兰士兵乃是意味深长的。征服爱尔兰人的努力，延续了四百多年，在戏剧之中却成为一种时代误置，这不啻是一种辛辣的历史嘲讽。

克赖特斯”。高渥将军旋即插嘴辩护：“在这一点上，我们的陛下不像他，我们的王从来就不诛杀自己的朋友。”但是，弗鲁哀伦得理不饶人：“亚历山大是在醉酒和狂怒之中诛杀了他的朋友克赖特斯，哈利蒙矛兹是在他神志清醒和判断良好的心境下赶走了那个大腹便便的胖爵士。他最爱说笑话，揶揄他人，恶作剧，嘲笑别人——我忘了他的名字。”高渥脱口答曰：“约翰·福斯塔夫爵士”。

危情时刻，大有一触即发之势。将哈利王子同酗酒的亚历山大相提并论，强化了我们对他的认识。从放逐福斯塔夫，到处死他早先的好友良伴巴尔多夫，无不表明他冷静清醒，六亲不认。“当今圣上对爵士大动肝火，把他给气坏了。”(2.1.88)而处死巴尔多夫，哈利也难辞其咎。早期戏剧之中那些卑鄙小人已经成为哈利语言修习的焦点，可是瓦尔维克断言，太子殿下只是将他们当作“粗鄙淫词”来琢磨，一旦习得就弃之如敝屣。

修习之后弃之如敝屣，这在《亨利五世》中并不是一种引人注目的光景，可就是同哈曼的《正告案牍文士》之中所述实践完全一致，吻合无间。对此，我们已经分析在先。当即回忆起阿伽门农的勇气，想起氓流文学，弗鲁哀伦说那个“像马克·安东尼一样豪爽骁勇”(3.6.13—14)的皮斯托尔，事实上是“一只呆鸟，一个傻瓜，一个流氓，他们说不定在什么时候到战场上去转悠一圈，等回到伦敦，就自称是身历其境的战士了”(3.6.79—81)。高渥将军表示：“当今时日，玩些什么花样，你必须心明眼亮才好，要不然你可不免要大大地上当了。”这句台词，即可作为哈曼氓流之书的题词。一代枭雄，氓流无数，弗鲁哀伦凭什么说皮斯托尔就是其中之一？皮斯托尔无意之中又泄露了什么，做了何等坏事？巴尔多夫偷窃教堂里那只低廉的圣像，即将被处以绞刑，皮斯托尔却慷慨激昂地请求弗鲁哀伦介入，救巴尔多夫一命。皮斯托尔狂吼道：“让绞刑架张开大口吞掉狗吧！饶恕这个人吧！不要让麻绳让他的喉咙窒息吧！”(3.6.42—43)弗鲁哀伦拒不饶恕，巴尔多夫命丧黄泉。皮斯托尔救朋友之命的努力，恰恰表明他是一个“下流肮脏，卑鄙龌龊，饶舌不休的奴隶”(5.1.5—6)。相反,哈利放逐福斯塔夫,就是一次象征性的杀戮,不妨视之为对他的一场犀利的控告。而弗鲁哀伦借题发挥,认为此举乃是帝王德性的最高境界之呈现。刚提此事,国王陛下就引领着法国战俘凯旋登场。先是“军角之声”,接着是皇家“鼓乐之声”,这个进场仪式完美地象征着一场神力四射的盛典消融了一场蠢蠢欲动的反叛。背信弃义之举没有颠覆反而强固了道德权威,以及令人倾倒的权势魔力。莎翁戏剧告知人们,这种权威恰恰就是那种背信弃义而不落痕迹的能力。

如果说,英国联军也好,卑鄙小人也罢,显然都没有合适地充当异邦人的角色,其声音并没有在戏剧之中被“立此存照”,那么,《亨利五世》就是在法国人的对话之中为我们提供了这项实践的一个版本,它是这么强固而且登峰造极。法国人的对话在表演当中基本上是原汁原味的,没有翻译成英文。这场对话甚至包含了一种语言修习,集中体现了早期戏剧中的“立此存照”实践。然而,像英国联军一样,敌对的法国士兵也很少说那些异邦人的声音,或者对戏剧中居于中心地位的权威构成威胁。毫无疑问,那些法国纨绔子弟心高气傲,他们鄙视哈利,说他是“一位虚空无聊,幼稚无比,肤浅浮躁,脾气粗暴的年轻人”(2.4.8),但这些滥用的措辞却不合时宜。显然,《亨利四世》下部结尾及其后续的消息尚未传过英吉利海峡。“我们的祖先一时荒唐,在那些野生的树干上插上一些枝条。”(3.5.6—7)同样,这些轻浮的法国士兵假设,他们在文化上和社会上比英国人享有优势。这种话说出来仅仅是为了让英国人几近神奇的胜利来映衬其内心虚脱,不堪一击。法国贵族文化曾经一度辉煌,这一点也没有被否定,第三幕第五景第四十行台词之中,那些法国贵族官名的冗长故事即为明证。然而,这正好表明他们自信力衰微,军事上软弱。在戏剧之中,军事上软弱显然被刻画为性力萎靡。法国士兵像“挂在屋檐下的冰凌”,而英国士兵则“在我们的沃野上挥洒着豪迈青春的汗珠”(3.5.23—25)。法国太子最后哀怨不已:

老实讲,我们的女人看不起我们

直说我们的勇气被泄光了，她们要委身于

英国青年，任其发泄无边的欲望。（3.5.28—30）

因此，肯定法国的文化优越性，立即反过来激发了英国人的潜能。戏到终局，一反喜剧结尾的惯例，带着一种自觉的姿态，莎翁描述了哈利对凯萨琳公主的求婚，从而将入侵的性暴力转型和驯化了："因为我爱法兰西，所以连一个小村庄我也舍不得放弃；凯特，当法兰西属于我，我属于你，那时候法兰西就是你的，你也是我的了。"（5.2.173—176）而今，肯认他者，也就完全表现在对他者的完美消融之中。

就语言修习而论之，现在做学生的是法兰西公主而非哈利王子了。当人们听到别人笨拙地说自己的语言之时，总有一丝轻微的快意掠过心头，或者说，因为自己不费吹灰之力就达到了别人殚精竭虑才能达到的境界，总是有一种满足感。这种感觉有时混杂着对一个懒惰的学生幼稚的努力所做出的嘉奖，屈尊而低就。有时还混杂着由一个学生的漫不经心造成的荒诞笑话而引起的快乐。（笔者曾经在意大利北部贝加莫向路人惶惶不安地打听去科里奥尼教堂[Colleone Chapel]的路，而耗去了好长一段时间。直到许久以后，笔者才发现自己把 Colleone Chapel 念成了"Coglioni-Balls-Chapel"，让人捧腹大笑。）在《亨利五世》中，这样一种混杂的情感被强化了。因为，法兰西公主学英语，在深层含义上，乃是英国人成功入侵的结果，这种入侵被栩栩如生地形容为性强暴。法兰西公主漫不经心，少不更事，从而遭到猥亵侵凌，这种滑稽的场面将那种民族的尤其是男性的优越性所产生的快意推到了无以复加的境界。①

如果说，在《亨利五世》中，"立此存照"的颠覆力量事实上被削弱了，

---

① 学习法语的英国绅士和淑女，比学习英语的法国人可能要多，这一点逃不过伊丽莎白时代公众群体的注意。S. Mullaney 指出，语言课乃是"莎士比亚对于那些不体面行迹的蔑视之见，而哈利王子放浪形骸，不务正业，就模糊地集中体现了这些不体面的行为"。在《亨利四世》第一二部之中，记录异国语言似乎还有悲剧意味，而在《亨利五世》的对应部分之中，语言学习却只有法国闹剧意味了。参见 Steven Mullaney，《陌生事，粗鄙词，奇装异服：晚期文艺复兴文化彩排》，见《表征》（"Strange Things, Gross Terms, Curious Customs: The Rehearsal of Cultures in the Late Renaissance", *Representations* 3 [1983]: 63-64）。

那么，恰恰相反，笔者称之为“昭告幽微”的写史方式却在其危言乱世的权力之中被强化了。亨利五世对法兰西发动的侵略战争，在戏剧之中得到了谨慎的再现，被认为是建基于“昭告幽微”的解释行为。该剧开场，即有一段著名的叙述，精心地述说帝王的谱系，宣称他对法兰西王权具有优先地位。就像哈里奥特文本之中类似的情形一样，为了让英国朝贡体制的意识形态名正言顺，就必须将“无懈可击的逻辑推理”（而这种推理的前提曾经是心照不宣的）与“不加掩饰的自私之心”混合起来，尽管这种混合十分令人不安。① 对专制主义进行意识形态的辩护中，君主的自私之心和民族的利益之系合而为一，二者反过来又受到了上帝高高在上的神命之护佑。因此，哈利个人在阿金谷战场上所取得的胜利，代表了民族的胜利，而民族的胜利又代表了上帝的胜利。阿金谷之战，一万名法兰西士兵阵亡，二十九名英国士兵阵亡。② 当传令官将这份令人欣喜的阵亡率报告给亨利王，合唱队唱道，他立即“将全部战利品，标识与仪式”奉献给上帝：“接受这战果吧，上帝，因为它完全是你的，而不是我的。”（4.8.11—12）

英国人胜利了，哈利将这种胜利的原因和意义从人性转移到神性。但不言而喻，他认为这种昭告幽微的解释还有待于加强：

> 向全军通告：
> 凡是夸耀这场胜仗，或者是从上帝那里夺取赞美的人
> 一律处死
> 因为唯有上帝才配赞美。（4.8.114—116）

---

① “这话听起来不像老谋深算，也没有犬儒意味，大主教忠实地放弃了自己的责任，而当他即位之时，推理的逻辑却无可辩驳……至于恶意攻击，亨利绝非创始之人。”J. H. Walter, in the Arden edition of King Henry V（London: Methuen, 1954）, p. xxv.

② 在全部历史记录中，阿金谷战役之中的阵亡人数非常合乎英国人的心愿，但莎翁从Holinished采纳了最大限度的数字。Holinished 补充指出，“另一些作家则具有更大的信誉，他们肯定在这场战争中，至少有五百至六百英国人阵亡”。参见 Holinshed, in the Oxford Shakespeare edition of Henry V, ed. Gary Taylor（Oxford: Oxford University Press, 1984）, p. 308。同样，对于英国人采用了何等战略战术取得了胜利，莎翁也只字不提。战争之胜利，在戏剧之中被呈现为神迹一般。

借着这么一纸赦令，亨利就强化了上帝对于屠戮法兰西人的责任。以此为据，人们相信神圣的赞许之光烛照了整个战事：从复杂的王权谱系，到处决叛徒，从对良民造成的威胁，到屠杀战俘。上帝备受信赖，而确定这种信赖的方式既苛刻而又残酷：策略的循环既不可抗拒，又令人疑惑，上帝对于生灵涂炭所负的责任只能由更大规模的杀戮之危险来担保。但在这么一种确信方式之中，总有某些东西令人忧虑，但又无法抗拒。如果公众自己的生存处境危在旦夕，这些不可抗拒的因素无疑就居于主导地位。维多利亚时代，只有为数不多的人敢于挑战那些忧患深广的帝王将相们的神学主张。然而，在戏剧之中，这些危险系数非常高么？在剧场之内有没有可能质疑那些在其他地方无法质疑的主张？

数年前，马洛在其《马耳他的犹太人》(*The Jew of Malta*)之结尾，也对胜者的虔诚投去了马基雅维利意味的一瞥，枯寒萧瑟，讽意盎然。剧中人费尔内兹(Ferneze)成功地背叛了巴拉巴斯(Barabas)，而将“全部战利品，标识和仪式”献给了上帝。这是对一部讽刺戏的极端嘲讽，其讽刺无以复加。莎士比亚没有走这么远。但是，他殚精竭虑地提示人们注意一个难题，那就是如何去向一个战场上的上帝祈祷，而没有通过执行极刑来强化这样的祈祷。在阿金谷战斗打响的前夕，亨利王犹抱琵琶半遮面，说开战的理由是正大光明的。对于这样一种表白，战士威廉冷冷地回答说：

> 但是，如果理由并不光明正大，国王本人就要负沉重的责任；在战场上被砍掉的手脚与头颅，在稍后的审判日都将聚集起来呼喊：“我们死于这么一个地方”。有人发誓诅咒，有人哭喊着要外科医生，有人为他们贫苦不堪的妻室而哀号，有些为了他们的欠债而啜泣，有些为了他们遗下的无依无靠的子女而唏嘘。我害怕死在战场的人很少有人死得心安理得。他们干的是流血的勾当，如何能心平气和地安排一切？(4.1.134—143)

对于这种申诉，国王答之以一串令人难堪的“解释”，意在昭告幽微，表明“国王不会对每个士兵的个别结局负责”(4.1.155—156),就好像战场上死人完全是不可预测的偶然,好像阵亡的每一个士兵都因为犯下了隐秘之罪而遭到了上帝的惩罚,就好像战争是一场宗教仪式,一种给予士兵的“福祉”,让他得以“洗刷良心上的一切污点”(4.1.179—180)。这些昭告幽微的解释之道不仅矛盾百出,而且也让国王本人的命运蒙上了阴影。因而,在这一戏景之后,天在破晓,哈利神经兮兮地恳求上帝,不要思量(至少今天不要思量)给他带来福祉的犯罪行径——他的父亲扣押和处死了理查二世。国王关注一切开支昂贵而投其所好的仪式行为,他建立这种仪式,意在为谋杀神授权能的帝王而赎罪:重新安葬理查的遗体,“每年雇佣”五百穷人,每日两度向天举起他们的枯手,祷告上苍祈求饶恕这些流血的罪行,建造两座宗教祭坛,延有高僧不断地为理查的亡魂诵经祈祷。而且,他还许诺要做得更多。克劳迪乌斯谋杀了老哈姆雷特,但在忏悔的时刻却拒绝忏悔。他之所以拒绝忏悔,是因为他“仍然占有让他动犯罪之念的那些动机,王冠,野心和王后”(《哈姆雷特》,3.3.53—54)。同样,哈利也承认,这些挽回祭仪式以及那些“忏悔的泪水”一文不值:

> 虽然我所做的一切并没有什么价值,
> 因为我感觉到忏悔之心于赎罪之后仍不断地发生,
> 来祈求上苍的饶恕。(4.1.303—305)①

如果说,夜幕降临时分,哈利可能就要大开杀戒,处决一切欢庆英国胜利而并不完全托信于上帝的人,那么,前几个戏景显然就充分展示了,在这些强制行为之后隐含着意识形态和心理学的机制,而其根源在于暴

---

① 在《亨利五世》的编辑附录中,Gary Taylor 努力辩护他的一条版本考订,他要把这句台词中得“一切”(all)读作“病态”(ill),理由在于:“克劳迪乌斯忏悔失败,对这段台词的任何一种解释,乃是演员难以传递给观众的,如果成功地传递给了观众,这样的解释就让人觉得阿金谷凯旋在道德上和戏剧上都是难以理喻的。”(Taylor, p.298)笔者在本文中所勾勒的解释框架可能让人充分地理解 Folio 的读法。依笔者所见,戏剧的道德难题反而强化了这场胜仗的效果。

力，在于巫术的慰藉，在于险恶的良心。展示于此的模式，我们并不陌生，在《亨利四世》（下部）中就已经显山露水。在那里，我们见证了一种神性的预言，它颠覆了戏剧之中每一个核心命意。坎特伯雷大主教拉腔作调，发表长篇讲演，当着公众的面，无休无止地为侵略辩护，因为他私下认为，入侵行为将会缓解教会的经济压力。哈利也正告他的受害者说，正是他们自己抢掠奸淫，无恶不作，但他是作为侵略军的头领说这番话的，而他的手下马上就要抢掠奸淫。高渥将军宣称，国王下令大开杀戒，屠戮俘虏，目的是报复敌人对辎重车的袭击，可是我们已经知道，屠杀令在先，而袭击在后。[①] 同样，哈利也沉思帝王将相的痛苦："平民无限心安，而帝王偏偏不得安宁！"（4.1.236—237）。这种痛苦源自他必须单方面地担待一场战争的责任。按照他早先的描述和敌人的描述，这场战争让生灵涂炭，民不聊生。心情沉重而且担心害怕的士兵夜不能寐，等待破晓时分。只消看看如此戏景，哈利就很难让我们心服口服：在他的幻觉高潮时，他看到"贱民"和"农夫"安然入梦，而几乎不知道"帝王要废掉多少睡眠时间来维持和平"（4.1.283）。

自赫兹利特以来，这种对君主威权的公然颠覆诱使一些批评家将这种歌功颂德之词理解为辛辣的嘲讽之词，或者更其花言巧语地断言，莎翁笔下的亨利五世形象晦涩至极，无以复加。[②] 然而，按照哈里奥特《真相略述》的暗示，我们不妨提示其微言大义：戏剧持续唤起的颠覆性怀疑之情，源自一种强化帝王权力及其战争根由的努力，这就是吊诡的逻辑所在。其结果同我们多次所论的颠覆结果完全一致：伟大事件和宏大言辞

---

① 高渥将军说："尊敬的国王陛下，命令你的战士去斩首战俘吧！这是名正言顺的。"（4.7.8—10）Taylor 尝试以灵巧的手法去淡化其中的反讽意味，在笔者看来，这简直是弄巧成拙，难以置信："任何一位版本学家和考据学家都能理解，高渥将军并不是说'这些战俘袭击了辎重车，国王就让他们被处决'，而是说'因为法国人接下来的残暴行径，国王就可以名正言顺地要这些战俘的命。'"（Taylor, p. 243）即便我们依据 Taylor 之意，它就可能提出一个道德难题。同已解决的政治难题相比，道德难题更为严峻。

② 参见 N. Rabkin 的杰出讨论，见氏著 *Shakespeare and the Problem of Meaning*（Chicago: University of Chicago Press, 1981）, pp. 33-62。

都要出现两次，第一次是谎言，而第二次是真理。欺骗的暗示一望便知，然而真相却被延宕了，一直要等到埃克塞斯征战爱尔兰之后，等到伊丽莎白王朝之后，等到君主制本身成为一种重要的政治制序之后。甚至一直延宕到了当今，因为即使是完全以反讽的方式来解读这出戏，即使在它所呈现的一切再也无关宏旨的时代，《亨利五世》是否能成功地完成颠覆使命，依然不甚了了。

诸如此类的努力也困难重重，因为剧中主角总是赖其所激发的怀疑而生。因为，王权的巩固不仅是延宕怀疑，而且莎翁戏剧所激发的怀疑不仅没有剥去帝王神奇的个人魄力，而且使之更加迷人，恰如他们使该剧的剧场效果魅力四射。对王权的赞美，在这个时代屡见不鲜，赞颂之词异口同声，一点也不含糊。然而，它没有戏剧效果，随即就被世人遗忘。帝王的神奇权威，一如戏台上的神奇权威一样，完全依赖于欺世盗名，指鹿为马。

因而，观众心弦绷紧，神情凝重，用心专一。现实与理想，判若云泥，时刻提醒观众二者不可同日而语，刺激观众分清戏里戏外，纵情于豪华壮美的幻象，在想象里认同于征服者，从而心醉神迷。理想的帝王大多必为观众一厢情愿的虚拟，乃是一种征服意志的产物。在看戏的时分，这种意志显示出来，而与一种心甘情愿服从的需要相等同。帝王形象依赖于观众虚拟发明的权力，对此等情形《亨利五世》洞若观火，相当自觉。此剧序曲开篇诗句烘托出一种戏剧形式，同随后展开的戏段迥然异趣："以王国为舞台，由王储来出演，让君主来观看这华美壮丽的戏景。"(3—4)在这梨园国度，舞台乾坤，帝王与观众，演员与公众之间的藩篱将不复存在。全体都处庙堂之高，而无草根之贱，粉墨登场者不会将演员变成帝王，而是将帝王变为神祇。"而后，骁勇善战的哈利，将不失历史上的英雄本色，以战神马尔斯的面目出场。"(5—6)事实上，这出戏是带着皇家的尊严面具演出的奇幻剧，但莎翁心知肚明，他的戏剧绝非宫廷插科打诨之作，他的演员都是一些"低俗无能之辈"，而他的观众都不是君王，故此他对这些观众极尽阿谀奉承之能事,称他们为"尊贵的诸位"①。序幕里的剧情说明人请求观众说:"让我们来激发您的想象力吧!……因为现在一定要凭诸位的想象力来装点我们的列王。"(17—18,28)因为"舞台简陋"(this unworthy scaffold),"演员低微"(flat unraised spirits),限制重重,可堪卑微,故而台词之中便用了"一定要"(must)这么一个字眼,既是恳求,也是辩解。然而,笔者还是要说,这个"一定要",不啻是一种"必然",甚至在舞台之外也同样如此:全体列王都是由观众的想象力装点出来的;同时,一旦察觉到帝王或剧院的局限性,仅仅会添油加醋,导致一场更其紧迫的权势运演。

权力属于一切能够发号施令的人,属于一切从想象力的使用之中受惠的人,因而属于一切赞美具有神奇魄力的统治者的人。戏剧恳请我们为这些远不完美的统治者"立此存照"(register),同时也"补缺填漏"(piece out)(序曲,23行)。因此,我们还看到,王储与剧作家之间的秘密合谋最为根本,贯穿在这些历史剧的始终。认同福斯塔夫,构成了一道强劲的逆流,不过这道逆流使这种秘密的合谋更其复杂,而绝对没有消除这种狼狈为奸的关系。莎翁在哈利王子身上铸造了一个强有力的象征,将剧作家塑造为顶尖"骗子",一个伪币制造者,善用幻觉来策动颠覆和惯用背叛来完成救赎的天才大师。从流氓无赖到一国之君,这是哈利王子的行迹。为了理解莎翁所塑造的这个形象,我们紧迫需要建构一种诗学,来阐释伊丽莎白时代的权力,反过来这种学说在某些关键的方面又同戏剧诗学难解难分。异域求证(testifying)、立此存照(recording),以及昭告幽微(explaining),就构成了这种诗学的内涵,这些内涵又同伊丽莎白女王形象密不可分。这样一位君主治下的英国,却没有一支常备军,没有一套高度完善的官僚体制,没有一支管辖范围广大的警察部队。统治者的权力

① "不管他多么卑微,今天都要把他变成绅士"(4.3.62-3)。这是阿金谷战役前夕,哈利对他的部队所做的承诺,其中亦回荡着这种逢迎讨好之词。不过,在战斗结束之后,这样的许诺已经不再提及,而被人抛到九霄云外了。

构建于对王者之尊的戏剧盛典，以及对其敌人实施的戏剧暴力。仰赖巨大警察机器的权力，由强大的中产阶级微观家庭支持的权力，为精心营造的教育体制维护的权力，梦想以全景监视而将最深层的隐秘暴露在隐形权威的注视之中的权力——这样一种权力将以现实主义的小说作为其合适的美学形式。① 然而恰恰相反，伊丽莎白时代的权力仰赖于其可观可视的优势。正如在戏院中看戏，观众势必难以抗拒这种可观可视的存在强烈的魅力，同时又敬而远之，对之保持得体的距离。1586 年，在会见"领主与平民"代表时，伊丽莎白对其中一位指出："我们王公贵族被搬上戏台，以便观光世界，阅尽人间。"②

如同在戏院里那样，王者之赫赫威仪呈献给他的臣民，同时他的臣民为那些说教的娱乐的或恐怖的场景所慑服，而被禁止了犯上作乱之举和深层隐秘之意。权威的戏剧仰赖于看客——"现在一定要凭诸位的想象力来装点我们的列王"。然而，戏台上的表演远远控制不了观众，他们的"想象力"实际上赋予了戏剧以意蕴和力量。托马斯·摩尔想象，当一个常人说到这样的场景时，所感所触尽是"帝王之戏法，形同戏台之上，你方

① D. A. Miller 对这个假设有独到的研究，见氏著《小说与管制体系》（"The Novel and the Police"），in Glyph 8（1981）：127-147。

② Quoted in J. E. Neale, *Elizabeth I and Her Parliaments*, 1584—1601（《伊丽莎白和她的议会 1584—1601》, 2 vols.（London：Cape, 1965）, 2:119. 关于戏剧与专制主义的复杂关系，请参见 Stephen Orgel, *The Illusion of Power*：*Political Theater in the English Renaissance*（《权力的幻觉：英国文艺复兴时代的政治戏剧》）（Berkeley：University of California Press, 1975）；Jonathan Goldberg, *James I and the Politics of Literature*：*Jonson*, *Shakespeare*, *Donne*, *and Their Contemporaries*（《詹姆斯一世与文学政治学：琼生，多恩及其同侪》）（Baltimore：Johns Hopkins University Press, 1983）；Jonathan Dollimore, *Radical Tragedy*：*Religion*, *Ideology*, *and Power in the Drama of Shakespeare and His Contemporaries*（《激进悲剧：莎翁及其同侪戏剧中的宗教，意识形态与权力》）（Brighton：Harvester, 1983）；Greenblatt, *The Power of Forms in the English Renaissance*（《英国文艺复兴时代的形式力量》）；Steven Mullaney, "Lying like Truth：Riddle, Representation, and Treason in Renaissance England"（《谎言如真：文艺复兴时代英国的谜团，表征和叛国罪》）ELH 47（1980）：32-47；Paola Colaiacomo, "Il teatro del principe", Calibano 4（1979）：53-98；Christopher Pye, "The Sovereign, the Theater, and the Kingdome of Darknesse：Hobbes and the Spectacle of Power"（《主权，戏剧和幽暗王国：霍布斯与权力景观》），载于 *Representations* 8（《表征》第 8 卷）（1984）：85-106。

唱罢我登场,贫贱者只是看客,无论如何他们掺和无多"[1]。在戏剧场景之内,权威充满了吊诡,朦胧晦涩,而又扣人心弦,这一切都挥之不去,引人深思。但是,我们已经看到,颠覆实实在在地产生了,可是颠覆却成为权力的条件。笔者必须补充说,这种条件并非一般的戏剧权力在理论上的必要预设,而是一种历史现象,它是特殊文化的特殊样式。格尔茨(Clifford Geertz)将伊丽莎白王朝和马加帕西特(Majaphahit)盛典仪式予以对比,然后指出:"16世纪英格兰,社会政治的中心集中在一点上,权力唤起的激情和宣誓服务的理想之间的张力被上了发条,紧张到了顶点……14世纪的爪哇国,社会政治中心集中之点上,和谐对称的耀眼光辉中,张力烟消云散。"[2]

也许,正是因为这种英国式的专制主义戏剧特性,莎翁才为剧院臣民写作,以便接受王权的督查,他的戏剧才具有如此奔放无羁的颠覆力量。作为文艺复兴时期权力的最初表达,这种戏剧形式倒是有助于抑制它所持久地挑起的激进怀疑。当然,对王权而言一种被抑制的颠覆,对剧院而言可能就是一种被颠覆的抑制。在莎翁的戏剧生涯中,这样的时刻多的是——《李尔王》堪称最伟大的典范。[3] 在该剧之中,权力抑制的过程被拉紧到了一触即发的破裂点。可是,历史不断地从这种极端的压力中退回。像哈里奥特在新大陆一样,亨利历史联剧印证了马基雅维利的假说:王权即便是在驱使观众服膺权力之时,也发源于暴力与欺诈。只是由于王权不再构成威胁,我们才大大方方地探测戏剧

---

① *The History of King Richard III*(《理查三世传》), ed. R. S. Sylvester, in *The Complete Works of St. Thomas More*(《莫尔全集》), vol. 3 (New Haven: Yale University Press, 1963), p. 80.

② Clifford Geertz, "Centers, Kings, and Charisma: Reflections on the Symbolics of Power"(《中心,帝王与神奇个人魅力:权力象征学反思》), in *Culture and Its Creators: Essays in Honor of Edward Shils*(《文化及其创造者:献给希尔斯的文章》), ed. Joseph Ben David and Terry Nichols Clark (Chicago: University of Chicago Press, 1977), p. 160.

③ 《李尔王》剧中的无名奴隶,再也忍受不了自己所见场景,而大胆地背叛他的主人考恩瓦尔,大半英格兰的合法统治者。他栖居在一个完全不同的世界,一个由莎翁刻画为悲剧的世界。

的怀疑，并无拘无束地向它表示敬意。[1] 颠覆永远存在，永无止境，只不过是同我们毫不相关。

（全文刊完，上半部分见本刊第十四辑）

① 也许，我们应该想象，莎翁是在一个特殊的时代写作：对于一种响亮的政治承诺没有任何一种比较完美的选择；人们必须毫不含糊地表示自己是某个党派的支持者，这种压力心境褊狭，在道德上粗鄙，在政治上愚笨；保持选择的开放性和处境的流动性，显然是一种令人仰慕的政治解决方案。

解构整型[①]

玛拉珀

张正平[②]译

译者前言

从结构分析的观点来看，意义不过是符号在相异替代关系之下无尽的绵延，从无到有，从有到无，宛如绵绵春雪飘落湖面，瞬间即逝，或有或无，留下无痕的痕迹。从此观之，思想在任何形式下的表达，任何思维体系的建造过程中，永远是一个过程，没有结束(end)，只有暂停(closure)。

但是，这个暂停的观念是否就是宣告了任何"建构"的结束？宣称没有结束是否就是一个结束的宣称？在这个以暂停宣布结束的说法下，我

---

① 本文是玛拉珀为刚出版《书写黄昏之际的可塑性》英译本所写的结语。以简短的篇幅，替"可塑性"观念发展的前因后果做了一个叙述。在这个叙述中，我们不仅看到了"可塑性"与海德格尔存在观念或与黑格尔"反对再反对"说的共同、共通性，更重要的是，我们看到了玛拉珀对"可塑性"的理解与运用，在形式层面的思考上，如何与德里达和列维纳斯分道扬镳。这个自述性的报道，对读者在掌握"可塑性"观念的流变上，有很大的助益。

"书写"的论点在20世纪结束之时，算是一个被普遍接受的思想意见。如同玛拉珀自己承认"可塑性"是书写论的后裔与接棒者，在书写论宣称书写的延义不仅是语言符号上的作为而是直指"存有"结构上的本意之时，我们如何重新思考"书写"在替所有论述打下形而上句点时所留给我们的问题？在书写落日余晖的时分，我们如何继续书写"书写"带给我们的种种可能？玛拉珀的可塑性是对这个问题少有的严肃解答，何时是黎明，何时是黄昏？何谓解答，何时有解答？它不就是"黄昏"即"天明"在形式上的转变与延异吗？

此中的两难与不通，如德里达和许多人都说过，就是一切通行可能的基础，这也就是玛拉珀反省可塑性的起点与终点。

白天变黑夜，夜晚迎天明，一年复始，万象更新。如果万象年年更新，年年更新的万象不过是重复流年的重复，又何来更新，更新就是更新的重复，重复更新永无真正更新的机会。更新不可能，不可能的更新是更新的唯一可能。

这不就是被尼采放大之下我们面临的挑战吗？原地踏步，或有不同。我看到你的背影，我也看到我自己的背影。追逐你我背影之际，黄昏未到，天明已经来临。

② 张正平(Briankle G. Chang)，美国马萨诸塞大学安赫斯特分校传播系副教授。

们如何继续思考对任何客体思考的可能？我们如何在解构之后重新思考思考本身的“不通状况”(aporia)？

凯瑟琳·玛拉珀(Katherine Malabou)是我所知在这个问题上有创建的少数哲学家中最有韵味的一人。她所提倡发展的“可塑性”(plasticity)一说，把德里达的“延异”的反观念做了一个观念性的延异与修补。对从事当代政治哲学与批判理论的研究者而言，我认为她是值得读的新锐哲学家。

可塑性泛指存在在其运动与表现之下，所出现任何形式之下的原则，这个原则的原则可谓可塑性本身就是可塑性的表彰。可塑性塑造自身，换言之，可塑性塑造可塑性，或说，可塑性就是可塑性的自我塑造，永无止境；但是，正因为可塑性塑造自身，可塑性的无穷延伸也就是可塑性无止境的回归，自我的回归。一个终点就是起点的前行与回归。

在这个想法之下，逃逸性的想法是不可能的；但同时，这个不可能也就是逃逸的不可能。这不就是黑格尔“反证再反证”？这不就是所谓辩证的起点与终点吗？进一步说，这不就是海德格尔存在(ek-sistence)的意思吗？这也不就是德里达“延异”(différance)所指谓的反思维的无性原则吗？

如果德里达用“幽灵”的比喻来比喻哲学思考与普遍事件的前来，如果解释现象学家用存有的“残渣”来捕捉存有本身的不可捕捉性，玛拉珀的可塑性渡过可塑性的无法逃逸性可说是提供了“存有”在逃逸不可能状况下的唯一可能性。正因如此，我认为她的作品值得阅读。这篇翻译的短文，可算是一个书写漫游中的起点！在这里，我借此机会向玛拉珀教授致谢，她的热情，使我厚颜动笔翻译，文中错误与缺失，是我的能力有限与可塑性不足，这正好说明了可塑性的永续挑战。在任何文字工作上，工作永远是未来完成式，虽然黄昏尚未来到，天明已经来临。

一　可塑性的前后

在解释《书写黄昏时分的可塑性》一书为何是一本自传又是一部观念性的画像之际，我将谈谈逃逸的不可能性。这也是逃逸不可能性表现为一个明确而唯一的解决方案的时地。在一个极度紧张、痛苦时刻的逃逸无能，同时是一个不自然的感觉冲向一个不存在。也可说，一件被塑造为无法逃逸之事同时使这个不可能必要地试图逃逸。“出处”何在？在没有外在，没有他处之际，何谓“出处”？这不是一个逃逸封锁的问题，而是一个如何在封闭之中找寻出路的试探。

弗洛伊德的“驱力”是这个长异状态的特佳例子，一个在心灵之外无法找到疏解的特定激动：“通过思考它们主要特性时，我们因而捕捉到‘驱力’的根本性质——它在生物体源头中的本原和它恒常起源的外表——由此我们也可演绎出它进一步特质中的一个元素，此即为，没有任何一个逃逸能对它有何抗拒。”①弗洛伊德说：“以下所述的是一个逃逸的企图——恐惧症的形成。”②逃逸不可能性的唯一解决方案因此是一个变形的构成，换句话说，首先就是在一个改编成逃逸等同的形态中，透过绕道，规避与转化过度或违规的禁令中塑造一个封闭。

这个结构，这个没有出路状况下所形成出路的途径是我这本书的中心思想。我把这个构形的结构与经济状况称为“可塑性”。在一个没有出口之处，就在此处，一个出口形成的运动。换言之，“可塑性”是使在他者不存在之处，把一个他性的形成与表现变成可能。“可塑性”是一个无法超越他性的形式。

---

① 西格蒙·弗洛伊德：《驱力及其变迁》，《弗洛伊德心理著作全集》，詹姆士·史塔奇（伦敦，诺顿，1961），十四卷，SE。

② 西格蒙·弗洛伊德：《压抑》，SE，十四卷。

我对可塑性的用法是讨论晚近20世纪欧陆哲学中他者与外界的议题,对列维纳斯而言,绝对他者的他样性,伦理学的基础,在效果上永远是在外界中所发生的。与其他人相遇,对道德戒律的回应永远是在他处发生,这是因为对每一个普通的相遇来说,也就是列维纳斯所谓的"形上学",都是一个向彼处的运动。在《全部与无限》的启处,他提出一个与弗洛伊德的"驱力"定义完全相悖的形上欲望观念:

> 从思想史上它所具有最广泛的形式来看,形上学是一个前行运动,从我们所熟悉的世界,不论是在它被未知的地域所围限或隐藏,从一个我们居留的家园,前后一个彼处。这个运动的词语,所谓的他处或他者,就是显著意义下的"他者"。没有任何旅程,更无天气与风景的改变能满足向他倾向的欲望。形上学所奢谈的欲望不同于像我所吃的面包,或是我的居所,或是我静观的风景……我能从这些现实中吸收养分,也可以从中得到满足,一如我一向匮乏。他们的他异性因此被我以一个思想者或拥有者的立场再度吸收。形上的欲望心始于一个完全不同的东西,心怡于一个绝对的他者。①

但是在一个没有外在之处,又如何追捕他者,如何对他者有所反应?心灵如何受一个没有外在与超越的呼唤所产生的恒常压力?我们如何塑造一个路径?我们如何在世界的局限中造出一个向他者前后的飞越?可塑性就是指谓着一个没有外在的世界之形式,在这个世界中,他者显现成一个道地的他者,正因为她不是一个她人。

可塑性的观念为何能牵动我们思考出路的形式?思考一个不是从彼处来的差异性?可塑性从字源上是和两个更古老的字语有关:一是指示塑胶品的实体词,另一个是指"可塑性"的形容词。这三个字都是从希腊字"塑型"而来。塑胶当作形容词时有两个意义,一方面来说,它表示"或

---

① 伊曼纽·列维纳斯:《全体与无限》,阿丰所·林集斯译(匹兹堡:杜更大学出版社,2005[1961]),第13页。

可以接受形式的变化”，或“可控造”。在这个意义下，陶土就是塑胶。从另一方面而言，它表示“具有赋予形式的能力”，比如说整形医生，或是造型艺术，所谓雕刻或陶瓷等造型艺术中的构型做法。可塑性描述了具有塑胶性东西的本质，它既代表具有接受形式，又表示具有赋予形式之意味。

我们显然还没有挖尽可塑性在语言中不停对换而生的意义范围。比如说，我们可想“塑胶”在我们周遭的多种形式：塑胶木材、塑胶钱、塑胶漆和像黏土一样可以拿来拿捏的危险性塑胶品。可塑性自身的含义就是有可塑性，在两个极端之间表态。一方面，可塑性可用来表示形式的结晶过程，也是其外形的具体化，正如塑胶一词当成实体和造型艺术意味铸模所言。另一方面，可塑性与形式正好相反，如同塑胶一词的含义也包含塑胶炸弹，它描述了所有形式的瓦解与毁灭。

在没有出路时思考出路就是思考一个即将出现的扰乱，一个毫无转变基础的骤然变化，一个产生出新形式认同的突变，它使先前的形式爆破开花。这个突变就好像变形面具一开一合。

在每一个情况下，在无处可逃之下逃逸是一个变形与异态是否可能的问题。早在奥维德(Ovid)的作品中已出现，用弗洛伊德的话来说，变形势能早已被想成“企图逃逸的构成”，奥维德的“受型”演练了一些当变形是唯一逃避危险的事件。比如说，达芙妮只能把自己变成一棵树而逃离阿波罗。这个变形的开头也就是一个毁灭的当下；赋形与其镇压两者并行。先前身形所能留的不过是树皮后跳动的心脏，或是快速化干的眼泪。一个新的个体成形不外是一个形式的爆炸，一个开辟新路的爆炸，它使追杀的人同时认识到一个无法复原的他性。

在近年的工作中，我就是在着力对这个瞬间做解析，在哲学史中捕捉在当变形不只是指谓着一个神话性或虚拟性事变，而是有本体意义的常见所具有的变形主题。在这个工作中，我一直在追踪在我第一次遇到黑格尔哲学之后可塑性概念的发展。黑格尔的可塑性表达他的系统中的内部受动力。从那里我迈向海德格尔的观点,对海氏而言,可塑性不仅是指涉一个偶然的可能或是虚拟的资源,而是直指存在的每一个运动。

在《存在与时间》中,海德格尔很清楚地把世界和世界外的无存亲密地放在一起。在世存在,存在,可说是对外在不在的经历,这就是内在的无存。世界无内外。存在者超越自身,也就是说,在没有一个出路的状况下向前存在。存在一事因此既不是进入也不是离开,而是跨越变形的临界。存在者,海德格尔说,在改变一个变化状态下超越自身。在《存在与时间》一书中,这就是建立起一个可塑性经济系统改变形态的观念。任何一个探险,任何一个过渡,每一个经验,死亡本身,都必须了解为一个本源存在的改变。①

再说一次,存在者是一个结构性整体。② 这个结构由不同的存在形态连环表现。因此,它是从一个有的状态进入另一个状态的历程。比如说,从一个"安置事物"经过转变而化为一个"关切"。这个结构整体不停变动而且是不停分化,但是无法粉碎。因此存在者经过一连串的改变由一个存在的态势变成另一个态势。这个变异是很极端的,猛烈的,它能全然地彻底改变存在者,如海德格尔所言:"极度地改变他。"但是这个存在者却保持着他的完整。改变并不造成支解。它可能构创出存在者与自身最佳的一种不合意,一个最严重的冲突,但是这个改变不能瓦解存在者。如海德格尔宣称,存在者的结构单一抗拒者"分化自己最命定的倾向"③。

变异精确地描述了不可违背的结构上的变动性,它无法跳离自身。这个结构是有限的,绝对彰显的,但在本体上自我圆满。结构变异是永远而必然的结构之内的变异。

在这个状况下,被海德格尔明确地用"逃逸"所分析的失落与"沉沦"

① 马丁·海德格尔:《存在与时间》,琼安·史坦堡译(奥本尼:纽约州立大学出版社),13,第58(62)页。

② 同上书,39,第169(181)页。

③ 同上书,69,第322(351)页。

只不过是“在世存在”的异态。[1] “在沉沦中……我们‘在世存在’的潜能变成关键问题，即使是在一个不真诚的状态之下。”[2]这与过渡到真诚存在无异：“从反面来说，不真诚的存在不是在日常性之上，而是日常性上有存在意味的掌握。”[3]上上下下，高高低低，所发生之事，任何过往的光景，都是在超出意料之外透过变异，透过转化而发生。因此，一个状态从另一个转变之中浮现。一个状态就像流体一般地转变成另一个光景，成为一个新的可能性。

如同变异，在世界之内或之外，每一个绝对他者的效果都是一个“隐藏”，一个“遮盖”，或“覆盖”的效果。[4] 同理，道德良心的“呼唤”不是从一个绝对外在之处或从对超越而来的共振反应，而必须理解为一个变异，也就是说，一个真诚存有潜能的变化。海德格尔说：“在手边的‘世界’不会变成另外一个世界，他者的圆圈无法被新的圆圈替换。”[5]

过渡而不改变基地，既无法越界，也无法自我禁闭，仅能躲藏或露出自己的马脚。从对他者性纯粹的超越败阵之际经历他者——从无出口的可能，这就是存在可塑性的情况。

变异在毫无隐秘的无存状况下造成一个缺口，它使得他者进入，但又是他者逃逸之处。这个开口就是形成性的绝对断裂，如同尚吕·南西(Jean-Luc Nancy)在其文“存在的断裂绝定”所言。他指出，根据海德格尔说法，真诚不真诚是“一个同一主体两种不同的存在方式”[6]。对存在者而言，做抉择，自己下定决心，无法存在于从不真诚中做逃逸。

> 决定既不是由于也不是因为求真诚的意愿而使存有世界存在方式的改变或提升。绝定是在在世界有情况中做决定(它掌握自身，也

---

① 海德格尔：《存有与时间》，38，第164(176)页。

② 同上书，第167(179)页。

③ 同上。

④ 同上书，7，第32(36)页。

⑤ 同上书，60，第274(298)页。

⑥ 尚吕·南西：《存在的决裂》，《显现的诞生》，白恩·何尔穆斯译(斯坦福，加州：斯坦福大学出版社)，1993。

被自身掌握,把自身吓了一跳),它开启在世存有经验。事实上,没有其他的经验,只有在幻觉之中,决定才能说是在其他世界中为其做决定(但同时,即使是幻觉也是经验的一部分……)在世存有在众人之中发生,没有别处的余地。退一步说,"此处从无他处:这就是'有'(Being)的意义"①。

我们可以再度看到,真诚性不过是一个对存在具有变化性、改变性的掌握。所谓出局在日常世界的骤变中才能把握。

因此,存在的可塑性意味着存在者永远是挂在可能性的出生与毁灭之间,在存在形式的浮现与破灭之间,无法逃离这个中间路线。当我们把可塑性纳入思考,就有解构存在实质上的表象的可能,也可以把认同从动态性方式来思考,此时它不论是心灵上或是政治上的多种过程状态将不停地被创定、消除、再创定,以及重新界定。从无逃离过界的做法。在此,存在是在世界封闭形式下,和普世封锁下一种可塑的驱动力。

I. 可塑性与待客之道

A 从海德格尔到卡夫卡

在此,我们遇到了列维纳斯对可塑性提出的主要反对。肯定存在的封闭性:这难道不是在效果上对他者关系可能性上的妥协吗?被他者化:这岂不是继续留在自我之中吗?海德格尔所提出与他人存在的概念(Mitsein),一个无超越的群体,难道不是一个同性同质论的另一种形式?赋予这个个人自身的孤独另一个形式?从观念上来说,他者性难道不就是超出任何形式与构形过程?如同我正在进行的,对存在从事可塑性的思考:这岂不是指他者在现实中不可化约的事实?

卡夫卡的《变形记》一书好像证明了这个论点。没错,甲虫山姆沙是可以作为被养成因为变异本身无法再度改变的东西,《变形记》吊诡地指

---

① 南西:《存在的决裂》,第82页。

名变形的不可能。说到最后,不就是说一个存在物之所以变形就是在同时被剥夺了改变与改变自身的可能?

它是否被贬谪而禁闭于一个不过是一间房间般的世界?一个封锁的世界,一扇门只能通往其他的房间、其他的门?这个日常的情调,同一的反复,可能就是存在可能的怀旧,一个不间断的情调。布朗修(Blanchot)因此有效地说,此状况对存在者如此,对山姆沙亦若是:

> 葛乐葛的状况是一个无法从存在中抽身的存在状况,对这而言,存活的意思就是注定地向沉沦存在。就像鼠辈一般,他在沉沦的状态中懒活,他在渐渐地,一步一步地向着的荒谬与不可能靠近。但何事发生?他仅仅是继续赖活着。①

在这一点上,布朗修和列维纳斯都肯定超越是一个行为,也是一个独一存在的肯定,也由于此存在者能与存活永恒的本质分离。同时,由于这个分裂,存在者也和形式与可塑性分隔。

B 全球性对都会性

当今一个重大的政治课题是与国际性重新建构可能性有关,目的是使其不再与全球化的经济决定混为一谈。指认这个可能性的名词可称为"都会性"。

对"都会性"与"全球性"批评性的申述早已接受了反馈。分别是德里达和列维纳斯已用了"待客"问题对这个问题进行了思考。

待客之道的观念,使都会化与全球化产生不同的回应反省。按照康德定义,都会性是使个人变成世界公民的可能,这隐含了一个对他人无条件欢迎的伦理。不同于全球化,都会性指谓了一个不可能的霸权逻辑,一个自我闭关的不可能,换言之,是一个可称为"居所",所谓我与他之间好客关系的逻辑。

对列维纳斯而言,整个主体性经由对他人的欢迎而界定。对我来说,

① 译自莫瑞斯·布朗修:《从纪卡夫卡谈起》(巴黎,卡伊马,文集版,1981),第73页。

他者地位比我自己还要原始，这也就是本体上他者为何能全面地加强说明它其实是比自我等同更古老，这个实际使任何同一的关闭性无法完成。在《列维纳斯再见》一书中，德里达说："主体是主人[①]，这也就是说主体是人质。"[②]主体跟着他者而来，他是对他者、也是为他者而回应。德里达继续说："客人即人质，总之是因为它是一个被质疑的主体，懊恼与被围攻，被控诉于他出现形成之处(dans le lieu même où il a lieu)。"[③]在这个关头，他从开始就以移民、流亡者、陌生人或客人的身份发现自己在挑选认定自己之前被一个居所挑选或青睐。在玩弄法文 hôte 双重的意义，它同时意味着主人和人质。德里达又说："我们必须牢记待客之道无主从的法则，所谓身为接纳者的主人，所谓欢迎并邀请他人的主人，所谓自认为好客的当家之主，实际上是在其居家中被首先接纳的主客。"[④]

如果说都会性和全球化难以结合，这是因为大不同于从一个实质自满为出发，都会性相反地在其组织性内回应一个到来，一个他者第一次的来访。这是第一次来访超越性的回忆逼使都会性开放。对列维纳斯和德里达也一样，这个刻痕名为"痕迹"。都会性在其结构上对过去的伦理命律作回应，就如同对他者遇境的实施，也就是如同对"痕迹"回应。

在此可以看到，如同牵扯到痕迹的设计，待客之道，对列维纳斯和德里达来说，是被认为与可塑性背道而驰，是一种反可塑性。在观念与实际进行中，待客之道是不可塑形的。也就是说，待客之道从不遵守塑形与收形。也不守形式的落灭。从其表达与毁灭来看，形态总是好像把他者性排斥在外，使它物化，把它简化成同一的显影与证据。在这个意义下，形态不会是好客的；它将停滞在自我等同的层面上，即使是在爆炸之际亦如此，恐怖主义永远是一个等同性之下的作为。换言之，待客之道界定了伦

---

① 雅克·德里达：《伊曼纽·列维纳斯再会》，巴斯格一安，布洛及麦克·那斯译（斯坦福，加州：斯坦福大学出版社，1999），第55页。

② 同上。

③ 同上书，第56页。

④ 同上书，第41页。

理与政治的场域,在此中,形态与痕迹相分隔。

这个分隔可说是一个相离,如同德里达在描述现代建筑时对“不可能性的关注”所言。“步入分隔但同时在一个聚合的空间中实践本身做法。”①在合中求聚,这就是待客的命律,一个“可塑性”无法因应的无上要求。

列维纳斯说:“事件隐藏在形式的背后。”②待客之道包含了对这个对背后前往可能的意义。对解构而言,它同时,最首先,也指明了对形式的破解。

但是我们可说,解构已在可塑性中找到了最忠实的表现,在这主客共为一物的主客观念中就找到符合待客观的观念。可塑性难道不就是可替换物质最卓越之代表?它难道不能代替一切事物吗?它难道不能解构真诚性的想法吗?它难道不是一直存在于自我消失中吗?它难道不是因为常变而永远超出自身的形象吗?

但是,这可不对,我们必须注意以下这个事实:不可塑性从来得不到哲学家们的青睐。只有罗兰·巴特(Roland Barthes)在《神话学》一书中用一章讨论它。根据巴特的观点,“可塑的塑胶”使无尽转化的观点具体化。具有无穷可能,又拥有具有任何可以想象姿态变化无穷的能力,可塑性不断塑造物质形式引发了永续的惊叹。可是巴特提醒我们,塑胶可以变成任何东西的能力可能也同时消除了所有的差异,而使万物简化为空无。由于塑胶来临而出现的普世溶剂,他得出结论:“实体的上下分层被销毁:单一取代全部,全世界都可以塑胶化。”③我想巴特对塑胶消融一切差异的忧虑可以发展到待客之道。因为可塑性从不呈现出任何形态,塑胶永远被认为是一种认同,标准化,或是全球化的因素,而不是一个对他

---

① 雅克·德里达:《疯狂点——建筑当下》,1986,收录于《1968年以后的建筑理论》,K.麦克·海斯编(剑桥:麻省理工大学出版社,1998),第566—581、第570页。

② 列维纳斯:《全体与无限》,第192页。

③ 罗兰·巴特:《塑胶》,《神话学》,安南特·拉维斯译(纽约:希尔与王出版社,1972),第97页。

者可能的欢迎。

我们因此可以得出结论，待客之道必然而且决定性地牵涉一个能保全他者形式的范围之外，凡可塑性维护的原则。形式遭遇到破坏超越的危险；它把他者收编到一个综合性的整体或是系统性的封闭之中。待客之道是对抗可塑性的政治武器，前者可理解为当今世界全球化资本主义的经济。

II 可塑性与救赎之意

在《再见时分》一文中，德里达很清楚地提出了他对可塑性哲学上的抵抗。此文是一篇对我的著作《黑格尔的未来：可塑性、时间性与辨证》的回应。在我的书中，我说明对黑格尔而言，"可塑性"述说了主体与其属性间的关系，因而也是主体性与时间性之间的关系。主体可说是可塑的，这是由于他预见但又茫然不知将发生在他身上的事件。德里达的回答是说，"前来之事物都是从背后出来，从天而降，从一个高处而来，实在地说，从一个比高度本身还要高，高过任何高度之处而来"①。这种出现方式对期盼和等待的可塑性视野加以蒙骗。德里达常用"救赎性"来思考这个问题，也就是说"没有救赎主义的救赎性"。在《信仰与知识》中，他说："第一个名称：救赎性，或谓无救赎主义的救赎性。这就是对未来或是对宛如正义到临般他者前来的开通，但此中没有期盼的地平线，也没有启示性的初步形象。"②

在《再见时分》中，他进一步说："我不只是不准一位神学家发言，我不仅针对一位我们看不见而被一个绝对他者的超越所关切的神学家而言。"③ 然而，期望不可塑形的方式会抗拒任何种类的显现与事件或来者而对面的关系；它反对把事件本身简化成一个时间形式或形状。

① 雅克·德里达：《再会时分：玛拉珀读黑格尔读海德格尔》，前言，凯瑟林·玛拉珀：《黑格尔的未来：可塑性、实践性与辩证》（纽约：罗拉及出版社，2005），第32页。

② 雅克·德里达：《信仰与知识》，《宗教行动》（纽约，罗拉及出版社，2002），第56页。

③ 德里达：《再会时分》，第32页。

这个事件就是也可能从最高处来临，但是它也可能从“背后”来，从一个前来或由我背后而来，一向如此，就像从我背面中冒出来，从我身后出现，从不把自己在我面前泄漏，甚至不同于他者的面容：事件的前来，如果此事发生，永不泄漏自身，从未现身，也永远不现身。这个事件向我来到，如果我们有资格相信它能也或许冲着我而来，它不仅是没有前兆，或无端而来，不提醒我的注意，它也从不对我现身。①

无法认知，就好像易容，甚至不存在——如果我们认为存在是物质上的显现——这个时间永远无法简化成形式。就像上帝，一位无辩证与非可塑形的上帝，他反抗他自身的“造型”。② 这位神是谁？德里达回答说：

因为上帝尚未来临，他的死亡，如果此事曾发生，是不是纯然的偶然？绝对不可能预测，永远无法被拥有，永远无法再赋予本质，甚至无法被无尽的哀吊所留，最明确地说，甚至上帝自己也无法？一个上帝，在无法看到它的来临之下，使一个无边的炸弹在他中爆发，一个在无可救药的意外下而亡的上帝，没有任何救赎或赎罪的希望，没有任何本质上的超升，没有任何哀吊的工作，也无任何可能的赔偿或反馈，这个不就是未来的条件，如果是必须有一个叫做未来之事的话，这不就是任何东西前来的状况吗？即使是另一个上帝，另一个绝对其他性的上帝吗？③

这个非常意外的另一个上帝无法拥有任何形状，也不是以一个变形的结果出现。再度说明，他非可塑性存在的方式就是一个“痕迹”与“书写”的形式。“救赎性”与书写和痕迹非常接近。在“延异”文中，德里达断言：

① 德里达：《再会时分》，第32—33页。
② 同上书，第34页。
③ 同上书，第47页。

因为痕迹不是一个现身，而是现身的虚影，它把自己移位、搬家、自我指认，因此它没有居所。灭迹居于它的结构。不只是一个一直能够把它收编的痕迹（如果没有这个，它将不是痕迹，而是个打不破纪念碑式的实质），又是被在起初就以痕迹来建造出来的灭迹，它把它放在地位的改变中，使它在出现中消失，使它在自身的生产中露出来。①

III　可塑性和物质性

我为何一直认定任何超越，任何出现中的不见，任何救赎性的不可能呢？我为何坚认政治上、神学上和本体上可塑性的对抗呢？我为什么说可塑性飞跃自身的解释呢？

在本书中，我对列维纳斯“痕迹是无法翻模成形式”表述有不同意见，我说如果痕迹不能翻版，因此它必然具有一个实体或偶像物的身份。对马克思而言，不可翻版性的直言定位于拜物主义中心。从表面来看，偶像物是在交换运作之外，在市场之外发生。从此，当他者因其对可塑性的抗拒而被物化时，当待客之道继续被认为是与“可塑性”对立，换言之，就是反对形式，我们也就无法严格地区分都会性和超级资本主义。

思考都会性与全球化关系因此需要我们去思考另一种在此方面是待客之道，在彼方面是形式与翻版之间的另一种关系。在解构之后，我们必须把痕迹进步化。在避免把痕迹神圣化的同时，我们必须更小心地思考出痕迹与形式之间的关系，更确切地说，也就是思考痕迹必然转换成形式的性质。

所谓没有任何无法转型之事物也就是提出一个新唯物主义思想的哲学必然，这个唯物论不相信任何无形之物，去驱逐一个可变性真实的看法，此真实对把时间视为一个纯粹救赎过程的观念提出挑战。这也是就

---

① 雅克·德里达：《哲学边缘》，艾伦·巴斯译（芝加哥：芝加哥大学出版社，1982），第25页。

我们有时是可以决定未来的（就如同我在《我们要和我们的大脑做什么?》一书所言）①，也就是说，实际上我们可以做些事，如同马克思的意思：所谓人类创造他们自己的历史。

这个新唯物论/可塑性对时间的看法，不把痕迹和形式对立，替一个本体差异的修正看法立下了一个新的基础，也开启了德里达所谓“补充”的新纪元，以神经学取代书写论。

A 对形上差异的新取向

这些新的本体原则是如何？研讨《存在与时间》中“修正”的问题架构使我把海德格尔思想的要点与动机落实在开启的变化之中。存在的问题包含隐藏了变化的问题（Wantel, Wanlung, Verwandlung：change, transformation, metamorphosis），这个可以从它直接的和进一步潜藏的经济意义来理解：改变、交换、兑换、替代。从形上学到海德格尔在《哲学贡献》一书中所说的“另类思考”来看，存在不过就是变迁。就是具有这万事间绝对交换性的一个交易能力，一个普遍的经济，由于缺乏稳定性或是共同的货币，在本质上是一个交易，而不是万物的毁灭。

在这个变化下，谁或何物前来？这个历史当然已往，我们如何被改变？我们将从事何种方式下的改变、移动或革命？在科技决定下以性别、生物性及政治性作为自我创造之际，在所谓认同都是可塑性的关头，这些问题找到了怪诞的实际性。一个全然一新对差异的看法因然而生，只要哲学能面对它当前变化的成长痛苦。

从这个形上变异与交换的观点来解读海德格尔将对于把存在与存在物之间的差异视为僵硬不可变的假设提出挑战。形上学的传统一向被视为一个替代的长远历史，存在物取代存在，而今存在与存在物是互相被转变的，成为一个能相互戴面具的易位情况。如果这个说法正确，海德格尔“另类思考”一说就与一个新式变换与相互改变之说吻合，这是一个存在

① 凯瑟林·玛拉珀：《我们如何处理我们的大脑?》，沙巴斯金·蓝德译（纽约：弗尔顿大学出版社，2008）。

与存在物之间的交换与互易，绝对不是个中代换性的消失。

重新思考海德格尔对存在物角色想法的时刻已来临，此时，也应把形上差异的至上性打倒，因此了解存在物——这些不稳定、偶然性的东西，就是这些对本质而言是无关紧要的东西——是可以而且能提供替存的本质。

存在物的交易就是在未来毫无出处之中打开未来之路。

B 书写论与神经学

痕迹已不再是能表示且描述这个变异性的合适方式。在晚近对神经系统的科学描述使可塑性取代了落印与痕迹，这是一个让我们了解“痕迹”或“书写”当前变成无效果时一个有趣而且基本的道路。德里达是否曾经想过书写模式可能早衰的问题？的确，他说补充只在替换的联结中存在，因此好像承认补充书写能够放弃已位于其他的东西，但是，对他而言，这个替换的结构仍然高于一切存在于书写的运作之中，在另类替换的历史呈现上——比如说，塑胶把历史视为在其原则上不外是一个书写的形式的事实一说，毫无疑义：

> 历史性与书写的可能不可分割，在我们所谓以一向以对没有历史、没有文字的民族而论书写的特殊形式之外，它与普遍书写的可能紧密相连。在成为一个历史的或历史学的实体之前，书写开启了历史的场域与历史的变迁过程……书写的历史应该回顾与回归到它在历史形上的出发点。①

这就是说书写有把其不具有书写特性的补充化为已有的能力。但是，在我眼中，书写没有这个能力。事实上，这里有一个越出文案符号意义铸造的能力，这个非文案的补充不是引进了一个逻格斯中心式的铸造，而是勾画出书写论上的自我差异，也就是它自己的薄暮。

---

① 雅克・德里达：《书写论》，卡雅翠・加格法琨・斯碧伐克译（巴尔的摩，马理兰：约翰霍普金斯大学出版社[1976]，第27页）。

没错，看来可塑性逐渐确定地强使自己定位，如同普遍具有系统的通盘相貌。大脑的可塑性提供了一个可说是印制经济的组织模式，但是神经痕迹不是像书写的痕迹一般进行：他们不留任何痕迹；他们以形式改变的方式衍生。

IV 在封闭中

在《米开朗基罗的摩西》中[①]，弗洛伊德把逃逸的不可能与造型艺术的铸模相提并论。在雕刻摩西时，米开朗基罗给一个面临希伯来人偶像崇拜时无法控制他的愤怒，无法离去，也无法不管他们的族长一个形态。摩西想要打碎律牌，想远离愤怒、想出气、想报复。但是米开朗基罗选择他在成功地控制他的愤怒和坐下来的时候来雕刻他。

> 我们所重建的摩西永远不会离去也不会把律牌扔掉。我们眼前所看到的不是一个暴力行为的开始，而是一个已经发生的行动留下的残痕。在他第一次大怒时，摩西想行动，跳起来报复而且忘却令牌，但是他抗拒了这个诱惑，而且他保持坐着不动，在他压抑下的愤怒中，也在他鄙视被痛苦交加之下。[②]

再进一步，弗洛伊德告诉我们，米开朗基罗替摩西的形象赋加了一些新的及超人的东西，因此携带了巨大体能的庞然的骨架子就成为不过是人身上可能的最高成就的具体表现，一个对内在激情成功的表现，这就是为了他所献身的原因所为。[③]

摩西不站起来，他既不放弃律牌也不放弃他的族人，他也不逃走，他坐着，但是他的姿势不是不动，而是表达了弗洛伊德的学说，一个最强力，最深刻的转变：一个提升在他的本性之上的可能，因此，透过一个重选自我认同的身体姿态，开放自己迎向他者，保持他的神圣志业。伦理的可塑

---

① 弗洛伊德：《米开朗基罗的摩西》，SE，13，第229页。
② 同上。
③ 同上书，第233页。

性因此就是我们所谓的雕刻或是在他者不再的石头上把他者雕上去。

斯拉伟·齐杰克(Slavoj Žižek)很清楚地了解并形容了在这样的分析中深具政治性的一回事。在《视差景物》中,他写道:

> 在最基本层面,自由不是一种为所欲为的自由(也就是,不受任何外界的限制,跟着自己的好恶走),而是去做你不想做的事,去克制自然自发的表达。这就是自由与弗洛伊德《死亡驱力》的关联,也就是一个颠覆自己追求愉快的驱力。这不就是弗洛伊德为何对米开朗基罗的摩西如此着迷吗?他解读这个现象,就在当摩西在大怒而正准备扎碎十诫石板之际,摩西提起力气停止他正准备发作时的行动……这个含义正是我们……遵守一个和我们自发自愿的倾向正好相反的命令。在这里,巴底吾(Badiou)错了:基本道德姿态是负面性的,是一个阻挠个人最直接倾向的。[①]

在这样一个负面的煎熬下所经历的这种自由被弗洛伊德提出来当作伦理意志最高的成就。他在毫无前途的状况下,开启一个未来。

V 可能性与自传

存在不是一个透明的、无攻击性的文法或逻辑范畴,一个无害的个人或东西产权。存在泄露出自己的可塑性,就如基本素材,如同大理石是雕刻的材料。它可以接受任何形式,也拥有赋予自己形态的能力。作为事物的素材,它具有对一个个体个别方面造型与毁容的能力。个体的人生永远在一个双重过剩的界限之中进行。一方面是僵化的过渡,另一方面是流动性的过渡。当个人自体性逐渐僵化,凝结成形之际,个人就沦为一个高度僵硬架构的受害者,它在时间上的硬化形成一个无法改变实质的表现,可塑性在这两方面的过剩中立足。

决定用第一人称来书写《书写黄昏之际的可塑性》,用说"我"与谈论

① 斯拉佛·杰克:《视差光景》(剑桥,麻州:麻省理工学院出版社,2006),第202页。

我自己知识成长的方式所做的决定,这不是一个自以为是或自恋性的说法。我很清楚地知道读者对于“我”是没有兴趣的。这本书应该当作一个被虚假主题写的叙述来读,谁写并不重要。我只是想说明一个在脆弱而且不停蜕变的存在物中,他是如何体验存在的物质本性与转化他在本体上的意义。逃逸的不可能首先就是说无法逃脱自己。就是从这个不可能的建构中我提出一个把这个封闭作为主要对象而加以凝注的哲学式观点的改变。神经组织显现了一个造成有限和自我组织神经系统上恒常的丰富可能。《自我转变的大脑》作为此书的标题,对我而言,透过神经可塑性,隐喻式地表达出今日哲学家的境况。一个改变自己的大脑。这就是“我”。

2008 年 12 月写于巴黎

“百年文学理论学术路径的反思”学术研讨会综述

袁晶　整理

2012年11月10日，由北京师范大学文艺学研究中心主办的“百年文学理论学术路径的反思”学术研讨会在京召开。来自全国的六十余名学者参加了会议。大会围绕以下几个议题进行了深入讨论。

一　理论与历史的关系问题

在理论与历史的关系问题上，童庆炳教授认为文学理论的研究不能一味地依赖哲学认识论二元对峙的概念来解决文学的本质、文学的真实和文学的典型等问题。文学理论的研究要与现实文学创作、文学现象和文学思潮保持密切而生动的联系；更重要的是要与历史语境相关联，要解决文学研究中的若干问题，还需将其置于历史语境中加以考察。在此基础上，他区分了“历史语境”与作为一般情况而存在的“历史背景”：“历史语境”是特殊的，而“历史背景”是普遍的，“要是我们文学研究都能进入历史语境，在具体的历史语境中去揭示作家和作品的产生，文学现象的出现，文学问题的提出，文学思潮的更替，那么文学研究首先就会取得‘真实’的效果，在求真的基础上，才能进一步求善求美”①。程正民教授也强调了回到历史语境的重要性，认为历史感缺失是影响当代文学理论发展的重要问题之一，加深历史

---

①　童庆炳：《文学研究如何深入历史语境——对当下文艺理论困局的反思》，《探索与争鸣》2012年第10期。

感是文论发展的正途。而文学理论的历史感包含两个方面的内容:一是论从史出,历史是理论产生的基础和前提;一是文论研究必须重视历史语境,坚持历史优先的原则。文论研究要获得历史感,达到科学性,需要有实证的科学精神,在掌握大量第一手材料方面下大工夫。

李春青教授进一步指出了回到历史语境需解决的几个问题:首先是如何回到历史语境的问题,有的学者提出要还原历史语境,有的则呼吁重建历史语境,还原是不可能的;一种话语在形成的时候牵扯到诸多关系,这些关系构成了语境,所谓重建历史语境就是把这个复杂的网络关系呈现出来,而应如何重建则有待解决。其次,如果文学研究回到了历史语境中去,那历史化、语境化的研究应该属于文学理论还是文学史的研究?如何在此种历史化的研究中坚持理论品格值得我们深思。邢建昌教授也就文学理论的学术品格与重建历史语境的关系问题发表了看法,其认为重建文学理论知识的社会历史语境与保持其理论本质并不矛盾,要改变的并非“本质”,而是“本质问题的提问方式”。“文学理论的地方化、历史化的叙事,也不是取消文学之为文学的某些共通性,而是提醒我们问题的限度:问题是在何种语境下由何而生以及它是怎样的,而并不是把文学理论知识的讲述现象化或零散化。文学理论固然不能够无视历史上存在的丰富的文学现象,但又不能够陷入对文学现象的局部的把握,更不能把对文学现象的局部把握当成对文学的一般认识。”①

二　理论的发展路径和走向

关于理论的发展路径和未来走向等问题,学者们也从不同角度出发进行了思考和梳理。其中话题主要集中在两个方面:文学理论的走向和

① 邢建昌:《理论是什么——反思视野中的文学理论》(编入会议论文集)。

文学理论研究的跨学科趋势。

1. **文学理论的走向**

尤西林教授梳理了中国文学理论元理论的百年嬗变，认为元理论对人文学科是至关重要的，其规定了相关学科的基本结构、理论对象及研究方法等内容，具有价值意义上的引导作用。元理论是现代学术的前提性理论，也是反思中国现代文学理论的首要环节，其体现了现代学术的一个重要品质，即对研究对象之学术普遍性的明确说明。对元理论的重视即是强调要保持理论自身的普遍性和逻辑先在性，不是仅仅面对经验来说，而是要有一个理论上的承诺和预设。他认为不管今天文学理论遇到多少困难，要想作为一个学科继续存在和发展，就必须保持学科自觉性，保持该学科与其元理论的密切关系。我们若不积极地反思，那文学理论就将面临逐渐走向消亡的危险。

与尤教授对元理论的重视不同，毛宣国教授认为当代文学理论的功用主要是对文学现象的“阐释”而不是为文学“立法”，也可以这样说，未来文学理论是走向阐释的理论。“之所以这样说，不仅是由于当下文学理论已呈现出一种走向阐释的趋势，而且还在于，无论是从中国还是西方的文学理论学术发展史来看，文学理论原本就是一门具有阐释意义的学科，它存在的主要价值是对文学活动与文学现象的解释与评价，而不是为文学立法。”①从“阐释”的角度来梳理文学理论学科的发展，更有助于处理好批评与创作、理论研究与现实关注之间的关系。

黄卓越教授则认为文艺理论作为一种学术概念，与现代学术体制及其思想的引入是有密切关系的，这个概念本身也包含有规范性和指导性。对这一学科历史形态的梳理和研究可以从多条线索入手。如果从概念的实际操作和使用看，主要表现为两种表述形态：在前期主要使用的是“批

① 毛宣国：《走向阐释的文学理论》（编入会议论文集）。

评”这一概念（大约以1950到1960年代划界），之后开始逐渐使用“理论”这一概念。这两种概念的使用主要是就主导方面而言的；在附属的意义上，在“批评”概念主导的时期也存在着“理论”的提法；在“理论”主导的时期也存在着批评的提法。近而言之，批评中包含着理论，理论中也包含着批评，但概念之间的差异也并不是没有意义的，而是或隐或显地包含着范式选择上的倾向。大约从1980年代开始，“文学理论”这种提法成为强势性的话语，理论建构的冲动日益升温，这也与试图用哲学框架建构文学言说体系的努力有关，同时与国际思潮也有一定的关系。现在我们用来指称学科的术语仍然还是“文学理论”，但也出现了“理论之后”的提法。就中国的理论状况来看，是否也有一个“理论之后”的状况呢？文化研究思潮的引入造成了对文学理论的冲击，从某种意义上讲，它也从一定范围内移动和改变了文论研究的走向。

2. 文学理论研究的跨学科趋势

关于文学理论研究的跨学科问题，冯黎明教授从文学研究的知识学属性入手进行了论证。他认为“文学研究是一种反思性的、地方性的和前学科性的知识生产活动”，既然文学研究属于“前学科性知识”，那其也就不必也不可能受制于现代知识的学科化视野。赵宪章教授认为“跨学科”关键在于能“在不同的学科间发现新问题，或者说这些新问题只有在不同学科之间才能被发现”①。傅修延教授则具体从叙事学与文学理论之间的关系入手，指出在文学理论与相关学科构成的星群或星云中，没有哪个学科处于众星拱月的核心位置，大家都是因为被相似问题吸引而聚集到一起的，学科意识太强不利于文学理论的发展，跨学科的研究有利于我们抗拒中心意识，保持一种与线性思维相反的多维思维与灵活态度。

黄卓越教授总结了文化研究对中国文论的三个影响：首先，文化研究

① 赵宪章：《“文学图像论”之可能与不可能》（编入会议论文集）。

的引入对文学学科的传统界定提出了挑战,使原有的边界变得模糊和扩大了。从文化研究学者的视野来观察,随着后现代文化的扩张,多种传播技术的激变,带有一定自主性的公民社会或大众社会的形成,传统经典意义上以自我教育为中心的文学正在日趋边缘化,文学对社会生活以及心智情感的影响也在逐渐缩减或退化。因此有必要将研究的视野转向日益繁盛的大众文化、大众传播方式与日常生活方式等领域,并将文化研究中性别主义、后殖民主义、空间理论等纳入文学研究的视域,通过范围的扩充与理论的引入来改造旧有的学科模式,甚至拯救学科面临的危机。其次,研究模式的变化。传统的文学批评主要依仗的还是文本批评的方法,尽管其也会兼用社会批评与心理美学等方法,但一般还是以文本批评为旨归。后来引入的形式主义、结构主义、解构主义、现象学等方法,也容易使我们将研究的重心置于文本的解析上来,造成文本中心主义的现象。文化研究者眼中的文化主要还是被看作一个循环的过程,因此有必要将过去忽视的生产与消费等环节都纳入到研究的程序中来。第三,文化研究的引入在很大程度上对文学研究中长期存在的对"求真性的假设"的信仰构成了某种反拨。过去,基于一种通行的传统意识,研究者们倾向于认为任何类型的作品都可以通过对实证细节的勘探与分析取得一种趋向于真实的结论(这种真实性包括事实之真,也包括思想与情感之真)。文化研究从对历史运动的观察中看到,历史与观念之间的关系是以一种更为深邃的方式建立起来的,一方面人们很真实地、个体化地或群体化地生活在历史当中;另一方面在历史的运行下也会存在一种或多种支配性的同时也是观念性的力量,这种力量在诸多因素的冲撞、纠缠、整合中逐渐成形,进而支配了历史的构建和运行,其被称为"观念史的结构",在很多情况下也可被称为"意识形态",它是主观的同时也是客观的。从社会行为到符号化行为都很难不受到此种观念的影响。因此,文本能反映出某一个人或群体的想法和观念,也会接受某种观念史的构型。如阶级、种族、性别等观念都会暗中支配我们的书写,支配我们对材料、主题等的处理。

因此文化研究就更偏重于关注观念史的语法结构，落实到文学研究而言即是关注书写的隐在逻辑。赵勇教授也认为应该在文化研究中增加文学研究的维度，在文学研究中增加文化研究的维度，才有利于双方克服各自的缺陷，并形成一种新的研究范式。

三　外来理论本土化问题

就文化交流中的“本土化”问题，李春青教授提出了中国学界进行“积极的本土化”的三个关键点：其一为尊重研究对象的独特性，调整研究方法以趋就之，而不是为了适应新的研究方法而扭曲研究对象；其二为“取其神而遗其形”，即通过阅读外来学术著作形成新的研究思路，学习不同于自身传统的发现问题、提出问题和解决问题的方法；其三为在借鉴、接受西方学术理论与研究方法的时候，要保持一种“对话”的立场。傅其林教授总结了20世纪国外文学理论本土化的四种模式，认为在多元并生的语境中每个人都可以发出自己的声音，反观20世纪文学理论本土化的历程，我们应该更多地吸收西方先进的文学观念，并将之与传统文学观念相结合，找到自己的声音，通过反思来建立中国文论的身份意识。

方维规教授通过对现代“文学”概念的梳理，思考了外国文化本土化到底在什么基础上“本土”，如何谨慎对待翻译过来的理论资源等问题。周启超教授反思了外国文论在中国的旅行和命运，提出新中国成立以来我们对外国文论的接收前三十年主要以苏俄的理论资源为主，后三十年则主要偏向于美英的理论资源，而有些转译和运用是存在问题的。对国外理论的吸收应尽量避免偏执和简单化，尽量做到全方位和多层次。而陶东风教授则以对“中国式的娱乐至死”的理解为例，说明了在分析中国的某些文化现象时，应充分挖掘造成这些现象的深层因素，不能简单地照搬外来的文化理论来图解本土的文化现象。

四 “个人主体”问题

王志耕教授在发言中提到:中国文化建设中缺乏的不是新人文精神,而是旧人文精神。旧人文主义的历史价值体现在两个方面:一为个体主义的重塑,个体主义发酵的结果导致了人之尊严的重塑和人之基本道德规范的重塑,人文主义坚守的是个体主义,而此种个体主义是道德的基础。二是建立了整体社会的契约意识。社会中个体的利益在此框架中方能得到完整实现。人本主义思想在当今中国文化建设中应得到足够的重视。在新时期文论建设中,如何重建意识形态价值的问题一直受到关注,因其涉及了中国当代文化的重建问题。以往的介入方式大体上有对“指导思想”(马克思主义)的强调,以大众文化理论为前提的文化批判,文化诗学和“新理性精神”(包含“新人文精神”)等。而实际上这些内容中都缺少了中国文化转型所必需的“旧人文主义”意义上的“人文精神”。如今的文论建设需要重新思考这一问题,即如何将人文主义中的“个体主义”融入其中;因为没有真正的个体主义,就没有“启蒙”;没有对“人是目的”这一思想的内在理解,也就没有所谓的“对话”精神。

陈剑澜先生指出中国现代性反思的实质性问题简单地说就是利人的问题。现代社会要利的人是个人(或主体),这在中国传统思想中以及西方古代和中古的主流文化中都是没有的。个人的观念最早出现在中世纪晚期和文艺复兴时期的意大利市民社会中,在16世纪的宗教改革中进入欧洲人的精神世界,18世纪成为哲学的主体。其完整称谓是“自由、自主和自我决断的个人主体”。主体的正当性问题是现代哲学的一个基本问题,即在一个没有外来决定者和拯救者的世界中有限的个人主体如何成为天地间的立法者的问题。“人”(个人),即主体有两层含义:认知和道德主体(形而上学意义上的),现代社会中政治与法的权利主体(经验层次的)。因此,现代问题就包含了两面:一、主体如何成为认知和道德的依据,二、主体如何共同建立一个合乎理性的现代社会。在现代问题的结构中这两个方面是合二为一的。道德理想主义和哲学审美主义是1980年代思想的主流,但就是这两个主义阻隔了我们去反思实质性的政治自由以及由此延伸的公民身份问题。

李春青教授也认为在中国的思想文化观念中没有形成独立的政治个体意识,中国古代没有政治意义上的个体,主体就是群体。经过启蒙以后,个体意识流向了道德理想主义和审美主义,在纯经验的层面上寄托了我们对个体的诉求。所以个人只有在道德理想主义和审美主义的意义上来寻求变成自由主体的方式。如宋儒寻求自我完善、浑然与天地同体,从某种意义上来说也是一种自我欺骗。“内圣”与“外王”是难以统一的,儒学的道德理想可以作为一种道德选择,但要将其当作某种意识形态来统摄国家的发展恐怕是行不通的;而审美主义也只是一种乌托邦,难以解决实质性的问题。如何构建一种政治层面上的知识主体是需要我们探索和努力的,而这个问题的解决对文学理论的发展有根本性的意义。

五　中国文论的发展

中国文论的中西碰撞、古今对接和现代转型等问题也受到诸多学者的关注。在中西碰撞方面,高建平教授认为,传统要活在今天就必须适时而变,在文学艺术的实践中也许就能化解古今中西的对立。中国现代文学理论的转型是非自然的,在很多方面具有被动性。但这种被动也不见得是坏事,它所带来的“影响的活力”能促进学术的发展。文化的相遇和碰撞会激发出许多东西,而在碰撞中我们应该保持一种健康的心态和姿态,不盲目自大也不盲目自卑,从而寻求塑造现实的和现代的中国文论之路。代迅教授则认为中国文论在话语方式上面临着危机,要解除危机需向西方文论严密的逻辑推理和分析方法取经，同时要“强化中国文论对于当今现实文艺生活的提问和解答能力，积极推动已经展开并且尚未完成的中国文论话语方式的现代转型”①。

关于中国文论的古今对接，徐亮教授认为，当代中国诗学要在中西碰撞中获得启发，实现新的发展，更需要从自身始源性的问题中获得理论能量。“如何找到古代先贤思想的主线，一条能够在今天不断产生回响并且能够持续发展的主线，找到这些思想在现代语境中的运作路径，以及其自我批判和发展的机制；如何找到一个源自人类生存的始源性的问题，找到它在诗学中的反应，这是理论之后背景下中国诗学迫切需要解决的任务。”②中国的始源性问题必然不同于西方，它在为中国文论的发展提供理论资源和创生路径的同时，也为西方诗学困境的解除提供了思路。党圣元教授也强调了中国古代文论的研究应该彰显其自身“大文论”的品格，深化对于传统文论的整体性和价值意义的认识，同时使“国学”、文献学重新有效地回归传统文学批评史研究。刘绍瑾教授也认为“中国古代文论的现代转换”这一论题的实质在于：如何运用中华民族自身的文论传统资源作为内在的基础和文化命脉，面对全球化程度日益加强的现实语境，处理好文论建设的现代性与民族性的关系，创造出既有现代思维高度、又具有民族性的新的文论形态。他认为在中国文论古今对接的研究上，学术界存在着一定偏颇，夸大了传统与现代的断裂，但事实上传统不是铁板一块的活化石，而是一个生生不息的开放系统；古代文论也是不断变化从而参与到传统的建设和更新中去的。李建中教授则通过对轴心期中国文化关键词创生路径的考察，来说明轴心期中国文化历经千百代而不衰并能跃入当代文化核心价值之建构，与其独具特色的创生路径是密不可分的，研究者应该回到天下一统的全学科状态中去考察关键词的生命，关键词产生和发展的过程就是词以通道的过程。

① 代迅：《中国文论话语方式的危机与变革》（编入会议论文集）。
② 徐亮：《理论之后与中国诗学的前景》（编入会议论文集）。

编后记

今年下半年的刊物已经在手中,看着众人集合的成果,释然欢喜。从本期的目录就能看出明显的特征,那就是国际的视野和比较的眼光。中国文论近三十年来的主要参考对象就是西方,近些年学者们呼吁更多关注中国问题,并且发出自己的声音。但是拿来主义依然是我们要坚持的态度,一方面拿来,一方面创新,这才是中国文论的出路。

进入21世纪以来,在中西语境中,无论是从学科史的角度,还是从文学自身的变迁,"文学"这个概念越来越成为一个问题,如何从中国的思想资源来理解这一问题,伍晓明先生的长文《"文学"之前的"比较"》是一个很好的尝试。陈雪虎的《试论中国现代文论的逻辑与脉络》同样也是在寻找对文学和文论提出新问题的道路。梁刚的文章《朱光潜〈诗论〉与中国诗学现代性问题》则以朱光潜先生的案例分析了中西诗学在现代中国如何交融汇通的得与失。

巴塔耶在中国文论界属于那种说起来都知道,但是了解并不深入的作家,对他的翻译和介绍都还有限。卓悦女士的《巴塔耶早期对"牺牲"和"献祭"的理解》是一篇精细之作,期待对这位法国重要思想家的研究能够进一步深入和拓展。经典问题也是最近几年来的热点问题,经典的危机也是文学的危机,秦晓伟的《时空交错中的经典》总结和梳理了社会学视角对这个问题的考察。

在20世纪的符号学中,洛特曼的诗学占有独特的位置,国内对他的研究不可谓不早,但是影响还是远远逊色于法国的符号学。这一期我们发了两篇有关他的文章,分别是周启超先生的《作为意义生成器的艺术文本》和程正民先生的《文本的结构和意义的生成》,他们长期钻研研究俄罗斯现当代文论,这两篇文论对于中国的洛特曼研究会有所助益。

本期还有两篇讨论艺术的问题的分析哲学文章,王峰的《家族相似与艺术类型》和安静的《艺术定义新思维》,这两篇文章构成了相互对话和补充的关系,看看分析维特根斯坦和古德曼分别以怎样的方式来解决“界定艺术”这一千古难题。

格林布拉特先生的《含沙射影,暗箭伤人:论莎士比亚历史剧〈亨利四世〉(下)》文章很长,第十四辑发表了上半部分,本期发表是下半部分,这也是他以“文学”进入历史的方法的经典之作。《解构整型》是玛拉珀为刚出版《书写黄昏之际的可塑性》英译本所写的结语,以“可塑性”的观念对书写和解构的做了进一步延伸和探索,永不结束的延异在何种意义上暂停?前行和回归如何统一起来?这篇文章将带来德里达解构思想的另一个回声。

本刊的视野并不完全局限在文论领域,一如既往地欢迎相关研究学者投稿,文章字数一般以不超过一万五千字为宜,但是有独特研究价值的高质量长文,本刊也乐意刊发。来稿请投至本刊专用邮箱:

wenhuayushixue@ gmail. com

编者

2012 年 12 月 15 日